AF370486

جريمة اغتيال
الوسـيط الـدولي في فلسـطين
الكونت فولك برنادوت

MORDET PÅ FOLKE BERNADOTTE

يوران بورين
GÖRAN BURÉN

جريمة اغتيال
الوسـيط الـدولي في فلسـطيـن
الكونت فولك برنادوت
MORDET PÅ FOLKE BERNADOTTE

الترجمة عن السويدية: سامح خلف
Översättning av Sameh Alkhalaf

جدول المحتويات

مقدمة المترجم

ارتبط اسم الكونت فولك برنادوت بأحداث العام 1948 في فلسطين، والصراع الذي دار- وما يزال- بين العرب الفلسطينيين، أو السكان الأصليين كما يسميهم مؤلف هذا الكتاب، والمهاجرين اليهود الذين تدفقوا إلى فلسطين خلال الحرب العالمية الثانية وبعدها بسبب الاضطهاد والمذابح التي تعرضوا لها في أوروبا، خصوصاً من جانب ألمانيا النازية. وقد انتهت تلك الأحداث إلى نكبة العرب في فلسطين، وإعلان قيام دولة إسرائيل، وما رافق ذلك من أحداث كبرى وعنيفة؛ من أبرزها اغتيال الكونت برنادوت نفسه في القدس في السابع عشر من سبتمبر/ أيلول عام 1948 على يد مجموعة من عصابة شتيرن الصهيونية المتطرفة، وسقط معه أيضاً العقيد في سلاح الجو الفرنسي ورئيس مراقبي الأمم المتحدة أندريه بيير سيرو.

ولد الكونت فولك برنادوت في ستوكهولم في 2 يناير/ كانون الثاني 1895، وهو أحد أفراد العائلة الملكية السويدية- جدّه ملك السويد والنرويج أوسكار الثاني (1829-1907)- وكان ضابطاً في الجيش السويدي، ورئيساً للحركة الكشفية. وفي عام 1943 أصبح فولك برنادوت نائباً لرئيس الصليب الأحمر السويدي. وكان رئيس الصليب الأحمر السويدي آنذاك الأمير كارل- وهو عمّ فولك برنادوت- قد تقدّم في السنّ، فأصبح فولك برنادوت عملياً هو الرئيس الفعلي.

وقد برز الكونت فولك برنادوت على المسرح الدولي بعد أن نجح عام

1943 في تنظيم عدّة عمليات لتبادل أسرى الحرب بين الأطراف المنخرطة في الحرب العالمية الثانية. ثمّ تمكّن بعد ذلك من إنقاذ عشرات آلاف السجناء من جنسيات وأعراق مختلفة من معسكرات الاعتقال والإبادة النازية من خلال حملة الإنقاذ الشهيرة التي عُرفت باسم بعثة الحافلات البيض.

وفي 20 مايو/ أيار 1948، عُيّن الكونت فولك برنادوت وسيطاً في فلسطين من قبل مجلس الأمن التابع للأمم المتّحدة. وقد تمكن من التوصل إلى فرض وقف لإطلاق النار بين الدول العربية وإسرائيل دخل حيز التنفيذ في 11 يونيو/ حزيران. لكنه سرعان ما اكتسب عداء المتطرفين الصهاينة بسبب خطة السلام أو الحل الذي اقترحه لإنهاء الحرب بين الطرفين العربي- والفلسطيني ضمناً- واليهودي، وخصوصاً اقتراحه القاضي بعودة اللاجئين الفلسطينيين إلى بيوتهم ضمن ما أصبح دولة إسرائيل.

يحتوي هذا الكتاب على تفاصيل دقيقة ووافية حول الظروف والأحداث التي سبقت حادثة الاغتيال، وما تبعها من تحقيقات وشهادات تلقي الضوء أيضاً على الكثير من تفاصيل ما جرى في فلسطين آنذاك. ويلقي الكتاب الضوء أيضاً على الأسباب والدوافع الظاهرة والعميقة التي أدّت إلى انحياز الرأي العام السويدي- والغربي عموماً- إلى الجانب الإسرائيلي على حساب الطرف العربي الفلسطيني. وبحسب المؤلف، لعب قادة الرأي ووسائل الإعلام الدور الأهم في غياب الرؤية المتوازنة للوضع في فلسطين، ولم تتغيّر الصورة إلا بعد حرب يونيو/ حزيران 1967 وما نجم عنها من احتلال إسرائيل للضفة الغربية وقطاع غزة، ثم اشتداد حركة النضال الوطني الفلسطيني واكتسابها تعاطف قطاعات واسعة من الرأي العام العالمي.

أودّ أن ألفت انتباه القارئ الكريم إلى أن جميع العبارات أو الأسماء الموضوعة بين قوسين معقوفين [ ] هي زيادة مني كمترجم على سبيل التوضيح وإزالة

الالتباس حيث تدعو الحاجة، وتُستثنى من ذلك الإضافات المماثلة المتبوعة بشرطة تليها كلمة المؤلف [... –المؤلف].

أبقيتُ الهوامش والمراجع كما وضعها المؤلف من دون ترجمة، وذلك لكي تسهل عمليّة متابعة تلك المراجع والاطلاع على المصادر التي استند إليها المؤلف؛ لمن يرغب في ذلك. وأشير إلى أنني أضفت عدداً من الهوامش الخاصة بي كمترجم في الفصلين 4 و5 لضرورة الشرح.

ختاماً، سيجد القارئ في نهاية الكتاب «فهرس الشخصيات» الوارد ذكرها في الكتاب، مع إيراد كل اسم بصيغته اللاتينية الأصلية وصورته بالأحرف العربية، وذلك ليتبين تماماً من هو الشخص المقصود. وفي بعض الأحيان أوردتُ الاسم الكامل للشخص الذي اكتفى المؤلف بذكر اسمه الثاني، أو اسم شهرته فقط.

سامح خلف

أوستوب، ديسمبر/ كانون الأول 2021

مقدمة المؤلف

أبصر هذا الكتاب النور لأن الصدفة أتاحت لي الاطلاع على مجموعة من المواد والمصادر التي لم تُستخدم فعلياً لمدة 60 عاماً، والموجودة في أرشيف وزارة الخارجية. وهي تحتوي على شهادات ووثائق أخرى شكّلت الأساس الذي اعتمده المدّعي العام ماتس هويمان للتدقيق في التحقيق الإسرائيلي في مقتل الكونت فولك برنادوت. وهنا تبرز صورة أخرى مختلفة عن الصورة الشائعة حول المسؤول عن الاعتداء.

كُتبت مادة هذا الكتاب كتقرير تاريخي يركّز على كيفية تصرّف الجهات الرسمية السويدية بشأن مقتل الكونت فولك برنادوت. ويبيّن جزء كبير من مادة الكتاب الخلفية التي جرت على مسرحها الأحداث التي أدّت إلى وقوع الجريمة؛ بما في ذلك سيرة حياة فولك برنادوت، والأحداث التي جرت في فلسطين وصولاً إلى العام 1948، واللعبة التي مورست في الأمم المتحدة.

تتوجّه الفصول التي ترسم خلفية الحادثة إلى جمهور عريض ليست لديه معرفة مسبقة بالموضوع. وسوف أبيّن دائماً المصادر التي استندتُ إليها، ولكن، ولكي لا أثقل النص بعدد كبير من الإشارات المرجعية، فقد عمدتُ إلى إيراد المراجع فقط عندما يتعلق الأمر بالمعلومات ذات الطابع الجدلي والمثيرة للانتباه بشكّل خاص.

وفي ما يتعلق بمصادر البحث الخاصّة بي، والتي وردت في الفصول من 11 إلى 13، فقد سعيتُ جاهداً لاتّباع أصول البحث المتعارف عليها، وكَبَحتُ

رغباتي الخاصّة في الصياغة والمجادلة. أمّا في الفصول الختامية، فقد أبحت لنفسي أن تعبّر عن ذاتها أكثر، وبأسلوب استفزازي في بعض الأحيان. وأنا أحجم باستمرار عن الافتراض المسبق لأي شيء. وهذه القصّة، مثل جميع قصص الاغتيال السياسي، تستدعي بروز الكثير من التكهنات، مثل: هل عرف القَتَلة في أي سيارة وعلى أي مقعد كان برنادوت جالساً؟ وإذا كان الأمر كذلك، فكيف علموا؟ وهل كانت هناك روابط سريّة بين عصابة شتيرن والحكومة المؤقتة؟ لن نعرف أبداً الكثير من التفاصيل، ولا توجد وثائق، لذلك سوف أتوقف عند هذا الحدّ.

لم يكن فولك برنادوت الوحيد الذي قُتل في حادثة الاغتيال، فقد أُطلقت النار، في الوقت نفسه، على العقيد الجوّي الفرنسي [أندريه بيير] سيرو. ونحن لا نعلم على وجه اليقين ما إذا كان الأخير قد استُهدف عمداً أم عن طريق الخطأ. ونظراً إلى أن دور العقيد سيرو كان أقل أهمية في مجرى الأحداث، فهو لم يحتلّ بالتالي المكانة نفسها التي احتلّها الكونت فولك برنادوت في هذا الكتاب؛ مع التأكيد على أن حياته لم تكن أقلّ قيمة قطّ. وقد توجّب إيضاح هذه النّقطة، لأن موضوع هذا الكتاب هو موقف السويديين من فولك برنادوت ومن حادثة مقتله. ومع ذلك، ولأن جريمة القتل قد يسقط فيها العديد من الضحايا، فينبغي أن يُفهَم، عندما أكتب «الجريمة» أو «جريمة الاغتيال»، أن المقصود بذلك هو مقتل فولك برنادوت والعقيد سيرو.

1

أحداث يوم 17 أيلول/سبتمبر 1948

«لقد أعدمنا الكونت برنادوت»

أمضى الكونت برنادوت ومرافقوه ليلة 17 أيلول/سبتمبر في دمشق. وفي الصباح توجهوا إلى بيروت[1] حيث كانت أعداد كبيرة من اللاجئين الفلسطينيين الفارّين من جراء الصراع قد وصلت إلى هناك، والذين أقاموا هناك في ظروف مزرية. وقد أبدى وسيط الأمم المتحدة اهتماماً بالغاً بوضعهم، وكان قد عزم على طلب مساعدات دولية من أجلهم. وقد وعدت نحو 50 دولة بالمساهمة في تقديم المساعدات التي كان من المقرر أن تصل إلى مرفأ بيروت.

وعند الساعة التاسعة والنصف من صباح ذلك اليوم أقلعت طائرة الأمم المتحدة البيضاء متّجهة إلى القدس. وعن تلك الرحلة يتحدث أوغيه لوندستروم الذي رافق برنادوت في رحلته تلك الأخيرة قائلاً إن الرحلة كانت أساساً لنقل المراقبين، وهم طواقم الأمم المتحدة غير المسلحين والمكلّفون مراقبة وقف إطلاق النار الذي كان سارياً في ذلك الوقت. وقد اعتقد فولك برنادوت أنه من أجل زيادة تأثير جهوده الخاصّة من جهة، ومن أجل تقديم مثال جيّد من جهة أخرى، لا ينبغي له أن يتردّد في الذهاب بنفسه إلى الجبهات ومناطق المواجهات المكشوفة؛ حيث يجب أن يتواجد المراقبون ومساعدوهم، وبالتالي عليه أن يرفض التمتّع بالحماية التي لا يستطيع المراقبون التمتّع بها.[2]

بالإضافة إلى ذلك، أراد برنادوت البحث في إمكانية نقل مقر عمله من جزيرة رودس إلى القدس، وبالتحديد إلى «مقرّ الحكومة» البريطانية المهجور.

تألفت البعثة من كبير المراقبين الجنرال لوندستروم، ومساعده مايلز فلاش، ورئيس الأركان الملازم جان دي غير، والطبيب رودولف أولمارك، والسكرتير باربرو فيسّيل، بالإضافة إلى يوهان كول الذي سمّاه المدعي العام السويدي هويمان في تحقيقه «الخادم كول»، في حين أن فولك برنادوت نفسه كان يذكره باعتباره مساعده الذي عمل معه لفترة طويلة.

وبينما كانت الطائرة لا تزال محلقة في الجو، تلقّى طاقمها برقية تفيد بأن مطار قلنديا مغلق، وأن كل طائرة تحاول الهبوط سيتم إسقاطها. عندئذٍ، سأل فولك برنادوت مايلز فلاش عن رأيه في الأمر، فأجاب الأخير بأنه يعتقد أن البرقية مزيفة، مثلها مثل برقية أخرى كانت قد وصلت صباح ذلك اليوم وكانت تفيد بأن الجنرال لوندستروم قد قُتل. «أقترح أن لا نلقي بالاً لهذه البرقية، وذلك لأنني تلقيت صباح اليوم تأكيداً بأنّ كل شيء على ما يرام في المطار. ضحك الكونت برنادوت وقال إن هذه بالضبط هي وجهة نظره، ولذلك واصلنا رحلتنا». [3]

هبطت الطائرة بسلام، وهي الطائرة التي أقلّت الكونت ومرافقيه عدة مرات في رحلات مكوكية بين عواصم دول المنطقة.

انتقل برنادوت ولوندستروم وآخرون إلى رام الله أولاً لمقابلة العميد [نورمان] لاش الذي كان قائد القوات العربية في القدس. وقد اقترح لوندستروم، وكان جنرالًا حذراً، أن يطلب الوفد من لاش دورية حماية على الطريق من رام الله إلى خط الفصل، وقد أيّد اقتراحه أحد المراقبين. وذلك لأن البرقية التي تلقاها الوفد خلال الرحلة الجوية قد خلقت إحساساً بالخطر. لكن برنادوت لم يشأ أن يسمع شيئاً عن ذلك. وقد قال بالسويدية إن لديه

الحقّ كمبعوث للأمم المتحدة بأن يتواجد، غير مسلّح ومن دون حماية، حيث يشاء في فلسطين. وحين شرع فولك برنادوت في إجراء محادثات منفردة، تقدّم عندئذٍ لوندستروم بطلب الحصول على مرافقة حماية أثناء التنقل ضمن مناطق السيطرة العربية. وحين علم برنادوت بأمر الحماية هزّ كتفيه وقال: «لكن بشرط أن لا يستمرّ ذلك وقتاً طويلاً»، ثمّ كرّر بالإنجليزية ما كان قد قاله بالسويدية.

الشخص الآخر الذي أبدى قلقه حول المسألة الأمنية هو رئيس مراقبي الأمم المتحدة العقيد الفرنسي أندريه بيير سيرو. وكان سيرو قد عُيّن حديثاً رئيساً لفريق المراقبين. وعندما قدّم نفسه لبرنادوت، بدأ الأخير يراجع ذاكرته. بدا له الاسم مألوفاً. نعم، كان على حقّ تماماً، إذ كانت زوجة سيرو يهودية، وكانت في عداد المعتقلين في أحد معسكرات الاعتقال الألمانية. وكانت واحدة من أولئك الذين أنقذهم فولك برنادوت من خلال عملية «الحافلات البيض».

وقد تحدّث المراقب السويدي ماغنوس آف بيترسنز حول ذلك قائلًا: «كان [العقيد سيرو] قلقاً بسبب أجواء الكراهية العنيفة التي أشاعتها الصحف اليهودية ضد برنادوت، واعتبر أن الزيارة كانت سيئة الإعداد من الناحيتين السياسية والأمنية. فبسبب الاستعجال لم تُتّخذ الإجراءات الأمنية الضرورية. بعد الهبوط عند التاسعة، انتقل برنادوت ومرافقوه إلى مقر قيادة القوات العربية، حيث استقبله هناك قائد تلك القوات العميد الإنجليزي لاش. وقد انتظرنا أنا وسيرو في الخارج، وكان يردّد القول مرة بعد أخرى حول اعتقاده أن زيارة برنادوت متهورة. سوف تنتهي نهاية سيئة، قال ذلك عدّة مرات في الطريق إلى فندق «الأميركان كولوني»». [4]

وحين تأخرت دورية المرافقة، انطلق الموكب. جلس فولك برنادوت في

الطرف الأيمن من المقعد الخلفي، وفي الوسط جلس لوندستروم، ثمّ جلس سيرو في الطرف الأيسر. ولم تلبث أن قابلتهم سيارة مدرعة ثم سيارة جيب فلحقتا بهم حتى وصولهم إلى بوابة مندلباوم؛ وهي المعبر من المناطق العربية إلى المناطق اليهودية.

وكان لوندستروم قد اقترح في وقت سابق أن يسلكوا طريقاً آخر، لأن رصاص القنص كان كثيفاً عند بوابة مندلباوم، حيث سقط هناك أحد مراقبي الأمم المتحدة. كان باستطاعتهم العبور من اللطرون إلى القدس غرباً، وهي بالتأكيد رحلة أكثر أمناً، بالرغم من أنها قد تستغرق مدّة ساعة إضافية، وهو أمر لم يكن برنادوت ليوافق عليه قطّ. كان برنادوت يعتبر نفسه قدوة جيدة في القدس، لذا توجّب عليه أن يتحمّل المخاطر نفسها التي يتحمّلها المراقبون. وكان يؤكد على أنه ليس لأحدٍ الحق في أن يمنعه من عبور خطوط التماس من حيث يشاء.

وقد أُطلقت عليهم النار بالفعل قرب بوابة مندلباوم، لكن لم يُصب أحد منهم بأذى؛ بالرغم من أن إحدى الرصاصات أصابت محور العجلة الخلفية اليسرى، تحت موضع جلوس سيرو تماماً.

كانت الشمس مشرقة كالمعتاد والسماء صافية لا غيوم فيها حين عبر الموكب الخطّ الفاصل. وقد أعطى أحد المراقبين إشارة بعلم أبيض لكي تُرفع العارضة ويفتح الطريق. وحين تحركت السيارات هتف أحد المراسلين الصحفيين الأميركيين: «حظاً طيباً»، فأجابه برنادوت: «شكراً، سأحتاج إلى ذلك!».

وعند الجانب اليهودي من الخطّ الفاصل قابلهم العقيد بيغلي الذي اعتاد أن يقود سيارة برنادوت في القدس، بالإضافة إلى ضابط الارتباط الإسرائيلي النقيب هيلمان. كان هيلمان مُسلّحاً بمسدس، وحين شاهده برنادوت، قال:

«أخشى أن تضطر إلى أن تنزع عنك هذا. لا يوجد بين رجالنا من هو مسلّح. علمُ الأمم المتحدة حمايتنا الوحيدة».[5] بالمناسبة، لم تكن هناك مرافقة بانتظار الموكب، وربّما كان لوندستروم قد أذعن للأمر، إذ لم يبدُ أنه طرح خلال الحديث سؤالًا حول عدم وجود المرافقة. «المرافقة اليهودية لم تأتِ، وهي مسألة لم يعلق عليها أحد في تلك الأثناء. وقد اعتُبر وجود بيغلي كافياً ويغني عن أية مرافقة».[6]

انطلق الموكب حينئذٍ نحو «جمعية الشبان المسيحيين»، وتقع مبنى رائع مقابل فندق الملك داوود، حيث سيقيم هنالك مرافقو الوسيط الدولي ويتناولون طعام الغداء.

وكان في نيتهم التوجه بعد تناول الغداء، عند الساعة الثالثة تقريباً، نحو «مقرّ الحكومة»؛ وهو المبنى المهيب الذي حكمت منه بريطانيا فلسطين لمدة ثلاثين عاماً. استقل الوفد سيارتين، إحداهما ديسوتو والأخرى كرايزلر. وعلى مقدمة كلّ من السيارتين ثُبّت علمان، أحدهما علم الأمم المتحدة والآخر أبيض. يُذكر أن طبيب المبعوث الدولي، الدكتور أولمارك، لم يتوفر له مكان في كلتا السيارتين. وقد نبّه من جانبه إلى ضرورة مرافقتهم؛ لأنه الوحيد الذي يمكنه تقديم العون لهم إذا حدث أمر ما. فما كان من الكونت إلّا أن ربت على كتفي الدكتور وقال موضحاً: «ليس الأمر خطيراً جداً، سنعود مباشرة». وفي هذه المرة تبادل لوندستروم وسيرو مكانيهما في سيارة برنادوت، حيث جلس الرجل الفرنسي في الوسط بجانب الكونت. وقد حدث ذلك بمبادرة من لوندستروم، لكي لا يبدو وكأنه كان يبحث عن الحماية في الوسط، بحسب قوله شخصياً. وقد أدى تبادل مكاني الجلوس إلى أن يخسر سيرو حياته، وأن ينجو لوندستروم بحياته.[7]

يقع «مقر الحكومة» على هضبة تحمل اسماً مشؤوماً هو «جبل المشورة

الفاسدة»، بحسب روايات الكتاب المقدس. أما بالعربية فاسمه جبل المكبر. إلى ذلك المكان أراد برنادوت نقل مقرّ عمله.

كانت المنطقة المحيطة بجبل المشورة الفاسدة محايدة، وتقع بين خطوط الجبهات اليهودية والمصرية والأردنية. حتى إنها سُمّيت أيضاً بمنطقة الصليب الأحمر، وذلك لأن البريطانيين عند انسحابهم تركوها للصليب الأحمر الذي سلمها بدوره للأمم المتحدة. والمرتفعات لها أهمية استراتيجية بالغة، ومن يريد السيطرة على القدس لا بدّ له من التمركز فوقها. وفي «مقرّ الحكومة» توجد عيادة طبية يشرف عليها طبيب سويسري هو الدكتور فاسيل.

قاد الدكتور فاسيل ضيوفه في جولة في المقرّ الاستعماري البريطاني القديم، ثم أبدى الزائرون جميعاً إعجابهم الشديد، ووقفوا فترة طويلة وهم يتأملون الإطلالة الرائعة على القدس، حيث تلألأت قبّة مسجد الصخرة الذهبية وقد برزت فوق البيوت البيضاء، والمسجد محاطٌ بذلك الجدار القائم منذ عصر سليمان العظيم.

وفي رحلة العودة من مقر الحكومة، رافق الدكتور فاسيل الموكب في سيارته الخاصة المزينة بشارة الصليب الأحمر. وقد ألقى الوفد نظرة على المدرسة الزراعية التي تبعد مسافة قصيرة في محاولة للتأكد من بعض الانتهاكات المزعومة لوقف إطلاق النار، وهنالك التُقطت الصورة الفوتوغرافية الأخيرة لفولك برنادوت.

في مكان ما من المدينة وفي ذلك الوقت بالضبط، تلقى الضابطان الإسرائيليان الرائد برنارد والعقيد كوت من رجل يعرفه برنارد بالشكل فقط سؤالاً هو: «هل صحيح أن الكونت برنادوت قُتل؟»[8]

وعند عودة المجموعة من جبل المكبر، كانت سيارة جيب فيها أربعة مسلحين تنتظر على بعد كيلومترات قليلة. وكان المكان مأهولاً تماماً، وفيه،

من بين أشياء أخرى، مجمّع سكني كبير، و«منزل بيبرمانز»، بالإضافة إلى متجر صغير يسمى تنوفا. ولقد لاحظ كلٌّ من صاحب المتجر وزوجته سيارة الجيب، وكان هناك أيضاً عدد من الأطفال، حتى إن أحدهم تحدث إلى الرجال في الجيب، وكان الطفل يبلغ من العمر اثني عشر عاماً واسمه يورام كاتز. وقد أخبر الشرطة في وقت لاحق أنه سأل الرجال عن أسلحتهم فقالوا له إنها تشيكية. وقبل أن يبتعد الرجال، رأى الصبي الأحرف IZL على بزة أحدهم. والأحرف IZL اختصارٌ لاسم منظمة «إرغون زفاي ليئومي» أو المنظمة العسكرية القومية؛ وهي مجموعة مقاومة ألقت في ذلك الوقت أسلحتها ووضعت نفسها تحت تصرف الحكومة المؤقتة.

كيف عرف القتلة أن الموكب سيمرّ من هذا الطريق؟ وفقاً لتقرير [المدعي العام السويدي ماتس] هويهان، ضمن التحقيق السويدي في الجريمة، لم تكن هناك طريق أخرى إذا أراد المرء العودة من مقر الحكومة إلى جمعية الشبان المسيحيين. كانت هناك حرب قائمة، والمدينة مليئة بالحواجز العسكرية. وقد أُبلغت السلطات بخطط تحرّك الوسيط الدولي في ذلك اليوم. أمّا كيف وصلت المعلومات بعد ذلك إلى القتلة فهذا سؤال آخر، ومن الممكن أن يكون القتلة قد رأوا الموكب وهو يغادر منطقة الصليب الأحمر، وبالتالي افترضوا أن الموكب سيعود عاجلاً أم آجلاً من الطريق نفسها.

عند الساعة 17:00 انطلق الموكب في رحلة العودة من المدرسة الزراعية. في السيارة الأولى، وهي من طراز دي سوتو، جلس [النقيب] هيلمان وباربرو ڤيسّيل على المقعد الأمامي، وعلى المقعد الخلفي جلس [الملازم] جان دي غير. أما السيارة الثانية فكانت سيارة الدكتور فاسيل. وعلى المقعد الخلفي في السيارة الثالثة، وهي من طراز كرايسلر وكان يقودها [العقيد] بيغلي، جلس برنادوت إلى اليمين، والعقيد سيرو في الوسط، وأوغيه لوندستروم إلى اليسار.

أُوقف الموكب لفترة قصيرة عند حاجز على الطريق، حيث رُفعت العارضة وأُنزلت مرات عدّة. بعد ذلك بقليل، قابلتهم سيارة مصفّحة. استدار ضابط الارتباط الإسرائيلي هيلمان، الجالس على المقعد الأمامي في السيارة الأولى، ودقّق النظر في العربة المصفّحة، ثمّ قال: «أُنظروا، كان فيها الدكتور جوزيف!» سأله دي غير: «هل تقصد حقاً أنك رأيته في العربة المصفحة؟» فأجاب هيلمان: «نعم، لقد رأيته بالتأكيد في العربة المصفّحة». ثم لم يُقَل المزيد حول هذا الأمر. لكن في صباح اليوم التالي، كتب كل واحد من ركاب السيارة الأولى تقريراً حول الجريمة، حيث أُثبِت أن المقصود هو الدكتور دوف جوزيف، الحاكم العسكري للقدس، وبذلك فُضِح أمر تواجده بالقرب من مسرح الجريمة.[9] سارت القافلة عبر حيّ القطمون، ثمّ مرّت بمركز للشرطة مع حاجز على الطريق، حيث سُمح للقافلة بالمرور من دون عوائق. وبعد ذلك بقليل، تجاوز الموكب شاحنة قَطْرٍ عسكرية يقودها ثلاثة جنود. ثمّ اتّجه الطريق صعوداً بشكل حادّ. وعلى قمة التل، كانت سيارة الجيب تنتظر وفيها القتلة.

تحرك موكب السيارات ببطء عبر الطريق المتّجه صعوداً. وعلى الجانب الأيسر من الطريق، كان هناك بعض الأكشاك والأكواخ. أمّا على الجانب الأيمن، فكان هناك جُرف شديد الانحدار. وكانت الساعة قد تجاوزت الخامسة من بعد الظهر بقليل، والشمس لا تزال عالية في السماء. وعندما عبرت السيارات الثلاث قمة التلّ، تراجعت سيارة جيب قاطعة الطريق، فظنّ ركّاب السيارة الأولى أن الجيب يحاول الاستدارة في وسط الطريق، واعتقدوا أن السائق كان يتصرف بطريقة خرقاء إلى حدّ ما. لكن الجيب توقّف في وسط الطريق أمام متجر صغير فأُجبر الموكب على التوقف.

كان في سيارة الجيب أربعة رجال. بقي السائق جالساً في مكانه، في حين قفز الثلاثة الآخرون من الجيب وتوجّهوا نحو الموكب شاهرين أسلحتهم الآلية. توقّف اثنان منهم إلى يمين السيارة الأولى، بينما تابع الثالث سيره نحو

السيارة الأخيرة التي كان وسيط الأمم المتحدة فولك برنادوت جالساً فيها. في البداية، لم يجذب الرجال الثلاثة الكثير من الاهتمام من جانب طاقم الأمم المتحدة، باعتبار أن الحواجز ونقاط التفتيش العسكرية كانت شائعة. وكان وقفٌ رسمي لإطلاق النار قد ساد في القتال الدائر بين الإسرائيليين والعرب في فلسطين، ولكن وقعت انتهاكات عديدة لوقف إطلاق النار، وكانت القدس في حالة تشبه حالة الحرب.

أخرج ضابط الارتباط الإسرائيلي هيلمان، الذي كان جالساً في السيارة الأولى، رأسه من النافذة وصرخ طالباً من الرجال السماح للموكب بالمرور، قائلاً لهم إن القادم هو وسيط الأمم المتحدة.

عندئذٍ فتح الرجال النار. أطلق الرجلان الواقفان بحذاء السيارة الأولى النار على الإطارات. أما الثالث الذي وصل إلى سيارة برنادوت فقد أدخل ماسورة رشاشه عبر النافذة الخلفية اليسرى وأطلق عدة أعيرة نارية أصابت وسيط الأمم المتحدة والعقيد الفرنسي سيرو الذي كان جالساً بجانبه.

كان وجه الرجل الذي أطلق النار ممتلئاً بعلامات الكراهية، كما قال أوغيه لوندستروم متذكراً في ما بعد. مات العقيد سيرو على الفور، وانحنى برنادوت إلى الأمام، فسأله لوندستروم الذي استطاع تفادي الطلقات: «هل تأذِّيتَ يا فولك؟» اعتقدَ لوندستروم أنه كان يهز برأسه ويغمغم بشيء ما، لكنه ما لبث أن اعتدل ثم سقط إلى الخلف فاقداً الوعي.

قفز العقيد بيغلي من السيارة ودخل في عراك مع القاتل، فانطلقت رصاصة من فوهة الرشاش أحرقت شعلتها خدَّ بيغلي. ثمّ استطاع القاتل الإفلات، وركض نحو سيارة الجيب بعد أن أطلق رصاصة أحدثت ثقباً في جهاز تبريد سيارة الكرايزلر. وفي طريق فراره نحو سيارة الجيب، ألقى ماسورة سلاحه ومخزن الطلقات، لكنه لم يتمكن مع ذلك من الصعود إلى الجيب، لأن رفاقه

كانوا قد انطلقوا بالفعل مغادرين بأقصى سرعة، فتوجب عليه أن يغادر مسرح الجريمة بمفرده.

قفز هيلمان إلى الكرايسلر، وانطلق بيغلي- الذي لا يستسلم للخوف بسهولة- بالسيارة بسرعة فائقة، على الرغم من عجلاتها المثقوبة، واتّجه بناء لتعليمات هيلمان إلى مستشفى هداسا القديم الكائن في الحي الروسي، فوصلوا إلى هناك في غضون دقائق. وهنالك، قرر أحد الأطباء أن كلا الرجلين قد مات.

كان هناك العديد من الشهود على الجريمة. على بعد عشرات الأمتار من مكان توقّف السيارات، كانت هناك فتاة تبلغ من العمر 15 عاماً وصبيّان آخران، ورأى هؤلاء كل شيء. وكذلك الأمر، عندما بدأ إطلاق النار، أطلّ السكّان المقيمون في المنازل المجاورة من النوافذ أو خرجوا إلى الشرفات.

ركض اثنان من الجنود الثلاثة الذين كانوا في شاحنة القَطْر العسكرية إلى أسفل التل باتجاه مركز الشرطة، أي بعيداً من مسرح الجريمة، عندما سمعوا إطلاق النار، أمّا ثالثهم فاتّجه صعوداً. وعندما غادرت السيارات المكان، عثر على ماسورة البندقية ومخزنها اللذين سقطا من القاتل. ثمّ وصل بعد ذلك إلى مكان الحادث شرطيان، وهما ريزنفيلد وإسرائيل، لكن لم تُتّخذ حتى تلك اللحظة أي إجراءات أو غيرها من أعمال الشرطة. ثمّ رأى الرقيب إسرائيل ماسورة سلاح الجريمة في يد الجندي فطلبها منه، لكن الجندي رفض تسليمها له، وقال إنه سيُسلّمها للشرطة العسكرية، وهذا ما فعله. وقد أُرسلتْ لاحقاً إلى التحقيق الجنائي، والذي أكّد أنها الماسورة التي أُطلق منا الرصاص الذي عُثر عليه في موقع الجريمة.

اهتمّ الشرطي ريزنفيلد، الذي وصل أولاً إلى مكان الحادث، بالفتاة البالغة من العمر 15 عاماً التي رأت كل ما حدث، ثمّ سلّمها إلى الرقيب إسرائيل

الذي قال في ما بعد إنه سمع سائق الشاحنة العسكرية يحثّ الفتاة على عدم قول أي شيء للشرطة.

في وقت لاحق من ذلك المساء، وصل رئيس شرطة القدس رابينوفيتش إلى مكان الحادث. لكن لم يُفرض طوق على المكان، بل تُرك مباحاً لمن أراد التقاط الرصاص وفوارغ طلقات الرصاص وغيرها من الهدايا التذكارية.

وفي المساء نفسه، بدأ بيان مطبوع على الآلة الكاتبة بالانتشار في القدس، حيث أعلنت في ذلك البيان منظمة غير معروفة من قَبل، تدعى «جبهة الوطن»، مسؤوليتها عن جريمة الاغتيال. وفي ما يلي نص البيان:

«لقد أعدمنا الكونت برنادوت في 17 سبتمبر 1948.

لقد تصرف الكونت برنادوت علانية كممثل للعدو البريطاني. كانت مهمته تنفيذ الخطط البريطانية الهادفة إلى تسليم بلادنا والمستوطنات إلى سلطة أجنبية. ولم يتردد في اقتراح تسليم القدس إلى [الملك] عبد الله. لقد عمل برنادوت بلا كلل على إضعاف جهودنا العسكرية، وهو يتحمّل شخصياً المسؤولية عن إراقة الدماء.

وهذا يعني نهاية جميع الأعداء وعملائهم. وستكون هذه نهاية كل أعداء حرية اليهود في وطنهم. الوطن لن يحكمه غرباء بعد الآن، ولن يحكم القدس بعد الآن أي حكام أجانب».

وفي اليوم التالي، تلقت الصحافة الرسالة التالية:

على الرغم من أننا نعتبر أن جميع مراقبي الأمم المتحدة أعضاء في قوات الاحتلال الأجنبية، والذين لا يحق لهم التواجد في أراضينا، إلا أن اغتيال العقيد الفرنسي سيرو حدث نتيجة خطأ فادح: اعتقد رجالنا أن الضابط الجالس بجوار الكونت برنادوت هو العميل واللواء البريطاني المعادي للسامية لوندستروم. [10]

البلدة القديمة
فندق الملك داوود
جمعية الشبان المسيحيين
حي الطالبية
موقع الجريمة
شارع هاغدود عبري
شارع هبالماح
الحي الألماني
حي القطمون
الحي اليوناني
الطريق الذي سلكه الكونت برنادوت يوم 1948/9/17
الأرض الحرام
مقرّ الحكومة
إسرائيل
الأردن
0
1
كيلومتر

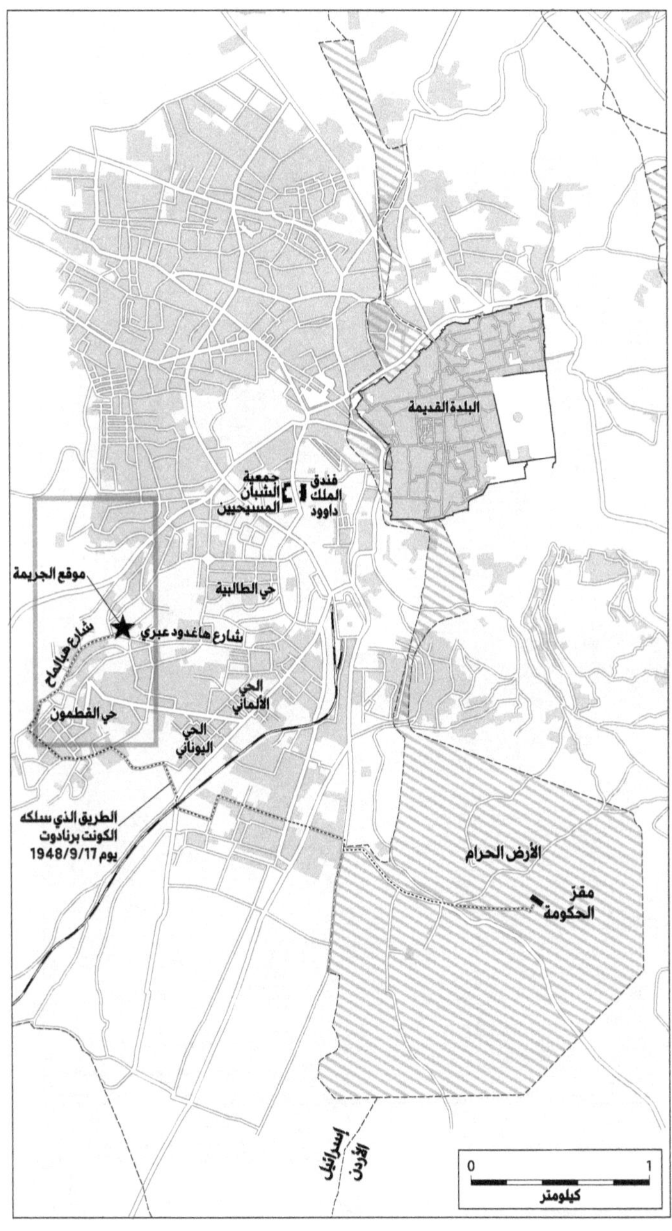

القدس

23

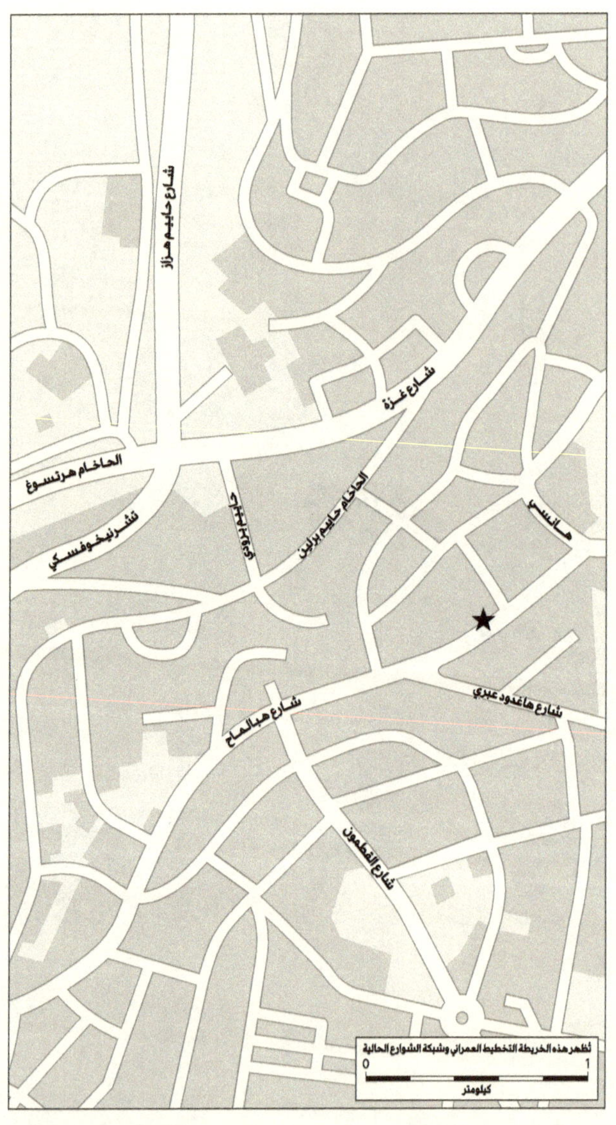

وقعت جريمة الاغتيال في العنوان المعروف حالياً باسم شارع هبالماح رقم 14. في الجهة الشمالية من الشارع توجد وكالة عقارية، وعلى الرصيف ثمة علبة كهرباء. وقد تم تحديد المكان من قبل نجل النقيب هيلمان تسفي هيلمان بطلب من القنصل [السويدي] العام السابق في القدس نيلز إلياسون.

24

في الليلة الفاصلة بين يومَيْ 17 و18 أيلول/ سبتمبر، كان جثمانا برنادوت وسيرو مسجَّيين في مبنى جمعية الشبان المسيحيين لإلقاء نظرة الوداع عليهما، وكانا محاطَيْن بالزهور، وقد وُضعت على صدر سيرو قبعة ضابط الطيران، في حين وُضعت على صدر برنادوت قبعته الكشفية.

وفي اليوم التالي نُقِل الجثمانان في موكب كبير إلى حيفا. وكانت هناك معارضة واسعة للوسيط برنادوت بين الإسرائيليين إلى درجة أنهم، حتى بعد وفاته، لم يرغبوا في إظهار أي قدر من الاحترام له. وقد أدلى العديد من الشهود بشهاداتهم حول ردّ فعل الإسرائيليين، بما في ذلك باربرو ڤيسّيل، الذي قال أمام لجنة [المدعي العام السويدي] هويهان: «اليهود الذين اصطفوا على طول الطريق خلال الرحلة التي استغرقت أربع ساعات لم يُظهروا أي احترام للموكب. بعضهم كان يلعب بالورق، والبعض الآخر بصق، فيها ضحك آخرون ساخرين ولوّحوا بإشارات ازدراء. أما في المناطق الواقعة تحت سيطرة العرب فقد أبدى الناس احتراماً شديداً للموكب، وقد اصطفت فرقة من حرس الشرف أدّت التحية بالبنادق عند مرور الموكب».[11]

نُقِل جثمانا القتيلين ومرافقيهما من حيفا في طائرتين بيضاوين، حملت إحداهما التابوتين، وحملت الأخرى حرس الشرف. وقد جلس مساعدو برنادوت في أماكنهم المعتادة في طائرة دي سي 3 البيضاء، وهم:

أوغيه لوندستروم، جان دي غير، مايلز فلاش، رودولف أولمارك، باربرو ڤيسّيل، بالإضافة إلى يوهان كول. وعلى مقعد الكونت برنادوت وُضعت باقة زهور.

وبعد هبوط الطائرتين وتكريم الراحلَين في كلّ من رودس وروما وجنيف، هبطت الطائرتان في باريس، حيث كان في انتظارهما حشد كبير من كبار الشخصيات في العالم. وبحسب التقرير المؤثِّر الذي كتبه باربرو ألفينغ[12]،

فإن «الشخص الذي وقف في مقدمة كل تلك الشخصيات المهمّة في السياسة العالمية لم يكن ينتمي إلى تلك الدائرة: امرأة وحيدة ترتدي ملابس سوداء؛ إنها السيدة سيرو، أرملة العقيد الفرنسي، والتي سبق لها أن كانت الأولى من بين عدد لا يحصى من النساء المعتقلات في معسكر اعتقال رافنسبروك النازي، وحُرِّرت من الأسر، مع غيرها، بمساعٍ من الكونت برنادوت، وعادت إلى وطنها عبر السويد».

وفي يوم 21 أيلول/ سبتمبر، نُقل برنادوت أخيراً إلى وطنه ووصل إلى ستوكهولم. وعندما حلّقت الطائرة فوق السويد، أُشعلت النيران على الأرض فشكّلت سلسلة طويلة من النقاط الصغيرة المضيئة، وكانت تلك تحيةَ الكشافة تكريماً لقائدهم. وفي مطار بْرومّا، كان في انتظاره 4000 شخص، من بينهم بالطبع زوجته إستيل وولداه برتيل وفولك الابن. وكانت هناك أيضاً الأميرة سيبيلا التي فقدت زوجها ولي العهد الأمير غوستاف أدولف في حادث تحطم طائرة في العام السابق.

كان فولك برنادوت مدركاً تمام الإدراك للمخاطر التي يُعرِّض نفسه لها. لذلك، وقبل سفرته الأخيرة إلى فلسطين، اتفق مع زوجته إستيل على جميع إجراءات الجنازة؛ في حال عدم عودته حياً. وبحسب الاتفاق، ينبغي أن تكون الجنازة بسيطة، وأن يقتصر الحضور على عدد قليل من الكشافة، وأن لا تُلقى أي خطب، باستثناء كلمة القِسّ.

لكن الجنازة لم تكن بسيطة حقاً، بل كانت جنازة دولية وجماهيرية حاشدة غطّت وقائعها الصحافة العالمية، وحضرها الكثير من الشخصيات المرموقة. واصطف مئات الآلاف من المشيّعين على جانبي الطريق التي سلكها موكب الجنازة الذي انطلق أولاً من بيته إلى كنيسة غوستاف فاسا، ثم من الكنيسة إلى محرقة الجثث في المقبرة الشمالية. كانت الكنيسة مزدحمة، فاضطر عشرات

الآلاف من الناس إلى متابعة مراسم التأبين من خارج الكنيسة عبر مكبرات الصوت. وقد وصف [الصحافي] باربرو ألفينغ الجوّ العاطفي والمؤثر الذي ساد مراسم التأبين بالقول: «جوّ تسوده مشاعر وداع العائلة ودائرة من الأصدقاء من جميع أنحاء العالم لرجل مات وهو يعلم أن لحياته معنى وأن موته ليس النهاية. وقد وُضع عدد كبير من أكاليل الزهور التي تحمل الأعلام الأميركية والإنجليزية والفرنسية والبلجيكية والبولندية والمجرية والاسكندنافية. وانتشرت باقات الورود بألوانها الخريفية الدافئة وغطّت جميع أنحاء مذبح الكنيسة، وأحاطت بالأعمدة، وامتدّت حتى الممرات الجانبية. وبذلك برهن الجميع على أنّ فولك برنادوت قد أدّى واجباته كاملة في عالم سِمَته المميزة هي المعاناة والعذاب».

ومن بين جميع أكاليل الزهور التي لا يحصى عددها، كان هناك إكليل من امرأة دانماركية، كتبت على الشريط: «تعبيراً عن امتناني العميق؛ لأنني في أيار/ مايو 1945 وبمساعدة فولك برنادوت، استعدتُ ابنيّ الاثنين من الأسر في معسكرات الاعتقال في ألمانيا».

أمّا بالنسبة إلى مراسم الدفن، فقد اتُّبعت وصية الكونت الخاصة: لم يتحدّث أحد سوى القِسّ داهلبي، وهو نائب الأسقف، فألقى عظة انطلق فيها من آية توراتية في سفر إشعياء: «ثُمَّ سَمِعْتُ صَوْتَ السَّيِّدِ قَائِلًا: مَنْ أُرْسِلُ؟ وَمَنْ يَذْهَبُ مِنْ أَجْلِنَا؟ فَقُلْتُ: هأَنَذَا أَرْسِلْني».

بين المستمعين إلى عظة القِسّ في الكنيسة، جلس الديبلوماسي السويدي سڤِن غرافستروم، وربها كان يفكر في تلك اللحظة متذكراً تحذيره لبرنادوت، وكيف شعر بالرعب أمام حماس برنادوت لتولي المهمة التي كُلّف بها. وقد أضفت الآية التي اقتُبست من الكتاب المقدس عمقاً وبُعداً أعلى على استعداد برنادوت للتضحية. وأشار القِسّ داهلبي في عظته إلى الشعار الذي تبنّاه

فولك برنادوت عندما توفي ابنه الأكبر: «لم نأتِ إلى هذا العالم لنكون سعداء،
بل لنُسعِد الآخرين».

ثمّ حان بعد ذلك وقتُ التكريم.

2

رجل محترم

«كان ينبغي أن يكون الكونت برنادوت موجوداً هنا اليوم»

أدانت الحكومة الإسرائيلية جريمة الاغتيال بشـدّة، وبرّأت نفسها من أي مسؤولية عنها. وأشـارت في بيانها إلى حـالة الحرب والفوضى السـائدة في القدس.

كان الكونت فولك برنادوت شخصية مشهورة على المستوى العالمي. وكان يتمتع بشعبية واسعة بعد عمليات الإنقاذ التي قادها من خلال ما عُرف بقوافل «الحافلات البيض» في المراحل الأخيرة من الحرب العالمية الثانية؛ حيث أنقـذ عشـرات الآلاف من الأشخـاص من معسكرات الاعتقال النازية، بمن فيهم أعداد كبيرة من اليهود. وكان يحظى باحترام كبير حتى في إسرائيل نفسها. لكنّ هذا الاحترام تحوّل في صيف العام 1948 إلى غضب، إن لم نقل كراهية.

حين اغتيل برنادوت، كان قد فرغ للتوّ من وضع اللمسات الأخيرة على التقرير الذي سيقدمه بعد أيام قليلة فقط إلى الجمعية العامة للأمم المتحدة. وقد تضمّن التقرير خطة لحل الصراع في فلسطين. لكن خطته قوبلت بمعارضة شرسة من جانب الإسرائيليين والعرب على حدّ سواء. وقد احتجّ العرب على الخطة لأنها تضمّنت القبول بوجود دولة إسرائيل التي كانت قد أصبحت في

29

ذلك الوقت حقيقة واضحة. أما بالنسبة إلى الإسرائيليين، فكانت هناك ثلاث نقاط رئيسة في الخطة لا يمكنهم القبول بها تحت أي ظرف من الظروف.

وكانت الخطة تقضي بوضع القدس تحت سيطرة الأمم المتحدة، في حين أراد الإسرائيليون أن تكون المدينة لهم ليتخذوها عاصمة لدولتهم. وأراد برنادوت أن تخضع صحراء النقب للحكم العربي، بينما اعتبر الإسرائيليون أنهم يحتاجون إليها لاستيعاب اللاجئين اليهود الذين توافدوا على الدولة التي أقيمت حديثاً. وطالب برنادوت بالسماح لمئات الآلاف من الفلسطينيين الذين فروا من القتال أو طردتهم القوات اليهودية، بالعودة واستعادة ممتلكاتهم. لكنّ الإسرائيليين كانوا قد اتخذوا بالفعل قراراً نهائياً بشأن اللاجئين الفلسطينيين: لن يُسمح لهم بالعودة. ستضمن الدولة الجديدة وجود أغلبية يهودية ثابتة.

سرعان ما أصبح واضحاً أن القتلة أعضاء في منظمة شتيرن اليمينية المتطرفة، لكن لم يتم تقديم أي شخص إلى العدالة لمحاكمته على جريمة الاغتيال.

كانت السلطات السويدية ساخطة لأن الإسرائيليين لم يُظهروا في رأيها أدنى اهتمام بإلقاء القبض على القتلة. وقد وصل الأمر بالحكومة السويدية إلى حدّ أنها عيّنت محققها الخاص في جريمة الاغتيال، وهو المدّعي العام ماتس هويهان، والذي وجّه من جانبه نقداً لاذعاً لأعمال التحقيق الإسرائيلي. وكان هذا هو السبب في تأخر السويد كثيراً عن الدول الغربية الأخرى في الاعتراف بدولة إسرائيل.

وفي نهاية المطاف، اعترفت السويد بإسرائيل، وذلك بعد أن قدمت الحكومة الإسرائيلية أخيراً تقريرها؛ وهو تقرير لجنة أغرانات، بالإضافة إلى اعتذار رسمي. ثمّ طُبّعت العلاقات بين الجانبين، ودُفِنت قضية برنادوت في غياهب النسيان.

بعد ستة أشهر من جريمة الاغتيال، التقى [الديبلوماسي والمؤلف] السويدي باول موهن، الذي كان يعمل من حين لآخر ضمن طاقم مساعدي برنادوت، برئيس الوزراء الإسرائيلي ديفيد بن غوريون. وكان موهن برفقة رالف بانش، نائب برنادوت ومستشاره، والذي تولى منصب الوسيط خلفاً لبرنادوت، ونجح في إبرام اتفاقات لوقفٍ دائمٍ لإطلاق النار بين المتحاربين، فحصل نتيجة لذلك على جائزة نوبل للسلام. في كتابه «خربشة على حواشي الزمن»، يروي موهن أن بن غوريون شكر بانش «بطريقته القوية والمختصرة إلى حدّ ما على إنجازاته العظيمة في سبيل تحقيق السلام. ثم صرخ بشكل عفوي أشبه بالانفجار: «كان ينبغي أن يكون الكونت برنادوت موجوداً هنا اليوم». وبعد أن وضع قبضته الثقيلة على المنضدة، أضاف: «أشعر بالخجل لأنه ليس هنا».

وقد كتب موهن: «لقد تحدث كرجل صادق». لكن، هل كان الأمر كذلك؟ ألم يكن لدى بن غوريون ما يُخفيه في قضية برنادوت؟

3

فولك برنادوت الإنسان

«للحظة ظننتُ أنني أستطيع رؤية روحه، وأدركتُ في تلك اللحظة أنه إنسان طيّب»

بعد مرور بعض الوقت على وفاة فولك برنادوت، نُشِر كتابان حول الراحل روى فيهما ما مجموعه 66 كاتباً ذكرياتهم عنه.[1] والكتابان كانا بمثابة النعي والتكريم للراحل، ومن الطبيعي أن يكون هذا طابعهما العام. وقد كتبت زوجته إستيل: «لا يعود لي أن أسجِّل عيوب فولك برنادوت ونقاط ضعفه. ففي الشخصية الإيجابية والقوية، ينبغي ببساطة أن تكون تلك العيوب موجودة من أجل التوازن».

قد يميل المرء في مثل هذه الحالات إلى التغاضي عن نقاط الضعف وربما تضخيم الفضائل، لكن من الصعب التشكيك في صدقية عبارات التقدير القلبية؛ الحميمة منها والرسمية على حدّ سواء. ولا بدّ من القول، بناء على ذلك، إن فولك برنادوت كان شخصية رائعة.

هناك العديد من المزايا الشخصية التي تكرّر ذكرها في نصوص الكتابين. وأولى تلك المزايا وأهمها هي قدرة برنادوت الفريدة على بثّ الثقة. فقد كان منفتحاً وصادقاً تماماً وبسيطاً وبعيداً عن التصنّع، ولا يمكن الشكّ في ازدواجية مواقفه. كما كان صريحاً بطريقة وصفها البعض بالسذاجة. لكن

السذاجة في هذه الحالة، كانت ذات فائدة إيجابية.

«لم أقابل قطّ إنساناً مثله سار في طريقه بشكل مستقيم، ولم يتردّد في قول الحقيقة وفعل ما يعتبره صحيحاً، على الرغم من علمه أن ذلك لم يكن في صالحه». هذه شهادة سكرتيره ورفيقه لسنوات عديدة باربرو فيسّيل. أمّا رفيق برنادوت في الحركة الكشفية بينغت يونكر فقال في شهادته: «ربما كانت هـذه الصفة هي التي صنعت نجـاحه في جميع أنـواع المفاوضات التي خاضها. فهذا الانفتاح والصدق أمران نادران جداً إلى درجة أنهما ربما كانا ذوَي تأثير إيجابي مباغت وساحق على أولئك الذين اعتادوا على التعامل مع أنداد مختلفين تماماً».

ومن الواضح أن برنادوت كان يتمتع بقدرة رائعة على قيادة فريق العمل. إذ كان لديه حماس شديد وإيمان لا يتزعزع بنفسه وبالقدرة على فعل المستحيل. وكان قادراً أيضاً على نقل الحماس إلى زملائه في العمل، لأسباب عديدة ليس أقلها أنه لم يكن متكبّراً قطّ. ويشهد طابور طويل من الموظفين أنه كان يجد دائماً الوقت للاستماع إليهم، وأنه لم يفقد أعصابه أو يُعرب عن غضبه. كما أنه لم يكن يحبّ الخوض في التفاصيل إطلاقًا، بل كان يدعها للموظفين لكي يعالجوها بأفضل ما في وسعهم. وكان برنادوت يفضّل مناداته باسمه الأول فولك، وليس الكونت أو ما شابه ذلك؛ كان زعيماً ديمقراطياً حقيقياً، في وقت كانت لا تزال فيه التراتبية الهرمية في التعامل قوية ومتّبعة. «لم يكن يميّز بين الناس قطّ، بل كان ينظر فقط إلى القيمة الشخصية لكل فرد».[2]

كان فولك برنادوت شجاعاً بطريقة قد يُنظر إليها على أنها استهتار بالموت أو تهوّر. وكان يقول عندما كانت القنابل والقذائف تنفجر من حوله: «لا شيء يدعو للقلق»، وكأن المخاطر كانت تحفّزه، وخطر الموت يجعله في مزاج جيد. وقد يتبادر إلى ذهن المرء أحياناً بأن لديه شعوراً أرستقراطياً بالحصانة،

باعتباره سليل عائلة ملكية، مما يجعله ربّما يقول في نفسه: «لا شيء يمكن أن يحدث لي». وكان لديه العديد من الأنداد من بين أبطال التاريخ. أحد هؤلاء شابٌ كان معاصراً له إلى حدّ ما، وكان أرستقراطياً أيضاً، يُدعى هارالد إديلستام. وقد اشتهر إديلستام في عام 1973 بجهوده البطولية خلال الانقلاب في تشيلي، والذي أظهر في غالب الأحيان المقدار نفسه من عدم المبالاة المطلقة بالخطر، إن لم نقل الرغبة في التعرّض لخطر الموت. وكذلك الأمر، وعلى منوال الكونت برنادوت، فقد عرّض رفاقه للخطر، والذين ربما كان لديهم ميل أكثر نحو المحافظة على الذات. وبسبب هذا الأسلوب، أخذ الكونت فولك برنادوت عقيداً فرنسياً معه إلى الموت. ثم أصبح عدم اهتمام الوسيط الدولي، الكونت برنادوت، بالحماية الأمنية الذريعة الرئيسة للحكومة الإسرائيلية من أجل التنصّل من المسؤولية عن الاغتيال.

المزاج الهادئ والفكاهة وسرعة البديهة كانت من الصفات البارزة لدى فولك برنادوت، والتي كانت تُسعِد أصدقاءه بالتأكيد. وقد ضرب طبيبه أولف نوردقال مثالاً على ذلك، حيث قال: «سافر برنادوت إلى نيويورك في يوليو 1948 للمثول أمام مجلس الأمن الدولي. وقد سعى للحصول على دعم المجلس لجهوده الهادفة إلى التوصّل إلى الاتفاق بين الأطراف المتناحرة في النزاع [في فلسطين]. وقد هاجمه المندوب الروسي بقسوة، قائلاً إنه المسؤول عن اندلاع الحرب مجدداً في فلسطين بعد التوصل إلى وقف إطلاق النار. فردّ عليه الوسيط الأممي مستشهداً بقول أحد المراقبين في القدس: «العرب يتّهمون اليهود بخرق الهدنة، واليهود يتّهمون العرب بالشيء نفسه»، وأضاف برنادوت: «والآن ها هو أحدهم يقول لي أنت من فعل ذلك». وتابع: «لم أفكر في أنني سأسمع شيئاً كهذا من جانب أحد من الحضور الموقرين». لقد أثار ذلك البيان ابتهاجاً كبيراً، كما كتب نوردوول.

الفكاهة هي السمة المميزة للذكاء، ويبدو أن فولك برنادوت كان يمتاز

بقدرة لا تضاهى على المرح. ويُشار في كثير من الأحيان إلى أنه لم يكن صاحب قدرات فكرية بارزة، وأنه لم يكن يقرأ الكتب إلا نادراً. وفي الوقت عينه، يُشهد له بقدرته على فهم المشكلات والقضايا بسرعة والعثور على النقاط الجوهرية فيها على الفور. ثمة ذكاء مختلف عن ذلك الذي يُقاس باستخدام مقياس «معدَّل الذكاء»، وهو ذكاء يعتمد على الموهبة الاجتماعية وسرعة البديهة والمبادرة. ويبدو أن فولك برنادوت كان ذا حظ عظيم في هذا المجال.

صورة فولك برنادوت هذه بالطبع عبارة عن لوحة جميلة، بل هي قصيدة في مدح شهيد؛ وهي مستمدة من شهادات معاصرة. وقد شاعت صورته هذه في السويد عام 1949، ولم توجّه إليه الكثير من الانتقادات. أمّا في ما يتعلق بالوساطة في فلسطين، فقد تعرض لموجة من الاستياء والكراهية من جانب خصومه. وفي نهاية المطاف، بدأت الهجمات عليه تظهر شيئاً فشيئاً. لكن من المهم أولاً تحديد كيف كان يُنظر إليه في السويد على ضوء وفاته، وذلك لكي نتمكن، على وجه التحديد، من مقارنة ذلك مع ما حدث لاحقاً.

كان برنادوت شخصية استثنائية في ذلك الوقت، ولكنه عندما كان طفلاً لم يكن مميّزاً بشيء محدد على الإطلاق. يُصوّر إيريك بوهيمان، وهو دبلوماسي ومؤلف، فولك برنادوت في مقال مثير للاهتمام كشخص نضج ببطء وخضع لتغيير مذهل.

كان بوهيمان وبرنادوت صديقين، حيث ابتدأت زمالتهما في المدرسة لمدة تسع سنوات، ثم امتدّت حتى التخرج، وتزاملا أيضاً في الخدمة العسكرية لفترة من الزمن. وكتب بوهيمان عن فولك برنادوت حين كان تلميذاً؛ فوصفه بأنه كان سلساً للغاية. كما كان مهذباً، ولكنه لم يكن يلفت النظر. ولا يتذكر بوهيمان أي مناسبة لعب فيها برنادوت دوراً بارزاً أو أصبح محور حكاية جيدة. حصل فولك برنادوت على درجة متوسطة، ولم يكن مهتماً بشكل

خاص بموضوع محدّد. وكان ضعيفاً من الناحية الصحية، لكنه نما وتطوّر لاحقاً. وهكذا، لم يكن هناك ما يشير إلى أنه سيصبح شخصية عظيمة لاحقة.

في مدرسة الفرسان في فيكخو، بدأت جوانب جديدة في شخصية فولك برنادوت بالظهور. وحول ذلك، كتب بوهيمان: «ظهر الجانب الصلب في طبيعة فولك؛ وهو أمر لم أتوقعه من قبل. إذ أصبح الآن أكثر سعادة وانفتاحاً وذا شعبية متزايدة. وبدا الأمر كما لو أن المصاعب والمشاقّ التي خاضها، ليس على ظهور الخيل فحسب، قد منحته المزيد من الثقة بالنفس، وفتحت أمامه مجالات جديدة».

بعد ذلك، افترق الصديقان وذهب كلّ منهما في طريق، ولم يلتقيا مرة أخرى إلا بعد أن انتهت الحرب [العالمية الثانية]. كان برنادوت في ذلك الحين في العقد الرابع من عمره. وحول هذا الجانب، يتابع بوهيمان: «لقد تطورت شخصيته تطوراً هائلاً. وأنا أعتقد أن قلة قليلة ممن عرفوه عندما كان شاباً استطاعوا توقّع مثل هذا التحوّل. وربما كان الانطباع الأقوى الذي يتكون لدى المرء عنه هو قدرته على إشاعة الثقة. وكان مزاجه الهادئ والمرح شيئاً رائعاً. وقد اكتسب ثقة حقيقية بالنفس، من دون أن يبدو عليه أي قدر من الاعتداد بالنفس. أمّا قدرته على المحاكمة والتقييم، ومعرفته بطبائع الناس فلم تكونا عميقتين إلا فيها ندر. وكان لديه اعتقاد راسخ تقريباً بقدرته على فعل الخير، ولكن من دون أن يبدو متعصباً لرأيه. وكان متفائلاً حقا، على الرغم من أنه لم يقلل بالتأكيد من شأن صعوبات المهام التي قام بها. وفي الوقت نفسه، كان هناك شيء من السذاجة في تكوينه؛ وهو الأمر الذي أظهره بمظهر المتعاطف للغاية مع الغير. وكان ذا طبيعة غير معقدة؛ هكذا بدا على الأقل. وفي اعتقادي، إن قدرته على إشاعة الثقة- وبالتحديد ملامحه التي تشي بنوع من السذاجة- كانت من الصفات التي جعلت منه شخصاً ناجحاً؛ إذ من المؤكد أن أشخاصاً آخرين من أولئك الذين يتمتعون بتنشئة فكرية أعمق

كانوا سيجدون مشقة في تولي المهمة التي كُلّف بها».

وُلد فولك برنادوت عام 1895 باعتباره الابن الأصغر لأوسكار برنادوت وزوجته إيبا مونك من فولكيلا. وكان والده نجل الملك أوسكار الثاني، وشقيق ولي العهد الأمير غوستاف الذي أصبح لاحقاً الملك غوستاف الخامس. وقد فعل والد فولك برنادوت، الأمير أوسكار، في ما بعد أمراً اعتُبر آنذاك مذهلاً للغاية: تزوج من خارج نطاق العائلات الملكية. وهو مع ذلك، لم يقترن بأية امرأة من عامّة الناس، بل من وصيفة زوجة أخيه فيكتوريا؛ وهو أمر لم يسبق أن حدث مثيل له في العائلة المالكة. وقد اعتُبر هذا الفعل، بعد كل شيء، بمثابة نقطة تحول بين عصر السلالات الملكية والعصر الديمقراطي. ولطالما كان الزواج داخل البيوت الملكية جزءًا مهمًا من السياسة الخارجية للدول، ولا أهمية في هذا المجال على الإطلاق لمشاعر العشاق الصغار ورغباتهم. إنّ تمكّن أوسكار من اتخاذ هذه الخطوة، وإن كان ذلك في مواجهة مقاومة كبيرة ومعاناة شديدة، كان علامة بارزة تدلّ من جهة على تضاؤل قوة البيوت الملكية، وتدلّ من جهة أخرى على طبيعةٍ شخصية مستقلة.

وقد تخلى بفعلته تلك عن حقّه وحق نسله في تقلّد منصب الملك. وهي ليست بالضرورة تضحية كبيرة، ولكنها كانت بالطبع قراراً غيّر مجرى حياته. وقد تطرق فولك برنادوت إلى هذه المسألة في سيرته الذاتية: «كان عليها أن يتغلبا معاً على العديد من العقبات والصعوبات؛ وهو الأمر الذي وضع حبهما تحت اختبارٍ قاسٍ، قبل أن يعطي جدّاي والحكومة السويدية موافقتهما على الزواج». [3]

لم يكن ذلك الزواج يعني طرد أوسكار وإيبا من العائلة المالكة. ومع ذلك، فإن الحال في منزل طفولة فولك برنادوت كانت أقرب في مظهرها إلى حياة الشريحة العليا من الطبقة المتوسطة ذات الانضباط المفرط في الدقة، منها

إلى مظاهر البذخ الأرستقراطي. وكان والداه شديدي الإيمان، وملتزمين بالواجبات الدينية، ولذلك فقد نشأ أبناؤهما بروح مسيحية. «منذ صغرنا وُجّه تفكيرنا نحو محاولة مساعدة الآخرين ونجدتهم»، يقول فولك برنادوت الذي يعتقد أيضاً أن تلك التنشئة كانت صارمة: «أتذكر أن والدي كان يقول على الدوام إن الطفل يجب أن يتعلم الطاعة قبل أن يبلغ الثّانية من عمره». لكن، أولاً وقبل كل ذلك، كان البيت مليئاً بالحبّ. وكان فولك برنادوت يشير غالباً إلى ما يعتبره امتيازاً أكبر بكثير من امتياز ولادته في عائلة ملكية، ويعني بذلك نشأته في بيت تسوده المحبّة: «... تميّز البيت على الدوام، ومن دون استثناء حتى ليوم واحد، بانسجام نادر. لم أسمع مطلقاً تبادل كلمات شريرة أو عنيفة بين والديّ». وربّما كان فولك أكثر من تمتّع بتلك الامتيازات لأنه كان الابن الأصغر والأعزّ لدى والديه وأشقائه، فهو الابن المحبوب.

يمكن تتبع بعض صفات فولك برنادوت الشخصية التي لعبت دوراً إيجابياً في النشاطات التي جعلت منه شخصية مشهورة عالمياً، وردّ تلك الصفات إلى البيئة التي نشأ فيها. فهو يتمتع، أولاً وقبل كل شيء، بثقة راسخة في النفس. وهو ينتمي إلى النخبة الاجتماعية العليا، أي إلى العائلة الملكية. وكان من الواضح بالنسبة إليه أن هذا الانتماء يؤهله للتواصل والتعامل على قدم المساواة مع أي كان من عظماء العالم وأقويائه. بالإضافة إلى ذلك، وإلى كونه طفلاً محبوباً وامتلاكه ذلك الشعور الذي لا يقدّر بثمن بأنه محبوب ومرحَّب به على الدوام، فلم تكن تلك الصفات إلا لتعزّز من تقديره لذاته.

كما أن النشأة في بيت تسوده أجواء التديّن الشّديد، حيث بدا جلياً أن الإيمان المسيحي كان أكثر من مجرد تعابير لفظية، كانت أيضاً عاملاً مهماً في تكوينه. وقد استهلّ فولك برنادوت سيرته الذاتية بالآية «لا تدينوا لكي لا تُدانوا»، والتي يراها من أجمل ما في الكتاب المقدّس. إذ لا ينبغي إدانة المجرمين، بل يجب قبل ذلك السعي إلى معرفة ظروفهم الحياتية، ونشأتهم، وفقرهم، وميولهم، وغير

ذلك من الدوافع التي قد تكون السبب في سلوكهم الإجرامي، بحسب رأيه، وهذا تفكير متحضّر تماماً. وحين تفعل ذلك، ستتوقف عن التفاخر بتفوّقك، وستشعر بدلاً من ذلك بالشفقة على من هم دونك، وستشعر أيضاً بالامتنان والشكر. «أنا واحد من الناس الذين عاشوا، طوال فترة نشأتهم، حياة هادئة مليئة بالحبّ. وحصولي لاحقاً على الكثير من النجاح في الحياة، ينبغي أن يجعلني من جملة المجرمين والخارجين على المجتمع إن لم أحاول بطريقة ما إتاحة الفرصة للآخرين للمشاركة في السعادة والانسجام اللذين حصلتُ على نصيب وافر منهما».

وكما سبق القول، لم يكن المسار التعليمي ناجحاً، ولكنه لم يكن في الوقت عينه مأساوياً. كان فولك برنادوت تلميذاً سعيداً ومسالماً. وكانت قدرته على القراءة والكتابة سيئة؛ ويقال إنه كان يعاني من عسر القراءة، وهو خلل شائع في أسرته. وربما كان عسر القراءة هو السبب في عدم تحصيله تعليماً عاماً أوسع وأعمق، حيث عانى طوال حياته من صعوبة في التعامل مع الكلمة المكتوبة. وقد يبدو هذا أمراً مفاجئاً، حيث ظهر فولك برنادوت، شيئاً فشيئاً، كمؤلف لما لا يقل عن خمسة كتب. لكن المفاجأة تزول حين يعلم المرء أن لتلك الكتب كاتباً خفيّاً اسمه راغنار سقانستروم كان يُعدّها بناء على إملاء فولك برنادوت وملاحظاته.

أما الوثائق التي ذيّلها بتوقيعه فقد أملاها على مساعده باربرو ڤيسّيل الذي رافقه في العديد من رحلاته المحفوفة بالمخاطر. ويمكن للمرء أن يتذكّر اسم باربرو ڤيسّيل التي كانت موجودة ضمن الموكب لحظة الاغتيال، ثمّ قدَّمت لاحقاً شهادة مهمة في المحكمة [يبدأ الحديث من هنا فصاعداً عن باربرو ڤيسّيل بصيغة المؤنث بعد تغييره لهويته الجنسية – المترجم]. وكانت باربرو ڤيسّيل قد تزوجت لاحقاً من نجم البث الإذاعي الأسطوري سڤين يارّينغ الذي اشتهر آنذاك بلقب «العم سڤين»، ثمّ أنشآ معاً «مؤسسة يارّينغ» وهي

مؤسسة خيرية تهتم بمساعدة الأطفال من ذوي الاحتياجات الخاصة، وهي مكرّسة بالكامل إكراماً لروح فولك برنادوت.

يُشدّد المفترون على فولك برنادوت على إبراز عيوبه في المجال الفكري. وأحد هؤلاء هو المؤرّخ أميتسور إيلان الذي ألف كتاباً كرّسه لنقد جهود الوساطة، وزعم فيه أنّه لو كتب فولك برنادوت شيئاً ما بنفسه- ومن النادر أن يكون قد فعل- فسيكون ذلك مجرد فوضى.[4] أمّا ستيغ هادنيوس الذي كتب سيرة برنادوت فيدعو إلى توخي الحذر عند تناول هذه المسألة. ويستشهد هادنيوس برسائل مكتوبة بخط اليد موجهة إلى عدد من الأشخاص من بينهم [عمّه] الأمير يوجين، والتي لا يبدو فيها أي أثر لصعوبة في الكتابة.[5] ويبدو أن تفسير إيلان لشخصية برنادوت يستند في جزء منه إلى نية خبيثة، حيث أجرى مقابلة مع إستيل إكستراند [زوجة برنادوت] كما كانت تدعى آنذاك، ومع بابرو يارّينغ [فيسّيل، سابقاً] حيث عبّرتا لاحقاً عن انزعاجهما من طريقة استخدام إيلان للمعلومات التي أدليا بها.[6]

بعد التخرج، توجّب على فولك برنادوت أن يُختار مهنة، فاختار أن يكون عسكرياً في سلاح الفرسان. وكان اختياره لهذا المسار الوظيفي واضحاً وبديهياً كما لو أنه لم يكن هناك بديل آخر. وكضابط شاب، عاش حياة سعيدة من دون الحاجة إلى التفكير في أمور شديدة التعقيد. وحول هذه المسألة كتب: «ربّما كان من الطبيعي أيضاً أن يتراجع اهتمامي بأعمال الإغاثة- وربّما الأمور الجادّة أيضاً- ليتكرّس اهتمامي كلّه حول الخدمة العسكرية ورياضة ركوب الخيل والترفيه. لم تكن لدى الملازم في سلاح الفرسان أدنى رغبة أو فكرة في أن يصبح «جنرالاً في الصليب الأحمر». ولا أعتقد أبداً أنني شعرت بوجود فراغ في حياتي. لقد أخذ الشباب حقّه، وكان الشعار آنذاك هو أن نعيش الحياة مع ابتسامة».

كان من الواضح أن مهنة الضابط عمل سهل بالنسبة إلى شاب متميز لأنها تتيح له القيام برحلات تعليمية طويلة في أوروبا، وصولاً إلى بعض أطرافها من جهة آسيا. وكان رفيقه في تلك الرحلات عمّه الرسام الأمير يوجين الذي حاول تثقيفه في مسائل الفن والعمارة.

كان الأمير يوجين الممثل الأبرز للموهبة والاهتمام بالفن والثقافة بين أفراد عائلة برنادوت، وهو يعتبر أحد أبرز الفنانين السويديين. وكان قد بدأ حياته كضابط، مثل جميع إخوته وبناء على وصية والده أوسكار الثاني، ولكنه لم ينسجم مع الحياة العسكرية. أراد أن يرسم فانتقل إلى باريس، وهنالك اختلط بشخصيات بارزة في مدارس الفن الحديث، مثل [الرسامَيْن السويديين] أندرش زورن وريتشارد بيرغ، فأصبح راديكالياً وديمقراطياً وداعماً لحركة المطالبة بحقّ الجميع في التصويت، فلُقّب أحياناً بـ«الأمير الأحمر». وقد استحوذت عليه أفكار الفن الحديث في فترة ازدهار المرحلة الانطباعية في الفن. ولكنه بقي في الوقت عينه مخلصاً تماماً لمكانته ضمن العائلة الملكية؛ فلم يتزوج زواجاً مدنياً كما فعل شقيقه الأكبر أوسكار، والد فولك. وهكذا بقي أعزب ولم يتزوج.

وقد تمكّن الأمير يوجين، بعد مدّة من الزمن، من شراء عقار فالديهارسود في يورغوردن [جزيرة وسط ستوكهولم] حيث شيّد قصراً مع حديقة غنّاء وجمع أعمال الفنانين السويديين. وخلال الحرب [العالمية الثانية] أصبح قصر فالديهارسود نقطة تجمّع للمقاومة ضدّ النازية التي كان ليوجين دور نشط فيها. وسوف نتطرق لاحقاً إلى موقف فولك برنادوت الشخصي من النازية.

يروي فولك برنادوت حكاية حدثت له في باريس، وهي تبيّن أن ميوله لم تكن في الاتّجاه الفني قطّ. ففي إحدى المناسبات، كان فولك ويوجين- وبرفقتها الكونت إيرنسقارد- في كنيسة نوتردام لحضور قدّاس عيد الفصح.

وخلال مغادرتها المنطقة مرّوا بقوس النصر، فأراد فولك أن يستغل الفرصة ليقول شيئاً معبراً عن المعرفة والذكاء، فسأل عمّا إذا كان باني هذا المَعلم العمراني هو نفسه المهندس الذي بنى نوتـردام و«آرك دي تريومف» [قالها بالفرنسية–المؤلف]. حدّق رفيقاه ببعضهما بعضاً وهما في حالة صدمة. ثم تمالك يوجين نفسه شيئاً فشيئاً وتنهّد قائلاً: «كيف تشعر وأنت تعيش في مثل هذا الظلام؟».

وكان السؤال الذي طرحه فولك برنادوت كاشفاً، إذ من المعلوم أن ما يقرب من خمسمائة عام مرّت بين إنشاء المبنيين. وتجدر الإشارة إلى أنه في عصرنا الطافح بالمعلومات، تبدو صورة العالم مجزّأة والنظم الفكرية متعدّدة. لذا، إنّ قلائل هم الذين سيصابون اليوم بالصدمة جرّاء شخص يجهل هذه المعلومة بالذات. أما في ذلك الوقت، فكان ثمة صورة واحدة للعالم، ومعيار تعليمي، وذائقة جيدة، وبالتالي فإن عدم الإلمام بهذه المسلمات كان يعتبر تجاوزاً لحدود الأخلاق. كان فولك برنادوت سعيداً بسرد هذه الحكاية، وهو أمر قد يُفسّر على أساس الميل إلى السخرية من الذات.

انتهت مسيرة فولك برنادوت العسكرية سريعاً، وذلك عام 1927 حين تبيّن أنه لا يتمتّع بصحة جيدة. ففي وسط حفلة راقصة أقامها نادي الضباط في سلاح الفرسان أصيب بنزيف دموي استدعى نقله إلى المستشفى حيث مكث لفترة طويلة. وقيل إن حالته قد شُخّصت بأنها «هشاشة في الأوعية الدموية»، في حين قال البعض إنها نزيف نتيجة قرحة في المعدة، وقد عانى من تلك الإصابة طيلة حياته، فرافقه الطبيب أولف نوردڤال في جميع رحلاته، حيث أُدخل المستشفى من حين إلى آخر. وينبغي للمرء أن يتذكّر دائماً أنه عانى على الدوام من هذه العلّة، وبالتالي ينبغي أن تؤخذ بعين الاعتبار جميع الأخطار التي عرّض نفسه لها في نهاية حياته.

غيرت إقامته في المستشفى اتجاه حياته، فبدأ يفكر في الجوانب الأكثر جدية في الحياة، وأصبح أكثر فهماً للمعاناة البشرية. «تركّزت أفكاري حول أمور أكثر جدية، وأصبح من السهل فهم معاناة الآخرين. وثمة أمر واحد مؤكد: بالنسبة إليّ، أصبح المرض بمثابة التحضير غير المباشر للأنشطة التي أمارسها الآن».

ويضيف فولك برنادوت أن المرض هو الذي جعله يتعرف إلى الفتاة الرائعة التي أصبحت زوجته في ما بعد.

كانت إستيل مانفيل ابنة مليونير من أميركا الشمالية جمع ثروة من تجارة الحرير الصخري. وقد التقيا لأول مرة في الريفيرا الفرنسية، حيث كان فولك مدعواً من قبل عمه غوستاف الخامس، وكان السبب الرسمي للدعوة هو النقاهة بعد أن أبلَّ من إحدى نوبات مرضه. وبحسب ستيغ هادنيوس، فقد كان الملك يأمل في أن تنطلق شرارة الحبّ بين فولك برنادوت والمليونيرة الشابة التي دُعيت إلى حفلة مخطّطٍ لها للسياحة والترفيه والسفر بالطائرات.

كانت إستيل في الثالثة والعشرين من عمرها، وكانت- وفقاً لجميع الشهادات- امرأة جميلة جداً ومستقلة وذكية. وكان انطباعها الأول عن فولك أنه رجل نبيل عادي إلى حدّ ما، مشتَّت الانتباه تقريباً، لكنه ضحك بعد ذلك «بتلك الطريقة الخاصة التي لا تقاوم، وفي تلك اللحظة فهمت للمرة الأولى شيئاً حول كينونته العميقة... ضحكة سعيدة وحيوية، ثمّ رأيت فجأة أن عينيه زرقاوين بشكل لا يصدق. [...] اعتقدتُ للحظة أنني أستطيع رؤية روحه، وفهمتُ في الوقت نفسه أنه رجل طيب».(7) ثمّ أصبحت إستيل رفيقة حياة حقيقية لفولك، وكانت تناقشه دائماً في القرارات المهمة. وقع فولك برنادوت في الحب من فوره، ثمّ طلب يدها بعد نحو شهر فقط فوافقت. ثم عاد كلّ منهما إلى موطنه وتبادلا الرسائل. وقد شاركها فولك في تلك الرسائل

أفكاره حول المعاناة والرحمة التي شغلته خلال فترات مرضه فكان لذلك تأثير كبير عليها. لقد دخلت حياته في الوقت الذي بدأت فيه شخصيته بالنضوج فساهمت مساهمة فعالة في ذلك. وقد تحدثت إستيل بعد سنوات عديدة عن رأي أدلى به بينها كانا واقفين، بعد زفافهما، على سطح السفينة البخارية العابرة للأطلسي كونغزهولم- وقد رأيا السويد تلوح في الأفق من خلال ضباب يناير/ كانون الثاني- حيث قال، بشكل غير متوقع تماماً، إنه حلم بأن يتمكن في يوم ما من إنجاز شيء عظيم ورائع لبلده. لقد أعطت إستيل ميزة لنفسها اكتشاف صفاته النبيلة التي لا يعرفها الآخرون وتشجيع تلك الصفات.[8]

على مستوى الحياتي البحت، كانت الظروف مؤاتية وجيدة أيضاً. كان فولك برنادوت سليل أسرة ملكية، وإذا كان هناك أي شيء يحبه الأثرياء، فهو الأنساب العريقة والألقاب الرفيعة؛ فهي الأشياء الوحيدة التي يفتقرون إليها. إذاً، كانت شابة جميلة وغنية وكان هو في الثانية والثلاثين من عمره.

تزوجا في 1 ديسمبر 1928، بعد حوالي ستة أشهر من لقائهما الأول. أُقيم حفل الزفاف في منزل أهل الزوجة خارج نيويورك، ودعي إليه 1500 ضيف. وكان الحفل فخماً للغاية وجذب الكثير من الاهتمام. كان والدا العروس مقتدرين، وكان حفل الزفاف فرصة عظيمة لهما لإثبات مدى ثرائهما. وقد فُتنت الصحف بمظاهر الاحتفال. وفي صورة التقطت بعد مراسم عقد الزواج، شوهد العروسان خارجين من الكنيسة تحت سيوف متقاطعة يحملها عدد من ضباط سلاح الفرسان، حيث شُحنت تلك السيوف من السويد لهذا الغرض. عروس جميلة متألقة وضابط وسيم. لقد حصل الأمير على أميرته كما في الحكايات الخيالية، وكان كلّ شيء من حولهما يشعّ بالجمال والسعادة والثروة.

ويبدو أنهما عاشا سعيدين معاً، إذ يوجد الكثير من الصور الملتقطة خلال

فترة زواجهما الذي دام عشرين عاماً، ولا يوجد أي أثر لأي خلاف بينهما، بل على العكس من ذلك كانت العلاقة بينهما جيدة. كان فولك برنادوت مغرماً بامرأة أخرى لفترة استمرت حتى عام 1940 تقريباً، لكن هذا من الأمور التي تحدث في أفضل الزيجات. وقد أنجب إستيل وفولك أربعة أطفال، لكنهما للأسف فقدا اثنين منهم في وقت مبكر.

وبفضل ثروة إستيل العظيمة، تمكنت الأسرة من الحصول على منزل وحياة أكثر استقراراً ورخاءً بكثير من الأوضاع المتقشفة – وإن لم تكن فقيرة تماماً – التي كانت سائدة في البيت الذي نشأ فيه فولك. اشتريا قصر دراغون غوردن في جزيرة يورغوردن، وهو المبنى الذي كان سابقاً نادياً للضباط، حيث سقط فولك مريضاً قبل عدة سنوات. أصبح قصر دراغون غوردن مسكن العائلة، لكنهم أمضوا منذ البداية الكثير من الوقت في الخارج، وخاصة في الولايات المتحدة الأميركية. وهنالك دخل فولك برنادوت حياة رجل الأعمال التي لم تكن في حسبانه.

4

سيرة برنادوت المهنية في المجال الدولي

«لم يسبق لي أن كُلّفت بمهمة أثارت اهتمامي أكثر من هذه»

ما الذي سيفعله برنادوت في الحياة بعد أن انتهى مستقبله المهني كعسكري؟ حاول الانخراط في عالم الأعمال في الولايات المتحدة، حيث أمكنه الاستفادة من العلاقات الطيبة والواسعة لوالد زوجته. لكن المحاولة لم تنجح، وذلك بسبب الكساد من جهة، ولأنه لم يكن رجل أعمال أساساً من جهة أخرى. حتى إنه لم يستطع إظهار المقدرة الكافية لتدبير الأمور المادية لأسرته، ولم يكن من المناسب بالطبع أن تتولى إستيل ذلك. لذلك كُلّف بتلك المسؤولية الاقتصادي الشابّ نيلز إيريك إكستراند الذي تولى تلك المهمّة ونجح فيها حتى نال ما يكفي من الرضى الذي أتاح له الزواج من إستيل بعد رحيل فولك برنادوت.

لكن فولك برنادوت حقق نجاحاً أفضل كدليل سياحي، وكممثل للسويد في المحافل والسياقات الرسمية. وقد بدأ ذلك مع معرض شيكاغو العالمي لعام 1933؛ حيث كان فولك المتحدث الرسمي وناقل تحيات الملك إلى الأميركيين السويديين في تلك المدينة التي تضمّ أكبر عدد من السويديين في العالم، بعد ستوكهولم. إذاً، بتوليه مثل تلك المهام، شعر فولك برنادوت بالقدرة على التقدّم، وبدأت سمعته تنتشر، والحديث يدور حول ذلك الرجل العالمي الأنيق الذي يتمتّع أيضاً بشخصية رائعة ومهارات اجتماعية فائقة.

وقد أدى ذلك إلى أن يُعيّن كمفوّض عام مسؤول عن مشاركة السويد في معرض نيويورك الدولي في العام 1939. وكانت الغاية من المعرض المذكور، الذي لم يكن شعاره «عالم الغد» موفقاً تماماً، هي أن يكون بمثابة تظاهرة سلام في العالم الذي كان يستجمع آنذاك قواه لخوض المعركة الكبرى الوشيكة. حقّق المعرض نجاحاً للسويد ولفولك برنادوت الذي قدّم نفسه كمنظّم بارز وكمتحدّث فصيح، بالإضافة إلى الإشادة به كإداريّ ناجح. وكان، في كل ما تولاه من مهام، شديد التفاؤل والحيوية. وكان آنذاك في الرابعة والأربعين من العمر.

بعد عشر سنوات، كتب برنادوت: «كانت الحرب العالمية تقترب بسرعة. أما الحديث الجميل في نيويورك عن «عالم الغد» فقد أصبح شيئاً فشيئاً حديثاً مريعاً، بل غريباً وغير معقول». وفي ديسمبر/كانون الأول من عام 1939 اندلعت حرب الشتاء بين فنلندا والاتحاد السوفييتي. وقد شعر فولك برنادوت، مثل معظم السويديين، وخصوصاً الطبقة العليا منهم التي تكره البلشفية، بالانزعاج الشديد من غزو الاتحاد السوفييتي لفنلندا المستقلة.

كان من المفترض أن تسافر إستيل وفولك إلى أوروربا وأن يبقى الأولاد في الولايات المتحدة نظراً لاضطراب الأوضاع العالمية. ثمّ طلب «بعض القادة السويديين» من فولك البقاء في الولايات المتحدة من أجل تنظيم فيالق من المتطوعين الذين سيتوجهون إلى فنلندا للمشاركة في الدفاع عنها. وكان المقصود أن يتم تجنيد المتطوعين من بين الأميركيين المتحدرين من أصول اسكندنافية، وأن يتم جمع المال لهذا الغرض من رجال الأعمال الأثرياء.

وهكذا شرع فولك برنادوت في أداء مهمته بتفاؤله وحيويته المعتادة، ولم يثنه عن ذلك تحذير إستيل وعدم رضاها عن الأمر. اتصل بكل من حكومتي السويد وأميركا الشمالية فحصل منهما على الضوء الأخضر. وكان الهدف هو

شراء طائرات حربية وتجنيد الطيارين لدعم القوة الجوية الفنلندية الضعيفة. ومن خلال والد زوجته، كان لدى فولك ما يكفي من العلاقات التي أتاحت له التواصل مع أغنى الرجال في عالم الأعمال. وقد قوبل منهم بتعاطف شديد، ولكنه لم يحصل على شيء يذكر من الأموال. «بعد الحرب العالمية الأولى، اتُّهم العديد من الشركات والبنوك والأفراد بالمساهمة في الحرب من خلال التبرع بالمال أو تقديم الائتمان للدول المتحاربة. وكانت السلطات، بعد نهاية الحرب العالمية الأولى، قد أكملت للتوّ تحقيقاتها الشاملة في الأمر، والمتبرعون المحتملون لا يجرؤون الآن ببساطة على المخاطرة بتكرار ذلك».

هذا هو أسلوب فولك برنادوت. نشاط تامّ وصولاً إلى القمّة، حيث يؤمن فريق العمل بتحقيق الأفضل، مع الاقتناع دائماً بالنجاح؛ مدفوعين بالرغبة في التغلب على المصاعب. وهكذا، حين لم يستطع جمع المال في أوساط عالم الأعمال، انطلق في جولات لجمع التبرعات عبر الولايات المتحدة. وقد تعاون في ذلك مع أسطورة سويدية أخرى هي إلزا براندستروم، التي اشتُهرت آنذاك بلقب «ملاك سيبيريا» لما بذلته من جهود في مخيمات اللاجئين الروس خلال الحرب العالمية الأولى.

وفي أحد الأيام تعرض لخديعة. إذ اقترب منه شابان وقدّما نفسيهما كطيارين يريدان المشاركة في الحملة. ولكنهما في الحقيقة كانا صحفيين من جريدة دايلي ووركر الشيوعية. وقد كتبا بعد ذلك مقالة طويلة بعنوان: «ابن شقيق ملك السويد عميل لمانّيرهايم». وكان [غوستاڤ] مانّيرهايم قد كُرّس آنذاك بطلاً قومياً في فنلندا لقيادته دفاع فنلندا ضد الغزو السوفييتي، ولكنه كان في نظر العمال الراديكاليين في الولايات المتحدة الجزّار الذي سحق بوحشية الانتفاضة الفنلندية الحمراء عام 1918. وقد هاجر الكثير من الفنلنديين الحمر المهزومين إلى الولايات المتحدة بعد فشل انتفاضتهم وشكّلوا هناك قوّة سياسية فعّالة.

«عدتُ إلى ستوكهولم في نهاية شهر مارس/ آذار مع شعور عميق بخيبة الأمل. لقد كان كل عملي بلا جدوى...». قد يبدو هذا التعليق غريباً؛ وذلك لأن حرب الشتاء قد انتهت، أفلا يستحق ذلك الشعورَ بالبهجة؟ كلا، بل أحسّ فولك برنادوت بخيبة الأمل؛ مثل كثيرين غيره ممّن بذلوا جهودهم من أجل فنلندا. فقد أمل أولئك الأشخاص أن تؤدّي جهودهم إلى المساهمة في صدّ الغزو، ولكن نتيجة الحرب أسفرت بدلاً من ذلك عن إجبار فنلندا على الدخول في سلام قاسٍ، مع تنازلها عن أجزاء واسعة من أراضيها.

كان فولك برنادوت لا يزال آنذاك يحمل رتبة عسكرية؛ على الرغم من أنه لم يكن في الخدمة الفعلية. وحين حشدت السويد قواها العسكرية، استُدعي أيضاً للالتحاق بالخدمة، لكنه اعتُبر غير مناسب للخدمة القتالية بسبب مشاكله الصحية. لذلك عُيِّن مسؤولاً عن عمليات الحجز والاعتقال في رئاسة الأركان. وقد تبدو هذه المهمة فظيعة بعض الشيء، ولكنه لم يكن المسؤول عن عمليات الاعتقال الشائنة بحق الشيوعيين السويديين خلال السنوات الأولى من الحرب.

كانت مسؤوليته تتعلق حصراً باحتجاز الجنود الأجانب الذين انتهى بهم المطاف بدخول أراضي السويد المحايدة، وبالتالي يتوجب تجريدهم من أسلحتهم والعناية بهم حتى يُنظر في أمرهم لاحقاً. وكان أغلبهم من طياري قوات الحلفاء الذين اضطروا إلى الهبوط في الأراضي السويدية، ومن النرويجيين الذين عبروا الحدود إلى السويد، بالإضافة إلى الروس والألمان والبولنديين الذين دفعتهم رياح الحرب العاتية ليعبروا الحدود إلى بلد يمكن للمرء أن ينعم فيه بالسلام وسط حالة الجنون المحيطة به. وفي كتابه «بدلاً من السلاح»، يروي برنادوت العديد من القصص المثيرة للاهتمام حول عمله آنذاك، ومن بين تلك القصص واحدة تدور حول السجناء الروس. ومفاد الحكاية أن الكسندرا كولونتاي، المفوضة السوفييتية الأسطورية في ستوكهولم، سعت إلى

لقاء برنادوت لتشتكي له من أن الجنود والضباط محتجزون معاً في المعسكر نفسه. فأجابها برنادوت بأنه فعل ذلك عمداً لأنه يعتقد أن هذا هو المبدأ المطبّق في الدولة البلشفية؛ حيث يعامل الجميع - سواء أكانوا من ذوي الرتب العالية أم المنخفضة - على قدم المساواة. «أوه، كلا»، أجابت كولونتاي، وأضافت: «ربما كان الأمر كذلك سابقاً، أما الآن فقد ارْتُئي، من أجل الانضباط، أن يتم التمييز بين الرتب».

ما الموقف الذي اتخذه فولك برنادوت في ما يتعلق بجبهات المعركة الإيديولوجية التي كانت دائرة في أوروبا التي مزقتها الحرب؟ يبدو أنه في بداية الأمر لم يكن منخرطاً في أي نشاط أو مواقف سياسية محددة. لكن الأمر الوحيد المؤكد هو أنه كان مناهضاً بشدة للشيوعية التي اعتبرها جميع من هم ضمن طبقته الاجتماعية كتهديد لامتيازاتهم، وفي أسوأ الأحوال كتهديد لحياتهم نفسها. لكن، كيف كان رأيه في النازية؟ قبل العام 1945، وقبل أن يصدر كتابه «النهاية»، لم يُعثر على الكثير من الأدلة على موقفه. أما في كتاب «النهاية» فقد عبّر عن معارضته الشديدة لجميع أشكال الديكتاتورية، كما أن مهاجمته لشرور النازية كانت عديدة. لكن، ماذا عن الفترة التي سبقت ذلك؟

في العام 1937، كان فولك برنادوت عضواً مع 1100 عضو آخرين، في «الجمعية السويدية-الألمانية»،[1] وهي غير «جمعية السويد-ألمانيا الوطنية» ذات التوجّه النازي الواضح. تأسّست «الجمعية السويدية-الألمانية» عام 1913 من قِبل سُقِن بالمه، جدّ أولف بالمه، وكان من بين المؤسسين سلمى لاغرلوف، وكارل لارشون، وفيرنر فون هايدنستام. وكان هدف الجمعية هو السعي غير الربحي لتنشيط التبادل الثقافي بين السويد وألمانيا. وكانت ألمانيا من الناحية التاريخية هي البلد الذي يميل إليه السويديون، كما كانت اللغة الألمانية هي اللغة الأجنبية الوحيدة والأولى التي يتعلمها الناس. وفي عصرنا الحالي، ثمة ميل عام إلى الربط بين المودة نحو ألمانيا وبين التعاطف

مع النازيين، لكن هذا أمر غير صحيح تاريخياً. هناك بالطبع إمكانية لإظهار التعاطف والاحترام تجاه بلد ذي ثقافة عريقة، حتى وإن كان المرء لا يستسيغ التوجهات السياسية لذلك البلد. على كل حال، بعد تولي هتلر السلطة في ألمانيا، أصبحت «الجمعية السويدية-الألمانية» موالية علناً للنازية. حتى إن الوزير الألماني رودلف هيس ألقى خطاباً عام 1935 في اجتماع عقدته الجمعية في فندق غراند أوتيل، ولا نعلم على وجه اليقين ما كان موقف برنادوت من هذه المسألة.

خلال المرحلة الأولى من الحرب العالمية الثانية، حين بدت ألمانيا وكأنها قوة لا تُقهر، كان هناك الكثير من السويديين الذين قبلوا بفكرة أوروبا التي سيعاد تنظيمها تحت قيادة ألمانية، وكان معظمهم من النخبة الاجتماعية العليا. ولم يكن الولاء لألمانيا محصوراً ضمن الطبقة البرجوازية، بل كان له ممثلون ضمن الحركات العمالية أيضاً. ولم يكن ذلك يعني بالضرورة أنهم أرادوا القضاء على الديمقراطية السويدية أو اعتناق الأفكار الفاشية.

في دراسة مهمّة بعنوان «الإعجاب والخوف»، يصف غونّار ريشاردسون نطاق الاتصالات التي كانت قائمة مع ألمانيا خلال السنوات الأولى من الحرب.[2] بداية، يمكن القول إن الميل نحو ألمانيا المنتصرة لم يكن كبيراً في أوساط العسكريين السويديين كما قد يُتوقَّع. فقد ذهبت الوفود العسكرية السويدية إلى ألمانيا وتواصلت مع العسكريين الألمان كإخوة سلاح. لكن الأمر لم يقتصر على العسكريين ولم يتوقف عند هذا الحد، بل وُجد داخل أوساط الكنيسة اهتمام كبير بالنازية التي أشاعت أنها تريد حماية الإيمان المسيحي. وسافرت أيضاً مجموعة من الصحفيين من مختلف الصحف في زيارة استكشاف إلى ألمانيا في صيف عام 1940، بعد أشهر قليلة من احتلال الألمان للبلدين الجارين النرويج والدانمارك، وقد أثنى أولئك ثناءً شديداً على ما شاهدوه. وقد كتب نيلز هورني في صحيفة الاشتراكي الديمقراطي:

«ما شاهدته عموماً من سلوك الجنود الألمان في أراضي العدو أثار إعجابي الصادق. حتى إنّ مجاميع السياح في باريس في أوقات السلم لا يمكنهم أن يتصرفوا بهذا اللطف وتلك اللباقة».[3] وحدثت أيضاً عمليات التبادل الرياضي من دون أدنى خجل، وذلك تحت الشعار المعتاد حول ضرورة عدم الخلط بين الرياضة والسياسة. ثمّ يخلص ريشاردسون إلى أن جميع تلك الاتصالات لم تكن ضرورية مطلقاً من أجل إبقاء السويد خارج دائرة الحرب. بل كان دافعها الحقيقي هو الإعجاب والخوف. «كان إعجاباً أبهر الكثير من الناس وأعماهم ومنعهم من رؤية ما كان ينبغي لهم رؤيته. وكان خوفاً أرعب الكثيرين ودفعهم إلى التكيف المتملق والانتهازية المنافقة».[4]

وإذا دقّق المرء النظر في عضوية المنظمات النازية الصرفة، فسيجد أن النازية لم تكن حركة واسعة النطاق في السويد. فأعضاء تلك المنظمات انحدروا عموماً من الطبقات الاجتماعية العليا. وقد حدد أحد الباحثين عدد أعضاء المنظمات النازية بثلاثين ألفاً.[5] وربما كان الرعب من البلشفية هو الدافع الأهم الذي قرّب أولئك من النازية؛ آملين أن يؤدي ذلك إلى القضاء على السلطة الحمراء في الاتحاد السوفييتي.

كان الموقف العام في السويد آنذاك هو الانحناء أمام العاصفة، وقبول فكرة أنّ ألمانيا هي الأقوى، وأنّ على المرء أن يقدّم التنازلات ويسمح للجنود الألمان بالمرور، وأن يبيع خام الحديد للصناعات الحربية الألمانية. كان هناك معارضون للنازية نشطون، وقد نظّموا مظاهرات ضدّ سياسة التنازلات، وكان من ضمنهم [الأمير] يوجين عمّ فولك كما نتذكر. وأنا أعرف إشارة واحدة صغيرة تشير إلى أن آراء فولك برنادوت كانت في ذلك الاتّجاه أيضاً. يتحدّث بينغت يونكر، رفيق فولك في الحركة الكشفية، حول خطاب ألقاه فولك في اليوم الوطني للكشافة. يقول يونكر: «في إحدى المناسبات خلال الحرب-ربّما كان ذلك في العام 1942- استلهم في ختام كلمته شيئاً من آراء

52

فيلهلم موبرغ في رواية «انطلِق هذه الليلة». تحت وطأة الضغط الخارجي الذي كان سائداً في ذلك الوقت، كان لكلماته صدى لا يُصدّق. وفي جوّ من الصمت المطبق، عرض وجهة نظره حول واجب المواطن تجاه الوطن الأم من دون أن يذكر بالاسم السُلطات التي دعا إلى النضال ضدّها. وقد قُيّض له بعد ذلك بوقت قصير الوقوف وجهاً لوجه أمام بعض قادة تلك السُلطات» [6].

حين انقلبت موازين الحرب عام 1943، شاع أن يكون للمرء موقف مناهض للنازية، وأن يعلن أنه يبذل الروح والدم لينتمي إلى الحركات والأفكار الديمقراطية. يصف كارل غيرهارد، وهو مؤلف ومخرج مسرحي وناشط ضدّ النازية، فولك برنادوت في أغنية مسرحية ساخرة بأنه أحد الانتهازيين في ذلك الوقت:

قام الصليب الأحمر بواجبه

ومن الطبيعي أن تُكرم العائلة الملكية الكونت فولك.

وهو أحد أولئك الذين أصبحوا عام 1945 ضدّ النازية،

رغم أنهم سبق وأن رقصوا منذ وقت غير بعيد، رقصة البولك [7].

ليس بالضبط مع السيّد كيسيرلينغ [8]

فقط هنا وهناك، هنا وهناك.

لكن ربما تذكرتُ حين كان السيّد برنادوت مع تلك الصحبة المناسبة.

حينذاك لم تكن إنكلترا ضمن محيط فاغنر [9]، فقط هنا وهناك، هنا وهناك.

حينذاك كانت معاملة النازيين معاملة حسنة سلوكاً سويدياً.

لكنه، هذا الذي يلعب الآن دور القديس أوريان [10]

والذي كتب «النهاية»، [11] قد لا يتذكّر البداية.

انهالت عليه النجوم لذا فهو مثقل بالشحوم

قريباً سيُعلّقون له الأوسمة – فقط هنا وهناك، فقط هنا وهناك.

سيكون الفرحُ عظيماً في السماء حين يتوب المذنب.

يروي ابنه برتيل:[12] «لم يكن أبي مهتمًا بالسياسة، ولم تَجرِ أي نقاشات سياسية في البيت. ولم يحدث أن تفوه بشيء ضدّ بير ألبين[13] أو ضد بيت الشعب[14] أو أي شيء من هذا القبيل. ولستُ متأكداً مما إذا كان قد اقترع يوماً ما؛ ولو أنه اقترع فسيصوّت لصالح اليمين بالتأكيد. لكن، وكما قلت، لستُ متأكداً من ذلك».

وبحسب ما نعلمه الآن، يمكننا أن نفترض أن فولك برنادوت قد اتّبع – ومن دون التفكير ملياً – النزعة التي كانت سائدة من حوله خلال فترة الحرب بالانحناء أمام القوّة الألمانية. ولا يمكن للمرء أن يلقي اللوم عليه وحده، لأن ذلك الاتّجاه كان سائداً ضمن المؤسسة برمتها، وينطبق إلى حدّ كبير على عامّة الناس. وعلى حدّ علمي، لا توجد مصادر موثوقة تؤكد ميل فولك برنادوت الحماسي للعلاقة مع النازية. وفي هذه المسألة، لم يكن بطلاً، ولكنه لم يكن مخادعاً على الإطلاق. ومن المهم جداً أن نتذكر علاقته المتينة مع الولايات المتحدة الأميركية، ليس من خلال [زوجته] إستيل فقط، والتي كان يحاورها ويستشيرها باستمرار.

وهنا لا بدّ للمرء أن يتساءل عن السبب الـذي دفع كارل غيرهارد إلى جعل فولك برنادوت، وليس أي أحد آخر من الانتهازيين هدفاً لأغنيته المسرحية الساخرة؟ هل السبب هو عين كارل غيرهارد الشريرة التي نظر بها إلى الكونت؟

كانت إحدى مهام فولك برنادوت خلال الحرب هي الإشراف على التفاصيل المتعلقة بالترفيه في الجيش. ويرمز الاسم الممل لهذه المهمّة إلى

منظمة أدارت نشاطات الترفيه لآلاف مؤلفة من الجنود الذين كانوا على أهبة الاستعداد في الميدان. وقد كانت المحافظة على الروح المعنوية العالية لدى الجنود مسألة في غاية الأهمية خلال أوقات الانتظار التي يغلب عليها انعدام أي نشاط. وهكذا نُظّمت جولات فنية وأقيمت عروض مسرحية، وعُرضت أفلام سينمائية في الأدغال. ويمكن اعتبار النجاح الكبير الذي حققته أغنية «جنديي» مثالاً معبراً عن ذلك النشاط. وكانت مهمّة فولك تشمل التأكد من سير الأمور كما ينبغي، مع الضبط الشديد للميزانية بحيث تكفي لاستمرار العمل. يقول ستيغ هادينوس إن فولك برنادوت كان «يتدخّل بحدة نوعاً ما ضدِّ كلٍّ من فناني الأداء والضباط الذين لم يأخذوا نشاط الترفيه على محمل الجدّ»، وهذا يتطابق مع سلوكه الذي أظهره في سياقات أخرى.

ومن خلال منصبه كمسؤول عن نشاطات الترفيه، اصطدم فولك برنادوت مع كارل غيرهارد ذي اللسان السليط. وكان المخرج المسرحي الشهير جداً قد هاجم التملّق السويدي للألمان بأغانٍ ساخرة، مثله مثل الكثير من الفنانين الذي شاركوا في نشاطات الترفيه التي هدفت إلى رفع الروح المعنوية لدى الجنود السويديين. وقد تحدّث [غيرهارد] بنفسه أنه حين كان في الخدمة العسكرية فعل ما في وسعه للتماشي مع الحياد السائد والمتفق عليه. لكن بعد العام 1943 حين انقلبت رياح الحرب، وحين لاقت أغانيه المناهضة للنازية، مثل «حصان غير معروف من طروادة»، نجاحاً جماهيرياً، بدأ حينذاك بأداء تلك الأغاني. ثمّ اعترضت صحيفة «داغزبوستن» الموالية للنازية، فاستُدعي كارل غيرهارد للاستجواب من قِبل فولك برنادوت، لكن تقرّر الاتفاق على طيّ المسألة برمتها. أما صحيفة «داغزبوستن» فلم تستسلم حتى وجدت أذناً صاغية لدى القائد العام للجيش الجنرال [أولوف] ثورنيل الذي أصدر قراراً بمنع أداء الأغاني السياسية في الحفلات التي تُقدَّم للعسكريين.

ثمّ حدث بعد ذلك، في مايو/ أيار 1944، أن ثارت ضجة حول أغنية غناها

كارل غيرهارد في إحدى حفلات الصليب الأحمر في قاعة الحفلات الموسيقية كونسيرتهوسيت في ستوكهولم. وكان بين الحضور أفراد من العائلة المالكة، مثل الأميرة سيبيلا المتحدرة من أصول ألمانية والأمير يوجين، بالإضافة بالطبع إلى فولك برنادوت الذي كان آنذاك نائباً لرئيس الصليب الأحمر السويدي. غنّى كارل غيرهارد أغنية تسخر من [يواكيم فون] ريبينتروب، وهو أحد القادة النازيين الكبار. وقد اعتقد غيرهارد أنه غير مذنب، لكن قيادة الصليب الأحمر رأت العكس؛ فأصدرت بياناً يدين الأغنية التي قُدّمت. ولم تتوانَ صحيفة «داغزبوستن» في هذه المناسبة أيضاً عن الاحتجاج. ثم جرت محادثة ساخنة بين الكونت وصاحب المقاطع الغنائية الساخرة التي أعاد الأخير تقديمها. وقد أكّد فولك في تلك المحادثة على أن العرض كان مؤذياً للأميرة سيبيلا. وقد كتب كارل غيرهارد[15]:

«كانت الرسالة واضحة. أجرينا محادثة حيوية استمرت لمدة عشرين دقيقة، وكان كلّ منا متمسكاً تماماً بموقفه. وقد أشرتُ إلى أن تلك هي المرة الثانية التي يقع فيها الكونت في الفخ الذي نصبته صحيفة «داغزبوستن»، وقلتُ له إنه من واجبه أن يقف إلى جانبي بمواجهة هذا الهجوم غير المبرّر. وأشرت إلى أنه هو المنظِّم للحفل، وأنني شاركت من دون تعويض، وأن من حقي المطالبة بأن أعامَل بوفاء. أما بالنسبة إلى الشكوى التي أثارتها الصحيفة حول ‹الغلط› الذي ارتكبته، فكان ردي أن شكواهم هي باختصار شديد مجرّد غباء.

قال الكونت:

- أنا ذكي أيضاً مثل السيّد كارل غيرهارد.

أجبت:

- قد يكون ذلك. لكن، ألن يكون الأمر ممتعاً لو أن شخصاً آخر غير الكونت قال ذلك؟

ثم تابع حديثه بالقول:

- رأيتُ أن الأغنية لم تكن مناسبة، وكذلك رأت الأميرة سيبيلا.

- لكن، ما هو رأي الأمير يوجين؟

ساد الصمت لبرهة من الوقت، ثم أتى الجواب على مضض:

- سأكون صادقاً، ومضطراً للقول إن موقفه كان بالطبع إلى جانب السيّد كارل غيرهارد.

- أعرف ذلك.

- لكن ليس من الضروري أن تكون آرائي متطابقة مع آراء الأمير يوجين.

- أمر مؤسف. ينبغي أن تكون هذه الآراء هي السائدة لدى الأعضاء الحاليين والأعضاء السابقين في العائلة المالكة.

- نعم. لكنني لا أتبنى هذه الآراء.

- هل يقصد الكونت أننا نقف سياسياً على طرفي نقيض؟

- نعم. لكن يمكننا أن نكون صديقين مخلصين على الرغم من ذلك.

كانت لهجته ودودة للغاية وكأنها قسم الكشافة، وكان عرضه صادقاً بالتأكيد.

أجبت:

- إذاً، لا أرغب في أن أكون صديقاً مقرّباً من الكونت.

فردّ بالقول:

- حسناً، لك الحق في أن تقرّر بنفسك».

إذا كان كارل غيرهارد سريع الإجابة هكذا بالفعل كما وصف نفسه، فهو يستحق التهنئة حقاً. وهذه الحكاية التي رواها مسلية بالفعل، ولكنها لا

تضيف شيئاً سوى أن فولك برنادوت لم يكن من أبطال مقاومة النازية، وأنه كان عديم الموقف السياسي. فقد حاول أن يكون محايداً ومنسجماً مع ما كان يعتبر آنذاك «النبرة الجيدة». أما بالنسبة إلى موقفيهما المختلفين سياسياً، فينبغي أن يُفسّر ذلك بوقوف فولك برنادوت إلى جانب موقف الحياد الرسمي، أو سياسية التكيّف- كما يراها كثيرون- وربما كان قد اجتهد قليلاً في هذه المناسبة بالذات. وكقائد للصليب الأحمر، ربما رأى أن من وجبه أن يتّخذ موقفاً محايداً تماماً.

أيا كان ما قاله كارل غيرهارد عنه، فإن فولك برنادوت كان منتمياً إلى المعسكر الموالي للغرب، وكانت الولايات المتحدة في الواقع وطنه الثاني. وقد انحنى، من دون تمحيص شديد، أمام عاصفة القوّة الألمانية، كما فعلت المؤسسة السويدية كلّها تقريباً، لكنه كان ديمقراطياً راسخ القناعة ومناهضاً للشيوعية بشدة. بالمقابل، لم يقدم أحد رأياً معتبراً يمكن أن يعزز احتمال وجود تعاطف لديه مع النازية. ومن المهم إثبات ذلك، لأن أولئك الذين يهاجمونه، إنما يلومونه على أساس هذه التهمة بالضبط. وتنبغي الإشارة هنا إلى أن لدى فولك برنادوت إرثاً ثقافياً ألمانياً. وضمن العالم الذي ينتمي إليه، كانت العلاقات مع ألمانيا قوية، وكان لفولك برنادوت أيضاً أقارب من السلالة الملكية الألمانية، وحتى معارف آخرون.

حين أصبح برنادوت قائداً للصليب الأحمر، أدرك أنه من الأهمية بمكان أن يتصرف بحياد تجاه الأيديولوجيات المختلفة التي كانت تتصارع على المسرح الدولي. لذلك، لم ينخرط الصليب الأحمر في أي نشاط مسيّس، وانحصرت مهمته بمساعدة السجناء والمحتاجين من الأطراف كافّة، من دون أي اعتبار للإيديولوجيات. وخلال رحلات «الحافلات البيض»، كان من الضروري بالنسبة إليه أن يكون قادراً على التواصل ضمن حدود معينة مع السلطات النازية. لكن، كيف يمكن للمرء آنذاك أن يتّخذ موقفاً من الجرائم التي

ارتكبها النازيون، والتي تكشّف نطاقها شيئاً فشيئاً؟ هل يستطيع المرء السكوت عنهم والمحافظة على نزاهته واستقامته؟ قدّم فولك برنادوت مقاربة مختلفة للمسألة على النحو التالي: «توجد في الوقت الراهن أنظمة ديكتاتورية وتوجهات شمولية من هذا النوع، والتي ينبغي إدانة أنشطتها من وجهة نظر إنسانية. وبحسب اعتقادي، إنّ من الصواب أن يصرِّح الصليب الأحمر عن رأيه في تلك الأنظمة، ليس عن طريق إثارة نقاش سياسي حول طبيعة تلك الأنظمة، بل عبر إدانة تأثيراتها. وهو لن يعجز بكلّ بساطة عن القيام بذلك؛ مع تحفظ وحيد في هذا الصدد، وهو أن الإدانة العلنية قد تترتب عليها آثار قاتلة. والتعبير علناً عن هذا الرأي قد يعرّض حياة الكثير من الناس للخطر، ويحدّ بشدّة من إمكانيات المساعدة. وقد تعرضتُ شخصياً للنقد، بصفتي عضواً في الصليب الأحمر؛ لأنني لم أبتعد خلال الحرب الأخيرة مسافة كافية عن النازية وأساليبها. وأنا مقتنع في الوقت الراهن بأنني لو فعلت ذلك لكنت قد أفسدت جميع عمليات الإنقاذ التي نُفّذت بالفعل». [16]

المنطق الذي ساقه فولك برنادوت ليس واضحاً تماماً. فما الهدف من إدانة غير علنية؟ وما لا ينطق به الإنسان لا يُعتدّ به. كما أن الغموض في الفقرة السابقة يعكس صعوبة الوضع، حيث عجز الصليب الأحمر عن إدانة النازية في حين فعلت ذلك معسكرات الاعتقال، بحسب منطق فولك برنادوت. ومن غير المرجح أن يكون هتلر قد لاحظ ذلك الفارق الدقيق في التمييز. وكما هو معروف، فإن كلّ طاغية ينظر إلى كل نقد – من أي نوع – على أنه تهديد له شخصياً ولنظامه وسلطته. لذلك، وفي الممارسة العملية، تفادى فولك برنادوت كل انتقاد علني للنازيين حتى هُزموا. كما أنه لم يهاجم ستالين والنظام السوفياتي. ولكي يصبح وسيطاً محايداً وحذراً، أفرط في تبني أيديولوجية الصليب الأحمر، وهو نهج يتماشى مع موقفه العام. لقد نضج ونشط في مناخات ساخنة، لكنه لم يكن رجل حرب.

من الجدير بالذكر أن إحدى أبرز المهامّ التي تولاها، والتي يمكن القول إنها أطلقت مسيرة فولك برنادوت على المستوى الدولي، هي مهمّة تبادل أسرى الحرب عام 1943. وتنصّ اتفاقية جنيف على السماح لأسرى الحرب المصابين بجروح خطيرة بالعودة إلى أوطانهم في أقرب فرصة ممكنة، وهي الفرصة التي لم تُتح كما يجب قبل عام 1943. ففي ذلك العام، تفاوض الصليب الأحمر بالتعاون مع سويسرا المحايدة على تبادل الأسرى. وقد أوكلت مهمة التنفيذ العملي لتبادل الأسرى إلى فولك برنادوت الذي عُيّن للتو نائباً لرئيس الصليب الأحمر السويدي.

كان معظم الجرحى من البريطانيين والألمان، وتمّت عملية التبادل بالاستعانة بسفن نقل بريطانية وألمانية. وقد أثارت عملية التبادل الكثير من الاهتمام، حيث جرت بأقصى دقّة ورقابة ممكنة، وتحت إشراف مجموعة مختلفة الدرجات من موظفي الصليب الأحمر، وبحضور عدد من مندوبي الممثليات البريطانية والأميركية والألمانية في ستوكهولم وبقيادة الوزراء المعنيين. وحضر عملية التبادل أيضاً ممثلو وزارة الخارجية السويدية، وعدد كبير من الصحفيين السويديين والألمان والأميركيين والبريطانيين.[17] وقد لفت نائب رئيس الصليب الأحمر فولك برنادوت الأنظار بقدراته وحماسه، وقد لخّص ذلك بقوله: «من ناحيتي، ربما أستطيع القول إنني لم يسبق لي حتى الآن أن توليت مهمة أثارت اهتمامي أكثر من هذه المهمّة. إن إدراكنا أننا ترسٌ في آلة من شأنها أن تمكّن الآلاف من الجنود، من مختلف الجنسيات، من العودة إلى أوطانهم بعد سنوات عديدة في الأسر، ملأ قلوبنا بفرح صادق وشجعنا على بذل قصارى جهدنا لإنجاح كل شيء».[18]

بعد عام من ذلك، تكرر تبادل مماثل للأسرى. وفي كلتا المناسبتين، برزت مشاهد عزّزت ما نشأ عليه فولك برنادوت في طفولته؛ ألا وهو الإيمان بالطيبة المتأصلة في الإنسان، والتي جعلته يرى الناس كإخوة على الرغم من انتمائهم

إلى دول تقاتل بعضها بعضاً. «كانت هناك مشاهد وأحداث ذكّرتنا بأنه وراء الكراهية التي تثيرها الحرب توجد- على الرغم من ذلك- في أعماقنا جميعاً نواة إنسانية، وأننا نحمل في أعماق قلوبنا إحساساً بالصداقة الحميمة». وفي إحدى المرات، دُعي برنادوت إلى سفينة حربية ألمانية لشرب الشاي، حيث شكَّل أسرى الحرب الإنجليز وطاقم السفينة الألمان فرقة موسيقية عزفت على الكمان والغيتار والهارمونيكا.

في عام 1940، عُرف فولك برنادوت لأول مرة كمؤلف حين صدر له كتاب «الأولاد والكشافة». وكان قد انخرط أوائل الثلاثينيات من القرن الماضي، في الحركة الكشفية التي كانت أفكارها متوافقة مع نموذج حياته. ففي عام 1935 أصبح رئيساً لجمعية الكشافة السويدية، وفي الكتاب المذكور يلخص تجاربه في الكشافة.

الجزء الأول من الكتاب عبارة عن بيان أو برنامج حول مسائل تربية الأولاد، وهو يستحق الملاحظة. ونظراً إلى أن قضايا التنشئة مسألة مركزية في أي أيديولوجية، لا سيما في المعتقدات الشمولية، يقدم الكتاب رؤى مهمة حول التوجه السياسي لبرنادوت.

في عام 1940 كانت ألمانيا النازية في أوج قوتها؛ حيث حقق الألمان انتصارات كبرى في الحرب ضد الحلفاء، حيث قَبِل الكثير من الناس الذين لم يكن لديهم أي تعاطف يذكر مع النازيين الدور الرائد لألمانيا في أوروبا الجديدة، وغالباً ما نظروا بإعجاب إلى كفاءة المجتمع الألماني. ولو كان لدى برنادوت أقل مقدار من الميل نحو النازية، لكان قد كشف ذلك الميل في كتابه من دون أي تردّد.

لم يرد ذكر ألمانيا على الإطلاق في كتاب «الأولاد والكشافة»، في حين ذُكرت الولايات المتحدة الأميركية باعتبارها نموذجاً يحتذى. ومن المفيد القول إن أفكار برنادوت ليست إضافة رائدة في مجال علم التربية، ولكنها- من وجهة

نظر ديمقراطية- لا تشكو من شيء ولا غبار عليها. وقد ساهمت [زوجته] إستيل بنص طويل عن طفولتها، ليتبيّن أنها نشأت في منزل خشبي صغير في البراري. لذلك يستنتج المرء أن أسرتها قد كسبت ثروتها خلال وقت قصير.

والحركة الكشفية بطبيعتها لم تكن إيجابية تجاه ألمانيا؛ إذا كان للمرء أن يصدق ستيغ هادينوس. وقد سعت منظمة الشبيبة الهتلرية إلى التواصل مع الكشافة السويديين، ولكنها جوبهت بالرفض. فالحركة الكشفية كانت في الأصل إنجليزية المنشأ وأرادت أن تظل كذلك، وكان أحد قادة الحركة الكشفية، وهو السويدي ستين ثيل، يهودياً.[19] وباعتبار أن برنادوت هو الرئيس الأعلى لاتحاد الكشافة في السويد، فإن ذلك يدحض كل التلميحات حول تعاطفه مع النازيين.

أصبح العمل ضمن اتحاد الكشافة المؤهل الأبرز لتولي المهمة التي ستمنح برنادوت شهرة كبيرة كمناضل في الحقل الإنساني- قيادة الصليب الأحمر. كان من الشائع في ذلك الوقت بالنسبة إلى الجمعيات، ذات الطابع الحامي للمجتمع على الأقل، أن تختار أفراداً من العائلة المالكة كقادة لها وكرعاة، وذلك لتحظى بالاحترام بين عامة الناس نظراً إلى قربها من البلاط الملكي. وفي بعض الأحيان، قد يكون ذلك الشخص الملكي مجرد واجهة شكلية تقتصر مهمته على الظهور في المناسبات الرسمية. لم تكن مهمة برنادوت ضمن الصليب الأحمر من هذا النوع.

في خريف العام 1943، انتُخب نائباً لرئيس الصليب الأحمر السويدي. وكان الرئيس، الذي شغل منصب الرئاسة منذ وقت طويل قبل انتخاب فولك، هو عمه المبجل الأمير كارل. وكان الأمير كارل بلا شك نموذجاً يحتذى به بالنسبة إلى فولك؛ حيث قاد الصليب الأحمر السويدي لمدة 40 عاماً، فشهدت المنظمة تطوراً بارزاً في عهده. وحين انتخب فولك نائباً له، كان الأمير

كارل قد بلغ من العمر اثنين وثمانين عاماً، ولم يعد في أوج عطائه. يقول فولك الذي اعتاد أن يقدّم نفسه في كتاباته كمتحدث رسمي عن الأمير كارل: «لا أعتقد أنني أعرف أي شخص ينطبق عليه وصف ‹الإنسان النبيل› كما ينطبق على الأمير كارل. لديه حقاً روح إنسانية بالمعنى الأفضل للكلمة، وهو يبذل قصارى جهده للمساعدة في تخفيف معاناة إخوته من البشر». خلال الحرب العالمية الأولى، شارك كارل، كما فعل فولك خلال الحرب العالمية الثانية، في عمليات تبادل الأسرى، حيث جرت عمليات تبادل الأسرى الروس بالأسرى الألمان والنمساويين. كما تمكن أيضاً من تنفيذ بعض التحسينات على أوضاع السجناء الذين عانوا بشدة في معسكرات سيبيريا التي كان الصليب الأحمر السويدي ينشط فيها. كانت إلزا براندستروم واحدة من أولئك الذين ناضلوا من أجل ضحايا الحرب في ظل ظروف صعبة للغاية. وقد تعاونت هي وفولك برنادوت، كما ذكرنا سابقاً، في الولايات المتحدة خلال الحرب العالمية الثانية، عندما سافرا في أرجاء أميركا لجمع الأموال من أجل الدفاع عن فنلندا.

برز فولك برنادوت على الفور كقائد قوي لمنظمة الصليب الأحمر، حيث أعدّ مذكرة قدم فيها وجهات نظره حول كيفية عمل المنظمة. وكانت رياح الحرب قد تغيرت، وبدا أن الحلفاء سينتصرون عاجلاً أم آجلاً وستبقى السويد محايدة. وفي الوضع الجديد الذي سيعقب الحرب، سيتوجب على الصليب الأحمر أن يوجِّه اهتمامه إلى العالم، وأن يتخذ لنفسه طابعاً دولياً أشمل. بناء على ذلك، لا ينبغي توسيع العمل داخل البلاد بعد الحرب؛ فالرخاء سيكون في السويد أفضل بكثير مما هو عليه في البلدان التي تضرّرت من جراء الحرب. «الشعب السويدي جزء من عائلة دولية كبيرة؛ ويبدو لي أننا لا نستطيع أن نهنأ حقاً في بيوتنا إذا لم نتأكد من أن البلدان الأخرى قد قطعت شوطاً طويلاً في ما يتعلق بإصلاح الأضرار الهائلة التي لحقت بها بسبب الحرب».

يجب تحديد بعض الأولويات بالنسبة إلى الحاجة غير المحدودة للمساعدة. وقد بدا لبرنادوت أنه يجب عليه أن يساعد أقرب جيرانه؛ أي الدول الاسكندنافية ودول البلطيق في المقام الأول. بالإضافة إلى ذلك، يجب على المرء أن يساهم في مساعدة ألمانيا، وذلك على وجه التحديد؛ لأن السويد كانت دولة محايدة. ومن المحتمل أن تجد الدول التي دمرها الألمان، مثل هولندا وبلجيكا وفرنسا والنمسا والمجر، أنه من الأسهل لها الحصول على المساعدة من الحلفاء.

يبدو أن برنادوت قد لفت إليه الأنظار آنذاك بفضل رؤيته العابرة للحدود وسفره المتكرّر، كلّما أمكنه ذلك، في أوروبا التي تضطرم فيها نار الحرب. هذا ولم يجد صعوبة في الاتصال بأبرز الشخصيات، حيث أشاد به وزير الخارجية البريطاني أنطوني إيدن الذي أوضح أن تبادل الأسرى في غوتنبرغ كان أكبر حدث خلال الحرب في المجال الإنساني. واتصل به أيضاً الجنرال [دوايت] أيزنهاور، القائد العام الأميركي لقوات الحلفاء، وشكره على المعاملة الحسنة للجنود الأميركيين الذين أُسروا في السويد.

في عام 1945، انسحب الأمير كارل وأصبح فولك رئيساً للصليب الأحمر السويدي. وفي عام 1948، خلال توليه مهمته في فلسطين، شغل منصب رئيس المؤتمر الدولي للصليب الأحمر الذي انعقد في ستوكهولم. وقد تولى فولك برنادوت رئاسة ذلك المؤتمر باعتباره شخصية قيادية في المنظمة الدولية للصليب الأحمر. وقد تبنى المؤتمر وثيقة مهمة أطلق عليها فولك برنادوت اسم «ماغنا كارتا السكان المدنيين».[20] وكانت الاتفاقيات الدولية التي كانت معتمدة حتى ذلك الوقت تتعلق بتنظيم فوضى الحرب إلى حد ما، وتدور حصراً حول حقوق الجنود وأسرى الحرب. أمّا الوثيقة الجديدة فقد أصبحت الأساس لاتفاقيات جنيف اللاحقة بشأن حماية السكان المدنيين في حالات النزاع المسلح، وهي الاتفاقات التي يتم تجاهلها غالباً بشكل تام. لكن هذا لا

يعني أنها عديمة الفائدة، بل هي معالم مهمة في تاريخ حقوق الإنسان.

كان الأمر كما لو أن فولك برنادوت من الصليب الأحمر قد دخل التاريخ بشكل جدّي، وأن أمامه مهمة عظيمة ليتولاها.

5

الحافلات البيض

«إذا أتيحت لي مقابلة هيملر فقط، فلن أخرج من تلك المقابلة خالي الوفاض تماماً»

احتلت ألمانيا النرويج والدانمارك في أبريل 1940. واعتبر هتلر أنّ سكان الدول الاسكندنافية هم أفضل ممثّلي العِرق الآري. لذلك حاول الألمان في البداية بأسلوب لطيف نوعاً ما دمج البلدين في إمبراطوريتهم التي يرجع تاريخها إلى ألف عام؛ حتى يصبح سكّان البلدين نازيين صالحين. بقيت الحكومة الدانماركية قائمة، وأعلنت أنها تنتظر قيام أوروبا جديدة تحت القيادة الألمانية، وأن الدانمارك مستعدة للتعاون مع ألمانيا الكبرى. واستمر البرلمان الدانماركي في العمل تحت الاحتلال، لكن بالطبع لم يكن هناك شك في أن السلطة الدانماركية الحقيقية كانت تكمن في مكان آخر غير الحكومة.

في النرويج، نشأت مقاومة عسكرية لفترة وجيزة، ثمّ فرَّ الملك والحكومة إلى لندن وواصلوا المقاومة من هناك. لذلك سمح الألمان للحزب النازي المحلي بأن يشكّل حكومة يرأسها ڤيدكون كويسلينغ[1] كشخصية صورية. وفي كلا البلدين المحتلين، نشأت مقاومة سرية أدّت إلى سقوط أعداد متزايدة من الضحايا كل عام. وألقي القبض على مقاتلي المقاومة النشطين والأشخاص ذوي الآراء المعارضة وأرسلوا إلى معسكرات الاعتقال في ألمانيا، حيث عاشوا في كثير من الأحيان حياة بائسة. وكان اليهود معرضين للخطر بشكل خاص،

حيث اعتُقلوا وسُجنوا لسبب وحيد؛ وهو أنهم يهود.

بُذلت محاولات عديدة وبطرائق مختلفة لمساعدة أولئك البؤساء الذين انتهى بهم المطاف في معسكرات الاعتقال الألمانية. وكدولة محايدة، كانت لدى السويد فرص خاصة لبذل الجهود في هذا المجال. وكان للموقف السويدي أثناء الحرب جوانب عديدة بالتأكيد، أحدها التملق والمداهنة تجاه الألمان، مما دفعنا إلى بيع خام الحديد للصناعات الحربية الألمانية؛ الأمر الذي ساعد بلا شك في إطالة أمد الحرب، وبالتالي الهولوكوست، في حين سقط جنود من دول أخرى من أجل تقصير عمر الحرب. علاوة على ذلك، سمحنا خلال المرحلة الأولى من الحرب بنقل القوات الألمانية عبر أراضينا، وهو انتهاك واضح لسياسة الحياد. وكان الغرض المعلن من منح الألمان تلك الامتيازات هو إبقاء السويد خارج نطاق الحرب.

أتاح الحياد أيضاً للسويد إمكانية بذل جهود لم تكن ممكنة لأولئك المشاركين في الحرب. وهكذا، كان للسويد مفوضية في برلين بذلت جهوداً في غاية السرية من أجل رعاية السجناء الإسكندنافيين. وفي ألمانيا، عمل بعض المدنيين النرويجيين، بمن في ذلك اثنان من القساوسة البحّارة في هامبورغ على جمع المعلومات حول السجناء النرويجيين، وأعدّوا قوائم مفصّلة أرسلتها المفوضية الدبلوماسية السويدية إلى المفوضية النرويجية في ستوكهولم وإلى حكومة المنفى النرويجية في لندن.

كان على رأس المفوضية النرويجية في ستوكهولم نيلز كريستيان ديتلف الذي أنشأ- مباشرة بعد الاحتلال- مركز الإغاثة النرويجي الذي تعاون مع الصليب الأحمر السويدي لمساعدة النرويجيين، بمن فيهم المسجونون في ألمانيا. وبذلك تعرف ديتلف إلى فولك برنادوت.

«خلال عام 1944، التقى ديتلف أيضاً عدة مرات بالأدميرال الدانماركي

67

كارل هامريش. وبالتالي، اطّلع من الأخير على خططه السرية- التي حملت الاسم الرمزي (فيلق جوتلاند)- لإنقاذ السجناء الدانماركيين والنرويجيين من معسكرات الاعتقال الألمانية. بهذه الطريقة بدأت تُنسج في ستوكهولم خيوط المشاريع النرويجية والدانماركية والسويدية لاستعادة الأسرى الإسكندنافيين من ألمانيا»، كما قال سوني بيرسون، الذي بحث بعمق في كل ما يتعلق بحملة الحافلات البيض وجهود فولك برنادوت.[2] أنشأ ديتلف منظمة مساعدات جديدة أطلق عليها اسم «مجلس الأسرى». وفي تلك الأوساط، ساد الاعتقاد بوجوب إنقاذ السجناء قبل الانهيار الألماني، وإلا فسوف يموتون في الفوضى التي ستنشأ جراء ذلك الانهيار. لقد تبيّن بوضوح أنهم كانوا على حق حين سُرب الأمر المروع الذي أصدره هتلر في 24 فبراير 1945؛ والذي قضى بقتل جميع السجناء وتدمير المعسكرات قبل وصول الحلفاء. لكنّ خطط ديتلف لم تحظَ في البداية بمباركة الحكومة النرويجية في المنفى.

امتثلت حكومة المنفى النرويجية في لندن للقيادة العليا للحلفاء، حيث وُضعت الخطط الكفيلة بالعناية بالأسرى والسجناء التابعين للحلفاء بعد تحرير ألمانيا. وقد أُنشئت لتلك الغاية هيئة خاصة، هي إدارة الأمم المتحدة للإغاثة والتأهيل، وهو اسم مثير للاهتمام لأن الأمم المتحدة لم تكن قد تشكّلت بعد. وكان من المقرر أن تتولى القيادة العليا للحلفاء جميع عمليات المساعدة و«لم تكن هناك حاجة للتدخل من جانب منظمات المعونة المدنية أو الأجنبية».

لذلك قامت الحكومة النرويجية في لندن بحل «مجلس الأسرى»؛ الأمر الّذي أثار غضب ديتلف ويأسه. لكنه لم يستسلم، بل بدأ بإجراء اتصالات سرية مع السلطات السويدية بشأن تنفيذ عملية سويدية لإنقاذ السجناء النرويجيين والدانماركيين. وكان قد اقترح بالفعل في وقت سابق- في سبتمبر 1944 خلال مأدبة عشاء- إجراء عملية إغاثة؛ وهو اقتراح تحمّس له فولك برنادوت على

الفور. وكان فولك برنادوت، وفقاً لما رواه بنفسه في كتابه «النهاية»، يحلم بالقيام بعمل ما في هذا المجال بالضبط. وهكذا، قدَّم ديتلف اقتراحاً ملموساً حول عملية الإغاثة المقترحة برئاسة فولك برنادوت، إلى وزارة الخارجية السويدية. وفي الأيام الأخيرة من عام 1944، غيّرت حكومة المنفى النرويجية في لندن رأيها، وأيدت اقتراح ديتلف؛ فاستعاد تكليفه الرسمي. وبذلك وُضع الأساس لحملة الإنقاذ الكبرى التي نفّذها فولك برنادوت.

كانت حملة الحافلات البيض مهمة حكومية غير رسمية، لكن لم يكن واضحاً تماماً أن الحكومة السويدية الائتلافية ستباركها. ولم تكن لتفعل ذلك قبل بضع سنوات، لكن السياسة السويدية كانت قد تغيّرت مع تطور أحداث الحرب. فخلال السنوات الأولى من الحرب، عندما بدت ألمانيا وكأنها لا تقهر، كانت السياسة السويدية شديدة الحذر. وكان إبقاء السويد خارج الحرب هو الهدف الأسمى للحكومة الائتلافية برئاسة رئيس الوزراء الاشتراكي الديمقراطي بير ألبين هانسون.

كان التصور العام داخل المؤسسة الرسمية في ذلك الوقت هو القبول على مضض إلى حد ما بأوروبا الجديدة تحت القيادة الألمانية، وهذا التوجه ينطبق أيضاً على الديمقراطيين الاشتراكيين البارزين. «بعد كل الأحداث المروعة منذ عام 1938، من البديهي أن يبدو انتصار ألمانيا أمراً مقلقاً من وجهة نظر الدول الصغيرة، كما يدرك العديد من الألمان على الأرجح. من ناحية أخرى، لا يحق لنا التشكيك في نزاهة الطموح الألماني في خلق أوروبا أفضل حالًا». هذا هو الملخص الذي أعدّه عام 1940 آلان فوغت، رئيس تحرير مجلة «العمل» التي يُصدرها الحزب الاشتراكي الديمقراطي. وهذا الملخص يعبّر جيداً عن وجهة نظر الكثير من الناس حول المسألة. ضمن الطبقات الاجتماعية العريضة والدنيا التي لم تكن لديها أي مخاوف تذكر من الخطر البلشفي، كان الخوف من قوة الألمان هو الذي يسيطر على تفكير تلك

الطبقات، في حين أن الطبقات العليا كانت تنظر غالباً بعين الرضى إلى هدف النازية المعلن؛ والمتمثل في القضاء على الشيوعية، وإفهام «الدونيين» السلاف مكانتهم الحقيقية. وهذا لا يعني بالطبع أن المنتمين إلى الطبقات الاجتماعية السويدية العليا كانوا نازيين صريحين.

في عام 1943 وقع حدثان حربيان حاسمان أديا بالتأكيد إلى قلب حظوظ النصر لصالح الحلفاء؛ وهما معركتا ستالينغراد والعلمين. وإذا أمكن القول إن السويد لم تكن آنذاك إلى جانب الألمان في الحرب، فهي لم تكن أيضاً إلى جانب الحلفاء. وهذا تعبير مفصّل ومرهق، ولكنه يبيّن الموقف السويدي بشكل أفضل من كلمة الحياد. وقد أدت مداهنة الألمان إلى تردي العلاقات مع النرويج والدانمارك. فالابتعاد عن الحرب هدف معقول، لكن في المعسكر الغربي شعر كثيرون أن السويد فعلت ذلك على حسابهم. لذا كانت السويد بحاجة إلى تحسين سمعتها في العالم.

لذلك، أرادت بعض القوى ضمن الحكومة دعم حملة الإنقاذ التي ستتوجه إلى ألمانيا، ومن أبرز الداعمين للحملة وزير الخارجية كريستيان غونتر. وقد صاغ صاحب المبادرة ديتلف في ما بعد المهمة على النحو التالي: «سيسعى وفد من الصليب الأحمر السويدي حصراً، بمجرد أن يكون ذلك ممكناً بأي شكل من الأشكال، إلى التفاوض مع أعلى مسؤول ممكن في برلين؛ مثل هيملر أو أي شخص آخر. يجب أن يتألف الوفد المفاوض من سويديين رفيعي المستوى، ويُفضل أن يكون ذلك الوفد برئاسة فولك برنادوت. وينبغي أن تُنفَّذ المهمة باسم الأخوّة الإسكندنافية وبروح أخوية. لكن الأمر الأهم ينبغي أن يكون السعي للحصول على الموافقة الألمانية بشكل أو بآخر من أجل الاستعداد من دون إبطاء- وبالتشاور مع السلطات الألمانية- لإرسال بعثة إنقاذ سويدية حصراً تعمل على نقل جميع الأسرى الإسكندنافيين الموجودين في ألمانيا وضمن المناطق التي تسيطر عليها القوات الألمانية شمالاً خلال أقصر مدّة

ممكنة تسمح بها الحكومة الألمانية»[3] وتوجب أيضاً أن تكون المهمة سرية. فلو سُرّبت الخطة إلى الصحافة، لكان مصيرها الفشل.

في الواقع أصبح من الواضح لدى الدوائر المطلعة أن بعض الشخصيات في القيادة الألمانية أدركت أن اللعبة قد انتهت، وأن ألمانيا ستخسر الحرب. وكان هاينريش هيملر أحد أولئك الذين أدركوا حتمية الخسارة، وهو الذي يتحمل – بعد هتلر نفسه – المسؤولية الكبرى عن الحكم الإرهابي؛ فقد تلوّثت يداه إلى الأبد بدماء ملايين الأبرياء. وقد سعى هيملر إلى فتح أبواب الغرب للتواصل مع الحلفاء. إذ كانت لديه أفكار، حتى إنه خطط لإزاحة هتلر والاستيلاء على السلطة. وبعد ذلك استسلم للقوى الغربية، وكرّس نفسه مع من تبقى من القوات المسلحة الألمانية لمحاولة إبقاء الاتحاد السوفيتي والبلشفية بعيدين عن قلب أوروبا. وكان لدى هيملر مرؤوس اسمه والتر شيلينبرغ، وقد ساهم هذا الأخير بأفكاره مساهمة تامّة حول ما يجب القيام به، ودفع هيملر في ذلك الاتجاه.

ومن جانبه، كان هيملر متقبلاً للإجراءات التي يمكن أن تحسّن وضعه لدى الدول الديمقراطية، وقد تساعده في حال نجا من الحرب. أمّا هتلر نفسه فلم تكن لديه أي خطط أخرى سوى أخذ عدد أكبر ممكن من البشر معه إلى الهلاك. ولو علم بوجود عمليات الإنقاذ الإنسانية، لكان قد أمر بإيقافها على الفور.

وكان من ضمن الإجراءات السرية أن تبدو البعثة وكأنها رحلة استكشافية تطوعية من قِبل الصليب الأحمر. كتب ستيغ هادنيوس: «كان برنادوت مناسباً للحكومة؛ لأنه لم يكن حزبياً، ولأنه معروف كقائد في الصليب الأحمر وفي الكشافة. ولا يجب أن يكون الفشل المحتمل عبئاً على الحكومة وعلى سياستها الخارجية، في حين أن النجاح سيكون أمراً إيجابياً»[4].

بالطبع، وُجد من شكك في جدوى البعثة. وأحد هؤلاء هو المسؤول في وزارة الخارجية والمكلف بتدوين اليوميات سقين غرافستروم. «الآن إلى بعثة برنادوت. عندما اعتبرت الحكومة نفسها عاجزة عن التدخل عسكرياً لمنع الدمار الذي أحدثه الألمان في النرويج والدانمارك، قرر بعض العباقرة [...] إرسال فولك ب. إلى هيملر للتحقق من إمكانية إطلاق سراح النرويجيين والدانماركيين المحتجزين في ألمانيا. وقد نصحتُ خلال المناقشة في الدائرة السياسية بشدة بعدم القيام بمثل هذا الإجراء، والذي لن يؤدي بالتأكيد إلى أي نتيجة. من ناحية أخرى، فإن مثل هذا المسعى الديبلوماسي من الجانب السويدي للتواصل مع أحد أعتى مجرمي الحرب في الوضع الحربي الراهن يمكنه أن يسبب لنا بسهولة حرجاً شديداً».[5]

لا أدري ما إذا كانت آراء غرافستروم قد وصلت إلى برنادوت. ولكن في حال وصلته، إذاً كان يتوجّب على فولك أن يضعها في الاعتبار عندما حذّره غرافستروم بعد ذلك بثلاث سنوات من تولي مهمة الوساطة في فلسطين. وهنا، يبدو برنادوت كمتجاوز لحدود الحذر، وكمبتدئ يتمتع بالشجاعة والإرادة؛ على النقيض من ذوي الخبرة الذين هزوا برؤوسهم الحكيمة.

كتب فولك برنادوت بنفسه: «لم تكن لدي أي أوهام، بل كانت آمالي في تحقيق نتيجة إيجابية بنسبة مائة بالمائة ضعيفة جداً. أكثر من ذلك، كنت على دراية بالصعوبات الهائلة التي تنتظرني. ومع ذلك، قلت لنفسي: إذا أتيحت لي فرصة مقابلة هيملر فقط، فلن أخرج من تلك المقابلة خالي الوفاض تماماً».[6] لم يكن مفهوماً بالطبع بالنسبة إلى الجميع كيف يمكن للمرء أن يتفاوض مع جلاد من أعتى الجلادين، وأن يحافظ في الوقت عينه على احترامه لنفسه. ثمّ أصبحت هذه المسألة منطلقاً سهلاً للهجوم على فولك برنادوت عندما أكسب نفسه بعض الأعداء أثناء مهمة الوساطة في فلسطين. وقد اعتاد فولك برنادوت على أن يكون دائماً في القمة، معتمداً في ذلك على قدرته على الوصول

إلى النتائج من خلال الاتصالات الشخصية. وقد فكّر في المقام الأول بطريقة عملية؛ إذ أراد تحقيق النتائج.

بالإضافة إلى المبادرات الإسكندنافية، كان المؤتمر اليهودي العالمي نشطاً أيضاً في العمل على إطلاق جهود إغاثة سويدية. كان هناك رجل في السويد اسمه غيليل ستورتش، وهو يهودي من لاتفيا كان النازيون قد قتلوا العدد الأكبر من عائلته. جاء ستورتش إلى السويد في عام 1940 بسبب احتلال الاتحاد السوفييتي لوطنه. وقد استُقبل هنا مع الاشتباه بكونه جاسوساً سوفييتياً، فوُضع تحت المراقبة.

كان ستورتش شخصاً مثيراً للجدل وجريئاً، وكان ناجحاً في الأعمال التجارية في وطنه لاتفيا، وأصبح كذلك في السويد أيضاً. وكان شخصاً نشيطاً ومزاجياً حادّ الطباع، ولم تكن تنقصه الإرادة والعناد- كما يبدو- وكان الحقّ إلى جانبه في كثير من الأحيان في الصراعات التي يخوضها. حتى إنه لم يتعايش تماماً مع الطائفة الموسوية في ستوكهولم والحاخام الأكبر ماركوس إرينبرايس، حيث ادعى أن الطائفة الموسوية متحفظة على استقبال اللاجئين اليهود.[7] ومن جهتهم، كان اليهود السويديون المندمجون جيداً في المجتمع متشككين في اليهود الشرقيين الذين كانوا أرثوذكساً، وبالتالي أكثر تمايزاً ضمن المجتمع. ولذلك خشي اليهود السويديون من أن تكاثر اليهود الشرقيين في البلاد قد يغذّي معاداة السامية في السويد.

أنشأ غيليل ستورتش فرعاً سويدياً للمؤتمر اليهودي العالمي، وشرع في نشاط محموم لإنقاذ اليهود من براثن النازيين. وتمكّن عام 1944 من إرسال 70 ألف طرد غذائي لإخوته وأخواته في الدين المحتجزين في المعسكرات الألمانية. ونظراً إلى عدم إمكانية إرسال تلك الطرود باسم المؤتمر اليهودي العالمي، فقد أُرسلت تحت ستار جمعية الشبان المسيحية أولاً، ثم الصليب الأحمر السويدي.

وهنا، يبرز شخص آخر في القصة، وهو كارل ألبرت أندرسون، رئيس اتحاد الجمعيات التعاونية ورئيس بلدية ستوكهولم الذي رتّب الأمور للحصول على ائتمانات سخية لتمويل بعثة الإنقاذ، ثمّ تقدّم ستورتش ليشارك بنشاط في بعثة برنادوت، ليس من خلال العمل على إنقاذ الأسرى الإسكندنافيين فحسب، بل إنقاذ اليهود من جنسيات أخرى أيضاً.[8]

وثمة شخص آخر توجّب تقديمه أيضاً قبل أن يغادر فولك برنادوت إلى ألمانيا الموشكة على التفكّك، وهو فيليكس كيرشتن الذي يُعتبر شخصية أخرى مثيرة للجدل، على الرغم من أنه مثير للجدل لأسباب أخرى مختلفة تماماً عن تلك المتعلّقة بستورتش.

ولد فيليكس كيرشتن في إستونيا، ولكنه مواطن فنلندي. وكان مدلكاً ومتخصصاً في الطب الطبيعي، وقد نال مكانة مرموقة حين أصبح طبيباً خاصاً لكل من هيملر وشيلينبرغ. وكان هيملر قد عانى من آلام مزمنة في البطن فاعتمد اعتماداً كلياً على علاجات كيرشتن، فأصبح لكيرشتن المذكور تأثير كبير على مريضيه، بالإضافة إلى الأرباح المالية الكبيرة التي جناها من علاجه لهما. انتقل كيرشتن إلى السويد في عام 1943، ولكنه واظب على الذهاب إلى ألمانيا لعلاج مريضيه النازيين البارزين. في ذلك الحين، بدأ كيرشتن باستخدام نفوذه في ألمانيا لتقديم بعض الخدمات لوزارة الخارجية السويدية. وهكذا نجح في ديسمبر 1944 بإقناع هيملر بإطلاق سراح 50 طالباً نرويجياً و 50 ضابط شرطة دانماركياً. وسهل أيضاً مهمة برنادوت من خلال التحدث علانية عن المطالب التي قدمها برنادوت في مفاوضاته مع هيملر. لكن كيرشتن وبرنادوت لم يتعاونا على الإطلاق لأن برنادوت لم يستطع تحمّل كيرشتن، الأمر الذي كانت له في النهاية عواقب سلبية في الحكم على فولك برنادوت بعد رحيله.

في فبراير 1944، ذهب فولك برنادوت إلى ألمانيا. لكن وقبل أن ينجح في نيل الحظوة لدى هيملر، كان عليه أن يناور من خلال قادة نازيين آخرين مثل [إرنست] كالتنبرونر و[يواكيم فون] ريبينتروب، اللذين كانا متشككين للغاية حول حقيقة مهمة برنادوت. في نهاية المطاف، استطاع فولك برنادوت مقابلة هيملر بمساعدة من [والتر] شيلينبرغ، وفي الحقيقة بمساعدة أيضاً من جانب كيرشتن، لكن مساهمة كيرشتن بقيت محاطة بقدر كبير من عدم اليقين. كان أول مطلب قدمه برنادوت هو الحصول على إذن هيملر بإطلاق سراح الأسرى النرويجيين والدانماركيين والسماح لهم بالعودة إلى الدانمارك أو السويد. لكن هيملر ردّ بأن ذلك أمر مستحيل لأن الفوهرر لن يوافق على ذلك أبداً. ثم طرح برنادوت اقتراحاً بديلاً، وهو جمع الأسرى الإسكندنافيين معاً في معسكر واحد، حيث يمكن للصليب الأحمر السويدي الإشراف عليهم ومساعدتهم. وكانت الفكرة أنه إذا حصل المرء على إذن بذلك، فسيكون من الأسهل في ما بعد الحصول على المزيد من التنازلات، بحيث يمكن أيضاً إخراج الأسرى من ألمانيا. وهذه الفكرة البديلة، أي جمع الأسرى معاً في معسكر واحد، كانت فكرة برنادوت التي استطاع إقناع هيملر بالموافقة عليها.

حينذاك وُضعت البعثة على سكة التنفيذ. وكان من المقرر أن تجوب ألمانيا التي تحترق بنار الحرب طولاً وعرضاً. وكانت مساحة ألمانيا آنذاك تتقلص بشكل متزايد لتتحوّل إلى ممر ضيق بين جيوش الحلفاء حيث ما انفكت القذائف والقنابل اليدوية تنفجر ليل نهار. هناك وفي تلك الأوضاع عملت البعثة على جمع الإسكندنافيين من مختلف المعسكرات ونقلهم إلى معسكر نوينغامّي في مقاطعة هامبورغ. وكان من الضروري جداً أن لا يصل الأمر إلى مسامع هتلر، لذلك طُلب من الصحافة عدم كتابة أي كلمة عن البعثة.

نُظّمت البعثة من جانب الصليب الأحمر، لكن التمويل أتى في معظمه

من الدولة، في حين قدّم الجيش العتاد. وفي البداية أراد المنظمون أن يكون عدد المشاركين في أعمال البعثة 350 شخصاً، لكن الألمان حددوا العدد بـ 250 شخصاً فقط. أما عدد المركبات فكان قريباً من مائة مركبة؛ فبالإضافة إلى الحافلات استُخدِم أيضاً عدد كبير من الشاحنات لنقل المواد الغذائية والإمدادات، بالإضافة إلى الوقود وكل ما يتوجب على المرء إحضاره. وكان المشاركون يتألفون من ضباط وأفراد، ومن أطباء وممرضات ومرشدين، ومن بينهم أخت فولك ماريا التي انضمت إلى البعثة لاحقاً.

بعض المبادرين الدانماركيين كانوا قد خططوا أيضاً لإرسال بعثة إنقاذ مماثلة، وكان لدى الدانماركيين أيضاً مركبات وفريق عمل، وكان من المقرر أولاً أن يكون هناك تعاون سويدي دانماركي. ولكن بعد أن طُلبت المساعدة من الدانماركيين وأتى وعدهم بذلك، رفض برنادوت العرض «لأن بعثة الإنقاذ يجب أن تكون سويدية بالكامل»، وذلك لأسباب تنظيمية، فضلاً عن أسباب أخرى. ولا بد أن يكون السبب هو القيود التي فرضها الألمان على حجم البعثة. وهذه إحدى المسائل التي دار الجدل حولها في ما بعد. وحول ذلك كتب سوني بيرسون: «ساد الاعتقاد، على الأقل لدى الجانب الدانماركي، بأن السويديين أرادوا، لأسباب تتعلق بالوجاهة، الاحتفاظ بالفضل كله لأنفسهم ونسبته لبرنادوت شخصياً. وبالنسبة إلى السويد، كان المأمول من تلك البعثة أن تكون وسيلة لتحسين سمعة السويد التي أصابها العار خلال الحرب من وجهة نظر الدول الاسكندنافية الأخرى. لكن لا يوجد ما يؤيد هذه المزاعم في المصادر التي لديّ. على العكس من ذلك، من الواضح تماماً أن فولك برنادوت أراد منذ البداية أن تكون البعثة عملاً سويدياً – دانماركياً مشتركاً، لكنّ مطالب الألمان هي التي حدّت من حجم البعثة بأكملها».[9]

ولا يُستبعد أن البعض في وزارة الخارجية، حيث اتُّخذ قرار رفض المساهمة الدانماركية، رأى أن طلب الألمان تحديد عدد المشاركين في البعثة قد جاء في

الوقت المناسب تماماً.

لقد كانت مهمة شديدة الخطورة حقاً على حياة المشاركين فيها. «بالقرب من الطريق السريع كان هناك الكثير من السيارات المدمرة، وكان هناك أيضاً أشخاص مصابون بجروح خطيرة. وفي بعض الأماكن التي سادت فيها الفوضى، لم نعجز عن المرور بحافلة بيضاء تحمل علامة الصليب الأحمر فحسب، بل كان علينا التوقف والمساعدة في تقديم الإسعافات الأولية». هذا ما قاله أكسل مولين، وهو أحد المشاركين في البعثة، لسوني بيرسون. وفي تلك الأثناء، هاجمت قاذفات الحلفاء جميع المركبات التي تتحرك على الطرقات. وهذا هو السبب الذي دعا إلى رسم شارة الصليب الأحمر على المركبات واحترامها في البداية. لكن، اتضح أن الألمان الفارين شرعوا في طلاء سياراتهم بالطريقة نفسها، فتعرضت بعثة الإنقاذ للهجوم أيضاً.

ثم نُقل الأسرى الإسكندنافيون الذين جُمعوا، وكثير منهم من اليهود، إلى معسكر نوينغاميّ الذي يُعتبر أحد أسوأ مراكز التعذيب. وكانت المشكلة أن المعسكر كان مليئاً بالفعل بالأسرى الذين كان عدد كبير منهم قد وصل إلى المراحل النهائية من كفاح البقاء على قيد الحياة، وكانوا يتضورون جوعاً ويعانون من أمراض خطيرة. وقد سبق للألمان أن اشترطوا على بعثة الإنقاذ السويدية أن تقوم– قبل نقل الأسرى الإسكندنافيين إلى ذلك المعسكر– بنقل 2000 من هؤلاء الأسرى المحتضرين إلى معسكرات أخرى. وهكذا، توجب على السويديين تنفيذ عمليات نقل سجناء لصالح النظام النازي، وهي مهمة مثيرة للاشمئزاز بالطبع.

هناك القليل جداً من المصادر التي تسلط الضوء على حالة اتّخاذ القرار بالنسبة إلى أولئك الذين اضطروا إلى قول نعم أو لا لهذا الشرط. ومن جهته، لم يذكر برنادوت هذه المسألة في كتابه عن البعثة. ومع ذلك، لم يكن

هو بالتحديد الشخص الذي اتخذ القرار، بل الذي اتخذه هو رئيس عمليات البعثة، العقيد [غوتفريد] بيورك. وقد كتب سوني بيرسون حول هذا الأمر قائلاً إن برنادوت «كان متردداً للغاية في الموافقة على هذا الطلب الألماني، وانتابته فورة غضب جراء ذلك، لكنه وافق في النهاية».[10] ونحن لا نعلم شيئاً حول ما فكّر فيه برنادوت بشأن القرار عندما علم به لاحقاً، سوى ما قاله غيليل ستورتش بعد 35 عاماً، خلال نقاش جدلي: «لكنها كانت عمليات نقل لم يكن الكونت برنادوت يعرف عنها شيئاً إلا بعد تنفيذها- من قبل قادة مفرزة غير معروفين- وكان شديد الانزعاج حين علم بها. كنت حاضراً شخصياً في تلك الحادثة».[11]

يقول الملازم آكي سفينسون- الذي ألّف كتاباً عن البعثة- إنه بكى عندما رأى «كيفية معاملة الألمان لمعتقليهم بشكل عام، وخصوصاً الفرنسيين والبلجيكيين والهولنديين والبولنديين والروس. كان ذلك شيئاً فظيعاً. وقد اضطر الألمان هذه المرة إلى أن يسمحوا لمركباتنا بالدخول إلى المعسكر الفعلي، لأن معظم من جئنا لنقلهم لم يتمكنوا من السير لقطع المسافة القصيرة الممتدة من الثكنات إلى الطريق الريفي. من تلك الثكنات، أُخرجت ودُفعت مجموعة مقيّدة الأيدي من المخلوقات التي لم تعد تبدو ككائنات بشرية. لقد كان أولئك الأشخاص نحيلين إلى درجة لا يمكن اعتبارها ممكنة، وازداد ضعفهم بسبب الزحار الشديد وأمراض أخرى؛ وقد تعثر بعضهم وزحفوا إلى حافلاتنا».

لا يوجد سبب يدعو للتقليل من جدية خدمة النقل هذه التي قُدمت للنازيين. والمسألة هنا تتلخص في أن تأتي مسرعاً لإنقاذ مواطنيك الأسرى، في حين يتعين على الأسرى الآخرين أن يُنقلوا بعيداً في رحلة تنتهي بموت بعضهم. لقد أحيا مشهد حافلات الصليب الأحمر بطبيعة الحال الآمال في الخلاص من ذلك الجحيم. وغني عن القول إن البعثة أُرسلت من قِبل الحكومة السويدية، وبالتالي لم يكن هناك الكثير الذي يمكن قوله بشأن سعيها

الأساسي لإنقاذ الأسرى العائدين إلى أقرب جيرانها. لكن، هل كان باستطاعة الصليب الأحمر، كمنظمة إنسانية، أن يساعد الناس بالطريقة التي تصرف بها؟ هذه مسألة يمكن مناقشتها. وهناك بعض الشهادات التي تظهر المشاعر التي انتابت الأسرى، مثل ما قاله المقاوم الفرنسي إدموند ماهيو عام 1991: «كان ذلك في [معسكر] نوينغامّي. رأيت حافلات الصليب الأحمر السويدي. جاؤوا لاصطحابنا. لكن، اتضح أنه وهم كبير. عندما رأينا حافلات الصليب الأحمر السويدي، نعم، لقد أتوا من بلد محايد، هكذا اعتقدنا بالطبع، نعم، كان المرء يأمل على أي حال، أن يأخذونا في اتجاه يوتيبوري أو مالمو. لكنهم أخذونا في اتجاه واتنشتيدت». [12]

الاقتباس الآنف مأخوذ من كتاب إنغريد لومفورش التي حاولت تتبع آثار الأشخاص الذين نقلتهم البعثة بعيداً من معسكر نوينغامّي. لكنها ذهبت بعيداً في انتقاداتها، وجعلت البعثة بأكملها تبدو كمشروع مشكوك فيه؛ كما لو أن تاريخ معسكر نوينغامّي وما حدث فيه قد طغيا على جميع حسنات البعثة. يبدو أن إنغريد لومفورش تعتقد أنه كان من واجب العقيد بيورك أن يرفض تقديم خدمة النقل، حتى لو أدى ذلك إلى إفساد عملية الإنقاذ برمتها.

لم تستطع لومفورش إخفاء نفورها من فولك برنادوت، كما كتبت، بسبب حقيقة أن البعثة أقامت لها معسكراً أساسياً في قلعة يملكها أوتو فون بسمارك، «المسؤول المتقاعد من السلك الدبلوماسي النازي مع زوجته سويدية المولد آن ماري من عائلة تنغبوم التي كانت لها صلات جيدة مع العائلة المالكة السويدية، وكانت السيدة بسمارك في شبابها زميلة دراسة لفولك برنادوت. من خلال هذه الروابط الشخصية، كان من الطبيعي أن يُعرض على برنادوت وأقرب رجاله الإقامة في سكن فون بسمارك. وقد اتضح أن لديهم الكثير من القيم الثقافية المشتركة». [13]

كيف اتضح ذلك؟ يحق للمرء أن يعرف. وما هي القيم التي أشارت إليها لامفورش؟ هل هي قيم الاستمتاع بالجلوس إلى مائدة جيدة؟ لا، على الأرجح. بل هذا أحد تلك التلميحات المتواترة وغير المثبتة بأن فولك برنادوت كان متعاطفاً مع النازيين، وهو افتراء بدأ في القدس عام 1948. علاوة على ذلك، أشارت لامفورش مرتين ومن دون تحفظ إلى مقال صحفي تعوزه المصداقية،[14] يتضمن اتهاماً لبرنادوت بأنه لم يكن راغباً في مساعدة اليهود.

بعد القيام بالعديد من الرحلات، ومواجهة الكثير من الصعوبات، وخوض المفاوضات الجديدة مع هيملر في برلين نجح برنادوت في نقل السجناء الإسكندنافيين إلى خارج ألمانيا. وفي نهاية المطاف، حدث أيضاً أن شملت بعثة الإنقاذ عدداً كبيراً من الأسرى غير الإسكندنافيين، حيث أُنقذ ما لا يقل عن 7000 امرأة من جنسيات مختلفة من معسكر رافينزبروك المخصص للنساء. والكثير من أولئك النساء كنّ يهوديات، حتى إن أسرى الدول الإسكندنافية كان الكثير منهم يهوداً.

حتى ذلك الحين، كانت الصحف قد التزمت الصمت بشأن بعثة الإنقاذ بناءً على طلب الحكومة، ولكن في 1 مايو/ أيار 1945، عندما وصل أول 4000 أسير حرب محرّر، أُعلن عن البعثة من خلال مؤتمر صحفي عقده فولك برنادوت لتلك الغاية. وذكرت الصحف: «تحت رذاذ المطر والرياح الخفيفة، نزل الحشد الكبير من العبّارة التي وصلت بعد الظهر. وكان حشد الأسرى مؤلفاً من 500 أسير نرويجي - جميعهم رجال- ومجموعة كبيرة من النساء؛ معظمهن من الجنسية البولندية. ملابسهم كانت عبارة عن خرق رقيقة كانت ذات يوم ملابس صيفية، وأحذيتهم من الورق والخشب وبقايا أخرى مختلفة، وقد لفّوا رؤوسهم بقطع من القماش. كانوا يحملون ممتلكاتهم القليلة في أكياس أو صرر، أو صناديق من الورق المقوّى، أو حتى في أيديهم.

80

هكذا جاءوا، وهم عموماً أحياء، ولكن معظمهم يسير على ساقين دقيقتين مثل أوتادٍ في سياج حديدي. أما وجوه الشبان فقد حُفرت فيها أخاديد عميقة جعلتهم يشيخون قبل الأوان بعشرين عاماً. كان شعر الشبان رماديّ اللون، بينما عيونهم لا تزال زرقاء طفولية.

– أنا خائفة جداً من أن أستيقظ، وأعتقد تماماً أنني أحلم بأنني حرّة، وأنني أرى وجوهاً ودودة من حولي وسيسمح لي قريباً بالعودة إلى المنزل. ورغم أن عددنا كان كبيراً هنا في هذه المخيمات، فقد حصل كل واحد منا على سريرٍ خاص، وطالما كانت هذه المسألة مطروحة. هكذا عبّرت شابة بولندية شقراء بشكل عفوي عن شعورها.

كم هو عدد الأشخاص الذين أُنقذوا من المعسكرات الألمانية قبل عمليات الإبادة التي جرت في الأيام الأخيرة من الحرب؟ المعلومات تختلف. ظلّ الرقم 30000 لفترة طويلة معتمداً كمعيار في الموسوعات، لكنه رقم مبالغ فيه؛ ربما كان السبب في ذلك نوعاً من الهذيان القومي. أما فولك برنادوت نفسه فقد ذكر أن الرقم هو 19000، وفي مكان ما حول هذا الرقم تدور الآن معظم التقديرات. وأورد كلاس أومارك في كتابه «العيش بجوار الشر» أنه وجد الأرقام النهائية في أرشيف مجلس الدفاع المدني، وفيها أن عدد الذين أُنقذوا من معسكرات الاعتقال وصل إلى 20000. [15] كم هو عدد اليهود بين هؤلاء؟ من الصعب تحديد الرقم لأن المحررين مسجلون بحسب جنسياتهم وليس وفقاً لانتماءاتهم العرقية. لكن الموسوعة الوطنية تشير إلى 11000 شخص، وهو رقم يجده سوني بيرسون معقولاً. [16]

بعد أشهر قليلة فقط من انتهاء أعمال البعثة الناجحة، نشر فولك برنادوت الكتاب الذي سيُكسبه شهرة عالمية: «النهاية». وفي هذا الكتاب تحدث عن اجتماعاته ومفاوضاته مع كبار القادة النازيين. وقد تُرجم الكتاب بسرعة

إلى حـوالي عشرين لغة، وأصبح من أكثر الكتب مبيعاً على مستوى العـالم. ويمكن تفسير إنجـاز الكتاب بتلك السرعة وخـلال ذلك الوقت القصير من خـلال حقيقة أن الكتاب استند إلى حدٍّ كبير إلى الملاحظات التي قدّمها برنادوت، والتي اعتمد عليها راغنار سڤانستروم في كتابة النص، بالإضافة إلى إملاء برنادوت.

يقدم فولك برنادوت في كتابه روايته الخاصة حول بعثة الحافلات البيض ومنشأها منذ البداية. وقد تعرّض لكثير من النقد بسبب مبالغته في تعظيم دوره والتقليل من شأن الآخرين. ويعطي سرده انطباعاً بأن البعثة قامت بأكملها على فكرته الخاصة. وقال برنادوت إنه التقى في باريس القنصل العام السويدي راؤول نوردلينغ الذي روى له قصصاً مثيرة حول معركة باريس الأخيرة. «ما فتنني أكثر هو حكايته عن كيفية تمكنه من منع ترحيل عدد كبير من النساء والرجال إلى ألمانيا، فضلاً عن تمكنه من فرض إطلاق سراح بعض الفرنسيين الذين انتهى بهم المطاف في السجون الألمانية في فرنسا، وذلك بالتزامن مع استسلام باريس. بالطبع، لم يكن باستطاعته استخدام الأساليب المعتادة واتباع المسارات المحددة لتحقيق ذلك. وذلك لأن راؤول نوردلينغ شخص غير بيروقراطي على الإطلاق، ولا يعرف الخوف أبداً، بل هو رجل يفعل ما يراه ضرورياً دون أن يتقيّد تماماً باللوائح والتعليمات. وهكذا، استطاع تحقيق هدفه. وعندما جلس هناك وأخبرني، أصابني حماسه، فتساءلت عما إذا كنت أستطيع القيام بشيء مشابه لمساعدة أولئك الذين يعانون في معسكرات الاعتقال الألمانية. وهكذا زُرعت لديّ البذرة التي سيتم تطويرها لتصبح بعثة الصليب الأحمر السويدي إلى ألمانيا في ربيع عام 1945».[17]

وهكذا اتبع فولك برنادوت أسلوب نوردلينغ! العمل غير البيروقراطي والإقدام الذي لا يعرف الخوف، وأن يفعل المرء ما يعتبره ضرورياً من دون التقيّد بالتعليمات واللوائح. وكان هذا هو أسلوبه كما قال عن نفسه في فقرات

طويلة من كتابه.

لكن هذا القول لم يكن الحقيقة الكاملة، كما تبيّن لنا. إذ يبدو، بطريقة لا يمكن دحضها، أن برنادوت يريد هنا أن ينسب لنفسه الفضل في الجهود التي بذلها الآخرون، ليبدو في صورة المحبّ للشهرة والمتمحور حول ذاته، وهي، كما هو معروف، صفات شائعة لدى الأشخاص الناجحين. إلا أن الابن برتيل ينفي بشكل قاطع أن يكون والده على هذا النحو. يقول برتيل برنادوت إن أي شخص يعتقد ذلك فهو لم يفهم عمق تدين فولك برنادوت. كانت الأجواء الدينية الصارمة في البيت الذي نشأ فيه فولك قد طبعت شخصيته بطريقة تمنعه من إبراز نفسه على حساب الآخرين.[18]

في مقـال صحفي نُشر عام 2003، قـدَّم ابنا فولك برنـادوت، برتيل وفـولك الابن، روايتهما الخـاصة حـول كيفية حـدوث كل هذه المسـألة.[19] وفي رأيهما، إنّ النقاد قد أعطوا الكتاب وزناً كوثيقة تاريخية، وهو ما لم يكن القصد منه إطلاقاً.

سيكون التفسير بدلًا من ذلك هو إلحاح الناشر راغنار سڤانستروم واستعجاله لنشر كتاب «النهاية». كانت رواية برنادوت عن لقاءاته مع القادة النازيين ذات أهمية شديدة للدعاية للكتاب، وكان من المهم أن يتم إبرازها. وقد سلّم برنادوت ملاحظاته لسڤانستروم، الذي كتب المخطوطة وأعادها إلى برنادوت فصلاً تلو الآخر للموافقة عليها، وتم كل ذلك بسرعة فائقة. «قالت والدتنا إن أبي أراد إلى حد كبير أن يُبرز جهود العديد من الأفراد الآخرين. لكن سڤانستروم لم يرغب في ذلك، لأنه إن فعل فسيعني ذلك أن مادة الكتاب ستصبح طويلة جداً وأن نشر الكتاب سيتأخر، إذ يتوجب في هذه الحالة الحصول أولاً على موافقات الآخرين، ثم إعادة العمل على النصوص. (يمكنهم تأليف كتبهم الخاصة يا فولك. أنت تكتب الآن عما اختبرته)».

وهكذا، اكتفى برنادوت - بعد بعض الجدل - بهذا التبرير، بشرط التأكيد على أن ما ورد في الكتاب يدور على وجه التحديد حول تجربته الشخصية. وهذا أيضاً ما هو مكتوب على صفحة الغلاف: مفاوضاتي في ألمانيا في ربيع عام 1945 وعواقبها السياسية.

في الواقع، أتت المبادرة إلى إنشاء البعثة من عدة جهات أخرى، خاصة من جانب نيلز كريستيان ديتلف، الذي ورد ذكره في أنحاء الكتاب كافة، ولكن بدور متواضع للغاية. وفي ما يتعلق بتنفيذ الإجراءات، كان هناك الكثير ممن ساهموا بنشاط. أمّا غيليل ستورتش وفيليكس كيرشتن فلم يُذكرا على الإطلاق، وكانت لهذا عواقب وخيمة، حيث أطلق كيرشتن حملة للفت الانتباه إلى جهوده الخاصة، لكن حملته خرجت عن مسارها في النهاية وانتهت إلى فشل كامل. فعلى سبيل المثال، ومن بين أمور أخرى، وزّع رسالة، يُزعم أن برنادوت أرسلها إلى هيملر.

السيد المحترم هيملر!

اليهود غير مرغوب فيهم في السويد، كما هو حالهم في ألمانيا. لذلك، أفهم تماماً موقفكم من المسألة اليهودية. لقد سمعتُ من الطبيب كيرشتن أنكم أطلقتم سراح 5000 يهودي سُمح لهم بالسفر إلى السويد. أنا لا أحبذ هذا، لأنني لا أريد إحضار أي يهود. لكن، وبما أنني لا أستطيع رفض نقلهم رسمياً، أطلب منكم، يا سيد هيملر، أن تفعلوا ذلك أنتم. الطبيب كيرشتن ليس لديه تفويض للتفاوض على إطلاق سراح أي يهودي، وقد فعل ذلك منفرداً. وهذا هو موقفي أيضاً بالنسبة إلى نقل الفرنسيين والهولنديين والبلجيكيين إلى السويد.

سأكون سعيداً إذا تمكنتُ - قدر الممكن والمستطاع - من جلب النرويجيين والدانماركيين وحتى البولنديين إلى السويد في حافلات الصليب الأحمر

البيضاء. وفقا للطبيب كيرشتن، أنتم مستعدّون، يا سيد هيملر، للإفراج عن جميع الإسكندنافيين الموجودين في مكان يسمى نوينغامّي.

سلاحكم البعيد المدى [V-Waffe] لا يصيب أهدفه جيداً في لندن. أرفق لكم رسماً تخطيطياً لأهداف عسكرية إنجليزية.

كان الجنرال شيلينبرغ لطيفاً بما يكفي ليعد بتسليم هذه الرسالة إليكم شخصياً، حتى لا تقع في الأيدي الخطأ.

مع فائق الاحترام

ف. برنادوت[20]

أصبحت الحقيقة بشأن تزوير الخطاب معروفة للجمهور، وهو أمر معروف ومقبول الآن بشكل عام. قال باربرو فيسّيل- الذي أصبح اسمه لاحقاً باربرو يارّينغ- وهو الذي كتب جميع رسائل برنادوت، للكاتبة كاتي مارتون: «لم يكتب فولك رسائله بنفسه، وهذه ليست لغته على أي حال». والغريب هو أن المؤرخ البريطاني تريفور روبر الذي اشتهر من خلال كتابه «أيام هتلر الأخيرة»، تمسّك بمعلومات كيرشتن واستخدمها لمهاجمة برنادوت بعنف في مقال نُشر في مجلة عام 1953.[21] ويستند تريفور روبر في كتابه، من دون تمحيص، إلى رواية كيرشتن. بناء على ذلك، يُنسب للمُدلّك [كيرشتن] كل الفضل في نجاح البعثة، ويُلام برنادوت لعدم رغبته في جلب اليهود إلى السويد. وكان تريفور روبر يحظى في ذلك الوقت باحترام كبير كمؤرخ، لكن قيمته في البورصة الأكاديمية تراجعت على مر السنين. ثمّ أقر في عام 1980 بأنه مذنب لأنه زعم أن اليوميات المزيفة التي نُشرت باسم هتلر كانت حقيقية، ومنذ ذلك الحين تدنّت سمعته. والمقال الذي أشارت إليه إنغريد لومفورش في كتابها هو مقاله.

دفع الهجوم على برنادوت وزارة الخارجية السويدية إلى نشر كتاب أبيض

عن البعثة في عام 1956، دُحضت فيه اتهامات تريفور روبر تماماً، ولكن وُزِّع فيه أيضاً شرف المشاركة في البعثة بشكل أكثر إنصافاً مما فعله فولك في كتاب «النهاية». أمّا بالنسبة إلى موقف برنادوت تجاه اليهود، فيمكن للمرء، على سبيل المثال، أن يستشهد برسالة من المستشار المفوض لينارت نيلاندر - الذي كان حاضراً في المفاوضات في عام 1945 - كان قد كتبها عام 1953، رداً على مقال تريفور روبر؛ حيث وصف الموقف السلبي المزعوم لبرنادوت بأنه «لا يمت إلى الحقيقة بصلة»، بل على العكس من ذلك، إذ غالباً ما أعرب برنادوت عن أمله في أن تتوسع البعثة «لتشمل غير الإسكندنافيين، بغض النظر عن الأعراق».[22]

خلصت كاتي مارتون، التي صدر كتابها عام 2011 حول جريمة اغتيال برنادوت، إلى النتيجة المنطقية التالية: «لم يعثر أي مؤرخ جاد من أي جنسية على أي دليل يدعم مزاعم تريفور روبر بأن برنادوت كان معادياً للسامية».[23]

كتب سوني بيرسون: «في الواقع، كانت بعثة الصليب الأحمر في عام 1945 من عمل الحكومة السويدية والدولة السويدية، وبالتالي ربما كانت أهم مساهمة قدمتها السويد خلال الحرب العالمية الثانية بأكملها. نعم، ربما كان هذا أهم عمل إنساني قامت به السويد خلال القرن العشرين بأكمله. ونحن في السويد يجب أن نفخر بشدة بالعمل الإعجازي الذي قام به مئات السويديين، رجالاً ونساءً، أطباء وممرضات، سائقين وضباط تحت قيادة فولك برنادوت خلال الأسابيع القليلة والمروعة في المراحل الأخيرة من الحرب العالمية الثانية.

لماذا لم يُعمل على إقامة نصب تذكاري وطني تخليداً لهذا العمل السويدي البطولي؟».[24]

ذلك النُصب التذكاري سيكون على الأرجح قد أقيم منذ فترة طويلة لو لم يشرع فولك برنادوت في المهمة الفلسطينية. والكراهية التي جلبها على نفسه

من قبل الإسرائيليين خلال تلك المهمة هي السبب في الصمت الذي أحيطت به بعثة الحافلات البيض وفولك برنادوت من قِبل الجمهور السويدي.

ورد في كتاب «النهاية» وصف لاتصالات برنادوت مع القادة النازيين الذين أرادوا اختبار إمكانية تحقيق سلام منفصل مع القوى الغربية. حاول هيملر وشريكه، والتر شيلينبرغ، مراراً وتكراراً إقناع برنادوت بتقديم عرض سلام منفصل للقوى الغربية، تستسلم بموجبه ألمانيا لهم ويستبعد من ذلك الاتحاد السوفييتي. وعندما أدركوا أخيراً أن اللعبة قد انتهت، ربما كانوا يأملون- إلى حد ما- في أن يتمكنوا من إنقاذ جلودهم. ومع ذلك، كان هناك أيضاً دافع أيديولوجي من وراء ذلك.

كان هيملر مناهضاً للشيوعية بشدة، وهو الأمر الذي لم يكن ينطبق في الواقع على جميع القادة النازيين، ولذلك أراد التوصل إلى سلام منفصل مع الغرب في محاولة منه للحيلولة دون تجذر النفوذ السوفييتي في أوروبا الشرقية. وفي هذا الشأن أمكنه أن يتحدث مع برنادوت الذي يشاركه بقوة في معاداة الشيوعية، على الرغم من أنه- كممثل للصليب الأحمر- كان شديد الحذر بشأن الإدلاء بتصريحات سياسية.

خلال السنوات الأولى التي تلت الحرب، كان يُنظر إلى القادة النازيين عموماً على أنهم وحوش من كوكب آخر، ولكن لاحقاً، بعد محاكمة أدولف أيخمان في القدس عام 1961 وكتاب حنّة أرندت عن المحاكمة «تفاهة الشر»، أصبح من السهل رؤية أولئك القادة كأناس عاديين؛ الأمر الذي يجعلهم في الواقع مخيفين أكثر. وفي كتاب «النهاية» يقدّم فولك برنادوت صوراً مثيرة للاهتمام للنازيين الذين التقاهم؛ ليظهروا كمجموعة من الناس من لحم ودم. وكان وصفه لأولئك القادة أول تقديم لهم أمام عالم مذهول ومذعور، وهو الوصف الذي كان سبباً مهماً في النجاح منقطع النظير للكتاب.

أدرك برنادوت بوضوح لا لبس فيه أوزار هيملر الدموية: «لا شيء يمكنه أن يحرر هاينريش هيملر من عبء الأوزار الرهيبة التي ارتكبها، ولا شيء يمكنه بأي حال من الأحوال أن يعفيه منها. فهو الذي أنشأ نظام معسكرات الاعتقال. وعلى الرغم من أنه- كما ادعى- لم يكن دائماً على علم بجميع الفظائع المروعة التي تسبب بها ذلك النظام، إلا أنه لا يزال المسؤول عنها». لكن برنادوت وجد أيضاً بعض السمات التعاطفية لدى هذا الرجل الذي اعتقد أنه أحد أكثر الأشخاص تعقيداً الذين قابلهم على الإطلاق. «ظهر هاينريش هيملر خلال محادثاته معي كشخص حيوي للغاية، وأثبت أنه عـاطفي – في علاقته مع الفـوهرر – ويمكنه أيضاً إظهار حماسة كبيرة». قـدّم برنـادوت هدية لهيملر، وهي قطعة أثرية من القرن السابع عشر عبارة عن نقوش رونية سويدية؛ الأمر الذي أثار اهتمام هيملر بشدة. «لقد تأثر بشكل ملحوظ، حتى إنه قال إن اللطف الذي أظهرته له بهذه الطريقة أثّر فيه بعمق، وإنه يشعر بالامتنان لأنني أردت بهذه الطريقة أن أشعره بالبهجة في الظروف الراهنة». (25) أما القادة الآخرون، مثل ريبينتروب على سبيل المثال، فلم يجد برنادوت فيهم الكثير من المزايا. «عندما جلست هناك في مكتب ريبينتروب في وزارة الخارجية الألمانية واستمعت إلى محاضرته الطويلة المعدّة مسبقاً، بدا لي تقريباً أشبه بأسطوانة بدأت بالتآكل بشكل مزعج، وتولّد لدي أيضاً انطباع بأنه في الحقيقة رجل محدود نوعاً ما، وفيه شيء مثير للسخرية. والأمر المذهل في الحقيقة هو أن هذا الرجل كان وزيراً للخارجية الألمانية كل تلك السنوات». ومن التفاصيل الطريفة في ذلك اللقاء أن برنادوت- الذي كان مستعداً على ما يبدو للشعور بالسأم من إطالة ريبنتروب في الكلام- وقّت ساعته عندما بدأ الوزير بالكلام، ثمّ أمكنه بعد ذلك التأكد من أنه استمر في الكلام لمدة ساعة وسبع دقائق، من دون إعطاء الضيف أدنى فرصة للتدخل. انسجم برنادوت بشكل جيد مع رئيس المخابرات والتر شيلينبرغ.

وبحسب برنادوت، فقد حاول مواجهة الوحشية التي أظهرها الجستابو: «أود أن أعترف بأنني شعرتُ منذ البداية بقدر معين من الثقة به، وعلى أي حال سأكون ممتناً له على الدوام على المساعدة الإيجابية التي قدمها لي في ما يتعلق بعمل الصليب الأحمر في ألمانيا». وعندما أتى شيلينبرغ في إحدى المناسبات إلى ستوكهولم، دعاه برنادوت- على الرغم من احتجاج إستيل- للإقامة في منزله في جزيرة يورغوردن. وحين حوكم شيلينبرغ. أمام محكمة نورمبرغ، قدَّم فولك برنادوت شهادة لصالح شيلينبرغ قال فيها إن شيلينبرغ قدَّم مساعدة كبيرة في المفاوضات مع هيملر.

يعرض فولك برنادوت نفسه للهجمات، ويبقي نفسه مكشوفاً من دون دفاع. وإذا كان على المرء أن يصدق العديد من الذين عرفوه، فقد كان رجلاً خالياً من الحسابات، وكان يعتقد أن الآخرين كذلك، فكانت حياكة المؤامرات والألعاب الخفية غريبة تماماً عنه، ولم يكن يتبع سوى رأيه وإحساسه بالعدالة. بناء على ذلك، رأى أن شيلينبرغ كانت له مزايا ستكون موضع تقدير من جانبه.

إن عدم فطنة برنادوت الشديدة إلى حقيقة أن شيلينبرغ- كعضو في القيادة النازية- كان مسؤولاً عن جرائم النظام، يُبيّن نموذج تفكير برنادوت. إذ كان ينظر إلى الأشخاص وليس الأنظمة. ونظراً إلى أن جميع الناس طيبون في دواخلهم، فمن الممكن إيجاد الحلول. وهكذا، رأى أن الحل لجميع المشاكل يكمن في العثور على الأشخاص المناسبين والاتفاق معهم. وهذا تعبير عن نظرة أرستقراطية للعالم ما قبل الديمقراطية، إذا جاز القول؛ وهي نظرة تأسست في عالم مضى، حيث يعرف أفراد مجموعة صغيرة من أولئك القابضين على السلطة بعضهم بعضاً، ويتفقون في ما بينهم على إدارة شؤون الأمة.

على الرغم من تعاطف برنادوت مع أفكار هيملر حول إبقاء الاتحاد

السوفييتي خارج أوروبا الشرقية، تردّد في الاتصال بزعماء الغرب لأنه أدرك الصعوبات. وفي النهاية، وافق على تقديم العرض إلى الحكومة السويدية، وترك لهم أمر تمريره إلى قادة القوى الغربية إذا رأت الحكومة ذلك مناسباً. وقد فعلت ذلك، لكن روزفلت وتشرشل قابلا العرض بفتور تام، وتمسّكا بالتحالف مع ستالين، ولم يكن بإمكانهما التفكير في أي شيء آخر غير استسلام ألمانيا الكامل على جميع الجبهات؛ وهو ما حدث بعد ذلك بوقت قصير.

لم تكن هذه القصة في الواقع أكثر من حاشية صغيرة على هامش الأحداث الكبرى، لكنها أعطت فولك برنادوت إحساساً بوجوده في قلب مجريات السياسة العالمية. وقد شعر بالانسجام في الوسط السياسي، وسيعود إلى ذلك الوسط بعد بضع سنوات. سارت التطورات في الأرض المقدسة بلا هوادة باتّجاه العنف والحرب، ولم يكن فولك قد زار فلسطين من قبل، ولكنه كان يشعر- بسبب إيمانه المسيحي - بانتمائه إلى تلك الديار.

6

مجلس الأمن الدولي وتقسيم فلسطين

«من حيث الأساس، الأمر الوحيد الذي يتفق عليه اليهود والعرب هو أنّه على البريطانيين المغادرة»

في أواخر القرن التاسع عشر، بدأ يهود أوروبا بالهجرة إلى فلسطين بتشجيع من الحركة الصهيونية. وكان اليهود قد تعرضوا في كثير من الأحيان للاضطهاد الوحشي في أوروبا، خاصة في روسيا وبولندا، لكنّ معاداة السامية كانت منتشرة في جميع أنحاء القارة، ولم تكن السويد استثناءً من ذلك. واليهود معروفون بالتفافهم حول بعضهم أينما حلّوا، بالإضافة إلى عنايتهم الشديدة بتراثهم الثقافي، مع التزامهم القوي بالتعاليم الدينية والكتاب، وتقديسهم للتقاليد والتاريخ. ومن المألوف أن ينغلق اليهودي على نفسه ويحمي ذاته من بقية السكان في محيطه، وأن ينظر إلى نفسه، استناداً إلى ما جاء في العهد القديم، على أنه من «شعب الله المختار».

في التقليد اليهودي، يوجد اعتقاد قوي بأن المرء يعيش «في الشتات»، وأنه سيعود ذات يوم إلى «أرض إسرائيل»؛ وهي الأرض التي وعد الله بها النبي إبراهيم في قصة سفر التكوين. وبحسب التقاليد، ينتهي عيد الفصح اليهودي، وهو أحد الأعياد الرئيسية لدى اليهود، بتبادل الكلمات التالية: «العام القادم في القدس!».

في الألف الأولى قبل الميلاد كانت هناك دولة يهودية، والتي كانت- حين بلغت أوج قوتها- أوسع مساحة من إسرائيل الحالية. والدولة المذكورة- وهي بالمناسبة سرعان ما انقسمت إلى دولتين- بقيت موجودة لبضع مئات من السنين، ثمّ ابتلعها حكّام أجانب. ثمّ وفي عام 166 قبل الميلاد، أدى ما سُمِّي بتمرد المكابيين إلى فترة جديدة من الاستقلال اليهودي الذي استمرّ لمدة 80 عاماً، وكانت عاصمتهم في القدس. لم تقم منذ ذلك الحين دولة يهودية مستقلة، ولكن في الثقافة اليهودية- مع ما فيها من إحساس قوي بالتقاليد- كانت أجنحة القرون الخالية (وما تزال) ترفرف بسرعة ليستمرّ اليهود في المحافظة على فكرة الوطن المفقود وإبقاء تلك الفكرة قوية وحيوية.

وصف العديد من الكتاب، مثل إسحاق باشفيس سينغر الحائز على جائزة نوبل، على سبيل الذكر لا الحصر، الثقافة اليهودية القديمة، بتماسكها المستمر وطابعها المحافظ بصرامة. لكن خلال القرن التاسع عشر، نشأت حركة بين يهود أوروبا نأت بنفسها عن التشدّد الديني، وسَعت إلى الذوبان في المجتمع المحيط، أو ما ينبغي أن نسميه الاندماج. وقد نجحت تلك الحركة إلى حدّ مقبول- ولكن إلى حدّ مقبول فقط- في أوروبا الغربية. وغالباً ما كان اليهود «المندمجون» يتعرضون للتمييز؛ على الرغم من محاولاتهم أن يصبحوا فرنسيين وألماناً كاملين. كانت معاداة السامية حاضرة باستمرار.

حاول الأب الروحي للصهيونية ثيودور هرتزل الاندماج، ولكنه- تحت الانطباع الذي تولد بسبب قضية دريفوس- بدأ يفكر في اتجاهات أخرى. كان دريفوس ضابطاً يهودياً في الجيش الفرنسي أدين بالتجسس، وسجن في محاكمة اعتُبرت جريمة بحق القانون. راقب هرتزل المحاكمة مصدوماً، ثمّ كتب: «الموت لليهود! هدر الحشد وهم ينزعون رتبته العسكرية. ومنذ ذلك الحين، أصبح شعار (يسقط اليهود) صيحة حرب. أين؟ في فرنسا. في الجمهورية الفرنسية الحديثة والمتحضرة، بعد مائة عام من إعلان حقوق

92

الإنسان. [...] حتى ذلك اليوم، كان معظمنا يعتقد أن الحل للمسألة اليهودية هو الانتظار حتى يتقدم الإنسان تدريجياً نحو التسامح. ولكن، إذا تصرّف شعب متقدّم ومتحضر للغاية على هذا النحو، فما الذي يتوقعه المرء من الشعوب الأخرى؟»[1]

بعد ذلك، تفرغ هرتزل لتأليف كتاب «الدولة اليهودية»، والذي أصبح الوثيقة الأساسية للحركة الصهيونية. وكان هرتزل سيداً ذا عقلية دبلوماسية، يؤمن بأن الطريقة الصحيحة هي التفاوض مع حكام الإمبراطورية العثمانية في إسطنبول، وذلك للحصول على موافقتهم على إقامة دولة لليهود في فلسطين. هذا وقد توفي هرتزل عن عمر يناهز 44 عاماً، أي بعد سبع سنوات من الإعلان عن تأسيس الحركة الصهيونية في مؤتمر في بازل عام 1897. حينذاك تحوّل ثقل الصهيونية وتركيزها إلى روسيا والأوساط الثورية التي نشأت فيها البلشفية بالتدريج.

في أوروبا الشرقية، كان التحامل على اليهود أعمق وأوسع انتشاراً، وتكرر اندلاع الاضطهاد والمذابح ضد اليهود. ولم يكن الصهاينة الروس مهتمين كثيراً بالمفاوضات، وفضلوا خلق «حقائق على الأرض». وهكذا شرعوا في الهجرة إلى «أرض الوطن» فلسطين لاستعمارها. وكان أولئك الصهاينة الأوائل علمانيين، ولم يجادلوا بمصطلحات توراتية، لكن مع ذلك لعبت المفاهيم التقليدية حول «الوطن» دوراً حاسماً في أنشطتهم.

وهكذا، نشأت أولى المستوطنات الصهيونية في فلسطين. وهذا لا يعني أنه لم يكن هناك يهود من قبل؛ بل عاشت فيها مجموعة صغيرة من اليهود في جميع العصور. وخلال القرن التاسع عشر، كان اليهود المتدينون يسعون أيضاً إلى القدس للصلاة عند حائط المبكى، وليتعمقوا في الكتب المقدسة. والجدير بالذكر أن أولئك اليهود لم يكونوا دنيويين، ولم يكن لديهم الشيء

الكثير لتقديمه لمشروع الاستعمار الصهيوني الذي اعتبروه انشغالاً في أمور لا سلطان لأحد عليها إلا الله.

ونظراً إلى وجود عدد قليل من اليهود، فإن هجرة اليهود إلى فلسطين لم تسبب أي احتكاك كبير مع السكان العرب الأصليين. لكن، سرعان ما اتضح أن اليهود يعتزمون إقامة دولتهم الخاصة، والتي واجهت بطبيعة الحال معارضة من العرب الذين كانوا يخشون المصير الذي سيواجهونه هم أنفسهم في مثل هذه الدولة. وعلى الرغم من أن فلسطين كانت دولة زراعية غير متطورة، حيث لا يقرأ الصحف سوى القليل من الناس، إلا أنه كانت هناك مع ذلك حركة وطنية مستوحاة من أفكار الاستقلال الوطني التي أعقبت الحرب العالمية الأولى.[2] وقد اعتُبرت الصهيونية منذ ذلك الحين- ولا يزال يُنظر إليها كذلك في العالم العربي- فرعاً من فروع الاستعمار الأوروبي، وأُجريت مقارنات بينها وبين الحروب الصليبية.

كتب رئيس بلدية القدس إلى حاخام فرنسي: «بسم الله، اتركوا فلسطين بسلام!» وكتب أيضاً إلى ثيودور هرتزل قائلاً إن فلسطين مكتظة بالسكان بالفعل، لكن هرتزل رد بأن الصهيونية لن تسبب أي ضرر وأن ثروات العرب وازدهارهم سيزدادان من خلال جهود الصهاينة. هذا ولا يوجد ما يشير إلى أنه لم يكن صادقاً في هذا الافتراض.

حتى الحرب العالمية الأولى، كانت فلسطين جزءاً من الإمبراطورية العثمانية، لكن الإمبراطورية انهارت في المواجهة مع القوى الغربية المهيمنة. ثمّ أصبحت فلسطين إحدى المناطق التي أبدت بريطانيا اهتمامها بها، وحصل البريطانيون من عصبة الأمم- وهي المنظمة الدولية التي كانت قائمة قبل إنشاء منظمة الأمم المتحدة- على انتداب لحكم فلسطين مع مهمة تقضي بإعداد البلاد للاستقلال.

كان الصهاينة منظمين بشكل جيد، ولديهم اتصالات جيدة مع القوة المستَعمِرة. وكان القادة البريطانيون، مثل تشرشل على سبيل المثال، على دراية جيدة بالعهد القديم، فلم يواجهوا صعوبة في التماهي مع تطلعات الصهاينة. وفي عام 1917، أصدر البريطانيون وعد بلفور الذي تضمن وعداً لليهود بوطن قومي في فلسطين. وفي الوقت نفسه، نصت هذه الوثيقة الملتبسة على أن التعهدات المقدمة لليهود يجب ألا تنتهك مصالح السكان الأصليين. ثم أصبح وعد بلفور جزءاً من الانتداب البريطاني على فلسطين؛ بناء على التفويض الذي منحته عصبة الأمم للبريطانيين. ولقد أصبح وعد بلفور وثيقة بالغة الأهمية بالنسبة إلى الصهاينة الذين رأوا فيه شرعية دولية لاستعمارهم فلسطين. وجاء الإعلان عن وعد بلفور في رسالة وجهها وزير الخارجية البريطاني، اللورد بلفور، إلى اللورد روتشيلد، زعيم الحركة الصهيونية البريطانية.

«عزيزي اللورد روتشيلد!

يسرُّني أن أبلغكم بالنيابة عن حكومة جلالته بالتصريح التالي الذي يُعبّر عن التعاطف مع طموحات اليهود الصهاينة التي قُدّمت للحكومة ووافقت عليها.

إن حكومة صاحب الجلالة تنظر بعين العطف إلى تأسيس وطن قومي للشعب اليهودي في فلسطين، وستبذل قصارى جهدها لتحقيق هذه الغاية على أن لا يجري أي شيء قد يؤدي إلى الانتقاص من الحقوق المدنية والدينية للجماعات الأخرى المقيمة في فلسطين، أو من الحقوق التي يتمتع بها اليهود في البلدان الأخرى أو يؤثر على وضعهم السياسي. سأكون ممتناً لكم إذا ما أحطتم الاتحاد الصهيوني علماً بهذا البيان.

المُخلص: آرثر بلفور».

ومع توسع الاستعمار اليهودي لفلسطين، ازدادت أيضاً مقاومة العرب

لذلك الاستعمار. وعندما وصل هتلر إلى السلطة في ألمانيا عام 1933، بدأ فصل جديد تماماً في تاريخ معاداة السامية في أوروبا. وقد أدت المحرقة والاضطهاد الذي تعرض له اليهود في جميع أنحاء أوروبا إلى لجوء الكثير من اليهود إلى فلسطين.

وهنا ثمة نقطة مؤلمة لا تزال تؤثر بعمق في الرأي العام الغربي في ما يتعلق بالصراع في فلسطين. من جهته، يسمّي المؤرخ الإسرائيلي بيني موريس كلاً من اليهود والفلسطينيين «الضحايا الصالحين»، فهم جميعاً يستحقون تعاطفنا. فاليهود هم ضحايا المعاداة الأوروبية للسامية، والفلسطينيون ضحايا الاستعمار البريطاني أولاً، ثم الاستعمار اليهودي. هرب اليهود من المذابح ومعسكرات الاعتقال الأوروبية، ولكنهم أصبحوا مستعمرين في فلسطين، وهدّد وجودهم بتدمير المجتمع الفلسطيني وتحطيم حلم الفلسطينيين بالاستقلال.

وكردّ فعل على الهجرة المتزايدة، اندلعت انتفاضة عربية في عام 1936 استمرت لمدة ثلاث سنوات. وكان للمقاومة الأساس نفسه الذي اعتمدته كل مقاومة أخرى للاستعمار؛ فقد أراد المقاومون الدفاع عن حقّهم في بلدهم. لكن البريطانيين ضربوا الانتفاضة الفلسطينية بالوحشية نفسها التي اعتاد كل استعمار ممارستها.

سُحقت القيادة الفلسطينية؛ وهو الأمر الذي أصبح له في ما بعد تأثير حاسم في انهيار المجتمع الفلسطيني في مواجهة العزم والتصميم الصهيوني.

بعد أن سحق البريطانيون الانتفاضة، أجبرتهم المقاومة، على الرغم من ذلك، على التفكير في الجانب الآخر من وعد بلفور؛ أي عدم السماح بانتهاك مصالح السكان الأصليين. لا شكّ أن البريطانيين وعدوا اليهود بوطن قومي في فلسطين، بشرط ألا يضر ذلك بالسكان الأصليين؛ وهي صياغة تتعارض

مع نفسها، لأن الدولة اليهودية يجب أن تكون لها حتماً عواقب سلبية بعيدة المدى على السكان الفلسطينيين. وكانت نتيجة إعادة النظر البريطانية في وعد بلفور ما سُمّي بالكتاب الأبيض لعام 1939. ثمّ صرح رئيس الوزراء البريطاني تشامبرلين قائلًا إن وعد بلفور لا يمكن أن يقصد به إقامة دولة يهودية ضد إرادة السكان العرب. وهكذا تقرَّر أنه في غضون فترة عشر سنوات، ستصبح فلسطين دولة مستقلة ولن يشكل اليهود أكثر من ثلث إجمالي السكان، وسيتم السماح بالهجرة المحدودة لمدة خمس سنوات، وبعدها سيقرر الفلسطينيون وحدهم مسألة المزيد من الهجرة اليهودية. ونتيجة لذلك، بدأت عمليات الترحيل المحزنة بالقوارب من معسكرات الاعتقال الأوروبية، والتي ستصبح ذات تأثير بالغ الأهمية في الرأي العام الغربي.

شكّل الكتاب الأبيض نكسة كبيرة لمخططات الصهاينة. وكان تحقيق سابق، للجنة بيل، قد طرح احتمال تقسيم البلاد إلى دولتين يهودية وعربية، لكن بدا آنذاك أن اقتراح التقسيم قد اختفى، وتمثّل رد فعل النشطاء الصهاينة بالغضب وخيبة الأمل. ثمّ تحولت الحكومة البريطانية من صديق إلى عدو.

كان القائد الرئيس للصهاينة آنذاك هو ديفيد بن غوريون المولود في الجزء الروسي من بولندا، والذي أصبح اشتراكياً نشطاً في وقت مبكر من حياته. وفي عام 1905 أسس منظمة دفاعية يهودية بسبب الاضطهاد المستمر لليهود، وسُجن لهذا السبب. وكان في الوقت نفسه على اتصال بالأفكار الصهيونية، حيث تأثّر بأفكارهم تأثراً شديداً وهاجر إلى فلسطين عام 1906. وفي عام 1915 طُرد من هناك بسبب نشاطه السياسي، فأقام لبعض الوقت في الولايات المتحدة الأميركية. ومن هناك واصل ارتباطاته الاشتراكية والصهيونية؛ ومن بين أمور أخرى، شكل فيلقاً يهودياً قاتل إلى جانب بريطانيا ضد الأتراك خلال الحرب العالمية الأولى.

في عام 1921، عاد بن غوريون إلى فلسطين، وشكل حزب «ماباي» الاشتراكي الذي سيطر على الحركة الصهيونية حتى السبعينيات. كما أصبح أميناً عاماً للهستدروت (الحركة النقابية اليهودية الموحدة)، وشارك في تشكيل منظمة الهاغاناه (حركة الدفاع الصهيونية)، والتي أصبحت في ما بعد جيش إسرائيل.

عمد أولئك الذين حملوا اسم الصهيونية العمّاليّة إلى إضفاء طابع البطولة على الحياة الزراعية البروليتارية، وبثّوا الحماسة حول حياة الكيبوتسات؛ وهي التجمعات الزراعية الاشتراكية التي أصبحت إلى حد كبير جزءًا من الصورة الذاتية للصهاينة ودولة إسرائيل الفتية. كان نموذج الكيبوتس المثالي هو العمل الجاد والمساواة والشراكة والحياة الجماعية، والتي ذهبت في بعض الكيبوتسات بعيداً جداً، حيث عاش بعض المتحمسين في نوع من الشيوعية البدائية. وكانت البندقية المعلقة على الظهر مثالاً أعلى آخر للكيبوتس، حيث كان يُنظر إلى الجيران العرب كأعداء. لكنّ تلك الصورة كانت خادعة. فعلى الرغم من حقيقة أن نظام الكيبوتس كان موضع رعاية وتشجيع كبيرين، إلّا أنه لم يختر العيش هناك سوى عدد قليل فقط من المهاجرين، أما الغالبية العظمى منهم فقد استقرت في المدن وخاصة في تل أبيب.

كان بن غوريون زعيماً حازماً ومتشدداً، وخلال القتال الذي نشب عام 1948، كانت له سيطرة تامّة، كرئيس للوزراء ووزير الدفاع، على كل ما يتعلق بالجيش والأمن. إلا أنه لم يكن ديكتاتوراً، لأن الديمقراطية كانت من ركائز المشروع الصهيوني، وعندما قامت دولة إسرائيل كانت ديمقراطية برلمانية من النمط الغربي.

كان دافيد بن غوريون- مثل غيره من القادة الصهاينة- يسعى خلف اليوتوبيا، أو حلم المدينة الفاضلة. وحلم المدينة الفاضلة يتجسد في مشروع

إنشاء وطن للشعب اليهودي. كان هذا هو الهدف النهائي، وكان كل شيء آخر مسخّر لخدمة ذلك الهدف.

وقد أدرك منذ البداية أن تحقيق هذا الهدف يجب أن يتم على حساب السكان الأصليين الفلسطينيين. ولم يرَ شيئاً خاطئاً في ذلك، حيث كان من الضروري تحقيق حلم المدينة الفاضلة. كتب المؤرخ توم سيغيف: «فكرة الهجرة السكانية متجذرة بعمق في الأيديولوجية الصهيونية، وهي نتيجة منطقية لمبدأ الفصل بين اليهود والعرب، وانعكاس للرغبة في تأسيس الدولة اليهودية على أساس الثقافة الأوروبية وليس الثقافة الشرق الأوسطية.[3] كانت لغة الصهاينة محكومة بحلم المدينة الفاضلة. على سبيل المثال، كان من الشائع تسمية الفلسطينيين الذين عاشوا في البلاد منذ زمن بعيد بـ «الغرباء»، بينما كانوا يعتبرون أنفسهم، وهم القادمون الجدد، أصحاب الحق في الأرض.

لم يكن قد مضى على إصدار الكتاب الأبيض البريطاني سوى بضعة أشهر فقط عندما اندلعت الحرب العالمية الثانية، وكان السؤال هو: كيف ستساهم الحركة الصهيونية في المجهود الحربي البريطاني. نوقشت هذه القضية بشدة في مؤتمر صهيوني عُقد في جنيف، واتخذ القرار لدعم الحلفاء في حربهم ضد النازية. قال حاييم وايزمان، رئيس الوكالة اليهودية، إن حرب الحلفاء من أجل الديمقراطية هي أيضاً حربنا. بناء على ذلك، شارك جنود يهود من فلسطين في الحرب إلى جانب بريطانيا. وقال بن غوريون: «سنقاتل في الحرب كما لو لم يكن هناك كتاب أبيض، وسنقاتل ضد الكتاب الأبيض كما لو لم تكن هناك حرب». وكان الأمل معقوداً على القدرة على إقناع البريطانيين بتغيير سياستهم.

لكن لم يتوصل جميع الصهاينة إلى هذا الاستنتاج. وأحد أولئك الذين لم يفعلوا ذلك كان اسمه أبراهام شتيرن.

أسّس شتيرن منظمة «ليحي»، أو «المقاتلون من أجل تحرير إسرائيل»، وهي المنظمة التي تسمّى عادة «عصابة شتيرن». شنّت ليحي عمليات عسكرية ضد قوات الانتداب، وهاجمت القرى العربية والمواقع العسكرية البريطانية وخطوط السكك الحديدية ومرافق التلغراف. كان الهدف من ذلك إجبار البريطانيين على القبول بقيام دولة يهودية من خلال الإرهاب. فردّت قوات الانتداب بالقمع المعتاد: الاعتقالات وحظر التجوال وإقامة معسكرات الاعتقال وارتكاب المجازر. وكانت النتيجة النهائية لذلك هي أن ليحي ظهرت كمن يقف في الصفّ المعادي للبريطانيين، أي ألمانيا الهتلرية. أي أنّ عدوّ عدوي صديقي، كما يقال عادة. بالنسبة إلى منظمة شتيرن، لم يكن أوشفيتز هو الرمز الرئيس للمحرقة، بل السفن التي حملت لاجئين يهوداً طُردوا من فلسطين. وكان البريطانيون بالنسبة إلى المنظمة أسوأ من النازيين.

قُتل شتيرن على يد البريطانيين عام 1942، لكن مجموعة صغيرة من رفاقه واصلت القتال، وقامت بعدة محاولات فاشلة لقتل الحاكم البريطاني للقدس، هارولد ماكمايكل. وفي عام 1944، نفذت المجموعة عملاً إجرامياً مذهلاً حين ذهب شابان من منظمة شتيرن إلى القاهرة، واغتالا اللورد موين؛ الوزير البريطاني لشؤون الشرق الأوسط، وهو بالتالي الممثل الأبرز لسلطة الانتداب. وكان إسحاق يزيرنيتسكي، الذي أصبح اسمه إسحاق شامير في ما بعد، قد أصبح آنذاك زعيماً للمنظمة بعد وفاة شتيرن، وهو الذي جنّد الشابين اللذين اغتالا اللورد موين. وقد صاغ هدف منظمته على النحو التالي: «أردنا تحرير بلادنا من الحكم الأجنبي. ليس لأن السلطة كانت بريطانية، بل لأنها أجنبية. وليس بسبب المشكلة اليهودية، أو لأن الصهيونية كانت الحل لهذه المشكلة، ولكن ببساطة لأن هذا بلدنا، وطننا، أرض أجدادنا، ونحن هنا لسنا غرباء، لذا يجب أن نحكم».

قُبض على القاتلين وشُنقا، لكن الشخص الذي قاد العملية ودرب القاتلين،

واسمه يهوشوا كوهين، تمكن من الاختفاء.

كان لعملية الاغتيال صدى عظيم. كتبت صحيفة هآرتس: «منذ نشوء الصهيونية لم تلحق بقضيتنا ضربة أسوأ من هذه». أمّا حاييم وايزمان، أحد كبار قادة الصهاينة، فقال إن الخبر كان صدمة أسوأ من وفاة ابنه. وفي البرلمان البريطاني، قال صديق اللورد موين، البليغ ونستون تشرشل: «قد صدمَتْ هذه الجريمة المخزية العالَم، وكان وقعها أسوأ على أولئك الذين كانوا مثلي في الماضي أصدقاء مخلصين لليهود... وإذا كانت أحلامنا حول الصهيونية ستنتهي مع دخان البارود المنبعث من أسلحة القتلة، وإذا كانت جهودنا من أجل مستقبلها ستؤدي إلى إنشاء مجموعة من العصابات التي تضاهي ألمانيا النازية، فعندئذ سيعيد الكثيرون، مثلي، تقييم موقفهم الذي تمسكوا به طويلاً وحافظوا عليه حتى وقت قريب». [4]

كُرّم ثلاثة رجال [لتنفيذهم عملية الاغتيال]: ناثان يلين مور، وإسحاق يزيرنيتسكي، ويهوشوا كوهين.

اعتبر الصهاينة أن حركتهم نضالٌ من أجل الحرية في مواجهة الاستعمار. وقد أرادوا تحرير ما اعتبروه- بحماسة شديدة- «الوطن»، وأرادوا إنشاء دولة مستقلة. لكن المشكلة الوحيدة التي واجهتهم هي أن الارتباط بـ«الوطن» كان مسألة غامضة إلى حد ما. وهو ارتباط يقوم، بالإضافة إلى تقاليدهم الخاصة وأحلامهم، على نصف قرن من الهجرة. لكن، وبغض النظر عن مدى قوة أحلام الصهاينة وأهميتها من الناحية العاطفية، لم يكن لها بطبيعة الحال أي تأثير قانوني دولي. لكن، وعلى سبيل الدفاع عن الصهاينة، لا بد من القول إن مشاريعهم خلال الحقبة الاستعمارية كانت منسجمة تماماً مع وجهة النظر الأوروبية. فخلال تلك الحقبة، اعتَبر الأوروبيون، وغيرهم من ذوي «العرق الأبيض»، أنفسهم في المرتبة العليا على سلم التقييم العرقي للبشر،

ويمكنهم بالتالي ومن دون أي عائق، احتلال الأراضي التي تسكنها «شعوب أدنى». وقد اعتاد الإنجليز والفرنسيون والألمان والهولنديون والبلجيكيون على نشر خرائط آسيا وأفريقيا أمامهم ورسم الخطوط بالقلم والمسطرة ليقولوا: هذه لنا. وكان الصهاينة أنفسهم مستعمرين وسمّوا أنفسهم كذلك. ولم يكن لديهم سوى القليل من الاهتمام والفهم لأولئك الذين لديهم سبب حقيقي ليقولوا عن فلسطين إنها وطنهم. وهكذا أصبحت علاقة الصهاينة مع البريطانيين مثل علاقة البوير مع البريطانيين في جنوب إفريقيا.

عندما انتهت الحرب العالمية الثانية، انتهت أيضاً فترة المساكنة مع البريطانيين. اشتدت المقاومة [الصهيونية] وأصبحت عنيفة للغاية مع تنفيذ أعمال مذهلة، كان أبرزها تفجير فندق الملك داوود، وهو رمز مهمّ من رموز الحكم البريطاني في وسط القدس. وقد أُزهقت أرواح ثمانين شخصاً بالإضافة إلى جرح عدد كبير من الأشخاص. أصبحت المقاومة مكلفة للغاية بالنسبة إلى بريطانيا المنهكة من الحرب، والتي اضطرت إلى الاحتفاظ بقوات كبيرة في البلاد للحفاظ على النظام وفقاً للمهمة التي كلفتها بها عصبة الأمم.

بالإضافة إلى كل ما أُجبروا على تقديمه من تضحيات بالأرواح والخسائر الاقتصادية، شعر البريطانيون بالخجل أيضاً لاضطرارهم إلى منع رسو السفن القادمة إلى فلسطين محمّلة باللاجئين اليهود، حيث لم تكن الهجرة اليهودية لتتم لو أمكنهم تنفيذ المهمة الموكَلة إليهم. وفي عام 1947، بلغ الأمر مداه بالنسبة إلى البريطانيين فقرروا تسليم مهمّة الانتداب إلى الأمم المتحدة التي شُكِّلت حديثاً.

عيّنت الأمم المتحدة لجنة خاصة للتعامل مع المشكلة الفلسطينية، والتي عُرفت باسم «اللجنة الخاصة للأمم المتحدة بشأن فلسطين». لقد دخلت اللجنة المذكورة التاريخ باعتبارها المجموعة الأدنى جدارة على الإطلاق.

ومن المعروف أن اللجنة كانت بقيادة المحامي السويدي إميل ساندستروم، وهو رجل مثقف وجذاب، ولكنه ضعيف وغير حاسم كرئيس؛ إذا كان للمرء أن يصدق بريان أوركهارت الذي كتب سيرة رجل اللجنة القوي، الأميركي رالف بانش.[5]

ينحدر بانش من عائلة أميركية من أصل أفريقي في ديترويت، وكان والده حلّاقاً ووالدته موسيقية هاوية. أصبح رالف طالباً لامعاً، وحقق مسيرة أكاديمية سريعة، وأصبح أول أميركي أسود يحصل على درجة الدكتوراه في العلوم السياسية. أثناء الحرب، كان ملحقاً بوزارة الخارجية، وشارك في التخطيط لمؤتمر سان فرانسيسكو عام 1945 الذي شُكّلت فيه الأمم المتحدة. قال ذات مرة في حوار أجري معه[6] إنه يؤمن بالطيبة المتأصلة في الإنسان؛ ما يدفعه إلى الاعتقاد بأنه لا توجد مشاكل غير قابلة للحل في ما يتعلق بالعلاقات الإنسانية. بعبارة أخرى، تقترب رؤيته للحياة كثيراً من رؤية فولك برنادوت. وعلى هذا الأساس، إن قضية فلسطين تضع هذه القناعة على محكّ الاختبار. مساهمة بانش في إنشاء اللجنة الخاصة للأمم المتحدة بشأن فلسطين أهّلته لكي يصبح المستشار الأول لفولك برنادوت؛ وهي المهمّة التي لم يكن يرغب بالتأكيد في توليها، وذلك لأن عمله في اللجنة الخاصة للأمم المتحدة بشأن فلسطين أتاح له أن يفهم المدى الذي بلغه الصراع في فلسطين. لكن إحساسه الصارم بالواجب دفعه إلى قبول المهمة، فتعاون مع برنادوت بشكل جيد وأصبحا صديقين حميمين. وبعد مقتل برنادوت، كرّمه بالرثاء التالي: «إذا قُيّض لهذا العالم أن يُنقَذ من نفسه، فذلك فقط لأن بعض الناس سوف يستلهمون مناقب وتضحيات رجال عالميين عظماء مثل الكونت فولك برنادوت».[7] تابع بانش مهمة الوساطة بعد رحيل برنادوت، وهو الذي نجح في إقناع الأطراف المتقاتلة في قبول وقف إطلاق النار. وتقديراً لجهوده، مُنح جائزة نوبل للسلام.

لم يكن بانش عضواً رسمياً في اللجنة، ولكنه عمل بصفة مساعد، مع العلم أنه قام بمعظم العمل. أما السويدي باول موهن فكان عضواً احتياطياً في اللجنة وكتب عن مهمة الوساطة في مذكراته.[8]

أمضت اللجنة ستة أسابيع في فلسطين، وحاولت الاجتماع مع جميع المعنيين بالمسألة. لكن الطرف الذي كان من المفترض أن يمثل الفلسطينيين- وهو الهيئة العربية العليا لفلسطين- رفض الاجتماع باللجنة الخاصة للأمم المتحدة بشأن فلسطين، ولم ترغب [أي الهيئة العربية العليا لفلسطين] بمناقشة أي حل غير إقامة دولة عربية مستقلة. أما تقسيم البلاد فسيعارضه [ممثلو الفلسطينيين] بكل الوسائل المتاحة. وباعتبار أن الأمم المتحدة لم تنأَ بنفسها صراحة عن جميع اقتراحات التقسيم، لم يرغب هؤلاء في التعاطي مع الأمم المتحدة. وقد تخلوا بموقفهم هذا عن كل تأثير محتمل على ما ستتوصل إليه اللجنة الخاصة للأمم المتحدة بشأن فلسطين من اقتراحات. أما ممثلو الوكالة اليهودية التي قبلت بفكرة تقسيم البلاد، فكان لديهم موقف مناقض تماماً [لموقف العرب]، حيث قدّموا شرحاً مقْنعاً ومعدّاً بشكل جيد، ولم يفوّتوا فرصة لإقناع أعضاء اللجنة بآرائهم. بشكل عام، لقيت اللجنة استقبالاً جيداً في المجتمع اليهودي. وحول ذلك، يقول باول موهن: «إذا كان العرب قد أداروا ظهورهم لنا، فلا شكّ في أن وصول اللجنة الخاصة للأمم المتحدة بشأن فلسطين إلى فلسطين قد قوبل أيضاً بتوقعات متوتّرة، إن لم تكن شديدة التوتّر، من جانب اليهود في فلسطين. ففي التعاونيات اليهودية، الكيبوتسات، استُقبلنا بعيون تتلألأ وأيدٍ ممدودة. وبرقت شعلة الأمل في جميع العيون، وفاضت كلمات الترحيب بملامح المستقبل الوردي. وعندما وضع رئيس اللجنة فنجان القهوة أو كوب العصير، سرى ذلك الصوت كتيار كهربائي ضمن الجمهور المحتشد. أخيراً ستُسمع كلمة التحرّر؛ الكلمة التي ستجعل المرء ينسى كل أشكال المعاناة والمصاعب الجمّة، الكلمة التي اشتاق المرء إليها وتاق إلى سماعها منذ

سنين طويلة» [9].

لكن اليهود لم يكونوا موحدين في موقفهم. إذ كانت هناك كتائب قوية عارضت التقسيم كما عارضه العرب. فقد طالبت ما سُمّيت بالحركة التصحيحية الصهيونية- التي أسسها فلاديمير جابوتنسكي- بدولة يهودية تشمل فلسطين الواقعة تحت الانتداب بأكملها، وعلى جانبي نهر الأردن، ما يعني أن دولة شرق الأردن المستقلة ستكون أيضاً جزءاً من الدولة اليهودية. ولم تكن لديهم رغبة في تقديم أي تنازلات. منظمة ليحي- أو عصابة شتيرن- كانت ضمن هذا المعسكر أيضاً، كما هو الحال بالنسبة إلى منظمة إرغون الأقل تطرفاً إلى حدّ ما. وقد التقى بانش زعيمَ إرغون المطلوب مناحيم بيغن في اجتماع أشبه بأساليب روايات التجسس.

أثناء تواجد اللجنة في فلسطين، وقعت حادثة أثرت بشكل كبير في تطور الأحداث واتخاذها منحى مواتياً لتطلعات الصهاينة. فقد وصلت سفينة تحمل اسم «نزوح»، وعلى متنها 4500 مهاجر يهودي غير شرعي، كثيرون منهم من الناجين من معسكرات الاعتقال. أُلقي القبض عليهم، وصُدّت السفينة من قبل السفن الحربية البريطانية قبالة سواحل فلسطين. لكن، عندما صعد الجنود البريطانيون على متن السفينة، قاومهم الركاب وأفراد الطاقم، فقُتل أثناء أعمال الشغب ثلاثة من أفراد الطاقم، وأصيب عدد آخر قبل أن يسيطر البريطانيون على السفينة. ثم اقتيدت «نزوح» إلى ميناء حيفا، ونُقل المهاجرون إلى ثلاث سفن أخرى لتعيدهم من حيث أتوا. شهد عدد من أعضاء اللجنة الخاصة للأمم المتحدة بشأن فلسطين مشاهد مفجعة عندما أُجبر السجناء الناجون من معسكرات الاعتقال على العودة إلى أوروبا بعد وصولهم إلى شواطئ الأرض الموعودة. وهنا يمكن الافتراض أنّ هذا قد ترك انطباعاً قوياً لدى أعضاء اللجنة، وكذلك في الرأي العام العالمي بشكل عام، والذي أحاطته وسائل الإعلام علماً بما كان يحدث.

عندما عادت السفن إلى فرنسا بحمولتها من المهاجرين، رفض الفرنسيون استقبالهم، ورفض المهاجرون النزول إلى الشاطئ. أخيراً، سُمح لهم بالإبحار إلى هامبورغ في منطقة الاحتلال البريطاني، وأصبح الأمر برمته إحراجاً كبيراً للبريطانيين الذين ظهروا أمام الرأي العام العالمي بمظهر الشرير الأشد بشاعة.

حادث «نزوح» لم يكن الوحيد. فالهجرة اليهودية غير الشرعية صُدّت بشكل مستمر، وكانت تلك دعاية جيدة للصهاينة الذين استفادوا بشكل كبير من فيض التعاطف معهم بعد الكشف عن جرائم النازية. ونادراً ما اهتمّ أولئك الذين وصفوا السياسة البريطانية بالشريرة بمحاولة تقصي حقيقة دوافع الحكومة [البريطانية]. كان البريطانيون في حالة حرب إلى حدّ ما مع المجتمع اليهودي وحركات المقاومة ضمن ذلك المجتمع، واعتبروا أنّه من المحتمل وجود بعض مفجري القنابل المستقبليين بين أولئك المهاجرين. وكانت بريطانيا قد كُلفت من قِبل عصبة الأمم بإدارة فلسطين، فتوجّب عليها بالتالي أن تأخذ في الاعتبار معارضة السكان العرب الحادّة للهجرة اليهودية المتزايدة باستمرار. لقد سُمح بحصة معينة من المهاجرين، فاضطر البريطانيون- من أجل منع تجاوز تلك الحصة- إلى اتخاذ إجراءات صارمة. وينبغي للمرء أن يتذكر عدم وجود حق قانوني معترف به لليهود في الهجرة إلى فلسطين إلى أجل غير مسمى.

بعد قضائها فترة من الوقت في فلسطين، انتقلت اللجنة الخاصة للأمم المتحدة بشأن فلسطين إلى جنيف لكتابة مقترحات الحل. وأشار بانش إلى ذلك بالقول: «كلما طالت إقامتنا ازداد ارتباكنا جميعاً. والشيء الوحيد الذي يبدو لي واضحاً، بعد خمسة أسابيع في فلسطين، هو أن البريطانيين تسببوا في فوضى رهيبة هنا. من حيث الأساس، الأمر الوحيد الذي يتفق عليه اليهود والعرب هو أن على البريطانيين المغادرة». وكتب لزوجته: «الضغط النفسي

هو أسوأ ما مررت به على الإطلاق. مشكلة فلسطين هذه خطيرة ومعقدة لدرجة أن الكثيرين منا يتجولون شاعرين بإحباط دائم». [10]

في النهاية، تبلور اتجاهان؛ أحدهما يريد دولتين، والآخر يدعو إلى كيان فيدرالي تتمتع فيه المجموعتان العرقيتان بالحكم الذاتي، وتكون القدس عاصمته المشتركة؛ أي دولة ثنائية القومية. وقد كُلّف بانش بكتابة كلا الاقتراحين. ثمّ صوّتت اللجنة الخاصة للأمم المتحدة بشأن فلسطين على الاقتراحين فنال اقتراح التقسيم إلى دولتين منفصلتين أغلبية الأصوات. وقد احتوى التقرير الذي ستقدمه اللجنة الخاصة للأمم المتحدة بشأن فلسطين إلى الجمعية العامة للأمم المتحدة على كلا الاقتراحين، فضلاً عن توصيات مختلفة، بما في ذلك التوصية بأن تكون الأمم المتحدة مسؤولة عن إدارة البلاد خلال فترة انتقالية.

في اللحظة الأخيرة قبل تقديم التقرير، برزت الفكرة التي تقول إنه إذا كانت اللجنة الخاصة للأمم المتحدة بشأن فلسطين قد أوصت بتقسيم الأرض، فينبغي أن يكون لدى اللجنة أيضاً اقتراح حول كيفية ترسيم الحدود بين الدولتين. وقد تبيّن أن عضو اللجنة باول موهن سبق له أن فكر في هذه القضية بمبادرة منه ورسم خرائط لهذه الغاية، فكُلّف بمهمة عرض الحل الذي توصل إليه. كانت مشكلة ترسيم الحدود هي أن الدولة اليهودية المقصودة يجب أن تضمّ أغلبية يهودية، وإلا فلن تكون دولة يهودية. عاش اليهود بشكل رئيسي في القدس، وعلى طول الساحل حول مدينة تل أبيب المبنية حديثاً وفي الجليل الشرقي حول بحيرة طبريا، حيث يمكن أن يشكّلوا أغلبية سكانية في مناطق أصغر، ولكن بمجرد أن حاول موهن إنشاء وحدات [جغرافية] أكبر، شكّل الفلسطينيون الأغلبية على الدوام. لكنه نجح في النهاية في رسم خريطة شكل فيها اليهود أغلبية ضئيلة في الدولة اليهودية، وأقلية في الدولة العربية.

إجمالاً، كان هناك- في الدولتين بالإضافة إلى القدس- نحو 600 ألف يهودي، بينما كان العرب ضعف هذا العدد على الأقل. ومع ذلك، تم تخصيص 56% من إجمالي مساحة الأرض لليهود. ومن هذه الأرض، كان اليهود مُلّاكاً قانونيين لما نسبته 6 في المائة فقط من الأرض، على الرغم من محاولاتهم الحثيثة على مر السنين لاكتساب الأرض. وكما يتضح من الخريطة، مُنحت صحراء النقب للدولة اليهودية، بالإضافة إلى المناطق الأساسية بين تل أبيب وحيفا والجليل الشرقي. ومع ذلك، بحسب موهن، لم تكن النقب منذ البداية مسألة تشغل بال الصهاينة، حيث فضّلوا الجليل الغربي الخصب، ولكن الأغلبية الفلسطينية في تلك المنطقة كانت متماسكة، فاعتبرت اللجنة الخاصة للأمم المتحدة بشأن فلسطين أنها لا تستطيع التوصية بما سيؤدي إلى العنف في مثل هذه المنطقة.

بالنسبة إلى مدينة القدس، كانت بالإضافة إلى احتوائها على الأماكن المقدسة لكل من اليهود والعرب ذاتَ أهمية قصوى بالنسبة إلى العالم المسيحي، ولذلك اقتُرح وضعها تحت إدارة دولية. كان هناك العدد نفسه من الفلسطينيين واليهود؛ أي 100 ألف نسمة لكل من الطّرفين.

في الدولة اليهودية المقترحة، كان هناك 500 ألف يهودي و330 ألف فلسطيني،(11) أي أن اليهود يشكلون 60 بالمائة من السكان؛ إذا لم يشمل ذلك نحو 100 ألف من البدو الرحل الذين كانوا يقيمون في صحراء النقب من حين لآخر. فإذا احتُسب هؤلاء، أصبحت الأغلبية طفيفة للغاية.

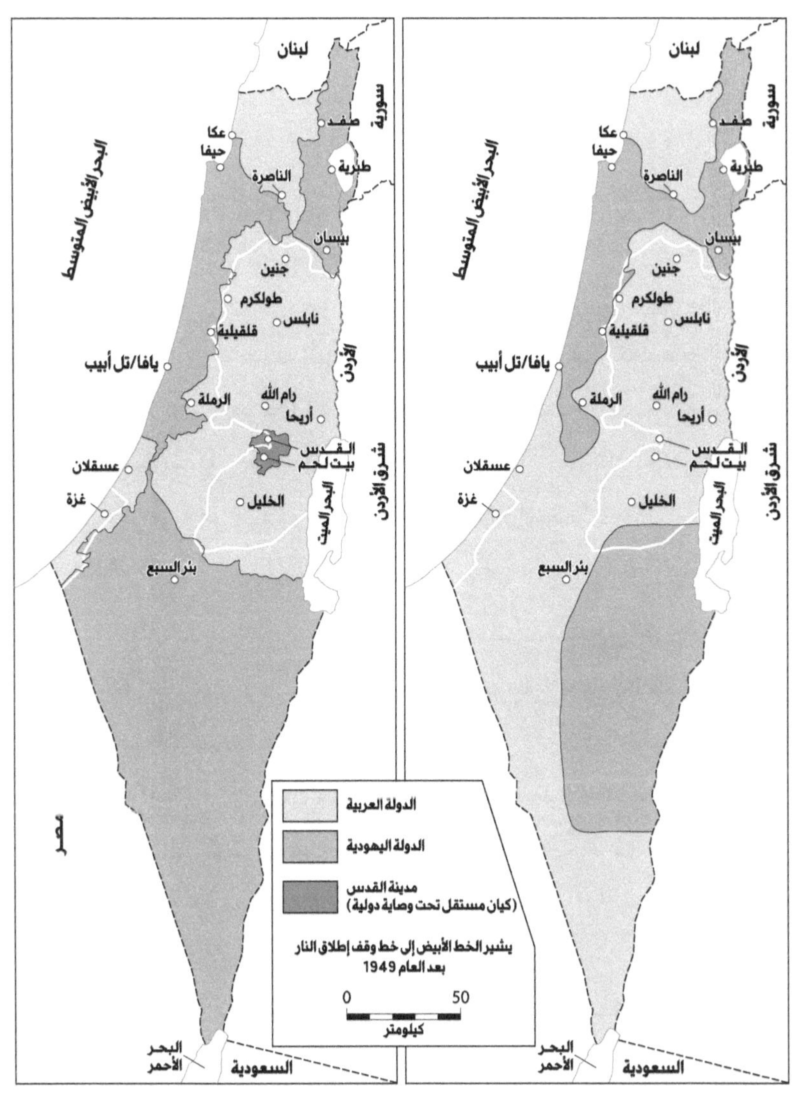

اقتراحا التقسيم اللذان قدمتهما اللجنة الخاصة للأمم المتحدة بشأن فلسطين. تُظهر الخريطة اليسرى الاقتراح الذي نال أغلبية الأصوات، والذي يقضي بقيام دولتين مستقلتين. والحدود هي تلك التي رسمها باول موهن. أما الخريطة اليمنى فتُظهر الاقتراح الذي نال أقلية الأصوات، والذي يقضي بإنشاء كيانين في دولة اتحادية ثنائية القومية.

معدَّل المواليد لدى الفلسطينيين أعلى منه بكثير لدى اليهود، في حين كان هناك بالمقابل إقبال شديد على الهجرة إلى الأراضي اليهودية. على أية حال، وكيفما احتُسبت الأعداد فستكون هناك أقلية فلسطينية كبيرة في الدولة اليهودية المقترحة. وبالنظر إلى التناقضات الحادة خلال ربع القرن الماضي، كان من الصعب التفكير في أن هذا [التقسيم] سينجح من دون احتكاك بين الطرفين. وقد أدرك موهن المخاطر: «حاولتُ التوفيق بين أمرين غير متوافقين: الأمل في التعاون اليهودي العربي، والخوف من العداء بين اليهود والعرب. فإذا أراد الطرفان العيش معاً بسلام، فسوف تسير خطة التقسيم التي وضعتها بشكل جيد. أما إذا أرادا أن يديرا ظهريهما لبعضهما بعضاً، فالظروف النظرية موجودة ومواتية لذلك أيضاً. وإذا كانا يريدان الحرب، فلا أهمية عندئذ لكيفية رسم الحدود». [12]

كانت خطة اللجنة الخاصة للأمم المتحدة بشأن فلسطين غريبة إلى الحد الذي لم يقبل بها أحد. وقد قبلتها الحركة الصهيونية لأسباب تكتيكية، حيث بدا لها أنه من المفيد أن تبدو متعاونة، لكن لم تكن لديها في الحقيقة نية لقبول الحصة التي أُعطيت لها. كان من المستحيل الدفاع عن الحدود التي رُسمت بين الدولتين، إذ كان هناك عدد كبير من السكان العرب داخل الدولة اليهودية، وأقلية يهودية ضعيفة داخل الدولة العربية. أما المعارضة اليمينية بين الإسرائيليين فكانت غاضبة لأن اليهود تخلوا طواعية عن أجزاء كبيرة من فلسطين التوراتية. كذلك الأمر، أدركت جميع الجهات الفاعلة أن الخطة لا يمكنها أبداً أن تتحقق لأسباب جغرافية وديموغرافية. «لم يقبل أحد بخريطة الأمم المتحدة. وكان الجميع مدركين أن حرباً ستندلع». [13]

من الناحية النظرية، كان هناك بديل؛ إذا رغب المرء في إنشاء دولتين أكثر تجانساً من الناحية العرقية: إعادة توطين السكان. لقد طُبّق مثل هذا الخيار في أوروبا بعد الحرب، ولم يُعتبر أمراً غير مبرَّر من الناحية الأخلاقية. ومع ذلك،

في هذه الحالة، لم تكن هناك طريقة سهلة إذا كان التطبيق سيتم «بشكل عادل» بحيث تُعتمد المساواة في تبادل السكان. «حيثما كان هناك الكثير من اليهود، كان هناك أيضاً وفرة من العرب (القابلين للتبادل)، ولكن حيث كان العرب يشكلون أغلبية متراصة، كان هناك عدد قليل جداً من اليهود»[14].

عرف الصهاينة ما يجب أن يحدث. وهذا ما أعلنه بن غوريون في خطاب ألقاه أمام حزب العمل في 3 ديسمبر/كانون الأول 1947، وذلك قبل تبني الأمم المتحدة للقرار رقم 181: «هناك 40 بالمائة من غير اليهود في المناطق المخصصة للدولة اليهودية. هـذه التركيبة ليست أساساً صلباً لـدولة يهوديـة. ويجب أن نرى هذا الواقع الجديـد بوضـوح، وأن نتعـامل معه بجدية تامة. هذا التوازن الديموغرافي يهدد قدرتنا في الحفاظ على السيادة اليهودية... الدولة التي تضم 80 في المائة على الأقل من اليهود هي فقط دولة قابلة للحياة ومستقرة »[15].

رُفض كلا الاقتراحين اللذين قدمتها اللجنة الخاصة للأمم المتحدة بشأن فلسطين بسخط شديد من جانب الرأي العام العربي. وأعلنت الهيئة العربية العليا لفلسطين مهددة: «إن أي محاولة لفرض حل ينتهك الحق العربي المكتسب ستؤدي إلى صدامات وسفك دماء وربما حرب عالمية ثالثة»[16]. أما الأغلبية الصهيونية، بقيادة بن غوريون، فقد قبلت اقتراح التقسيم.

اعتبر خبراء بريطانيون وأميركيون أن خطة التقسيم غير عملية وغير عادلة مع الفلسطينيين. وحذر مسؤول كبير في وزارة الخارجية الأميركية من أن الخطة لا يمكن تنفيذها إلا بالقوة. ونتيجة لذلك، ستؤدي إلى إراقة دماء كثيرة، ومن المحتمل أن تجعل المشكلة الفلسطينية دائمة وأكثر تعقيداً في المستقبل.[17] لكن الرأي العام في الولايات المتحدة الأميركية ضغط لقبول الخطة، فأيّد الرئيس ترومان اقتراح التقسيم. وقد استمرّ هذا التناقض في

الموقف بين وزارة الخارجية والرئاسة، حيث سعى السلك الدبلوماسي منذ فترة طويلة لمنع تقسيم فلسطين، حتى أصبح التقسيم أمراً واقعاً.

نُوقش الاقتراحان قبل عرضهما على الجمعية العمومية في إحدى اللجان. وهنالك، قُدم اقتراح بإحالة المسألة إلى محكمة العدل الدولية التي ستقرر ما إذا كان من الصواب تقسيم فلسطين ضد إرادة غالبية السكان. تقرّر التصويت على الاقتراح، فلم تنل المحكمة فرصة لإبداء رأيها في هذه القضية المصيرية.

وعندما تقرَّر أن يُرفع الاقتراح الذي وافقت عليه الأغلبية إلى الجمعية العامة، لم يكن من المؤكد حصوله على الدعم الكافي لتمريره. لذلك، انطلق نشاط محموم للضغط وحشد التأييد. وفي هذا النشاط، كان محكوماً على الجانب العربي بالخسارة؛ لأن الصهاينة كانوا متفوقين جداً. إذ كانوا يعرفون كيف يجادلون أمام الأوروبيين والأمريكيين، فهم أنفسهم أوروبيون وأميركيون. وعلى الجانب العربي الفلسطيني، كان هناك بالتأكيد أشخاص مثقفون جيداً تعلّموا في مدارس غربية ويتحدثون الإنجليزية بطلاقة، مثل هنري قطان، الذي عرض وجهات النظر الفلسطينية في الأمم المتحدة في 28 أبريل/ نيسان 1947. لكن بشكل عام، لم تكن لدى الفلسطينيين ولا الدول العربية فرصة للتفوق على الصهاينة عندما يتعلق الأمر بالضغط ». [18]

ومن بين أعضاء جماعات الضغط، كان لدى الصهاينة أحد أشد العقول ذكاء في القرن العشرين، وهو ألبرت أينشتاين، الذي كُلّف بإقناع جواهر لال نهرو؛ رئيس وزراء الهند التي كانت قد نالت استقلالها حديثاً. وكانت الهند التي تضمّ عدداً كبيراً من السكان المسلمين من المعارضين بشدّة لمطلب الصهاينة بإنشاء دولتهم الخاصة. وفي رسالة أينشتاين، يمكن للمرء أن يقرأ ملخصاً للحجج التي استخدمتها الصهاينة لإقناع العالم الخارجي وأنفسهم بصواب قضيتهم. لقد كان اليهود ضحايا التاريخ لعدة قرون، وها هي الأمم

المتحدة تنبري الآن لتعويض هذه الأمة المنبوذة. ولقد أكدت المحرقة على الحاجة إلى وجود دولة يهودية ذات سيادة. وهذا لن ينتهك حقوق العرب، لأنهم سيستفيدون كثيراً من وجود اليهود كما هو حاصل بالفعل. وعلى أي حال، كان للعرب بالفعل سيادة على 99 في المائة من الأراضي المحررة من الحكم التركي خلال الحرب العالمية الأولى. ومن العدل أن يُمنح اليهود قطعة الأرض الصغيرة التي حكموها ذات مرة. [19]

ومع ذلك، لم يقتنع نهرو، إذ لم يكن يعتقد أنّه من الممكن إنشاء دولة يهودية من دون التعدي على حقوق السكان الأصليين.

كان غونّار هاغّلوف رئيساً لوفد السويد في الأمم المتحدة، وقد راقب بقلق شديد اللعبة: «خلال التصويت في اللجنة الخاصة في 25 نوفمبر/ تشرين الثاني، اتضح أن اقتراح تقسيم فلسطين الذي يتضمن إقامة دولة يهودية لم ينل سوى أغلبية بسيطة إلى حد ما. وباعتبار أن إصدار قرار من الجمعية العامة يتطلب أغلبية الثلثين، ساد قلق شديد وواضح داخل الوكالة اليهودية، وكذلك داخل الوفد الأميركي، ولذلك انخرط الأميركيون في نشاط محموم. وفي 26 نوفمبر/ تشرين الثاني، وبينما كنتُ أتحدث إلى ممثل الفيليبين الجنرال رومولو في استراحة المندوبين، اتّجه نحونا هيرشل جونسون [مندوب الولايات المتحدة الأميركية في الأمم المتحدة-المؤلف]. «هل كنتَ غائباً أثناء التصويت أمس؟»، قــال هيرشل بصوت عـال لرومـولو. وعندمـا ردّ الفيليبيني الصغير بالإيجاب، أطلق هيرشيل، المسالم عادة، سلسلة من التحذيرات. إذا لم تصوت الفيليبين لصالح اقتراح التقسيم في التصويت الحاسم في الجمعية العامة، فإن هذا سيؤدي إلى أزمة في العلاقات بين الولايات المتحدة والفيليبين. (هل تعرف ماذا يعني هذا؟) صرخ جونسون بينما خفض رومولو بصره في إدراك واضح للاعتمادات الضخمة التي تحتاج إليها الفيليبين من الولايات المتحدة الأميركية.

لقد كان مشهداً محزناً».[20]

كان الموقف السويدي هو التأييد من حيث الأساس لفكرة التقسيم، ولكن مع التأكيد على أهمية إيجاد نظام فعال وعملي لتطبيق تلك الفكرة. وقد رأت الحكومة السويدية أن هذا الشرط غير متوفر في الخطة، مما قد يؤدي إلى نشوء صعوبات أمام الأمم المتحدة. ومن ناحية أخرى، إن عدم صدور قرار سيكون أكثر ضرراً، ولهذا السبب أُعطيت التوجيهات للوفد السويدي بالتصويت لصالح الخطة. وهكذا كان، لكن هاغّلوف كان متردداً: «لكن من جهتي، وجدت أنه من المؤسف أن تؤدي أول مشكلة كبرى تتصدى لها الجمعية العامة للأمم المتحدة إلى اتخاذ قرار مثير للجدل أخلاقياً ودولياً إلى حد كبير، والذي- من وجهة نظر سياسية- فتح آفاقاً أكثر إثارة للقلق في المستقبل».[21]

في التصويت الحاسم في الجمعية العمومية في 29 نوفمبر/تشرين الثاني 1947، فاز الاقتراح الذي أوصى بتقسيم فلسطين إلى دولتين يهودية وعربية، متحدتين في اتحاد اقتصادي، وذلك بأغلبية 33 إلى 13 وامتناع 10 عن التصويت. وستكون القدس تحت الوصاية الدولية. وقد امتنعت بريطانيا- وهي سلطة الانتداب- عن التصويت على أساس أنها لا تستطيع دعم خطة إلا إذا حظيت بموافقة كل من اليهود والعرب، وبشرط إمكانية تطبيقها من دون اللجوء إلى العنف. وفي فلسطين، أعلن العرب إضراباً عاماً لمدة ثلاثة أيام، بينما كان اليهود يحتفلون.

بالنسبة إلى الصهاينة، كان القرار 181 ذا أهمية قصوى. وبمجرد صدوره، لم يعد مهماً الحديث عن الأساليب التي ستُتّبع لفرضه. وهكذا وصف الإسرائيليون- متسلحين بالقرار المذكور- الهجوم العربي الذي أعقب الإعلان عن قيام دولتهم بأنه عدوان غير شرعي. واعتبر الصهاينة القرار بمثابة تعويض إنساني عن 2000 عام من الإذلال والاضطهاد، من جانب

كلا العالمين المسيحي والإسلامي، تجاه اليهود عديمي الجنسية الأبديين، والأقليات الأبدية في العالم؛ على حد تعبير يهود روما حين احتفلوا بتصويت الأمم المتحدة. [22]

ومن ناحية أخرى، شعر الجانب العربي بخيبة أمل شديدة، ورأى أن الدولة اليهودية هي أحدث تعبير عن الاستعمار الغربي. وكما قال المؤرخ الفلسطيني وليد الخالدي: لا يمكن للمرء أن يفهم لماذا حصل 37 في المائة من السكان على 55 في المائة من الأرض التي كانوا يملكون منها 7 في المائة فقط. «لم يستطع الفلسطينيون فهم سبب إجبارهم على دفع ثمن المحرقة... ولم يتمكنوا من معرفة السبب في عدم الإنصاف إذا كان اليهود أقلية في دولة عربية، بينما من العدل أنّ نِصفَ السكّان الفلسطينيين تقريباً- أغلبية السكان الأصليين في أرض آبائهم وأجدادهم- سيصبحون بين عشية وضحاها أقلية في ظل حكم أجنبي». [23]

يروي الكاتب الإسرائيلي عاموس عوز، في روايته «قصة عن الحب والظلام» حكاية عن المشاعر التي انتابت يهود القدس عندما شاع الخبر حول قرار التقسيم: «... عانق الغرباء بعضهم بعضاً في الشارع، وتبادلوا القبلات والدموع في العيون، وسُحب رجال الشرطة الإنجليز المنذهلين إلى حلقات الرقص وقُدّمت لهم- ليتخلصوا من ارتباكهم- علب الجعة أو بعض المشروبات الكحولية الحلوة، وتسلق بعض المبتهجين السيارات البريطانية المدرعة، ولوّحوا بعلم الدولة التي لم يُعلن قيامها بعد، ولكنها حصلت في ذلك المساء، هناك في ليك ساكسيس، على الضوء الأخضر لتأسيسها». [24]
ويروي المؤلف الذي كان في العاشرة من عمره في ذلك الوقت، كيف اندسّ والده في سريره قبيل الفجر ليقول: «من المحتمل جداً أن تكون قد تعرضت يوماً ما لهجوم من قبل المتنمرين في الشارع أو في المدرسة. هذا لأنك تشبهني قليلاً. لكن من الآن فصاعداً، منذ اللحظة التي تكون لدينا فيها دولتنا، يجب

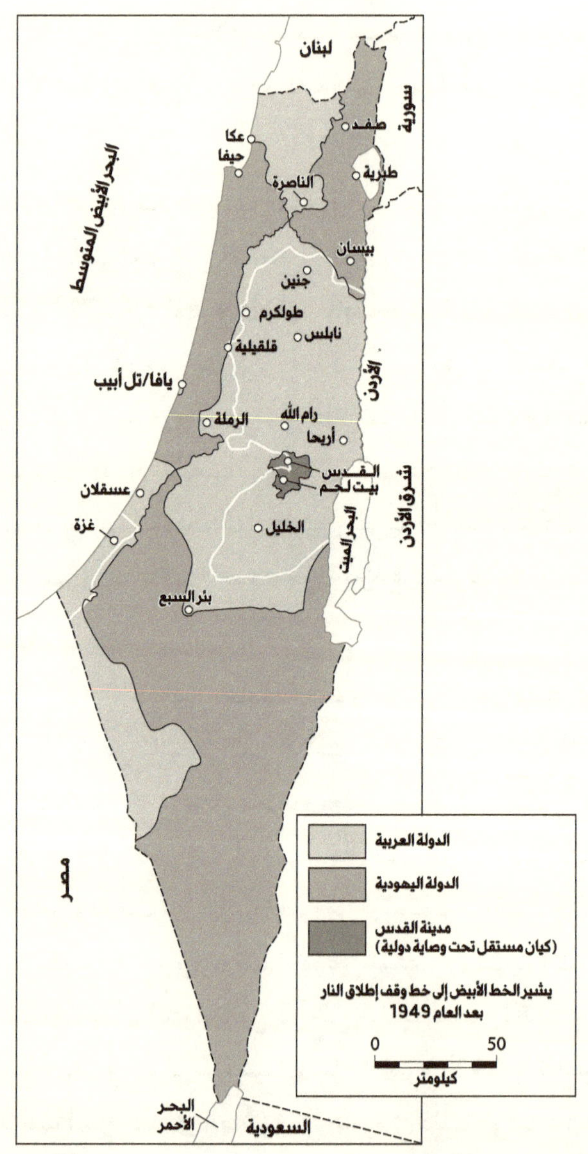

خطة التقسيم التي أعلنتها الأمم المتحدة في نوفمبر/ تشرين الثاني 1947. الفارق الأكبر بين هذه الخطة والاقتراح الذي نال أغلبية الأصوات في اللجنة الخاصة للأمم المتحدة بشأن فلسطين هو تخصيص جزء من صحراء النقب للدولة العربية.

ألا تتعرض أبداً للمضايقة لمجرد أنك يهودي ولأن اليهود هكذا. بالطبع لا. لن يحدث ذلك مطلقاً مرة أخرى. اعتباراً من الليلة، انتهى الأمر. إلى الأبد). مددتُ يدي وأنا نعس لألمس وجهه، أسفل جبهته مباشرة، وبدلاً من ملامسة النظارة، تبللت أصابعي فجأة بالدموع. لم يسبق لي قط، لا في الماضي ولا في الحاضر – ولا حتى عندما ماتت أمي – أن رأيت أبي يبكي. في الواقع، لم أره يبكي في تلك الليلة أيضاً؛ كان الظلام دامساً. يدي اليسرى هي التي رأت فقط».

كان لتلك السعادة اليهودية وجه آخر مظلم. ففي روايتها «صباحٌ في جنين» كتبت المؤلفة الفلسطينية الأميركية سوزان أبو الهوى: «وحدث أن قرية عين حوض، بعد ثمانمائة عام من إنشائها عام 1189 ميلادية على يد قائد في جيش صلاح الدين الأيوبي، أُخليت من أبنائها الفلسطينيين. حاول يحيى معرفة عدد الأجيال التي عاشت وماتت في تلك القرية، وتوصل إلى استنتاج مفاده أن العدد كان حوالى الأربعين. أربعون جيلاً من الولادات والجنازات والأعراس والدبكات والصلوات وتخدّش الركب. أربعون جيلاً من الذنوب والكرم، من الطهي، والكدح والراحة، والصداقة والبُغض وقطع العهود، والمطر والعشق. أربعون جيلاً من الذكريات والأسرار والفضائح. كل ذلك جرفه إحساس أناس آخرين بأحقيتهم بالمكان، أناس سيستوطنون الفراغ ويعلنون أن كلّ شيء– كل ما تبقى من فنون العمارة، والحدائق والآبار والزهور ومشاعر الراحة– كلّ ذلك ملك ليهود أجانب قدموا من أوروبا وروسيا والولايات المتحدة وأجزاء أخرى من العالم». (25)

7

اللاجئون الفلسطينيون

«بسبب الأحداث الفظيعة، وعندما انتهى القتال في فلسطين منعت دولة إسرائيل الجديدة اللاجئين العرب من العودة إلى ديارهم»

فور شيوع خبر توصية الأمم المتحدة بتقسيم فلسطين، اندلعت موجة من العنف في البلاد. اعتدى العرب واليهود على بعضهم بعضاً في دوّامة من العنف المتصاعد. وفي الأسابيع التي تلت الإعلان، قُتل عدة مئات من الأشخاص. وإذا أراد المرء الاقتراب من هذه الأحداث، فسيسير على أرضية لغوية، والتي لا تزال مليئة بالألغام بعد [أكثر من] 60 عاماً.

على مدى ثلاثة عقود أعقبت إنشاء دولة إسرائيل، كان هناك في العالم الغربي، كما في إسرائيل، تصور للأحداث لم يُخضع للنقاش على الإطلاق. بدا الأمر تقريباً كما يلي: قرّرت الأمم المتحدة إنشاء دولة يهودية. لم يقبل العرب بذلك، بل هاجموا على الفور اليهود والمستوطنات اليهودية. تصرفت القوات اليهودية بشكل دفاعي باستمرار، ونجحت في الدفاع عن مواطنيها، ولكنها لم تهاجم ما لم تتعرض لهجوم. أُعلنت الدولة فاجتاحتها جيوش خمس دول عربية. فرّ جزء كبير من السكان العرب من فلسطين بعد أن طلب منهم قادتهم المغادرة حتى تنهي الجيوش الغازية المسألة مع اليهود خلال وقت قصير. كان

118

من المستحيل على إسرائيل السماح لهم بالعودة، لأنهم شكلوا طابوراً خامساً معادياً يهدّد وجود الدولة الجديدة. ومن الأفضل بالتالي نقلهم إلى إحدى الدول العربية المجاورة. لا تتحمل إسرائيل أي ذنب بالنسبة إلى وضعهم، ولم يلمها العالم على ذلك.

في الثمانينات، بدأ الباحثون الإسرائيليون- بمساعدة وثائق الأرشيف التي أُتيحت حديثاً- في التشكيك بهذا التصور. وقد نقّب باحثون، مثل بيني موريس وإيلان بابيه وآفي شلايم وسيمحا فلابان وتوم سيغيف وآخرين ممّن عُرفوا باسم «المؤرخين الجدد»، في الوثائق التي تروي قصة مختلفة تماماً. كما ساهم في ذلك باحثون فلسطينيون مثل رشيد خالدي ونور مصالحة. وبحسب الرواية الجديدة، فقد لعبت القوات اليهودية دوراً بارزاً للغاية في دفع الفلسطينيين إلى الفرار. وكثيراً ما نُسفت القرى وسُوّيت بالأرض لإفساح المجال أمام إقامة المستوطنات اليهودية. وأفرغت المدن الكبيرة من سكانها العرب وحلّ المهاجرون اليهود في منازلهم. إذاً، بدلاً من صورة جيش الدفاع الذي يدافع عن المستوطنين المسالمين، بدأت تظهر الآن قوّة عدوانية مصمّمة على تمهيد الطريق أمام إقامة الدولة الجديدة.

الوثائق لا تكذب. كان للنتائج التي كشف عنها المؤرخون الجدد تأثير كبير بين الباحثين والمهتمين في جميع أنحاء العالم، لكن في بعض الأماكن، وخاصة في إسرائيل، لا تزال تلك الكشوفات مثاراً لجدل شديد. هذا وقد خلت الكتب المدرسية الإسرائيلية تماماً من أي إشارة إلى المؤرخين الجدد، وفي عام 2002 منعت حكومة [أرييل] شارون صراحة الإشارة إليهم في مناهج التدريس.[1] هناك أيضاً آراء مختلفة حتى بين المؤرخين الجدد حول ما حدث، ولكن من الصعب التشكيك في الملامح الرئيسية لسرديتهم؛ إذا كان المرء يريد البحث عن الحقيقة بدلاً من الحفاظ على الأساطير الوطنية. ومع ذلك، يجب على المرء أن يحسب حساباً للاعتراضات العاطفية، بغض النظر عن الطريقة

التي يروي بها المرء هذه القصة.

عندما تبيّن أن تقسيم فلسطين لا يمكن أن يتم بطريقة سلمية، بدأت الأمم المتحدة بالبحث عن طرق جديدة للخروج من المأزق. وكان أحد الاحتمالات التي تم النظر فيها هو إرسال قوات مسلحة من الأمم المتحدة لتضمن تنفيذ التقسيم وفقاً للقرار [الذي أصدرته]، لكن قرار التقسيم ليس قراراً بالتقسيم الفعلي، بل مجرد توصية. والفرض بالقوّة بناءً على توصية يتضمن تناقضاً، إضافة إلى أن الحكومة الأميركية لا ترى أن لمجلس الأمن الحق في القيام بذلك. وفي شدّ الحبال الذي كان جارياً داخل الإدارة الأميركية حول مبدأ تقسيم فلسطين، غُلبت الدائرة المحيطة بوزير الخارجية مارشال، الذي كان ضد التقسيم آنذاك.

في شهر مارس/ آذار 1948 قدّمت وزارة الخارجية الأميركية مسودة اقتراح جديد للأمم المتحدة. وقد تضمن الاقتراح المذكور إدارة دولية لفلسطين لمدة خمس سنوات، وفي غضون ذلك، سيتم التفاوض على حل يمكن للجانبين قبوله.[2] وجاء التعبير عن السياسة الأميركية الجديدة من خلال المندوب الأميركي في الأمم المتحدة السفير وارين أوستن: «إن موقف الولايات المتحدة الأميركية هو أن تقسيم فلسطين لم يعد يحظى بفرصة ممكنة للحياة».[3] قوبلت هذه الرسالة باستياء من قِبل أمين عام الأمم المتحدة تريغفه لي الموالي بشدّة للصهيونية، إلى درجة أنه هدد بالاستقالة.

لم تؤيّد بريطانيا قط فكرة التقسيم ما لم توافق عليها جميع الأطراف. بناء على ذلك، برزت فكرة أنه بإمكان البريطانيين مواصلة الانتداب على فلسطين حتى جلاء الوضع، لكن الحكومة رفضت ذلك رفضاً قاطعاً، لأن الرأي العام البريطاني كان قد تعب من عبء الانتداب. كما أن مجموعات المقاومة المسلحة اليهودية حوّلت حياة قوات الانتداب إلى جحيم، خصوصاً بعد انفجار فندق

الملك داوود باعتباره الهجوم الأكثر هولاً. لقد دفعت بريطانيا كلفة الانتداب من أرواح جنودها، وأنفقت الكثير من الأموال حين كانت البلاد مرهقة وعلى وشك الإفلاس في فترة ما بعد الحرب العالمية. أما مسألة اللاجئين القادمين من معسكرات الاعتقال [النازية] الذين حاولوا القدوم إلى فلسطين، والذين اضطر البريطانيون إلى طردهم، فقد كانت بمثابة كابوس.

تفشّت لدى البريطانيين، شيئاً فشيئاً، نظرة مؤلمة للذات. فبعد الحرب، أصبحت الإمبراطورية قوة من الدرجة الثانية بعد أن استولت القوتان العظميان الجديدتان، الولايات المتحدة الأميركية والاتحاد السوفييتي، على نفوذها العالمي. لذلك، وبدلاً من التمسّك بالمواقع النائية مثل الهند وفلسطين، رأت حكومة العمل الجديدة أن مهمتها هي بناء دولة الرفاهية في الداخل. وكان القرار حازماً: في 15 مايو/ أيار سيغادر البريطانيون فلسطين.

وهكذا سحبت الولايات المتحدة الأميركية دعمها لقرار التقسيم، وبدأت بوضع الخطط الهادفة إلى تولي الأمم المتحدة نفسها مهمة الانتداب. فانعقدت جمعية عمومية خاصة لمناقشة هذه القضية، ولكن سرعان ما اتضحت الحاجة إلى أغلبية الثلثين من أجل إلغاء توصية التقسيم ووضع فلسطين تحت وصاية الأمم المتحدة؛ وهو الأمر الذي تعذّر تحقيقه لأن الكتلة السوفييتية تمسّكت بشدّة بالقرار 181.

في السنوات التي أعقبت الحرب [العالمية الثانية]، دعم الاتحاد السوفييتي نضال الدول العربية من أجل التحرّر الوطني في مواجهة القوى الاستعمارية الأوروبية. وكانت الصهيونية قد أُدينت، منذ عهد لينين، باعتبارها حركة رجعية. ولكنّ تحولاً مفاجئاً حدث عام 1947 ليصبح الاتحاد السوفييتي أحد أشدّ المؤيدين حماسة للقرار 181.

شاع الكثير من التكهنات حول سبب ذلك التحوّل في الموقف. فخلال

حقبة الحرب الباردة أصبحت الولايات المتحدة الأميركية وبريطانيا العدوّتين الرئيسيتين للاتحاد السوفييتي. وفي ذلك الوقت، كانت الدول العربية- بدرجات متفاوتة- مع بريطانيا. لذا، ربما كان من المفيد [بالنسبة إلى السوفييت] التحالف مع عدو العرب، الصهاينة، من أجل كسر الهيمنة البريطانية في الشرق الأوسط. وفي الوقت نفسه، كان القادة الصهاينة حول بن غوريون من ذوي التوجهات الاشتراكية، وربما رغبوا في الاتجاه نحو الشرق بدلاً من الغرب الرأسمالي (على الرغم من عدم وجود فكرة لديهم حول ذلك).

مهما كانت الاعتبارات وراء هذا التحوّل في الموقف، رفضت الكتلة الشرقية العبث بالقرار رقم 181. وهكذا، كان الاتحاد السوفييتي- الذي أصبح لاحقاً وبالتدريج العدو اللدود لإسرائيل- هو المنقذ. فمن دون دعم الكتلة السوفييتية، من المشكوك فيه تماماً أن دولة إسرائيل كانت ستنجح في ترسيخ وجودها. [4]

في غضون ذلك، تكشّفت المأساة الفلسطينية. إذ اصطدم مجتمع إقطاعي راكد بحركة صهيونية حازمة وموحدة أيديولوجياً، فانهار المجتمع الفلسطيني مثل بيت من ورق. حتى عندما بدأت أعمال العنف، أسرعت أعداد كبيرة من الطبقة العليا الفلسطينية بحثاً عن حياة أكثر أماناً في البلدان العربية المجاورة. بالمناسبة، لم يكن مستغرباً بشكل عام أن تكون للفلسطينيين الأثرياء منازل شتوية في المناطق الأكثر دفئاً، يلجؤون إليها في الأوقات التي يكون فيها الطقس بارداً جداً خلال الشتاء في القدس المرتفعة. لذلك، عندما بدأ الرصاص يئزّ في الشوارع، كان هناك سبب أشدّ إلحاحاً للانتقال إلى المقرات الشتوية. وكانت النتيجة الكارثية لذلك هي أن المجتمع الفلسطيني كان إلى حدّ ما من دون قيادة في مواجهة الهجمات. كان المجتمع الفلسطيني عبارة عن مجتمع عشائري إقطاعي، وأولئك الذين رحلوا هم أولئك الذين

تولوا السلطة بالاعتماد على التقاليد.

أما السبب الآخر لعدم وجود قيادة مناسبة فمردّه إلى تمرد 1936–1939 الذي انتهى إلى الفشل حين سحقه البريطانيون بوحشية، وقتلوا عدداً كبيراً من المقاومين الفلسطينيين أو أجبروهم على النزوح.

جرت محاولة لتطوير المقاومة العربية باعتماد أسلوب حرب العصابات، لكن تلك المحاولة لم تكن ناجحة جداً. إذ كان مقاتلو المقاومة قليلي العدد للغاية، وغير مجهزين بشكل كافٍ، وباستثناء بعض الحالات المحددة، لم تكن المقاومة العربية متكافئة مع القوات اليهودية. وهذا لم يمنع المقاومين العرب من تنفيذ عدد كبير من الهجمات، بما في ذلك الهجمات على المدنيين اليهود، والتي أعقبتها أعمال انتقامية من قبل القوات اليهودية.

لكن بشكل عام، كان الفلسطينيون مسالمين وسلبيين، ولم ينعموا ببلد خاص بهم قط. كانت غالبية الفلسطينيين من الفلاحين الذين اعتادوا– بحسب التقاليد– على حرث أراضيهم وجني ثمار أشجار الزيتون، بينما كان الحكام الأجانب يأتون ويذهبون... الأتراك والإنجليز والآن الصهاينة الذين ربما لم يكونوا أسوأ من الآخرين. لقد قال بن غوريون للجنة التنفيذية للوكالة اليهودية: «أعتقد أن غالبية الجماهير الفلسطينية تقبل التقسيم على أنه حقيقة، ولا يعتقدون بإمكانية تغييره أو رفضه... الغالبية المطلقة لا تريد محاربتنا».[5]

لكن وفي الوقت نفسه، كانت هناك أيضاً عمليات عسكرية نفّذتها كتائب حرب العصابات، وليس من الخطأ الحديث هنا عن حرب أهلية، لكنّ الجانب اليهودي كان متفوقاً تماماً في تلك الحرب. لم تستطع كتائب حرب العصابات– إلا في حالات قليلة– منع الصهاينة من مهاجمة القرى وتدميرها وتشريد سكانها. وتتضح موازين القوى من حقيقة أنه بحلول 15 مايو/ أيار، عندما هاجمت الجيوش العربية دولة إسرائيل التي أُنشئت حديثاً، كانت 200

قرية فلسطينية قد دُمِّرت وطرد سكانها إلى المنفى، في حين لم تُدمَّر مستوطنة يهودية واحدة تدميراً تاماً.[6]

وكما سبق القول، ثمة طرق مختلفة لوصف الأحداث بين المؤرخين المعاصرين. والذي أجرى تحقيقات شاملة في قضية مأساة اللاجئين الفلسطينيين هو بيني موريس، أستاذ التاريخ في جامعة بن غوريون. وهو صهيوني مقتنع، وينتمي إلى اليمين السياسي؛ وبالتالي لا يمكن الشكّ به واتهامه بتضخيم ذنب الإسرائيليين في مأساة اللاجئين.

في رواية موريس للأحداث، لا توجد نية واضحة لدى القيادة الصهيونية لطرد الفلسطينيين. «كان الافتراض العام حينها، أي خلال الأسابيع الأولى من الحرب، هو أن الدولة اليهودية الناشئة سوف تتعايش مع أقلية عربية كبيرة. أما اليشوف (الجالية اليهودية في فلسطين) فلم تنخرط في الحرب وفي جعبتها خطة طرد شاملة. لكن التطورات التي حدثت في الأشهر التالية- لا سيما الفرار العربي المستمر في حد ذاته، والهجمات العربية على الأحياء والمستوطنات ومراكز الاتصالات اليهودية- أدت إلى تآكل هذا الافتراض بشكل مطرد».[7]

لم يُخفِ الصهاينة حقيقة أنهم نظروا بارتياح كبير إلى ما كان يحدث. قال بن غوريون بعد زيارته للقدس، حيث لم يشأ تفويت فرصة الابتهاج: «عند مدخل القدس عبر [سوق] مهاني يهودا وشارع الملك جورج و[حيّ] ميا شاريم، لا يوجد غرباء. بل مائة بالمائة من اليهود. منذ تدمير القدس في العصر الروماني، لم تكن المدينة يهودية هكذا كما هو الحال الآن. في كثير من الأحياء العربية في القدس الغربية، لا يوجد عربي واحد. ولا أعتقد أن هذا سيتغير [...] ما حدث في القدس [...] من المرجَّح جداً حدوث مثله في أنحاء عديدة من البلاد... إذا أحكمنا قبضتنا... وإذا أحكمنا قبضتنا، فمن المحتمل جداً

أن تحدث- خلال الأشهر الستة أو الثمانية أو العشرة القادمة من الحرب-
تغيرات كبيرة».(8)

قد يكون من المهمّ هنا لفت النظر إلى إشارة بن غوريون إلى سكان فلسطين
الأصليين باسم «الغرباء».

في مارس/ آذار، أظهرت القوات اليهودية عدوانيتها بشكل عام، وبدأت
بمهاجمة المجتمع الفلسطيني على نطاق واسع. وهكذا، تعرضت التجمعات
السكانية الفلسطينية للهجوم؛ انتقاماً في بعض الأحيان من هجمات عربية،
وأحياناً من دون استفزاز على الإطلاق. أُفرغت مدنٌ كبيرة مثل حيفا ويافا
من سكانها العرب. وبحسب موريس، لم تكن هناك حتى ذلك الوقت
قرارات صريحة بالطرد. «... امتنع بن غوريون على الدوام عن إصدار أوامر
طرد واضحة أو مكتوبة؛ وفضل أن (يفهم) جنرالاته ما يريد. ربما أراد أن
يتجنب دخول التاريخ على أنه (المُشرِّد الأكبر)، ولم يكن يريد أن تُتهم حكومته
بسياسة مشكوك فيها أخلاقياً».(9) كما كانت هناك معارضة داخل القيادة،
حيث دعا حزب ماباي الاشتراكي اليساري إلى التعايش السلمي بين اليهود
والعرب وعارض في بعض الأحيان استخدام الأساليب شديدة الوحشية.

هناك حادثة معروفة توضح موقف بن غوريون كما يصوره بيني موريس.
ففي يوليو/ تموز 1948، هاجمت القوات الإسرائيلية مدينتي اللد والرملة.
بالإضافة إلى بن غوريون، كان هناك ثلاثة قادة معروفين في الموقع: إسحاق
رابين، وموشيه دايان، وإيغال آلون. تشاور القادة الأربعة في ما بينهم قبل
الهجوم، وقال رابين: «خرجنا وتبعنا بن غوريون. ثمّ كرّر آلون سؤاله: (ماذا
نفعل بالسكان؟) لوح بن غوريون بيده في إشارة مفادها: اطردوهم! تشاورنا
آلون وأنا، ووافقتُ على ضرورة طرد السكان».(10) وهكذا طُرد أكثر من 60
ألف فلسطيني من المدينتين.

أمّا الكاتب الفلسطيني خليل السكاكيني فكتب: «ترك الناس بلادهم مرتبكين وبلا خطط، بلا مأوى ولا مال، مرض كثيرون منهم وماتوا وهم يسيرون من مكان إلى آخر، وعاشوا في المغاور والكهوف، وتمزّقت ملابسهم فأصبحوا شبه عراة، ونفد طعامهم فجاعوا. أصبح الجو بارداً في الجبال ولم ينجدهم أحد. [...] وما يحطم قلوبنا هو أن الدول العربية رأت وسمعت ولم تفعل شيئاً». [11]

لقد فهم الجنرالات أكثر مما تمناه بن غوريون. وفي بعض الأحيان بالغوا مبالغة شديدة لدرجة أنه أُجبر على تقديم اعتذار علني. ومع اجتياح الجيوش العربية لإسرائيل، ازدادت وحشية الهجمات على الفلسطينيين، وأصبح بإمكان الإسرائيليين الآن الادعاء بأن الطرد كان ضرورياً من وجهة نظر أمنية، وجزءًا من المجهود الحربي. قدَّم الاجتياح العربي للإسرائيليين الكثير من الذرائع الجيدة التي مكّنتهم من تحقيق ما أرادوا.

كذلك الأمر، ظلّت القيادة الصهيونية تتصرّف بالطريقة الغامضة نفسها بالنسبة إلى مسألة العودة المحتملة للاجئين. مع العلم بأن الطرد لم يكن نهائياً حتى الآن بأي حال من الأحوال. كان الناس قد فرّوا من القتال وينتظرون ظروفاً أكثر هدوءًا للعودة. وفي يونيو/ حزيران، حاول يوسف فايتس - الذي دفع أكثر من أي شخص آخر نحو طرد الفلسطينيين - إقناع الحكومة الإسرائيلية بتبني برنامج صاغه في عدة نقاط: (1) تدمير القرى قدر المستطاع خلال العمليات العسكرية. (2) منع الفلسطينيين من زراعة أراضيهم. (3) السماح لليهود بالاستيطان في القرى والبلدات المهجورة. (4) وضع قوانين ضد العودة. (5) إطلاق حملة دعائية حول ذلك. [12] لم تتبنَّ الحكومة ذلك الاقتراح الاستفزازي، لكن لم يكن هناك شكّ في أن هذه هي السياسة التي طُبّقت. أمّا قرار الحكومة فكان - أمام الرأي العام الدولي، وخصوصاً على ضوء جهود فولك برنادوت - أكثر دبلوماسية: طالما الحرب مستمرة، فلن

يُسمح لأي لاجئين بالعودة. ثم يمكن حلّ المشكلة بعد ذلك كجزء من اتفاقية سلام شاملة.[13]

وهكذا، يستحضر موريس صورة المجتمع اليهودي الذي يدافع عن نفسه في المقام الأول ضدّ العدوان العربي المتمثل أولاً بالميليشيات التي تشنّ حرب العصابات، ثمّ الجيوش الغازية ثانياً، وبالتالي تتاح لذلك المجتمع الفرصة المنتظرة لتحقيق ما كان دائماً جزءًا من الرؤية الصهيونية: وطن قومي يهودي مع أقل عدد ممكن من العرب.

دُقّقت سردية موريس من جانب مؤلفين مثل إيلان بابيه[14] ونور مصالحة[15]. وفي رأي أولئك المؤلَّفين، يتعلق الأمر بالعدوان الصهيوني والتخطيط الدؤوب بأعصاب باردة. فطوال تاريخ الصهيونية كان قادتها منشغلين بمسألة كيفية التخلص من الشعب الفلسطيني.

في الواقع، وفقاً لنور مصالحة، كان طرد السكان الأصليين دائماً جزءًا أساسياً من الرؤية الصهيونية لدولة خاصة بالشعب اليهودي. ولم يكن الأمر مجرد مسألة تحقيق أغلبية يهودية في البلاد التي كان الفلسطينيون يشكلون الأغلبية الساحقة فيها. بل كان الأمر يتعلق أيضاً بالحصول على الأملاك والأراضي الزراعية لصالح المؤسسات الاستيطانية. وبحسب رؤية الصهاينة، لن تكون البلاد وطناً لليهود إذا لم يمتلكوا الأرض بأنفسهم.

كان المُلّاك الفلسطينيون في الغالب غير راغبين في البيع، على الرغم من الجهود الكبيرة التي بذلتها المنظمات الصهيونية. لذلك اشتغل الصهاينة على الخطط التي أطلقوا عليها اسم الترانسفير، أو ترحيل السكان. وكانت الفكرة تقول بإمكانية ترحيل سكان فلسطين إلى إحدى الدول العربية المحيطة، وغالباً ما ذُكر العراق. وهناك سيُتدبّر أمر حصولهم على الأرض، وسيتعين على المزارعين بدء حياة جديدة. أمّا جمع الأموال لهذه العملية الضخمة فأمر

يمكن تدبّره. وفي فورة الحماسة، أمكن للبعض حتى أن يتخيل أن ذلك الترحيل سيكون في مصلحة الفلسطينيين. فالكاتب اليهودي الياهو بن حورين وضع خطته الخاصة بترحيل السكان والتي نشرها في كتابه «الشرق الأوسط: مفترق طرق التاريخ»: «العرب الفلسطينيون لن ينتقلوا إلى بلد أجنبي، بل إلى بلد عربي... والمسافة بين موطنهم القديم وموطنهم الجديد قصيرة، فالأمر لا يتعلق بعبور البحار والمحيطات، والظروف المناخية هي نفسها. وإذا خُطّط لمشروع الترحيل والتوطين بشكل جيد ونُفّذ بشكل منهجي، فستكون للمزارع الفلسطيني ظروف معيشية واعدة أكثر بكثير مما يأمل في تحقيقه في فلسطين. ويمكن للعربي الحضري أن يجد أيضاً مجالاً أوسع لأنشطته وطموحاته في بيئة أوسع وذات هوية عربية خالصة». [16]

جرت نقاشات حامية حول ما إذا كان ينبغي أن يُنفّذ الترحيل طوعاً أو بالقوة. وكان واضحاً جداً أن الفلاحين الفلسطينيين لن يوافقوا على التخلي عن أرض آبائهم مقابل أي شيء في الدنيا. وخلال مناقشة مسألة الرحيل الطوعي، لم يكن الحديث يدور حول الأفراد، بل حول الاتفاق بين سلطة الانتداب البريطانية والحكومة في الدولة العربية المعنية. بعد ذلك، سيتوجب على المزارعين الامتثال فحسب.

لم يكن ممكناً عادة إقناع البريطانيين بالمشاركة في مثل هذه الأفكار، لأنها ستُقابل بمعارضة شرسة من جانب الفلسطينيين، لكنهم [أي البريطانيين] كانوا في وقت سابق ضالعين في خطط للترحيل. وكان ذلك خلال فترة ما سُمي بـ«لجنة بيل»، وهي إحدى مجموعات الخبراء العديدة التي أنيط بها التفكير في كيفية تعامل الحكومة البريطانية مع وعودها المتضاربة الواردة في وثيقة وعد بلفور. دعت لجنة بيل إلى تقسيم فلسطين، ومن خلال الضغط الحثيث في لندن، دفع الصهاينةُ اللجنةَ إلى التفكير في مسألة ترحيل السكان من الدولة اليهودية المزمع إنشاؤها.

خلال فترة لجنة بيل، كان الصهاينة صريحين تماماً بالنسبة إلى خططهم الرامية إلى التخلص من الفلسطينيين، لكن التقسيم [الذي اقترحته لجنة بيل] لم ينفذ قط؛ حيث اندلعت الانتفاضة العربية وأدت إلى أن يغيّر البريطانيون رأيهم. وهكذا، كان لا بدّ من وضع خطط الترحيل جانباً، ولكنها لم توضع على الرفّ تماماً. ثمّ شُكّلت لجنة للترحيل داخل اليشوف في عام 1941 وما بعده، ونُفّذت عدة مبادرات خاصة، هدفت جميعها إلى الحصول على أراضٍ في بعض البلدان العربية وترحيل السكان الفلسطينيين إليها.

خلال فترة الحرب العالمية الثانية، لم يحدث شيء يذكر بالنسبة إلى مسألة الترحيل، وعندما انتهت الحرب، اشتدت العداوة بين الصهاينة والبريطانيين إلى حدّها الأقصى، ولم يعد بوسع الصهاينة أن يأملوا بالحصول على أي مساعدة بشأن ترحيل السكان. ثم صدر قرار التقسيم واندلعت الحرب الأهلية، وأتيحت للصهاينة فرصتهم الذهبية لتنفيذ ما اعتبروه ضرورياً لإنشاء دولتهم اليهودية. وقد عبّر الرجل الثاني في القيادة الإسرائيلية، موشيه شيرتوك، عن ذلك على النحو التالي: «ما يمكن تحقيقه في فترة العاصفة والضغوط هذه، سيكون مستحيلاً تحقيقه حالما تستقر الأوضاع». [17]

تبدو فكرة ترحيل السكان لئيمة للغاية وعديمة الرحمة في نظرنا الآن، ولكن هنا، سيقع المرء في مفارقة تاريخية إذا طبّقت القيم المعاصرة على حقبة ماضية. كان الصهاينة- كما سبق وذكرنا- أوروبيين ويتبنون النظرة الاستعمارية الأوروبية نفسها تجاه العالم. ويمكن للمرء أن ينعت جميع الحكومات الأوروبية وقادة الرأي تقريباً خلال تاريخ الاستعمار الأوروبي الممتد لقرون، وكذلك معظم الحكام على مدار التاريخ بأنهم أشرار، وهو نعتٌ له بحدّ ذاته ما يبرره، ولكن مصطلح الشرير يفقد بعد ذلك معناه من حيث هو انحراف عن السلوك المعياري. بعد كل شيء، اتبع الصهاينة معايير زمنهم، وفي كل ما فعلوه، كانوا نشيطين ودقيقين ومبدعين.

أما الفلسطينيون- كغيرهم من الشعوب المستعمَرة- فكانوا بالمقابل متحضرين في قيمهم. فبالنسبة إليهم، لم يكن من الصعب تعريف ترحيل السكان بأنه عمل شرير.

إذا كان بن غوريون بالنسبة إلى موريس هو الموقف الوسط بين الصقور والحمائم، فهو بالنسبة إلى إيلان بابيه الشخص الذي يجمع بين يديه كل الخيوط ويدير العرض. وهو يحيط نفسه بمجموعة صغيرة من الموظفين، ولكنهم لا يُدوّنون عادة أي شيء على أوراق رسمية. مع ذلك، لا يزال بابي يعتبر نفسه قادراً على إعادة تمثيل طريقة عمل بن غوريون ودائرته الداخلية، بالاستعانة بوثائق الأرشيف، من أجل تبيان خططهم للتخلص من الفلسطينيين. ولا يعني ذلك أن كل إجراء كان يُنفَّذ بناء على أمر مسبق، إذ لم تكن هناك حاجة إلى الأوامر؛ لأن العسكر كانوا يعرفون جيداً ما هو منتظر منهم، وقد تمت الموافقة بعد ذلك على ما قاموا به وصُفّق لهم، بحسب وصف موريس.

بغض النظر عن الكيفية التي وصف بها الباحثان التخطيط أو عدم التخطيط، كانت النتيجة واحدة. أدّت الهجمات إلى تحول المنطقة إلى دولة يهودية- وكانت أكبر بكثير مما اقتُرح في خطة الأمم المتحدة- أُفرغت إلى حدّ كبير من سكانها الفلسطينيين. وقد أُخليت حوالى 500 قرية فلسطينية من سكانها وسُوّي معظمها بالأرض، وأُجبر ثلاثة أرباع مليون شخص على ترك منازلهم وحُرموا من أراضيهم وممتلكاتهم. والذي حدّد مصيرهم هو انتماؤهم العرقي: كانوا عرباً.

حدث كل هذا بينما كان البريطانيون- وفقاً للتفويض الممنوح لهم من عصبة الأمم- لا يزالون مسؤولين عن الحفاظ على القانون والنظام. لقد تخلوا عن مهمتهم في الأشهر الأخيرة من الانتداب واكتفوا بحماية أنفسهم. وهكذا لم تكن هناك قوّة قادرة على وقف عمليات التطهير الصهيوني أو الهجمات

العربية. وبذلك أمكن إخلاء مدن كبيرة مثل حيفا ويافا من سكانها العرب تقريباً من دون أي رادع، بعد أن انهار القانون والنظام في جميع أنحاء فلسطين.

مسألة فرار السكان المدنيين هي في الحقيقة- وبعد كل شيء- من الوقائع القاسية المعتادة في جميع حالات الحروب، وربما توقّع الفلسطينيون أن يتمكنوا من العودة إلى ديارهم بعد أن ينتهي القتال الدائر بعنف. لكن الصهاينة استغلوا الظرف من أجل حلّ «المشكلة» المتعلقة بالأعداد الكبيرة من السكان العرب الذين يشكلون تهديداً للأغلبية اليهودية في الدولة حديثة التكوين. وقد دافع الصهاينة عن أنفسهم بالقول إنه ليس لديهم خيار آخر، حيث كانوا يعتقدون أنَّ أمن الدولة يتطلب ذلك؛ بمعنى أن أقلية كبيرة من الفلسطينيين ستشكل طابوراً خامساً، مما يهدد وجود الدولة.

سوف يُخضع ما حدث بالفعل عند قيام دولة إسرائيل إلى نقاش طويل. هل كان الصهاينة، بصورة عامّة، في حالة دفاع؟ وهل كانت أعمال العنف التي ارتكبوها في الأساس ردّ فعل على العدوان العربي، كما يدّعون هم أنفسهم؟ أم أن طرد الفلسطينيين كان مخططاً له منذ زمن طويل من أجل تمكين قيام دولة يهودية تضمّ أقل عدد ممكن من العرب كما يزعم منتقدو الصهاينة؟

على الرغم من ذلك، ثمة أمر واحد يتفق عليه جميع المؤرخين: لا أحد، ولا حتى أولئك الذين يرفضون تماماً النتائج التي توصل إليها المؤرخون الجدد، ينكر أن اللاجئين مُنعوا بالقوة، بقرار من الحكومة الإسرائيلية، من العودة، وأن ممتلكاتهم صودرت من دون تعويض. وهنا يصبح طرد السكان حقيقة. وقد جرت نقاشات طويلة استمرّت طوال فترة ما بعد الحرب حول ما إذا كان الفلسطينيون قد غادروا منازلهم طواعية وبناءً على طلب من قادتهم أم أنهم أُجبروا على الرحيل. وعلى مرّ السنين، كررت طوابير طويلة من الكتّاب السويديين القول إن اللاجئين يتحملون- هم وقادتهم- مسؤولية محنتهم

لأنهم رحلوا طواعية ومن تلقاء أنفسهم. لكن، أي حرب هي تلك التي لا تؤدي إلى تدفق اللاجئين؟ كان معظم الفلسطينيين مثل معظم الناس مسلمين، ولم يهتموا كثيراً بالسياسة، ولكنهم كانوا أكثر اهتماماً بأمن أسرهم ورفاهيتها. وقد فرّوا عندما شعروا بأنهم مهدّدون، وأغلقوا أبواب بيوتهم وأخذوا المفاتيح معهم.

وقد أدى النقاش حول سبب فرارهم في الغالب إلى تحويل الانتباه عن حقيقة أنهم مُنعوا قسراً من العودة. وكما قال القائد الفلسطيني موسى العلمي لاحقاً في محادثة مع السفير غونّار هاغّلوف الذي صوّت ضد قناعاته في عام 1947: «إن الأمر الفظيع الذي حدث هو أنه عندما انتهى القتال في فلسطين، منعت دولة إسرائيل الجديدة اللاجئين العرب من العودة إلى ديارهم. وخلال جميع الحروب التي حدثت عبر التاريخ كان هناك لاجئون. وخلال الحرب العالمية الثانية، هرب جزء كبير من السكان في شمال فرنسا وشرقها قبل تقدم جيوش هتلر. ولكن عندما أُبرم اتفاق الهدنة، حتى هتلر سمح للاجئين بالعودة. ومع ذلك، فإن الحكومة الإسرائيلية لم تفعل. بل مُنع ما يقرب من مليون عربي- ممن سكنوا فلسطين منذ زمن بعيد- من العودة. ولم يُدفع لهم أي تعويض على الإطلاق عن جميع الممتلكات التي استولت عليها إسرائيل».[18]

في 14 مايو/ أيار، تولى الصهاينة زمام الأمور بأنفسهم، وأعلن عن قيام دولة إسرائيل. وأدى ذلك على الفور إلى نشوب حرب بين الدولة اليهودية وسبع دول عربية. ثمّ جاء فولك برنادوت إلى فلسطين للتوسط من أجل إحلال السلام بينهم.

8

إلى فلسطين

«كان الوحيد الذي استطاع تحقيق ذلك»

الصحفي السويدي آغني هامرين كان في موقع الحدث في تل أبيب، ونقل وقائع حفل إعلان قيام الدولة: «ما دامت الروح اليهودية تعيش في قلوبنا، سيظلّ شوقنا إلى صهيون يحيا...» بأصوات ترتجف من التأثر تجمّع ها هنا ثلاثمائة يهودي ويهودية ليغنوا هذه الكلمات الأولى من هاتيكفا، وهي أغنية عن كفاح الحركة الصهيونية، والتي أصبحت الآن النشيد الوطني للأمة اليهودية الفلسطينية. أما المسرح فهو عبارة عن قاعة في متحف تل أبيب للفنون، حيث تتدلى على الجدران أعمال أساتذة الفن الأوروبي.

نهض الزعيم الصهيوني العجوز ذو الشعر الأبيض ديفيد بن غوريون من مقعده خلف طاولة الرئاسة وقال: «نعلن الآن قيام الدولة اليهودية في فلسطين. والتي ستُسمّى إسرائيل».

كانت هذه لحظة الذروة. إعلان بسيط ولكنه جليل. لقد شهدنا ولادة إسرائيل. عادت الدولة اليهودية للظهور بعد إقصاء استمرّ لنحو 1800 عام.

إنها لحظة تاريخية... العبارة مستهلكة، لكن لا يوجد خطيب آخر يمكنه أن يغطي بطريقة أفضل الحدث المكثف لظهيرة هذا اليوم الجمعة، 14 مايو/ أيار 1948. لقد انفتح أفق واسع فجأة عبر قرون وآلاف السنين من الدماء

والإذلال، قرون وآلاف السنين كان اليهودي المشرّد يسير خلالها نحو هدف أحلامه السريّة قاطعاً مسافة مظلمة»[1].

كان رد الدول العربية على هذا الإعلان هو مهاجمة إسرائيل بخمسة جيوش انطلقت من مصر والأردن وسوريا ولبنان والعراق. وكانت النية المعلنة هي سحق الدولة المشكَّلة حديثاً من أجل إقامة دولة فلسطينية ذات سيادة بدلاً منها. لكن كانت لدى بعض القادة العرب، خطط وأهداف مختلفة تماماً من وراء تلك الحرب.

وردت أخبار تلك الحرب في وسائل الإعلام الغربية مع إشارات توراتية باعتبارها حرب داود ضد جالوت. ومن حيث عدد السكان، كان التفوق العربي هائلاً؛ 40 مليون عربي مقابل أقل من مليون إسرائيلي، لكن من حيث المعدات وعدد المقاتلين، كان الطرفان في البداية متساويين إلى حدّ ما. أمّا خروج الإسرائيليين منتصرين في نهاية المطاف من تلك المواجهة فمردّه إلى تنظيمهم المتفوق، وإلى الدافع الشديد لدى المقاتلين اليهود، بالإضافة إلى الإمداد الكثيف بالأسلحة من الكتلة الشرقية، وخاصة من تشيكوسلوفاكيا.

على الجانب العربي، كان كل شيء على العكس من ذلك. إذ اختلفت الدول الخمس حول أهداف الحرب، والتي كانت تتعلق بأكثر من مجرد الدفاع عن الإخوة الفلسطينيين. كان أقوى تلك الجيوش هو الفيلق العربي الأردني الذي جهزته ودربته بريطانيا. وكان الملك الأردني عبد الله – المعتمِد كلياً في تثبيت سلطته على القوة الاستعمارية البريطانية– وبحكم جيشه القوي هو القائد العسكري للجانب العربي. وكان المفضل لدى الرأي العام الغربي، حيث اعتبر معقولاً ومعتدلاً، ولم يكن في الحقيقة معارضاً على الإطلاق لتقسيم فلسطين. وقد أراد أن يضمَ إلى مملكته ما تقرر أن يكون – بحسب خطة الأمم المتحدة للتقسيم– دولة فلسطينية. حتى إنه أجرى مداولات سرية مع الإسرائيليين

حول هذا الأمر، وذلك في الوقت نفسه الذي كان يمثل فيه ظاهرياً الجبهة العربية المتشددة للغاية لفظياً.

أسفرت المداولات السريّة عن اتفاق على أن الفيلق العربي لن يغزو الأراضي المخصصة للدولة اليهودية، مقابل دعم الإسرائيليين لخطط عبد الله. كانت مطامحه في السلطة معروفة لدى الحكومات العربية الأخرى، وهذا هو السبب في أن أخوّة السلاح لم تكن مخلصة في الجانب العربي. وكانت لمصر أيضاً طموحات مماثلة في ما يتعلق بالنقب وغزة.

هذا ولم يتلقَّ الجانب العربي، على عكس الجيش الإسرائيلي، أي إمداد كبير بالأسلحة من الخارج. وقد نصّت اتفاقية الهدنة– التي نجح فولك برنادوت في التفاوض عليها– على عدم السماح لأي طرف بتزويد المتقاتلين بالأسلحة. تقيّد الجانب العربي بالاتفاق بشكل صارم، في حين تلقى الإسرائيليون شحنات ضخمة من الذخائر.

كما ساد الخلاف في الجمعية العامة للأمم المتحدة، والشيء الوحيد الذي أمكن الاتفاق عليه هو تعيين وسيط؛ فأنيطت بمجلس الأمن مهمة إيجاد الشخص المناسب.

تبلوَر على الفور اسمان: البلجيكي باول ڤان زيلاند، وفولك برنادوت.

من وجهة نظر رسمية، كان ڤان زيلاند الأفضل من حيث المؤهلات. وهو، على العكس من برنادوت، سياسيّ يتمتع بخبرة واسعة من خلال عمله في عصبة الأمم التي سبقت إنشاء الأمم المتحدة. كما كان محامياً دولياً، وأنجز مهمة وساطة ناجحة في إندونيسيا.[2] ثم برزت بعض التساؤلات حول حياد المرشحَين، واعتَبر المندوب الصيني أن فولك برنادوت مرتبط كثيراً باليهود، وأن السويد موالية للصهيونية بعد جهود إميل ساندستروم في اللجنة الخاصة للأمم المتحدة بشأن فلسطين. من ناحية أخرى، اعتبرت الوكالة اليهودية أن

ڤان زيلاند منحاز لأنه عمل مستشاراً للحكومة اللبنانية المتورطة في الصراع، بالإضافة إلى أنه كاثوليكي، ومن المتوقع بالتالي أن يكون أشدّ انتقاداً لليهودية من البروتستانتي برنادوت. وهكذا أعطت الوكالة اليهودية صوتها لبرنادوت من دون تردّد بالنظر إلى جهوده مع بعثة الحافلات البيض.

أما ڤان زيلاند الذي كان يعرف كل شيء عن المسألة، فلم يكن في نهاية المطاف مهتماً بتولي المهمة، فلم يبقَ سوى برنادوت. كان الوقت ضيقاً، فلم يجرِ نقاش حول مزايا الوسيط ومؤهلاته، وقررت القوى الخمس الكبرى في مجلس الأمن محاولة إقناع برنادوت بتولي المنصب.

رواية فولك برنادوت الخاصة للأحداث منشورة في كتابه «إلى القدس»، وهو شبه يوميات أملاها على سكرتيره باربرو ڤيسّيل. وفي روايته للأحداث، يقول إنه عندما سمع لأول مرة بنيّة تعيينه وسيطاً، لم يأخذ الأمر على محمل الجد. وقد أُبلغ عبر الهاتف في 13 مايو / أيار أن السفارة الأميركية قد تشاورت مع الحكومة السويدية حول ما إذا كان لديها اعتراض على تعيين برنادوت وسيطاً في الصراع الفلسطيني.

«ضاحكاً، أخبرتُ مساعديّ في الصليب الأحمر عن المكالمة الهاتفية. ولم أكن أعتقد للحظة أن الأمر سيُطرح للنقاش مرة أخرى»[3].

أما الدبلوماسي سثين غرافستروم من وزارة الخارجية فلم يضحك. فبعد محادثة مع السفير الأميركي، كتب: «بالنظر إلى المهمة التي لا أمل في نجاحها على الإطلاق، قلت إنني أفترض أن الحكومة السويدية سترفض بشدّة، لكنني بالطبع سوف أنقل الأمر. وفي محادثة مع [وزير الخارجية] أوندين بعد ذلك بقليل، قال إن هذا سيكون موضوعاً لا تريد الحكومة المشاركة فيه، وينبغي أن يبتّ بالأمر الشخص المقتَرح شخصياً. وعندما اتصلتُ ببرنادوت بالهاتف، قال على الفور إنها مهمة رائعة. وهذا هو بالضبط ما كنتُ أخشى أن يكون رد

فعله. ثمّ بدا وكأن اعتراضاتي وتحذيراتي الشخصية لا تجد لديه أذناً صاغية. أعتقد أن هذا أمر فظيع. فهذه بالتأكيد ليست مسألة تتعلق بمهمة كشفية». [4]

الجواب الذي قدمته الحكومة في ما بعد كان غريباً؛ يليق بأمة شقت طريقها للتو عبر الحروب المندلعة في جميع الاتجاهات، من دون الانجرار إليها. وقد أوضحت في ردها أنها لا تعارض مسألة التعيين، ولكن بها أن المسألة حساسة، فهي تفضل أن يتنحى برنادوت عن المهمة. [5]

لم تكن لديه نية للتنحي. وكانت المعلومات المتعلقة بترشيحه قد ظهرت في الصحافة، لذا أصبحت المسألة الآن جِدّية. وخلال عطلة عيد العَنصَرة في جزيرة كارل الكبرى (Stora Karlsö)، ناقش القضية مع [زوجته] إستيل، التي «قدمت، بأسلوبها الواضح والسليم، وجهة نظرها حول الموضوع». ولا يبدو أن القرار تسبب في أي معاناة تذكر لأي منهما. كانت مهمة عظيمة. وقد يُثبَت أن المشكلة المعنية غير قابلة للحل تماماً، ولكن لا تزال هناك فرصة لتحقيق بعض التحسينات الصغيرة. «لقد استنتجنا أنني إذا تنحيت– بالنسبة إلى الأحداث التي عُرِض علي المنصب بشأنها– فقد أندم لبقية حياتي لأنني لم أحاول حتى بذل جهد صغير لإيجاد حل للوضع الصعب».

عندما عادت الأسرة إلى ستوكهولم بعد عطلة العيد، وجدوا بانتظارهم برقية من تريغفه لي. وبعد ساعتين، انتهى فولك وإستيل من كتابة الرد على البرقية. قَبِل برنادوت التكليف بشرط موافقة «الخمسة الكبار»، أي الأعضاء الدائمين في مجلس الأمن، على ترشيحه، وطلب أن يوضع بعض الخبراء تحت تصرفه، وأبدى استعداده للعمل لمدة ستة أشهر، واشترط أن يكون في ستوكهولم خلال المؤتمر الدولي للصليب الأحمر في أغسطس/آب.

في اليوم التالي، حاول غرافستروم تحذيره مرة أخرى. «جاء برنادوت وتحدث إلينا أنا وبيك فريس، وقد حذره كلانا. وكان قد تلقى برقية

من [تريغفه] لي يسأله ما إذا كان يقبل الترشّح... وعندما أراد برنادوت الانصراف، قال وهو يتنهد إنه ربما كان من الأفضل تعيين ثان زيلاند بدلاً منه. قلت: نعم، ستسير الأمور على ما يرام يا عزيزي فولك، لذا أعتقد أنه يجب عليك فتح زجاجة شمبانيا». (6)

في تلك الأثناء، أصبح ترشيحه معروفاً للجميع، وأكّد كل من أبدى رأيه في تكليفه على مدى الصعوبة الفائقة المرتبطة بتلك المهمة. «يعتقد المراقبون السياسيون أن المهمة ميؤوس من نجاحها إلى حدّ ما. لكنهم يقولون في الوقت نفسه، إذا كان ثمة شخص يمكنه فعل شيء ما، فهو فولك برنادوت بالتحديد». (7)

في 21 مايو/ أيار، تلقى برنادوت رداً من [تريغفه] لي. إذ عُيِّن بإجماع الأصوات وسيطاً بالرتبة والتسهيلات نفسها الممنوحة لرئيس محكمة العدل الدولية. «منذ تلك اللحظة وحتى وفاته المأساوية اغتيالاً بعد أربعة أشهر، ملأت شخصيته الديناميكية المسرح الدولي في فلسطين»، كتب بابلو دي أزكارات، وهو موفد آخر ممن أرسلتهم الأمم المتحدة إلى فلسطين. (8)

وقد حدّد قرار الجمعية العمومية تفاصيل المهمة، بحيث يتخذ الوسيط- بالاتفاق مع السلطات المحلية في فلسطين- الإجراءات التي قد تكون ضرورية لضمان أمن الشعب وازدهاره، وضمان حماية المواقع المقدسة والمباني الدينية في فلسطين، وإيجاد تسوية سلميّة للوضع المستقبلي في فلسطين». (9)

في المساء، عقد برنادوت مؤتمراً صحفياً وشرح موقفه بالقول: «لقد توليت المهمة لأنني أنظر إلى مشكلة فلسطين، ليس كقضية داخلية بين اليهود والعرب، بل كشرارة يمكن أن تشعل حريقاً كبيراً، وإذا كانت لدي فرصة بنسبة واحد بالمائة للنجاح، فأنا أعتقد أن المحاولة يجب أن تُبذل.

لم أزر فلسطين من قبل، وليس لدي أي اتصالات شخصية مع أحد هناك،

وسوف أسافر إلى هناك من دون أي فكرة مسبقة عن الوضع. سأذهب بصفتي أحد رجال الصليب الأحمر- وليس كسويدي- وذلك في إشارة إلى موقفي غير السياسي».[10] وثمة شخص آخر حاول تحذيره هو غونّار هاغّلوف، الذي كتب إلى وزارة الخارجية ودعا إلى أن يذهب فولك- إذا قَبِل منصب الوسيط- إلى نيويورك أولاً وإلى الأمم المتحدة لكي يتعرف هناك تماماً على المشكلة. وقد أشار غرافستروم إلى أن «غونّار هاغّلوف الذي يدرك مخاطر الوضع وجّه تحذيرات مؤثّرة إلى برنادوت، وحاول أن يمنعه، على الأقل، من السفر إلى فلسطين مباشرة، وحثه على السفر بدلاً من ذلك إلى [مقرّ الأمم المتحدة في] لايك ساكسس ليحاول اكتشاف المزيد حول الوضع شديد التعقيد في فلسطين. لكن لم يساعد كل ذلك في شيء. وكان يفترض بحجج هاغّلوف أن تكون الفضلى في التأثير عليه، وذلك لأن الرحلة إلى أميركا قد تُقنع برنادوت في أن أفضل ما يمكنه فعله هو الاستقالة. وكان برنادوت قد أجرى محادثة مع تريغفه لي، ثمّ دعا بعد ذلك مباشرة إلى مؤتمر صحفي. [...] لم تكن مهمته محصورة فقط بمحاولة تحقيق وقف لإطلاق النار ثم التوصل إلى السلام، بل يتوجب عليه أن يضع خطة لمستقبل الأراضي المقدسة».[11]

لم ترق لفولك فكرة السفر إلى الولايات المتحدة الأميركية. وكان يعتقد أنه من الخطأ أن يباشر الشخص المعين كوسيط في نزاع في الشرق الأوسط مهمته بالذهاب غرباً للحصول على معلومات. كان متلهفاً للانطلاق، وقد أدرك، على الأرجح، أن القصد من اقتراح الرحلة الأميركية هو أنه سيستقيل من المهمة قبل أن يبدأ بها. وافق تريغفه لي، ونوقش الأمر بين الخمسة الكبار واتفقوا على أنه يجب أن يذهب مباشرة إلى مركز الأحداث. وفي 25 مايو/ أيار، كان من المقرر أن يكون موجوداً في باريس ليتسلم مهمته.

شكّك العديد من أصدقاء فولك في حصافة قراره، لكن عمه الملك غوستاف، الذي كان سيبلغ 90 عاماً آنذاك، شجعه بالقول: «أنت محق في تولي

المنصب المعروض عليك».

لا يمكن القول إن فولك برنادوت الذي غادر السويد في مايو/ أيار 1948 كان متسلحاً بشيء من المعرفة الواسعة بالقضية الفلسطينية، ولم يدّع هو نفسه ذلك. ولم يسبق له أن ذكر أو عبّر عن أي وجهة نظر حول الموضوع. يقول باول موهن، العضو في اللجنة الخاصة للأمم المتحدة بشأن فلسطين، إنه التقى مصادفة- عندما كان منشغلاً تماماً بكيفية تقسيم فلسطين- بفولك برنادوت في جنيف في صيف عام 1947. «لقد دعاني إلى مأدبة غداء عامرة، والتي كانت تستحق الخوض في محادثة ممتعة، بدلاً من السرد التفصيلي الذي قدمته له حول المشكلة الفلسطينية آنذاك. هزّ فولك برنادوت رأسه وأعرب عن ارتياحه لأنه لم يكن معنياً بمعالجة مثل هذا الأمر الصعب». [12]

لم يكن برنادوت سياسياً في المقام الأول، ولكنه كان مهتماً بالشؤون الإنسانية، ولم يحتفظ بذاكرته بالتأكيد بالشيء الكثير من محاضرة موهن. ومع ذلك، بعد مرور عام، كان عليه أن يتعامل مع تلك المسألة الصعبة، والجميع يشهد أن معرفته كانت متواضعة في البداية، ولكنه تمكن بسرعة كبيرة من فهم المشكلة. وقد ضمّ إلى فريق عمله جميع الخبراء الذين تنبغي الاستعانة بهم، بمن في ذلك باول موهن الذي يقول: «ضمن هذه المجموعة، بدا الوسيط المعين حديثاً مبتدئاً وجاهلاً. لقد استمع باهتمام لمستشاريه، ولكنه شعر في الوقت نفسه بالحاجة التي لا مفر منها لعرض أفكاره ووجهات نظره. استمعنا إليه، لكننا أدركنا جيداً أنه أحد أعضاء الجوقات القديمة. لقد خضعت القضية الفلسطينية للبحث والنقاش طيلة ثلاثين عاماً، وأُشبع الموضوع درساً. ومع ذلك، لم يسمح لنفسه بأن يتأثر أو يتشتت انتباهه، ولم يظهر إطلاقاً نفاد صبرٍ أو مزاجاً سيئاً، بل على العكس من ذلك: امتص، مثل الفطر، كل المعرفة التي أمكنه الحصول عليها منا. ولم يمضِ وقت طويل حتى أبدينا الاحترام لتبصره المتزايد في المشاكل». [13]

في مطار لو بورجيه في باريس، قابل فولك برنادوت الشخص الذي سيكون أقرب رجل إليه، رالف بانش. وقد نشأت على الفور كيمياء شخصية مثمرة بين الرجلين. حول ذلك، يكتب موهن «فُتن رالف بانش بنوايا فولك برنادوت الصادقة وإرادته التي لا تقهر في محاولته تحقيق شيء ما في مسألة ميؤوس منها، رغم كل الصعاب». أما بانش فكتب لزوجته: «أعتقد أننا سنتعايش بشكل جيد، لأنه يبدو كرجل يستمع بجدية إلى النصيحة».

أعلن بانش أن برنادوت وفريقه ستكون لديهم طائرة توضع تحت تصرفهم، وتم الاتفاق على تثبيت علمَي الصليب الأحمر و الأمم المتحدة على الطائرة. بالإضافة إلى ذلك، طلب برنادوت أن تُطلى الطائرة باللون الأبيض، بالطريقة نفسها التي طُليت بها الحافلات البيض في السابق، وهكذا بقي لون طائرات الأمم المتحدة منذ ذلك الحين.

في باريس، استقبل برنادوت نائب رئيس الوكالة اليهودية ناحوم غولدمان، الذي قدم وجهات نظر تصالحية. وأكد أنه يتحدث باسمه وليس باسم الحكومة الإسرائيلية. وكان رأي غولدمان أنه على اليهود التركيز على السعي نحو السلام.

على المدى الطويل [بحسب غولدمان]، لا يمكن للمرء أن يعيش بين ملايين العرب المعادين. لكن يمكن للمرء أن يتخيل أن يكون جزءاً من دولة فيدرالية من نوع ما، لكن الشرط الأساس الذي لا تنازل عنه للتحالف هو قبول العرب بالدولة اليهودية. أما العيش كأقلية في دولة عربية فهو أمر غير وارد بالنسبة إلى اليهود. ونظراً إلى أن هكذا لهجة «حمائمية» لم تكن موجودة لدى القيادة الإسرائيلية، فإن موقف غولدمان التصالحي ربما جعل برنادوت أقل ريبة، وعزّز إيمانه بإمكانية حل النزاع.

بعد يومين من ذلك، أقلعت الطائرة متّجهة إلى الشرق الأوسط. وهكذا

انطلقت دبلوماسية مكوكية سرعان ما وُصفت بأنها محمومة، حيث سافر برنادوت بلا كلل بين العواصم للقاء القادة السياسيين في كل بلد، واستمر على ذلك النحو طوال مهمة الوساطة التي أُنيطت به. كتب بانش لزوجته روث: «لم أر شيئاً كهذا من قبل. يتمتع الكونت بالكثير من القدرات الديناميكية التي عُرف بها [الاقتصادي السويدي غونّار] ميردال، فلا نفتأ نطير كالمجانين من مكان إلى آخر، وغالباً خلال وقت قصير جداً. وبمجرد وصولنا إلى مكان ما، نبدأ في عقد المؤتمرات، وفور انتهاء المؤتمر نطير إلى مكان آخر. بالكاد أحصل على كفايتي من النوم، ويفوتني العديد من وجبات الطعام». (14)

كثيرون راقبوا بذهول نشاط برنادوت المحموم. كان بابلو دي أزكارات عضواً في لجنة الأمم المتحدة التي كُلّفت في ربيع 1948 بمهمة ميؤوس من نجاحها؛ وهي تنفيذ قرار التقسيم. «لقد تأثرت برجل مهووس تماماً بفكرة السرعة والنشاط، وكان حريصاً على الظهور كشخص أتى إلى المشهد مباشرة وهو يعرف أين ينبغي أن يقف بالضبط. لكن، هل كل هذا طبع أصيل؟ لقد كان بالأحرى نشاطاً أكثر من اللازم، والكثير من الذهاب والإياب، والكثير من إحصاء الدقائق، واتخاذ قرارات سريعة ووضعها موضع التنفيذ، من دون إتاحة الوقت الضروري للتفكير؛ كل ذلك بطريقة مشوشة إلى حد ما. وبطريقة فوضوية». ويقتبس دي أزكارات من مذكراته أيضاً: «يترك الكونت لدي انطباعاً عن رجل ضاع في متاهة، ولكنه يواصل مع ذلك الانطلاق بمنتهى السرعة والتصميم، كما لو أنه يعرف بالضبط إلى أين هو متّجه». ويكتب دي أزكارات أيضاً: «ولكن بغض النظر عن الطريقة التي يميز بها المرء شخصيته وأساليبه، لا يمكن لأحد أن يتقاعس عن إبداء الإعجاب والاحترام للالتزام الصادق الذي بدأ به مهمته، بالإضافة إلى نزاهته ورغبته الشديدة في إحلال السلام والعدالة في فلسطين». (15)

في 29 مايو/ أيار، أصدر مجلس الأمن قراراً- بصيغة الطلب وليس

الأمر- بوقف العمليات العسكرية والدخول في هدنة لمدة أربعة أسابيع، وكانت مهمة الوسيط هي حثّ الأطراف على الالتزام بذلك. كما نصّ القرار على الامتناع عن إدخال أي أفراد للقتال في منطقة الحرب، وأن تمتنع جميع الحكومات عن الإمداد بالأسلحة والذخيرة. علاوة على ذلك، حثّ القرار على حماية الأماكن المقدسة ومدينة القدس. ويتوجّب على وسيط الأمم المتحدة أن يتأكد من الامتثال للقواعد وسيساعده عدد كافٍ من المراقبين العسكريين. وبحلول الأول من يونيو/ حزيران، يجب أن يعلن المتحاربون عن موافقتهم على القرار.

أصبحت مهمة برنادوت الآن هي إقناع الأطراف بالموافقة على الهدنة. وهكذا سافر أولًا إلى القاهرة، وهناك التقى رئيس الوزراء المصري النقراشي باشا. وفقاً للمصريين، تكمن الصعوبة الأساسية في محاولة اليهود إقامة دولة يهودية مستقلة في فلسطين باستخدام الإرهاب والقوة المسلحة. فهذا وضع غير طبيعي في منطقة ذات أغلبية عربية. ولا يمكن للشعوب العربية أن تتسامح مع خلق مثل هذا الوضع الشاذ. لكن العرب أقرّوا بوجود اليهود في فلسطين، وأن لهم الحق في البقاء فيها وأن يتمتعوا بحماية حقوقهم المدنية والدينية من جانب السكان العرب الذين يشكلون الأغلبية. وكان [النقراشي] باشا يؤمن بضرورة ترتيب فلسطين كـدولة موحَّدة مستقلة، وليس دمجها مع أي دولة عربية أخرى كلياً أو جزئياً. وفي اعتقاد [النقراشي] باشا، إن خطة التقسيم الصادرة عن الجمعية العامة لم تعد سارية لأن مجلس الأمن رفض قبولها.[16]

لا شك في أن معارضة قيام الدولة اليهودية كانت الجامع المشترك لدى الجميع في العالم العربي، من القواعد الشعبية إلى القادة الكبار، ربما باستثناء اللبنانيين المسيحيين. في الوقت نفسه، كان هناك صراع سياسي على السلطة، وهو ما تجلى في بعض صيغ [النقراشي] باشا الكلامية. كان المصريون يراقبون

الملك الأردني عبد الله عن كثب، حيث كانت لديهم شبهات قوية تتعلق برغبته في الاستيلاء على أجزاء كبيرة من فلسطين. وهذا كان رأي السوريين أيضاً. وبمرور الوقت، أصبح برنادوت أكثر وعياً بتلك المشاكسات.

التقى الوسيط الأمين العام لجامعة الدول العربية [عبد الرحمن] عزام باشا: «ترك أمين عام جامعة الدول العربية انطباعاً رائعاً في نفسي؛ شعرت بتعاطف غريزي تجاهه. لقد كرّس عزام باشا حياته كلها لقضية العرب». شرح [عزام] باشا ببلاغة معارضة العرب للدولة اليهودية. وقال إن الأمم المتحدة هي المسؤولة عن اندلاع الحرب؛ لأنها دفعت باتجاه حل التقسيم المؤسف والمجافي لإرادة العرب. وفي اعتقاده أنه يمكن ترتيب نوع من «دولة فاتيكانية» لليهود في فلسطين. ويمكن لتلك الدولة أن تصبح رمزاً للفكرة اليهودية، ويمكنها إرسال السفراء والوزراء إلى مختلف الدول.

بالنسبة إلى عزام باشا، أوضح برنادوت أنه لا يعتبر نفسه ملزماً بقرار الأمم المتحدة الصادر في 29 نوفمبر/ تشرين الثاني 1947، وأن لديه مطلق الحرية في طرح المقترحات المتعلقة بمستقبل فلسطين. وبسبب موقفه هذا، وُجّهت لبرنادوت في النهاية انتقادات عنيفة، خاصة من الإسرائيليين ومن الكتلة الشرقية. كان لدى الإسرائيليين كل الأسباب ليتمسّكوا بالقرار المذكور، والذي اعتقدوا أنه يُشكّل الأساس القانوني لإنشاء دولتهم، وقد أيدتهم الكتلة الشرقية في ذلك من دون قيد أو شرط. برنادوت نفسه اعتبر أنه إذا تمسك بخطة التقسيم، فإن مهمته ستكون بلا معنى؛ إذ كان من المستحيل تنفيذها بسبب المقاومة العربية. وبالتالي، يجب تعديلها، ويجب أن تلبي التعديلات المحتملة تطلعات العرب بطريقة ما. أما الجانب اليهودي فقد قبلها بالفعل وهلل لها. لذا، لم يكن أمراً عجيباً أن تتغيّر النظرة إلى الوسيط تماماً وأن يُعتبَر مؤيداً للعرب، وبالتالي كأداة للبريطانيين الذين يُعتقَد أنهم يقفون خلف العرب.

جمع بين برنادوت وعزام باشا إيمانهما المشترك بالإله القدير. وقال [عزام] باشا إنه كان يتضرع إلى الله يومياً من أجل برنادوت ومهمته، وردّ فولك بالقول إنه من دون مساعدة قوة أعلى، لن يتمكن أي منهما من تحقيق نتيجة ملموسة. «تركتُ هذا الرجل المثير للاهتمام ولديّ أمل بأن ألتقيه في وقت قريب لاحق، هذا من جهة. ومن جهة أخرى، تولّد لديّ شعور بأنني وجدتُ فيه صديقاً لي؛ صديقاً أراد بكل الطرق مساعدتي في مهمتي الصعبة».

يبدو هذا التفكير ساذجاً بعض الشيء، لكنه تفكير نموذجي بالنسبة إلى برنادوت الذي كان يعتقد أن كل مشكلة يمكن حلها من خلال العلاقات الشخصية الجيدة، والذي كانت طريقته في الحياة هي الإيمان بالخير المتوقع من الجميع حتى يثبت العكس. وفي وقت لاحق، سيصاب بخيبة أمل من عزام باشا الذي أدلى مرة بتصريحات بليغة حول السلام، وأعلن في وقت آخر أن العرب سيقاتلون حتى آخر رجل.

بعد القاهرة، انطلقت الرحلة إلى إسرائيل.

كانت أجواء اللقاء مع القيادة الإسرائيلية مختلفة اختلافاً كبيراً، بالمقارنة مع أجواء القاهرة. كان بن غوريون في مزاج سيئ. قال إن اليهود وافقوا مرتين على الدخول في هدنة من دون شروط، لكن العرب رفضوا وما زالوا، ومع ذلك لم تتخذ الأمم المتحدة أي إجراء ضدهم. وسيتكرّر الأمر نفسه بالتأكيد مع هدنة جديدة، لكن إذا لم يوافق اليهود، فسيواجهون عقوبات. ثمّ طرح بن غوريون فكرة عاد إليها الإسرائيليون باستمرار باعتبارها حجر الزاوية في محاججتهم: العرب هم الطرف المهاجم، وبالتالي تجب معاملتهم- وليس اليهود- بصرامة خاصة. وأشار برنادوت إلى أنّ كلا الطرفين لا يثقان بالأمم المتحدة ومجلس الأمن، وشدّد كلاهما على أن الهدنة لن تكون مفيدة إلا للخصم.

وبالتالي لم يكن الجو دافئاً في الاجتماع. ولكن في المساء، اتضح أن سمعة فولك برنادوت كانت لا تشوبها شائبة لدى الجمهور اليهودي. فعندما حضر حفلة موسيقية في تل أبيب وصافح قائد الأوركسترا سولومون إيسلر، نهض الجمهور بشكل عفوي وصفق لبطل بعثة الحافلات البيض. وعلق هو نفسه على ذلك بالقول: «بدا أن الجمهور اليهودي كان راضياً عن حضوري، وهو الأمر الذي أسعدني، حيث سبق لي أن لمستُ لطفاً واضحاً نحوي حتى من الجانب العربي». لكنه أخبر طاقمه أيضاً أن ذلك اللطف سيتحول بالتأكيد إلى عدم ثقة وحقد إذا لم يتقيّد بمصالح الطرف اليهودي، وإذا سعى إلى إيجاد حل محايد وعادل للمشاكل.

اتّجهت الرحلة الآن إلى عمان للقاء القيادة الأردنية. وهناك كان الجو أكثر بهجة، وبدا لفولك أن قيادة أقوى الجيوش العربية، الفيلق العربي، كانت إيجابية بشأن مسألة الهدنة. وفي لقائه مع الملك عبد الله، حاول [الملك] التعبير عن نفسه «بطريقة لبقة ورسمية إلى حد ما، وهي من السمات المميزة للشرق». كان هذا بالطبع هو الحال في لقاءات برنادوت مع القادة العرب؛ كان بين أنداده من النبلاء العريقين والملوك. وبالتالي يمكنهم التحدث مع بعضهم بعضاً على قدم المساواة. أما مع الصهاينة وخاصة الكتائب التي كانت تقود في ذلك الوقت، أي الصهيونية العمالية، فكان الأمر مختلفاً. نظر هؤلاء إلى السويدي ذي الدم الأزرق بقدر كبير من الشك. وكتب أحد مساعدي رالف بانش: «مثّل برنادوت كل ما لم يكنه الإسرائيليون. كان من أصول ملكية، وكان ثرياً. كان آمناً ومحمياً. وكان سويدياً؛ مما يعني أنه لم يكن شخصية دافئة جداً. كان غير ملتزم بشيء، وحاول التكيف مع جميع المواقف؛ كما لو أنه أميركي تقريباً. كان من الواضح أن الإسرائيليين أحبوا بانش، وأعتقد أن ذلك يرجع جزئياً إلى أنه كان ملوناً وأميركياً، ولم يحاول قطّ أن يزعم أنّ لديه مكانة مرموقة. كان بانش يستمتع بالحديث عن لعبة البيسبول. وحيثما ذهبنا،

كان دائماً يتابع نتائج لعبة البيسبول. كان بانش مناضلاً من أجل المساواة. أما برنادوت فكان أرستقراطياً. فكم عدد الأرستقراطيين في إسرائيل؟»[17]

من المؤكد أن مثل هذه الاحتكاكات الطبقية كانت لها أهميتها في ذلك السياق، ولكن لا ينبغي لأحد بالتأكيد أن يبالغ في تلك الأهمية. فالتناقضات كانت قبل كل شيء سياسية. والإسرائيليون رأوا أن الأرض التي منحتهم إياها الأمم المتحدة ليست سوى الحد الأدنى المطلق، وفي اعتقادهم أنه ينبغي لهم أن يحصلوا على كل فلسطين، وقبل ذلك كله على مدينة القدس. وعندما بدأ مجلس الأمن في ربيع عام 1948 يحوم حول التحقق من الحكمة في قرار تقسيم فلسطين، اتخذ الصهاينة على الفور موقفاً دفاعياً. بناءً على ذلك، إن العبث بالقرار 181 سيكون في رأيهم خيانة من الدرجة الأولى، وبالتالي أصبح الممثل السامي للأمم المتحدة موضع استياء.

يمكن تفسير موقف العرب المهادن والتصالحي من خلال حقيقة أنهم كانوا في تلك الأثناء لا يزالون يأملون في إقناع برنادوت، ومن خلاله الأمم المتحدة، بنسيان كل الأفكار المتعلقة بتقسيم فلسطين. بالإضافة إلى ذلك، لم يكن أي من القادة العرب متحمساً للحرب. لقد دُفعوا إلى ذلك بتأثير من خطبهم وبياناتهم، والشك في بعضهم بعضاً، واستجابة للرأي العام الوطني الغاضب.

نتيجة لذلك، كان الوضع على العكس مما كان سائداً قبل عام؛ خلال زيارة وفد اللجنة الخاصة للأمم المتحدة بشأن فلسطين. آنذاك رفض الجانب العربي التحدث إلى موفدي الأمم المتحدة رفضاً مطلقاً، لأن الأمم المتحدة ليس لديها- في رأيهم- الحق الذي يخولها التفكير في تقسيم فلسطين، في حين كان اليهود آنذاك متعاونين ومفيدين للغاية. وهكذا تكوّن لدى برنادوت انطباع متزايد بأن الإسرائيليين هم الطرف الصعب.

خلال زيارة أخرى إلى الأردن تمّت بعد بضعة أيام من ذلك، وقع حدث سيكون مهماً من عدة نواح بالنسبة إلى مهمة الوساطة. فالاستعجال الشديد والمخاطرة غير المحسوبة لم يُعرّضا حياة الكونت شخصياً للخطر فحسب، بل حياة مساعديه أيضاً. وذلك أن اجتماعاً رُتّب مع الوزراء العرب في مكان يُدعى المفرق، وهو يبعد مسافة لا بأس بها من عمان، وعلى العكس من العاصمة، يوجد هناك مهبط كبير يمكن لطائرة الوسيط البيضاء من طراز داكوتا أن تهبط فيه. وصل برنادوت ورفاقه في الوقت المناسب، لكن الآخرين لم يأتوا. لم يكن في الموقع سوى ضابط عربي يقف بجانب سيارته الجيب ولا أحد يعرف شيئاً عن الاجتماع. لكن سرعان ما وصل ساع وأعلن أن أمراً ما قد طرأ في ما يتعلق بالاستعدادات، وأنهم سيرسلون الآن بعض الطائرات الأصغر حجماً إلى المفرق لنقل المجموعة إلى عمان. أدرك برنادوت أن مثل هذا الترتيب سيستغرق ساعات، ولم يكن لديه وقت لذلك. قيل له إنه من المستحيل أن تهبط طائرة الداكوتا في مطار عمان، لكن رأيه استقر على ضرورة القيام بمحاولة. «من المهم الآن أن تكون سريعاً عند المنعطفات. وقد رأيت أن مساعديّ لا يرغبون في متابعة الرحلة إلى عمان على متن طائرتنا الخاصة، حيث اعتبروا أن الخطر شديد. ومع ذلك، قررت أن نحاول، لأن طيارنا الممتاز، الكابتن فيرولي، وعد بعدم الإقدام على أي مخاطر غير ضرورية؛ فإذا رأى أن الهبوط غير ممكن، فسنرجع إلى المفرق».

أثناء الرحلة، وقف برنادوت في قمرة القيادة قرب الطيار ليكون حاضراً إذا دعت الحاجة إلى اتخاذ قرارات سريعة؛ على حد تعبيره. قيل لهم من المطار إن الهبوط مستحيل، فطلبوا القيام بذلك على مسؤوليتهم الخاصة. وكان على مراقب الحركة الجوية الحصول على تعليمات من مستوى أعلى قبل أن يسمح لهم بذلك، فحلقت حمامة السلام البيضاء فوق عمان المشمسة لبضع دقائق، قبل أن تصل الرسالة بالموافقة. وعلى متن الطائرة كان الجوّ متوتراً، لكن

الطيار قام بمناورة مثالية وهبط بهم سالمين.

مرت بضعة أيام أخرى من الدبلوماسية المكوكية المكثفة، وكانت المشكلة الأكثر صعوبة التي يجب حلها هي قضية هجرة اليهود إلى إسرائيل. إذ رفض الجانب العربي القبول بأي هجرة أثناء الهدنة، فيما احتجّ الإسرائيليون بشدّة ضد أي محاولة للحد من الهجرة. فبالنسبة إليهم كان حق اليهود في الهجرة إلى إسرائيل بحرية في صميم فكرة الأمة الجديدة؛ وهي القضية التي تسببت بالكثير من مشاعر المرارة بين الصهاينة في العقود التي سبقت إنشاء دولتهم، وذلك عندما حدّت بريطانيا من هجرة اليهود، مراعاة لمصالح السكان الأصليين. تنقّل فولك ومساعدوه ذهاباً وإياباً بين الطرفين، وحاول التوفيق بينهما. ثم كتب اقتراحه الخاص، بناءً على قرار مجلس الأمن: ينتهي وقف إطلاق النار وتبدأ هدنة لمدة أربعة أسابيع اعتباراً من 11 يونيو/ حزيران. أما بالنسبة إلى القضية الحساسة المتعلقة بهجرة الرجال في سن التجنيد، فقد تقرّر أنه إذا توافد مثل هؤلاء الأشخاص بأعداد غير متناسبة ضمن المهاجرين، فسيتم إبقاؤهم في مخيمات خاصة طالما أن سريان الهدنة مستمر. لكن حقيقة أن الجيش الإسرائيلي يضمّ في صفوفه الكثير من النساء كمجندات مقاتلات غابت بطريقة ما عن بال برنادوت؛ على الرغم من أنه كان قد رأى ذلك بالفعل وتفاجأ به. لم تغب تلك الحقيقة عن بال برنادوت فحسب، بل غابت أيضاً عن رالف بانش؛ وهو المؤلف لمعظم ما صدر عن المكتب الطائر لوسيط الأمم المتحدة. بالمناسبة، لم تكن هناك قيود على الهجرة إلى إسرائيل.

ثم حلّ اليوم الحاسم، 9 يونيو/ حزيران، حيث اتُّفق على استلام رد الطرفين النهائي على اقتراح الهدنة، وذلك قبل الساعة الثانية من بعد الظهر. وبحسب الاتفاق، ينبغي أن يكون الجواب غير مرتبطاً بأي شروط: نعم أو لا. عند الساعة الثانية عشرة جاء ردّ الجانب العربي بالموافقة. وبانتظار رد الإسرائيليين، نال برنادوت الثناء من كل من الولايات المتحدة الأميركية

والأمم المتحدة تقديراً لعمله حيث وُصف بأنه رجل دولة. وبعد الساعة الثانية مباشرة، جاء الردّ من الحكومة الإسرائيلية: لقد وافقوا أيضاً.

لقد نجح في الخطوة الأولى من مهمته المستحيلة. وأشار رالف بانش إلى ذلك بالقول إن «الكونت احتضنني». وعبّر باربرو فيسّيل عن ردّ فعله بالقول: «كان أمراً رائعاً بكل بساطة. أنجز فولك عملاً يتوجب عليّ القول إنه أعجبني، ثمّ دخل غرفته وشكر الله. شعر الجميع بسعادة غامرة وقال بانش: «هو الوحيد الذي يستطيع فعل ذلك»» [18] أما فولك نفسه فقال: «من الصعب وصف المشاعر التي غمرتني في تلك اللحظة. قد يتخيل المرء أن الشخص الذي يمر بمثل هذا الحدث الهام والسعيد سيشعر في المقام الأول بالفخر بما أنجزه. ومع ذلك، أعتقد أنني أستطيع القول إنني كنت في اللحظة الأولى ممتلئاً فقط بامتنان متواضع لله. فمن دون مساعدته، لم أكن لأتمكن من تحقيق هذه النتيجة. لقد كنتُ مجرد أداة في يد العليّ حين تعلق الأمر بإيقاف حرب لا معنى لها».

وفي وقت لاحق، وصف بانش التوصل إلى الهدنة بأنه نتيجة «لأكثر المفاوضات الدبلوماسية كثافة على الإطلاق في تاريخ الدبلوماسية». أما وزير خارجية الولايات المتحدة الأميركية مارشال فتحدث عن حنكة رجل دولة من الدرجة الأولى.

في الوقت نفسه، كان كلا الجانبين بحاجة إلى فترة راحة من القتال لإعادة تنظيم صفوفهما، وإذا أمكن، الحصول على تعزيزات. في ذلك الوقت، لم يكن لدى أي من الطرفين المتحاربين فكرة حول تحويل الهدنة إلى سلام دائم، وهذا بالطبع كان أمل برنادوت. لكن الممثل الخاص لأمين عام الأمم المتحدة جون ريدمان فقد عبر عن شكوكه، حيث قال: «في ما يتعلق بإيجاد حل حقيقي، فإن الهدنة جاءت في وقت مبكر جداً. لم يكن أي من الجانبين مستعداً للتفكير في

أي شيء آخر غير أهداف الحرب البحتة. وكان من الأفضل ترك القتال يستمر لفترة أطول». [19]

ثمّ صدر عن منظمة شتيرن بيان تهديدي جاء فيه: «لن يعتبر مقاتلو الحرية الإسرائيليون بأنهم ملزمون بأي أمر لوقف إطلاق النار في أي مكان، وفي أي زمان... وإن أي وفد عسكري أجنبي سيأتي إلى فلسطين لتنفيذ أمر وقف إطلاق النار، سوف يُعتبر [من جانب ليحي] قوة غازية معادية وسيتم التعامل معه على هذا الأساس».

وبقي الأمر الأشدّ صعوبة- إنجاز «ترتيب سلمي لمستقبل فلسطين».

في 12 يونيو/ حزيران، قام برنادوت بأول زيارة للقدس. وكان في استقباله في مطار قلنديا العميد [نورمان] لاش قائد القوات العربية في المدينة. كان برنادوت يضع حول عضده شارة الأمم المتحدة ذات اللونين الأزرق والأبيض، والتي صودف أن ألوانها مماثلة لألوان علم دولة إسرائيل. احتجّ لاش، على سبيل المزاح، على تزيّن برنادوت بالألوان الإسرائيلية. فردّ الأخير بالقول: «حسناً، لكنني لا أحمل قلبي على كمّي. قلبي له صبغة محايدة تماماً». [20]

كانت القدس خارج المنطقة التي تسيطر عليها القوات اليهودية. وكان فيها 100 ألف يهودي من السكان، وعندما اندلعت الحرب كانوا محاصرين في الجزء الغربي من المدينة، وكانوا عملياً محرومين من الإمداد بالغذاء والماء والوقود. وقد جرت محاولات شجاعة لكسر الحصار حيث تمكنت شاحنة أو اثنتان من العبور، ولكن توجب على هؤلاء السكان بشكل عام الاكتفاء بالإمدادات التي بحوزتهم. دوف جوزيف هو اسم الرجل الذي قاد عمليات الدفاع عن القدس اليهودية.

ولد دوف جوزيف في مونتريال، كندا عام 1899. [21] وفي عام 1921 استقر في القدس وأصبح محامياً وكوّن أسرة. كان جدّه قد هاجر من أوروبا الشرقية

[إلى كندا] بحلول نهاية القرن التاسع عشر هرباً من الاضطهاد المتزايد في روسيا القيصرية. دوف جوزيف هذا كان يهودياً متديناً، وكانت مدينة القدس مركز جميع التقاليد الدينية اليهودية. يروي دوف جوزيف كيف غنت له والدته أغنية قبل النوم، التي تقول كلماتها: «أنت يا طفلي من سيفتح لي أبواب القدس». وفي عائلته، مثل الكثير من العائلات اليهودية المتدينة يُحتفل بعيد الفصح منذ قرون تحت شعار: «العام المقبل في القدس!»

أصبح دوف جوزيف صهيونياً منذ نشأته، وقام بقدر كبير من العمل التنظيمي في كندا قبل أن يهاجر إلى الأراضي المقدسة. في عام 1918، كان قد أتى للمرة الأولى إلى القدس، كمتطوع في الفيلق اليهودي الذي قاتل في صفوف الجيش البريطاني الذي أتى لانتزاع فلسطين من الإمبراطورية العثمانية. وكان ذلك هو العام الذي أعقب إعلان وعد بلفور الذي تضمّن إنشاء وطن قومي لليهود في فلسطين، وبالتالي كانت هناك كل الأسباب التي تدفع اليهود ذوي الفكر الصهيوني لتقديم خدماتهم للبريطانيين.

في عام 1936، دعا بن غوريون جوزيف للانضمام إلى الدائرة السياسية في الوكالة اليهودية كخبير قانوني، وبالتالي كرّس حياته بشكل كامل تقريباً لبناء الدولة الصهيونية في فلسطين. خلال الحرب، وفي غياب القادة الآخرين، تولى جوزيف زمام القيادة في هذه الهيئة التي كانت بمثابة حكومة الجالية اليهودية الناشئة خلال فترة الانتداب. ثمّ أصبح مسؤولاً عن تجنيد المتطوعين اليهود الراغبين في الانضمام إلى الجيش البريطاني. وقد جنّد ما يصل إلى 30 ألف رجل، ويمكن القول إن سبب ذلك يرجع إلى وجود الدافع لدى اليهود في فلسطين. لكن احتمالات استيلاء هتلر على فلسطين، والذي سيحدث على الأرجح إذا نجحت حملة رومل على مصر، لم تكن مطمئنة لليهود. وبعد الحرب، خلال انتفاضة اليهود ضد البريطانيين، سُجن جوزيف في سجن اللطرون لمدة أربعة أشهر ونصف.

نظّم جوزيف اليهودَ المحاصرين في القدس بطريقة فعالة، حيث فرض نظام التقنين، وأشرف على توزيع الحصص الصغيرة بشكل عادل، وحال دون إمكانية استيلاء أي شخص على حصص الآخرين. كان وضع اليهود في غاية الصعوبة، فقد أمطرتهم المدفعية بقذائفها ليل نهار، وأوقعت في صفوفهم الكثير من الضحايا. وهكذا أتت الهدنة في الوقت المناسب تماماً بالنسبة إلى السكان اليهود في القدس. «لو كان العرب يعرفون مدى ضآلة مخزون الطحين لدينا قبل الهدنة، فمن المشكوك فيه أن يوافقوا عليها».[22] توقف القصف المدفعي، فأصبح من الممكن جلب الإمدادات.

في البلدة القديمة، داخل السور، كان هناك سكان يهود مقيمون منذ زمن طويل، وهم في معظمهم من اليهود الأرثوذكس المسالمين المنقطعين إلى عالمهم الروحي والذين لم يكن لديهم أدنى اهتمام بالمشروع الصهيوني العلماني. وكان جوزيف شديد الانزعاج من هؤلاء. ذات يوم، أثناء الحصار، استُدعي جوزيف لمقابلة أحد الناطقين باسم أولئك اليهود، الحاخام ريب ألتر، حيث شرح الأخير مدى أهمية إنقاذ الأرواح بالنسبة إلى العقيدة اليهودية. وقال إن أحياءهم تعرضت للقصف ليلاً ونهاراً منذ أسابيع حيث قتل الكثير من الناس. لذلك يقترحون أن يخرجوا لمقابلة العرب والطلب منهم استثناء أحيائهم من القصف لعدم وجود مقاتلين بينهم على الإطلاق. ثم سأل جوزيف عن رأيه في هذا الاقتراح؟

أجاب جوزيف: «افعلوا ما تعتقدون أنه الصواب، وسأفعل ما أعتقد أنه الصواب».

ساد الصمت لبعض الوقت، ثم سأل الحاخام: «وما هو الصواب في رأيك؟»

أجاب جوزيف: «أعتقد أن أي شخص يحاول رفع العلم الأبيض سوف

يُطلق عليه الرصاص».

بعد هذه الكلمات، نهض جوزيف وأعلن أنه لم يعد لديه شيء آخر ليقوله.(23)

على الرغم من أن الاجتماع الأول بين برنادوت وجوزيف عُقد في جوّ ودّي، إلا أن خلافاً حادّاً حدث بينهما وتصاعد شيئاً فشيئاً. «استقبلوني بطريقة محبة للغاية؛ وكان من دواعي سروري أن أتباحث معهم»، علّق برنادوت على الاجتماع. أما جوزيف فكتب: «لقد سمعت أنه كان شخصاً ذا صفات إنسانية عظيمة، وأنه فعل الكثير للمساعدة في إنقاذ اليهود من النازيين.(24) لقد رحبت به بحرارة... وافترضت أننا يمكن أن نتوقع منه معاملة عادلة ونظرة موضوعية للقضايا. [...] ترك لديّ انطباعاً بأنه رجل ماكر وحادّ الذكاء. بدا مفعماً بالطاقة، ومتشوقاً لمواصلة مهمته وتحقيق الاستفادة القصوى منها».

كانت القضية الأكثر أهمية التي تعين على كليهما التعامل معها هي إدخال الإمدادات إلى القدس خلال الهدنة. من وجهة نظر برنادوت، لا ينبغي للمرء أن يستهلك أكثر مما يستهلكه عادة من حصص غذائية. وعند انتهاء الهدنة، يجب أن لا يكون المخزون أكبر مما كان عليه عند الدخول في الهدنة. لكن كيفية تفسير ذلك على أرض الواقع لم يكن مسألة سهلة. ويحتوي كتاب دوف جوزيف على العديد من الشكاوى الطويلة حول كيفية تفسير مراقبي الأمم المتحدة لهذا الشرط بشكل غير معقول وغير عادل. بشكل عام، يعطي كتابه «المدينة الوفية» انطباعاً غير سارّ. وفي كل مسألة، وعند كل نزاع بسيط، كان الجانب اليهودي يتصرف [بحسب جوزيف] بشكل صحيح ومعقول ووفقاً لجميع الاتفاقات المعقودة. وبالتالي، فإن الخصم هو دائماً الذي يخرق الهدنة، وليس هو نفسه أبداً، والأمم المتحدة تمالئ العرب في جميع الأحوال. وهذا قد يحدث خلال معركة يائسة وفي حالة معيّنة، ولكن بعد عشر سنوات من انتهاء المعارك، من المفترض أن تكون الرؤية قد تحسّنت. وعلى كل حال، الوثائق

مليئة بالمعلومات حول خرق الإسرائيليين للهدنة.

لم تكن مراقبة التفاصيل المختلفة لوقف إطلاق النار – كبيرها وصغيرها –
المهمة الوحيدة لفولك برنادوت. بل توجب عليه أيضاً أن يقدّم حلاً دائماً
للمشكلة المتمثلة بكيفية تعايش اليهود والفلسطينيين في الأرض المقدسة.

9

خطط السلام

«... هذا هو الحدّ الأدنى من متطلبات إنجاح مساعي إحلال السلام في هذا البلد»

في 14 يونيو/ حزيران، اصطحب برنادوت طاقم عمله إلى جزيرة رودس، والتي ستصبح القاعدة التي انطلقت منها الدبلوماسية المكوكية. في تلك البيئة الهادئة، كان يمكن للوسيط الاسترخاء من الانشغال المحموم في الأسابيع السابقة بألف تفصيل وتفصيل، والتركيز بدلاً من ذلك على السؤال الكبير المتعلق بمستقبل فلسطين، والذي شرع الوسيط آنذاك بمعالجته بمنتهى الحذر. وقد خلص إلى أن بيان التقسيم لم يكن قراراً موفقاً. وهو قرار يجب أن يؤدي تلقائياً إلى الوضع الراهن آنذاك، وذلك لأن العرب قالوا منذ البداية إنهم سيعلنون الحرب إذا أُنشئت دولة يهودية. في الوقت نفسه، أعرب برنادوت عن أسفه لرفض العرب التعاون مع اللجنة الخاصة للأمم المتحدة بشأن فلسطين، وبالتالي خسروا كل احتمالات التأثير في قرار الأمم المتحدة.

والبيان لم يكن قراراً بالتقسيم، بل توصية؛ وبالتالي لا يصلح كأساس لاقتراح خطة سلام. لذلك، يجب أن يُعدّل. لكن كان من الواضح أن إسرائيل كدولة مستقلة حظيت باعتراف عدد من الدول، خاصة من الولايات المتحدة الأميركية والاتحاد السوفييتي. كان وجود إسرائيل حقيقة يصعب تغييرها.

ولسبر مواقف الأطراف، رُتِّبت جولة جديدة من المفاوضات. بدأت المفاوضات في القاهرة، فاتضح- كما هو متوقع- أن معارضة تقسيم فلسطين لا تزال على حالها. وقد سمع الوسطاء من عزام باشا تلخيصاً وافياً للوضع من وجهة نظر الجانب العربي:

جادل [عزام] باشا بأن كل حل يجب أن يقوم على المبادئ الديمقراطية. وأشار إلى أن حجة اليهود بأنهم يستحقون فلسطين لأسباب تاريخية- أي أنهم عاشوا هناك قبل 2000 عام- حجة عديمة الجدوى وغير ذات صلة. وأن أسباب الوضع الحالي مردها إلى السلوك العدواني للمهاجرين اليهود. وينبغي على المدى الطويل استبدال روح التعاون بين اليهود والعرب بالعداء الذي نشأ بسبب الهجرة. يجب إقامة دولة موحدة مع حقوق متساوية لليهود والعرب في فلسطين. والعرب يدركون أن اليهود سيهيمنون في البداية على هذه الدولة؛ على الرغم من أنهم أقلية، لكن مع اندماج المجموعات العرقية، لن يتعلق الأمر بعد ذلك باليهود أو العرب. في فلسطين، يريد العرب إنشاء دولة تقوم على أساس المصلحة المشتركة لجميع السكان، دولة تمّ فيها استبدال الشعور الوطني الفلسطيني بالعداء بين اليهود والعرب.

وخلص [عزام] باشا إلى أنه «بمجرد قيام الدولة الموحدة، سيرى العالم أنه ليس من الصعب على اليهود والعرب الاستقرار والعمل يداً بيد من أجل مصالحهما المشتركة».

ثم انتقل النقاش إلى مسألة الحقوق المدنية لليهود الذين كانوا في فلسطين في ذلك الوقت، فأوضح [عزام] باشا أن هذا الأمر- مثل الهجرة- يخص الدولة التي ستتكوّن حديثاً.

كان ذلك بمجمله هو ما توقع برنادوت أن يسمعه، فتوصل إلى الخلاصة التالية: «للوهلة الأولى، قد تبدو نظرة العرب إلى المشكلة بعيدة النظر ومعقولة.

وهذا ينطبق، على سبيل المثال، على تأكيدهم على أهمية قيام الدولة الفلسطينية على أساس المبادئ الديمقراطية.

لكن في هذا الصدد، يجب ألا يغيب عن البال أن اليهود في فلسطين أقلية- مقابل كل عربيين هناك يهودي واحد- وبالتالي، سيجد اليهود في البرلمان المشترك صعوبةً بالغةً في تحقيق رغباتهم بسبب الغالبية العظمى من أصوات العرب».

ثم حان وقت تل أبيب ووزير الخارجية الإسرائيلي شرتوك [شاريت في ما بعد]، الذي كان بمثابة اللطف نفسه هذه المرة. لكن برنادوت يشير إلى الحديث الذي دار بينهما بإيجاز شديد. كانت النظرة اليهودية للأمور متعارضة تماماً من جميع النواحي مع وجهة النظر العربية. ونحن لا نعرف المزيد عن تلك المحادثات. وقد يتساءل المرء عما إذا كانت هذه الندرة، مقارنة بالملخصات التفصيلية للمواقف العربية، تعني شيئاً مهماً؛ على سبيل المثال، قد يكون برنادوت وجد مقترحات العرب أكثر منطقية وإنصافاً. على أي حال، يستنتج برنادوت أن دولة موحدة في فلسطين مع حقوق واسعة النطاق لليهود هي الحل الأفضل.[1] لكن الرغبات لم تكن متطابقة مع الواقع. كانت الدولة اليهودية موجودة واعترفت بها 14 دولة وكان وضعها العسكري مواتياً.

يذكر برنادوت أنه التقى العقيد برونسون، قائد قوة المراقبة، الذي تصرف بثقة كبيرة في القدس وأقنع قوات الجانبين بسحب الخطوط الأمامية إلى الخلف قليلاً للحدّ من مخاطر تجدد الاشتباكات أثناء الهدنة. ويعتقد برونسون أنه لا توجد كراهية عميقة الجذور بين الأفراد العاديين من كلا الجانبين. أما القادة فهم الذين حرّضوا على التعصب. ونيلز برونسون هذا رجل مهم بالنسبة إلينا [السويديين]، لأنه أتى ليدلي بإحدى أهمّ الشهادات في تحقيق المدعي العام السويدي في جريمة الاغتيال.

بعد الكثير من المداولات وتلقي وجهات النظر، تمكن برنادوت وفريق عمله أخيراً من تقديم اقتراح إلى الطرفين، سُمّي هذه المرة خطة السلام الأولى. في المقدمة، تم التأكيد على أن هذا مجرد اقتراح يشكل أساساً لمزيد من المفاوضات وليس مواقف نهائية على الإطلاق.

وبحسب الخطة، ستندمج دولتان، واحدة يهودية وأخرى عربية في اتحاد سيكون الغرض منه اقتصادياً في المقام الأول، ولكن يمكن أن ينطبق التعاون أيضاً على مسائل أخرى، وهو بالضبط ما سيكون من اختصاص الهيئة المشتركة للاتحاد أن تقرره. وسيكون للدولتين بعض التأثير المحدود على سياسة الهجرة المعتمدة من الطرف الآخر. سيتم ضمان حقوق الأقليات الدينية بالإضافة إلى حماية الأماكن المقدسة وضمان الوصول إليها. وأخيراً، سيكون لجميع السكان الذين غادروا فلسطين نتيجة الحرب الحق في العودة إلى ديارهم واستعادة ممتلكاتهم.

رأى الوسيط أن خريطة حدود الدولتين بحاجة إلى إعادة رسم. وهكذا، اقترح أن تذهب صحراء النقب إلى الدولة العربية، بينما يجب أن يكون الجليل الغربي جزءًا من الدولة اليهودية. ثم أتى الاقتراح الأكثر إثارة للجدل، إن لم يكن القاتل: ستكون مدينة القدس جزءًا من الأراضي العربية مع حكم ذاتي للسكان اليهود.

كان برنادوت مستعداً لتلقي النقد القاسي. فهو نفسه لم يعتقد أن ما اقترحه كان حلاً جيداً. «لو أن الجمعية العامة للأمم المتحدة لم تُصدر قرارها- المؤسف في رأيي - في 29 ديسمبر/ كانون الأول 1947، ولو لم تعترف دول كثيرة بدولة إسرائيل، لما اخترت هذا الحل».[2] وكان من رأيه أن دولة واحدة ديمقراطية ثنائية القومية هي الحل الأكثر إنصافاً وعقلانية، أي بناء على الحل الذي أيدته الأقلية ضمن اللجنة الخاصة للأمم المتحدة بشأن فلسطين.[3]

وقد تلقى انتقادات لاذعة، حيث رفض كلا الجانبين الاقتراح رفضاً قاطعاً. بالنسبة للعرب، كان الرفض بسبب تأييد الاقتراح لإنشاء دولة يهودية. لكن برنادوت أدرك أن الملك عبد الله كان سعيداً بتبني اقتراحه. وعلى الرغم من أن الصياغة لم تكن واضحة تماماً، كان لدى [الملك عبد الله] سبب وجيه للأمل في أن تكون الدولة العربية مساوية لشرق الأردن بالإضافة إلى الأجزاء العربية من فلسطين. ومع ذلك، لم يكن عبد الله قوياً بما يكفي لتحدي وحدة الرأي العربي.

كانت الجو العام في القاهرة لا يزال جيداً، وأدرك برنادوت أنه لا يزال يحظى بثقة الجانب العربي.

لم يكن الحال كذلك في الجانب الإسرائيلي. كان ردّ فعل الحكومة المؤقتة حادّاً للغاية، وهو ما تطرق إليه فولك في كتابه، أو بالأحرى مذكراته التي لم تصدر في كتاب سوى بعد وفاته.[4]

يلاحظ الإسرائيليون بدهشة أن الوسيط ابتعد عن مضمون القرار 181، وينبهون إلى أن «الشعب اليهودي وافق على الحل الذي صيغ في قرار الجمعية العامة، كحل وسط، والذي ينطوي بالنسبة إليهم على تضحيات صعبة. والأراضي التي خُصصت للدولة اليهودية هي الحدّ الأدنى الذي لا يمكن الانتقاص منه». علاوة على ذلك، فإن أي تدخل في سيادة إسرائيل في ما يتعلق باتخاذ القرار بشأن سياسة الهجرة مرفوض بشدة. وذلك لأن «الحرية الكاملة وغير المشروطة في تقرير نطاق الهجرة اليهودية وطبيعتها كانت في صميم مطالبة إسرائيل بالاعتراف بها كدولة». وأخيراً والأكثر أهمية، «جُرحت الحكومة المؤقتة بشدة من اقتراحكم بشأن مستقبل مدينة القدس، والذي تعتبره اقتراحاً كارثياً».

ساهمت فكرة «إعطاء القدس لعبد الله» أكثر من أي شيء آخر في تشويه

ذكرى برنادوت إلى حدّ ما كوسيط. ويمكن اعتبار رأي الأميركية كاتي مارتون، الذي نقلته مع الإعجاب عن ستيغ هادنيوس، مثالاً على ذلك: «كيف يمكن لبرنادوت، بموقفه الإيجابي الجاهز دائماً وافتقاره شبه التام للخلفية الفلسفية أو التاريخية، أن يفهم الأرواح الدوستويفسكية المعذبة التي تشبثت بالقدس مثل قارب نجاة؟ ثقته بنفسه الأرستقراطية، وسلوكه العسكري الناري، واستعجاله القاتل للتوصل إلى تسوية؛ لا شيء من هذا يمكن أن يوحي بالثقة لدى أولئك الذين اعتُقل آباؤهم وأخواتهم وإخوانهم في الأحياء اليهودية وماتوا في معسكرات الاعتقال قبل ثلاث سنوات فقط. إن رجلاً يفتقر إلى الاهتمام بالكتب، وليس لديه أي إحساس تقريباً بالمأساة العميقة المرتبطة بالوضع، ما كان ينبغي إرساله للتفاوض مع أناس منحدرين من كتاب هو أصل الكتب.

بأي حال من الأحوال، لم يكن برنادوت الوحيد في عدم قدرته على فهم الصدمة المستمرة للناجين الذين شهدوا الإبادة الجماعية. غير أنه كانت لدى ذلك السويدي غطرسة مأساوية أدت به إلى الاعتقاد بقدرته على تحقيق ما لم يستطع أحد تحقيقه من قبل، وما لم يستطع أحد تحقيقه بعد ذلك بعقود؛ أي إقناع اليهود والفلسطينيين بقبول حقوق بعضهم المشروعة، والعيش معاً في رقعة الأرض نفسها».[5]

لا، لم تكن تلك الفكرة جيدة حقاً. نظراً لمشاعر اليهود القوية تجاه المدينة، وحقيقة أنهم كانوا يشكلون الأغلبية هناك، مع تصميمهم الشديد، كان ذلك أمراً مستحيلاً. لم يتقبل الإسرائيليون قط فكرة أن المدينة ستُدوّل وستوضع تحت إدارة الأمم المتحدة، على الرغم من أنهم قد قبلوا الوضع، حتى ذلك الوقت، كجزء من قرارات الأمم المتحدة. كان من غير المعقول أن يتنازلوا عن مطالبتهم بالقدس.

ليست المسألة أن مشاعرهم كانت أقوى وأكثر أحقية من مشاعر العرب نحو المدينة. فإذا كان لليهود حائط المبكى هناك، فللمسلمين المسجد الأقصى. لكن السياسة هي فن الممكن. والعرب كانوا ضعفاء وغير منظمين وليس لديهم أصدقاء أقوياء، ربما باستثناء البريطانيين، لكن تلك الصداقة كانت ملتبسة، وقوة البريطانيين كانت آخذة في التراجع. أما الإسرائيليون فكانت إلى جانبهم القوتان العظميان الجديدتان. وقد أدى الاقتراح إلى جعل برنادوت مكروهاً في إسرائيل، وزاد- من دون داعٍ- من سوء علاقاته مع الحكومة الإسرائيلية.

وها هو المؤرخ سوني بيرسون يعتقد أن وسيط الأمم المتحدة لم يكن مقتنعاً حقاً بفكرة ضم القدس إلى الأراضي العربية. لقد أراد في البداية تدويل القدس، لكن بانش والآخرين في لجنة الخبراء فرضوا وجهة نظرهم.[6] وقد يكون الأمر كذلك، لكن فولك برنادوت هو من وضع توقيعه على الخطة، وهو الذي تولى المسؤولية الكاملة عن الاقتراح، وبالتالي كان هذا اقتراحه هو وليس اقتراح أي شخص آخر.

هاجمت الصحافة اليهودية والعربية برنادوت بعنف، وبدأ الإسرائيليون في التلميح إلى أنه كان هناك شيء غامض بشأن جهوده في ألمانيا. ما هي حقيقة حملات الإنقاذ، وهل أنقذ حقاً الكثير من اليهود؟ لقد صافح العقيد الجلاد هيملر، فما الذي اتفقا عليه بالضبط؟ كما رأينا، لا تزال هذه الشائعات تطارد ذكرى برنادوت، ومن المهم التأكد من مصدرها. في الصحف الإسرائيلية، صُوّر برنادوت باستمرار على أنه عميل لصالح الاستعمار البريطاني، والذي كان بدوره مماليئاً في المقام الأول والأخير للدول العربية التي تجلس فوق ثروة النفط الذي تتزايد الحاجة إليه. أما بالنسبة إلى العرب، فإن برنادوت كان ممثل الأمم المتحدة الذي جاء باقتراح غريب لتقسيم فلسطين على الرغم من الرفض المطلق من غالبية السكان. ومن جانبه، صرح برنادوت

بارتيـاح: «وهكذا، عندما هاجمني كل من اليهود والعرب، اعتبرت نفسي قادراً على استنتاج أنني اتبعت حقاً الطريق الوسطي- والذي كان عليّ اتباعه- بصفتي وسيطاً».

وبغض النظر عن مستوى المعارضة التي واجهتها خطة السلام، لم يكن من المتوقع أن تُعتمد على الفور. وفي انتظار نتيجة المفاوضات، كان من الأهمية بمكان تمديد الهدنة عند انتهاء مدّتها في 9 يوليو/ تموز. كان الإسرائيليون على استعداد لتمديدها لمدة 30 يوماً، لكن العرب رفضوا.

لم يرغب عبد الله ووزراؤه في استئناف القتال؛ تفادياً لما سينجم عن ذلك من آلام وموت، لكن مصر هي التي دفعت في النهاية نحو الشروع في الحرب من جديد. وكانت الحكومة المصرية قد ضللت الرأي العام المصري ببيانات حماسية حول الانتصارات الهائلة التي حققتها في القتال، فانتظر الجمهور منها قراراً سريعاً من شأنه أن يسحق الدولة اليهودية. هذا، ومن خلال استئناف الأعمال الحربية، يمكن للسياسيين أن يُظهروا أنفسهم كمدافعين مخلصين عن القضية العربية. وربما اعتقدوا أن الأمم المتحدة ستتدخل على الفور وتوقف القتال، ومن ثم لا يمكن اتهامهم بعدم الرغبة في القتال. كان الوضع العسكري ميؤوساً منه. فالإسرائيليون استغلوا الهدنة لإعادة التسلح بمساعدة عسكرية من الكتلة الشرقية، وهو ما كان انتهاكاً واضحاً لقواعد الهدنة، فأصبحوا الآن أقوى بكثير مما كانوا عليه في بداية الهدنة. أما العرب فلم يتلقوا أي تعزيزات على الإطلاق، حيث التزمت القوى الغربية بصرامة بقواعد الهدنة.

وقد يكون هناك سبب آخر وراء رغبة الجانب العربي في مواصلة القتال. فكّر القائد الأسطوري للفيلق العربي، الإنجليزي غلوب باشا الذي أمضى عقوداً عديدة في العالم العربي، ملياً في العقلية التي عُبِّر عنها بالقول: «أن يُسحق جيش أفضل من التنازل عن جزء من بلد لعدو ليس له أي حق فيه»،

كما قال له سياسي عربي. وقال أحد الفلسطينيين: «أن نُباد جميعنا أفضل من أن نتخلى عن شبر واحد من أرضنا». ويعلق غلوب باشا على ذلك قائلاً: «قد يكون هناك شيء مثير للإعجاب في هذا التصميم على المطالبة بما هو حقّ، بغض النظر عن التكاليف. لكن نتيجة ذلك كانت كارثية تماماً على العرب الفلسطينيين. لقد عُرضت عليهم العديد من الفرص للقبول بالتسويات التي كان يمكنها إنقاذهم لو أنهم قبلوها. لكنهم كانوا شديدي المراس فكانت النتيجة أنهم سُحقوا».[7]

وهكذا اندلعت الحرب مرة أخرى، وفي هذه المرة شعر برنادوت بالحاجة إلى الذهاب إلى نيويورك وإقناع مجلس الأمن باتخاذ قرارات قويّة. لقد سلمت الجمعية العامة- التي تبدو قوية على الورق- الهموم الفلسطينية بمنتهى السرور لوسيطها، ثم كرّست وقتها لأمور أخرى.

مَثُل برنادوت أمام مجلس الأمن من دون أن تظهر عليه علامات القلق أو التوتّر، على الرغم من حقيقة أنه لم يسبق له الظهور في سياق مماثل. وقد تعرض لانتقادات شديدة من قبل رئيس المجلس الأوكراني مانويلسكي، الذي تصرف أيضاً كمتحدث باسم الكتلة الشرقية. اتّهم مانويلسكي برنادوت بأنه تسبب بتفاقم الوضع في الشرق الأوسط. وبتجاهله للقرار 181، أوحى للمهاجمين العرب بالاعتقاد بإمكانية الإطاحة بذلك القرار، وبالتالي فهو مسؤول جزئياً عن تجدد القتال. تجاوز فولك ذلك بلباقة بالقول إنه ليس في وارد الدفاع عن نفسه، وذلك لأن مئات الأرواح من اليهود والعرب تُزهق كل ساعة خلال النقاش الجاري بينهم، وإن إنقاذ تلك الأرواح والتوصل إلى هدنة أهم بكثير بالنسبة إليه من الدفاع عن نفسه.

بعد عدّة أيام من المناقشات، اتخذ مجلس الأمن بأغلبية كبيرة قراراً أمر بوقف إطلاق النار من دون حدّ زمني. و«الأمر» يعني أن الأمم المتحدة

ستلجأ بحسب تشريعاتها إلى فرض العقوبات واللجوء في نهاية المطاف إلى العمل العسكري ضدّ أولئك الذين لا ينصاعون. لقد كان نجاحاً كبيراً وبقي الآن أن نرى ما إذا كانت الأطراف تعتزم إطاعة الأوامر.

خلال المناقشات، أعلن برنادوت أنه يشترط لمواصلة مهمته أن يوضع تحت تصرفه عدد كافٍ من المراقبين. وقد تقرر ذلك أيضاً. وقبل عودته إلى رودس، قيل له إن الإسرائيليين وافقوا على الهدنة. وبمجرد وصوله، تلقى رسالة مفادها أن العرب وافقوا أيضاً وعلى مضض شديد على الهدنة. لقد تظاهروا بالاحتجاج إنقاذاً لموقفهم الحرج.

حتى إن برنادوت شعر ببعض الأسف تجاههم. «لقد لعبوا أوراقهم بطريقة خرقاء جداً، وأوقعوا أنفسهم في موقف شديد الإحراج. أولاً، لقد أطلقوا خطباً أمام شعوبهم تعهدوا فيها بعزمهم الراسخ على مواصلة الحرب وعدم قبول هدنة جديدة تحت أي ظرف من الظروف [...] ولو أنهم كانوا أكثر حرصاً في تصريحاتهم، لكان من الأسهل عليهم أن ينجحوا بسهولة في التعامل مع المزاج الشعبي، وأمكنهم بالتالي الموافقة على تجديد الهدنة من دون أن يفقدوا ماء وجوههم».

بدأ القادة العرب بإدراك الأمر الذي لا مفر منه؛ الدولة اليهودية وُجدت وستظلّ موجودة. لكن الاعتراف بها علناً والجلوس معها إلى طاولة المفاوضات نفسها أمر غير وارد.

على الجانب الإسرائيلي، كانت هناك لهجة أخرى. فالإسرائيليون حققوا نجاحاً كبيراً خلال أيام الحرب العشرة بين الهدنتين، مما ولّد لدى برنادوت شعوراً بأن النجاح قد أسكرهم. كانوا متصلبين تماماً. وكانت إحدى القضايا التي شغلت الوسيط بقوة، كمسيحي مؤمن، هي قضية نزع السلاح في القدس، مع العلم أن الهدنة كانت هشة للغاية، حيث لم تنقطع المناوشات المتفرقة،

وظلّ كلّ طرف يعلن جازماً أن الطرف الآخر هو من أطلق النار، وأنه لم يفعل شيئاً سوى الرد على مصدر النار. لذلك، كان خطر اندلاع معارك واسعة النطاق كبيراً، ولإنقاذ المدينة المقدسة من المزيد من الدمار، عمل الوسيط على سحب جميع القوات من المدينة. وفي وقت سابق، كان الإسرائيليون على استعداد لمناقشة هذا الأمر، ولكن يبدو الآن أن لديهم بدلاً من ذلك خططاً لدمج القدس مع الأراضي اليهودية. وهكذا، استنتج الوسيط، أنه لم يكن هو الوحيد الميّال إلى تعديل قرار 29 نوفمبر/ تشرين الثاني 1947.

أما بالنسبة إلى اللاجئين، فقد تلقى برنادوت رسالة شديدة الوضوح: لا تنوي الحكومة الإسرائيلية تحت أي ظرف من الظروف السماح للعرب الذين فرّوا أو طُردوا بالعودة. «اعترضتُ بالقول إنني متفاجئ بأن ممثلي الشعب اليهودي رأوا هذه المشكلة من وجهة نظر ضيّقة لدرجة أنهم اعتبروها مجرد قضية سياسية من دون مراعاة الجانب الانساني للقضية».[8]

بعد ذلك بوقت قصير، زار فولك برنادوت مخيماً للاجئين في رام الله، حيث تجمع الناس بعد فرارهم من مدينتي اللدّ والرملة، اللتين كانت القوات اليهودية قد احتلتها للتوّ. وانطلاقاً من كلّ التجارب الفظيعة التي عايشها في أوروبا التي كانت الحرب قد مزّقتها، كتب برنادوت: «زرتُ العديد من مخيمات اللاجئين، لكنني لم أرَ قط مشهداً أكثر فظاعة من المشهد الذي رأيته هنا في رام الله. اجتاحت السيارةَ حرفياً حشودٌ متدافعة من أناس كانوا يصيحون بحماسة شرقية مطالبين بالطعام، ويصرخون بأنهم يريدون العودة إلى منازلهم».[9]

قرّر برنادوت أن يقوم بالأمر الذي يتقنه جيداً: إطلاق عملية إغاثة إنسانية للاجئين. وحول ذلك يتحدث رافائيل سيلينتو من المفوضية السامية للأمم المتحدة لشؤون اللاجئين: «بقدر ما أستطيع الحكم، فإن التعاطف التلقائي

من جانب الكونت كانت تستثيره بسهولة الأوضاع الصعبة جداً للاجئين. كان هناك الآلاف من النساء والأطفال العزّل الذين لا حول لهم ولا قوة، والذين فرّ بعضهم خوفاً من أهوال ما حدث في دير ياسين، في حين طُرد آخرون قسراً وسُلب منهم كل شيء باستثناء ملابسهم التي يرتدونها...

استولت على الكونت الرغبة الشديدة في المناشدة الفورية لذوي القلوب الرحيمة في جميع الأمم، فأرسل برقية شخصية إلى 53 حكومة، وطلب بشكل خاص من 24 حكومة منها أن تبادر فوراً إلى إرسال كمية معينة من المواد الغذائية التي كانت ضرورية للغاية. ثمّ ناشد منظمة الأمم المتحدة للطفولة، اليونيسيف، التي تهتم بشكل خاص بالأطفال المحتاجين والنساء الحوامل والأمهات المرضعات. ووجّه أيضاً نداءً خاصاً ومباشراً إلى المؤتمر الدولي للصليب الأحمر في ستوكهولم في أغسطس/آب. لم يكن بإمكانه تحمّل انتظار الردود على برقياته، لذلك كان يسأل عنها يومياً ويستقبل بسرور كل برقية حملت وعداً بالمساعدة».[10]

كانت بعض الاهتمامات الأخيرة التي شغلت فولك قبل مقتله تتعلق بالضبط بعمليات الإغاثة هذه.

كان على برنادوت تكريس قدر كبير من طاقته لتنظيم عمليات التحقق من الالتزام بالهدنة. وكانت هناك حاجة لمراقبين يمكنهم التحقق والإبلاغ عن انتهاكات وقف إطلاق النار، وقد لُبّي هذا الطلب. ولإضفاء طابع القوّة على القرار الذي أمر الأطراف بوقف إطلاق النار المتبادل بينها، أراد برنادوت أفراداً مسلحين، أي جنوداً تابعين للأمم المتحدة بكلّ بساطة، وهنا توقّف الموضوع. إذ لم تكن الولايات المتحدة الأميركية وغيرها من المساهمين المحتملين على استعداد لإرسال الجنود إلى الوضع المتفجر في فلسطين. ولم يكن من الممكن حتى تأمين 40 حارساً مسلحاً لحراسة محطة الضخ في اللطرون،

التي كانت تزود القدس بالمياه، والتي كانت موضوعة تحت إشراف الأمم المتحدة. استاء برنادوت من موقف الأمم المتحدة السلبي. «كنا نرى هيبة الأمم المتحدة وهي تتراجع يوماً بعد يوم لدى الطرفين في فلسطين. ويبدو أنهم في لايك ساكسس اعتقدوا أن مجرد تمرير القرار سيجعل كل شيء على ما يرام». لذلك أرسل برقية إلى مقر الأمم المتحدة الرئيس، قال فيها إنه إذا تبين أنه لا يمكن الحفاظ على الهدنة، فإن اللوم يقع بالكامل على عاتق المنظمة العالمية. في الواقع، نُسفت محطة الضخ في اللطرون من قبل القوات العربية غير النظامية.

وهنا قد يكون من المهم التنبيه إلى الدور الذي لعبه الأمين العام للأمم المتحدة. فالأمر الذي لم يكن برنادوت يتخيله هو أن يعمل رئيسه المباشر تريغفه لي ضدّه سراً بالتعاون مع إسرائيل. [11]

كان تريغفه لي نقابياً نرويجياً، وكان أثناء الاحتلال النازي وزيراً للخارجية في الحكومة النرويجية في المنفى.

وقد أصبح الأمين العام الأول للأمم المتحدة، وهو مثل جميع المفكرين تقريباً، تأثّر بشدة بالمصير الذي آل إليه اليهود على يد النازية. كما أن احتلال الألمان لبلاده، وتأثر العديد من أصدقائه وأبناء وطنه بالاضطهاد النازي عمّق تعاطفه مع اليهود، فكان مؤيداً بشدّة للصهيونية. ومن المؤكد أنه لم ينظر بعين الرضى إلى شروع فولك برنادوت في تجاهل القرار 181.

قبل أن تتبنى الجمعية العامة قرار التقسيم بزمن طويل، انحاز علناً لفكرة التقسيم، وتفاوض بلا خجل مع الوكالة اليهودية. «لا يوجد حل آخر؛ لن يقبل العالم بعد الآن الوضع الحالي للمسألة اليهودية. يجب أن تنشأ دولة يهودية»، قال لوفد من الوكالة اليهودية. [12] وعندما اعتُمد القرار، حُكي أنه قال بطريقة فيها قدر ضئيل من التنبؤ: «لقد ضمنتُ السلام في الشرق الأوسط

لأجيال قادمة».[13] هذا ولم يكن [تريغفه] لي من بين الذين شكّكوا في جدوى القرار عندما ثبُت أنه من المستحيل تنفيذه بالوسائل السلمية. بالنسبة إليه، أصبح الأمر يتعلق بمكانة الأمم المتحدة ومكانته شخصياً، لذا توجّب تنفيذ قرار الأمم المتحدة، نقطة انتهى. (على الرغم من أنه لم يكن قراراً، بل مجرد توصية!) أما سعي برنادوت لاتخاذ موقف الحياد في الصراع فهو أبعد ما يكون عن اهتمامه. من ناحية أخرى، إذا أراد المرء أن يكون منصفاً، يمكن القول إن [تريغفه] لي استطاع، بشيء من المنطق، أن يدّعي أن قرار الأمم المتحدة سيكون- بحسب نصوصه- هو الضامن للعدالة والإنصاف. كانت هذه هي أساساً الفكرة التي قامت على أساسها المنظمة الدولية. لكن حتى قبل حدوث الاجتياح العربي، أدانه تريغفه لي باعتباره تهديداً للسلم والأمن الدوليين.[14] وبحسب تعبيره، يتكون لدى المرء انطباع بأن المشكلة الفلسطينية برمتها تُختصر بالنسبة إليه في أن إسرائيل تتعرض لهجوم من جانب الدول العربية، وهو موقف لا يختلف عن الموقف الإسرائيلي.

واصل [الأمين العام للأمم المتحدة تريغفه] لي اتصالاته السريّة إلى حدّ ما مع الوكالة اليهودية، وبالتالي الاتصال غير المباشر مع الحكومة الإسرائيلية. وقد استخدم من وقت إلى آخر المندوب النرويجي لدى الأمم المتحدة كوسيط في تلك الاتصالات. أما الوسيط الآخر فكان مستشاره العسكري في القدس العقيد روشر لوند الذي وُصف بأنه «المصدر السرّي جداً للوكالة اليهودية».[15] وثمة تقرير يعود تاريخه إلى ربيع عام 1948 كتبه مندوب صهيوني بعد لقاء مع روشر لوند في فلسطين: «سألناه على الفور كيف يمكنه مساعدتنا، فأجاب بأنه على استعداد لمساعدتنا، واقترح أنه عندما يقدّم وفدنا في [مقرّ الأمم المتحدة في] لايك ساكسس مقترحات، فسيبلغوننا بذلك مسبقاً، وسيكون مستعداً لتقديم مقترحات مماثلة من هنا، على أساس أنها صادرة عن سكرتارية اللجنة الخاصة بفلسطين والتابعة للأمم المتحدة. بالطبع ينبغي أن يمرّ ذلك عبر

[بابلو دي] أزكارات، ولكنه كان مستعداً- إذا رغبنا في ذلك- لإرسال مواد خاصة داعمة إلى تريغفه إلى نيابة عنا».(16)

وحين كتب تريغفه لي في مذكراته حول تعاونه الجيّد مع فولك برنادوت، لم يقل الحقيقة كاملة. فالوسيط حاول اتخاذ موقف محايد وخلص- كما رأينا- إلى ضرورة تلبية مطالب الجانب العربي بشكل أفضل في التسوية النهائية. تصاعد الغضب الإسرائيلي تجاه برنادوت يوماً بعد يوم، وكان [تريغفه] لي منحازاً بالكامل إلى الجانب الإسرائيلي. وعندما تردّدت الولايات المتحدة الأميركية وبريطانيا في دعمهما للقرار 181، قال في إحدى المرات لجماعة من الوكالة اليهودية إنهم أصبحوا الآن أقرب شركائه.(17) ظاهرياً، كان [تريغفه] لي داعمًا لوسيطه [برنادوت] تماماً ولم ينتقد أي منهما الآخر في روايتهما للأحداث.

لم تأتِ قوات عسكرية لمساعدة الوسيط، بل وصل مراقبون غير مسلحين، وكثيرون منهم من السويديين. عن هؤلاء كتب [تريغفه] لي: «لن يكتمل أي وصف لمساعي الأمم المتحدة في فلسطين من دون الاعتراف بفضل هؤلاء الرجال الشجعان الذين انخرطوا معاً في غضون أيام قليلة، ومن دون خبرة سابقة في العمل الجماعي الدولي، في فريق فعّال قوامه موظفو الأمم المتحدة. كانت حمايتهم الوحيدة هي ذلك الشريط البسيط ذا اللونين الأبيض والأزرق، والذي كانوا يضعونه على زيهم الرسمي ليُعرف أنهم من مراقبي الأمم المتحدة. لم يرفضوا التعرض إلى أي خطر من أجل إحلال السلام، فضحى سبعة منهم بحياتهم، وجرح البعض منهم. ولقي اثنان من الطيارين الذين جُنّدوا لقيادة الطائرات التي استُؤجرت لهذه المهمة مصرعهما في حادث تعرضا له. مع ذلك، لم يَحُل أي خطر على الإطلاق بين مراقبي الأمم المتحدة وبين أداء واجبهم، متمسكين بروحية الأمم المتحدة التي يميّزها الحياد».(18)

كان قائد المراقبين هو اللواء أوغيه لوندستروم، وهو صديق قديم لفولك

منذ الطفولة، وزميله في المدرسة، ورفيقه في الفوج أيام الخدمة العسكرية. ومع ذلك، بالكاد يمكن القول إن هذا هو السبب في توليه تلك المهمة. كانت ستوكهولم صغيرة في ذلك الوقت، وكان الجميع يعرفون بعضهم بعضاً في الدوائر الضيّقة المحيطة بالجيش والعائلة المالكة.

في 2 أغسطس/آب، زار برنادوت ومرافقوه القدس مرّة أخرى، وفي اليوم التالي عبروا خطوط التماس إلى الجزء الواقع تحت سيطرة اليهود. وقد لعبت هذه الزيارة بالذات دوراً رئيسياً في التحقيق في جريمة الاغتيال، حيث تباينت الآراء حول ما إذا كان الوسيط قد حصل على مرافقة عسكرية أم لا. لم يذكر فولك أي شيء حول المرافقة، ولم يسبق له تقريباً التطرق إلى هذه المسألة. ومع ذلك، تشير ملاحظاته الخاصة حول الرحلة إلى عدم وجود مرافقة لديه، بينما ادّعى الآخرون بشكل قاطع أنه كان يحظى بمرافقة. سوف نتعمق في وقت لاحق في هذه المشكلة.

لكن من المؤكد أن برنادوت قابل مرة أخرى دوف جوزيف الذي عُيّن رسمياً قائداً عسكرياً للمنطقة اليهودية في القدس، مما يعني أن الحكومة المؤقتة تعتبر نفسها مسيطرة على القدس الغربية، وهي بالتالي تتحمّل المسؤولية عما كان يحدث هناك. «لقد ترك في نفسي انطباعاً بأنه شخص شديد المراس ويفخر بعدم الموافقة على أي مقترحات تقدم إليه»، كتب برنادوت حول لقائه بجوزيف. وتكرّر الموقف نفسه مع وزير الخارجية موشيه شيرتوك، «لم يلقَ شيء مما اقترحته قبولاً لديه؛ لم أحقق أي نتيجة».

حاول برنادوت أن يشرح للإسرائيليين أنهم صعّبوا الأمور على أنفسهم من خلال عدم الميل إلى المصالحة، وحضّهم على مواجهة الكراهية بين اليهود والعرب. فمهما حدث، يجب على اليهود أن يتوقعوا أن يكون العرب جيرانهم. «لنأخذ مثالاً واحداً: كانت أمام الحكومة الإسرائيلية فرصة كبيرة جداً في ما

يتعلق بقضية اللاجئين العرب. وقد أضاعت تلك الفرصة. بل أظهرت فقط جانب القسوة وعدم التصالح مع هؤلاء اللاجئين. ولو أنها أظهرت، بدلاً من ذلك، الكرم ورحابة الصدر، وأعلنت أن الشعب اليهودي الذي عانى كثيراً يفهم جيداً مشاعر اللاجئين، ولا يريد أن يعاملهم بالطريقة نفسها التي عومل بها، فإن مكانة تلك الحكومة في العالم سترتفع إلى درجة غير متوقعة». [19]

في 10 أغسطس / آب، زار برنادوت القدس مرّة أخرى. وكان من المقرّر أن يزور- من بين أمور أخرى- القنصل البلجيكي نيوينهويس في منزله. عندما وصل الوسيط إلى المكان، كانت هناك سيارتان من نوع جيب عليهما لافتتان كبيرتان كتب عليهما: «ستوكهولم لكم، القدس لنا»، و «جهودكم سُدًى. نحن هنا. مقاتلون إسرائيليون من أجل الحرية». ألقى برنادوت نظرة سريعة على اللافتتين، لكنه لم يهتم بهما، ولم يذكر تلك الحادثة في كتابه «إلى القدس». لكنه كتب عن المؤتمر الصحفي الذي عقد خلال الزيارة حيث طرح أعضاء في منظمة ليحي أسئلة استفزازية. «سرعان ما لاحظتُ طرح سلسلة من الأسئلة السخيفة في معظمها، خاصة من جانب الإرغون، والتي أرادوا من خلالها خداعي لأرد بأجوبة يمكن استخدامها ضدي. لكنني أصبحت آنذاك معتاداً تماماً على صدّ هجمات من هذا النوع».

بعد بعض الوقت جاءت سيارة جيب أخرى قفز منها ضابط شاب، اكتسب بعد عشرين عاماً من تلك الحادثة، شهرة عالمية بسبب دوره في حرب يونيو/ حزيران وعُرف بتلك الرقعة السوداء على إحدى عينيه. كان ذلك الضابط هو موشيه دايان، وقد طرَد فجأة رجال منظمة ليحي الذين أطاعوا أمره.

يمكن المجادلة في ما إذا كان ينبغي تفسير اللافتتين على أنهما تهديد واضح بالقتل، ولكن ما قيل لاحقاً في البث الإذاعي المسائي لإذاعة ليحي لا يمكن أن يلتبس على أحد فهمه: «هذه المرة كان عناصر ليحي غير مسلحين، ولم

172

يحاولوا اغتيال الكونت. لكنْ لا شكّ في أن الكونت قد سمع اسم ليحي من قبل. فبعد كل شيء، هناك رابطة أساسها العِرق والدم بين اللوردات والكونتات. ونحن لم نمسّه هذه المرة، لكن إذا حاول إنشاب مخالبه في القدس، فسيتلقى المعاملة الذي يستحقها، وذلك بالطريقة التي قررناها».[20] بالطبع، عبارة «اللوردات والكونتات» إشارة واضحة إلى عملية اغتيال اللورد موين. وبالنظر إلى الضجة الهائلة التي أثارتها جريمة الاغتيال قبل أربع سنوات، لم يكن من الممكن أن يمرّ هذا البيان من دون أن يلاحظه أحد.

وإذا كان برنادوت لم ينتبه جيداً إلى الخطر الذي يتهدّد حياته، فإن السلطات فهمت ذلك التهديد بشكل أفضل. ففي اليوم التالي، قال بن غوريون في اجتماع لمجلس الوزراء: «أمر خطير للغاية كاد أن يحدث أمس. كان برنادوت في القدس، وأرسلتْ ليحي سيارتَي جيب إلى هناك، ولا يعرف أحد السبب. وثمة من يقول إنهم أرادوا خطفه. لستُ من المعجبين ببرنادوت، لكنه مثل الأمم المتحدة».[21]

اقترب موعد الخامس عشر من أغسطس/آب، حيث كان على برنادوت أن يرأس مؤتمر اللجنة الدولية للصليب الأحمر في ستوكهولم. وقد نصَّ عقده مع الأمم المتحدة على حصوله على إجازة لهذه المناسبة. وكان في تلك الأثناء لا يزال متردداً حول صواب قرار السفر إلى ستوكهولم. وقبل ساعات قليلة من موعد مغادرته، وردت أنباء عن انفجار محطة الضخ في اللطرون. ماذا سيحدث الآن؟ كيف سيكون رد فعل اليهود على ذلك؟ لكنه قرّر على الرغم من ذلك العودة إلى الوطن. وبمجرد أن استقل الطائرة إلى السويد، أيقن أنه قد يكون من المفيد أيضاً الحصول على استراحة من العمل. فالعمل على مراقبة الهدنة كان قد استغرق كل وقته، ولكن في الواقع كانت أمامه مهمة كبيرة، والتي لم ييأس على الإطلاق من إنجازها، على الرغم من الوضع غير المشجع: تحقيق سلام نهائي في فلسطين.

في 8 سبتمبر/ أيلول، عاد برنادوت إلى فلسطين. وقال في مؤتمر صحفي في حيفا، بحسب صحيفة «هآرتس» اليومية: «المشكلة الأكثر أهمية والأكثر إلحاحاً هي قضية اللاجئين [...] أما المشكلة الثانية من حيث الأهمية فهي نزع السلاح في القدس. هذه هي المشكلة الأكثر قرباً إلى قلبي».[22]

بالعودة إلى رودس، شرع فولك وطاقمه في العمل على كتابة خطة السلام الجديدة. لكن الاتفاق بين الأطراف بدا آنذاك بعيد المنال أكثر من أي وقت مضى. ومن حيث الظاهر، كانت المعارضة العربية لقيام الدولة اليهودية لا تزال شرسة كما كانت من قبل، لكن برنادوت أمكنه الاستنتاج أن حدّتها قد خفّت، خفية ومن دون جلبة. على الأقل لم تعد الدول العربية راغبة في خوض الحرب للتخلص من إسرائيل. وقد أدرك العرب أن خطة الوسيط الجديدة للسلام ستشمل إقامة دولة يهودية مستقلة.

أما من الجانب اليهودي، فكان الوسيط الأممي متَّهماً في كثير من الأحيان وبشدة بأنه عميل بريطاني وعميل أميركي أيضاً. وقد تعامل مع هذا الاتهام بهدوء لعلمه بأنه مجرد هراء. كان مستقلاً بالفعل، وكان هدفه الوحيد هو إحلال السلام في الشرق الأوسط. وهو في الوقت نفسه سياسي حقيقي لدرجة أنه أدرك أن خطته لن تحظى بفرصة للنجاح في الأمم المتحدة من دون دعم من القوى الكبرى. كانت الولايات المتحدة الأميركية وبريطانيا هما الدولتان الأكثر قوة، ولم يتكئ عليهما لفرض قناعاته السياسية بالقوّة. وقد صيغت خطته بطريقة تعكس – في مقاطع طويلة منها– المصالح الغربية. وكان قد استقبل في زيارات سرية للغاية ممثلي وزارتي الخارجية في كلّ من أميركا وبريطانيا؛ وهو الأمر الذي تجنّب ذكره تماماً في مدوناته الخاصّة.[23] وفي تلك الزيارات أكّد هؤلاء أن البلدين يدعمان بإخلاص أفكاره، وأفكار رالف بانش، حول مستقبل فلسطين.

في 16 سبتمبر/ أيلول، وقَّع فولك برنادوت على التقرير الذي قُدِّم إلى مجلس الأمن، والذي أصبح يعرف باسم خطة السلام الثانية.

وهي تختلف عن الخطة الأولى في أنها تخلَّت عن فكرة ضم القدس إلى الأراضي العربية. فبحسب الخطة الجديدة ستوضع المدينة تحت سيطرة الأمم المتحدة مع منح أكبر قدر ممكن من الاستقلال للسكان العرب واليهود، وضمان حرية الوصول إلى الأماكن المقدسة. وكما جاء في الخطة الأولى، سيصار إلى ضمّ صحراء النقب إلى الجانب العربي، بينما ستُعطى إسرائيل بدلاً من ذلك الجليل الغربي. وهكذا انتهى الحديث عن دولة فلسطينية واحدة ومستقلة. وبناءً على خطة التقسيم، أصبح المجتمع الفلسطيني مشتتاً تماماً، إلى درجة بدت معها فكرة التقسيم غير واقعية. وقد أُلقيت مسؤولية إدارة الأراضي الفلسطينية على عاتق الدول العربية، لكن الوسيط أوصى بشدة بأن تؤول إلى الأردن.

عندما رسم باول موهن قبل عام من ذلك خرائط إنشاء الدولتين المقترحتين [في خطة السلام الأولى]، كان شاغله الأكبر هو كيفية التوصل إلى إنشاء منطقة يشكل فيها اليهود أغلبية سكانية. أما برنادوت فلم يُعبِّر عن أي قلق حول هذا الأمر، ولكن من الصعب التصديق أن فريق عمله المطّلع على الأمور– بمن فيهم موهن نفسه– قد أهمل هذه المسألة تماماً. في الواقع، في الدولة اليهودية المقترحة في خطة السلام الثانية التي قدمها الوسيط، كانت المجموعتان السكانيتان متساويتين تقريباً إذا سُمح للاجئين [الفلسطينيين] بالعودة. فمنطقة الجليل الغربي كانت مكتظة بالسكان، وفيها قبل عام 1948 أغلبية فلسطينية ساحقة. وفي منطقة عكا، كانت هناك نسبة قليلة فقط من السكان اليهود. ولو ضُمّ عدد كبير من السكان الفلسطينيين في الجليل إلى دولة إسرائيل، لكان ذلك قد طغى على الأغلبية اليهودية الصغيرة أساساً.

وفي الوقت الذي قُدّمت فيه خطة السلام، كانت غالبية الفلسطينيين قد فرّت، لكن خطة السلام افترضت مسبقاً أنه سيتم السماح لهم بالعودة إلى ديارهم. وذلك لأن خطة السلام قد نصّت، في واحدٍ من سبعة شروط أساسية تضمنتها، على حق العودة:

«هـ. ضمان حق السكان الأبرياء في العودة إلى ديارهم، وهم الذين انتزعهم منها الفزع والدمار. كما أنه من المصلحة منح تعويض كافٍ للأشخاص الذين لا يرغبون في العودة مقابل ما فقدوه من ممتلكات».[24]

ستكون لقضايا الحدود وحقوق الإنسان ضمانات دولية.

ركّز التقرير الذي قدّمه الوسيط [بشأن التقدم المنجز] بشكل كبير على الوضع الحرج للاجئين العرب الذين كانوا في حالة يرثى لها ويحتاجون إلى مساعدة فورية. وقد خلص هذا الجزء من التقرير إلى ما يلي: «أعتقد أن المجتمع الدولي يجب أن يتحمل نصيبه من المسؤولية تجاه اللاجئين الفلسطينيين. وهذا هو الحد الأدنى من متطلبات إنجاح جهود إحلال السلام في هذا البلد». وهكذا، يبدو أن برنادوت وزملاءه لم يروا أي مشكلة في أن تضمّ الدولة اليهودية نصف السكان الفلسطينيين فقط، هذا إن لم يكونوا قد قبلوا خفية بفكرة أن غالبية اللاجئين لن يُسمح لهم بالعودة أبداً، وأن الإشارة إلى حقّ العودة لم تَرِد أساساً سوى لأسباب مبدئية. وقد تم التغاضي عن تلك الأسباب المبدئية والتضحية بها على مذبح السياسة الواقعية.

عندما انطلق برنادوت في رحلته الأخيرة، لم تكن خطة السلام قد أُعلنت بعد. لكن الحكومة الإسرائيلية كانت على علم تام بمحتواها؛ كان لديها مصدر سريّ ضمن طاقم برنادوت، وهو بالتحديد السيد إبستين.[25] ففي رسالة إلى المدعي العام [السويدي ماتس] هويمان يتحدث جان دي غير كيف سمع من باول موهن عن «الأنباء المثيرة للدهشة؛ ومفادها أنه في رودس.

وبعد مرور بعض الوقت على وفاة الكونت برنادوت، أصبح من الواضح أن الأسرار كانت تتسرب، وأن الحكومة اليهودية كانت على علم بالقرارات المتخذة في محيط نائب الوسيط. وقد استجوِب الدكتور بانش إيبستين، وكان هناك دليل واضح على أنه كان يُسرّب منذ فترة طويلة معلومات مهمّة للحكومة اليهودية. بعد اعترافه، أُعفي إبستين على الفور من عمله وأعيد إلى الولايات المتحدة».

ومع ذلك، إن هذا لم يمنع إبستين من الظهور إلى جانب باربرو فيسيل – أو يارّينغ كما سُمّيَت آنذاك – في عام 1998، في الاحتفال بالذكرى الخمسين لوفاة برنادوت. وقد وُصف لقاؤهما في الصحافة بأنه لقاء الأحبة بعد نصف قرن.

كان من الواضح للإسرائيليين أنه إذا تم تنفيذ خطة السلام التي قدّمها برنادوت، فإن الدولة اليهودية ستنتهي عملياً؛ على الأقل بالشكل الذي أرادوا أن تكون عليه، أي بأغلبية يهودية ثابتة. «في نهاية أغسطس / آب، انتشر بين قـادة الأحزاب ووسـائل الإعـلام التلميح إلى أنه [برنـادوت] يشكّل تهديداً لوجود إسرائيل ذاتها)».[26] وقد حظيت الخطة بدعم كل من الولايات المتحدة الأميركية وبريطانيا. وكان الوسيط في ذلك الوقت في طريقه إلى القدس في زيارة أخيرة قبل الانطلاق في رحلته إلى باريس ثمّ إلى الجمعية العامة للأمم المتحدة...

بعد أن وضع برنادوت توقيعه على خطة السلام، سافر إلى بيروت. وفي المطار، استقبله أوغيه لوندستروم ومساعده مايلز فلاش. تصنّع فولك الجدّ عندما نزل من طائرته، وتوجّه مباشرة إلى أوغيه وقال له إنه سعيد برؤيته على قيد الحياة، وذلك لأن برقية كانت قد وردت عبر إذاعة الأمم المتحدة تقول ما معناه: «عُثر على اللواء لوندستروم مصاباً بالرصاص في أحد شوارع حيفا. ها، ها، ها».[27]

وكانت العاصمة اللبنانية قد اتُّخذت في ذلك الوقت قاعدة لاستقبال شحنات المساعدات المخصصة للاجئين للفلسطينيين. كتب رافائيل سيلينتو، مدير مفوضية الأمم المتحدة لشؤون الإغاثة: «لقد أسعده ذلك، حين أيقن بأن أولى شحنات الإمداد قد وصلت بالفعل، وذلك بعد شهر من ندائه الحارّ. وقد قال وهو ينظر إلى الميناء حيث ألقت السفن مراسيها: (أعتقد أن علينا في هذه الحالة أن ننجح في تحقيق بعض النتائج. وربما أمكننا أن نُثبت للعالم أنه في حالة فشل المقترحات والإجراءات الإدارية، لا يزال بإمكان المشاعر الإنسانية لدى الناس أن تنتصر). كان حريصاً على الحضور من القدس مباشرة لزيارة المخازن المنشأة حديثاً في دمشق وعمان، وتفقد بعض مراكز الألبان التي افتُتحت بالفعل لتزويد الأطفال الرضع والنساء بالطعام. ابتسم بارتياح، وصافح كل واحد منا، وركب السيارة التي كانت ستقله إلى طائرته البيضاء الكبيرة التي ستطير به إلى القدس».[28]

كان ذلك صباح يوم 17 سبتمبر/ أيلول.

10

اغتيال برنادوت

«يتوجب على الحكومة الإسرائيلية تحمّل المسؤولية الكاملة عن هذا الحادث.»...

حين سمع مراسل صحيفة نيويورك تايمز، سولزبيرغر، مساء يوم 17 سبتمبر/أيلول نبأ جريمة الاغتيال، دوَّن على الفور ومن دون تردد في مذكراته: «منظمة شتيرن». وكان من المسلم به أن القتلة ينتمون إلى إحدى جماعتين إرهابيتين هما أرغون أو ليحي [أو المحاربون من أجل حرية إسرائيل، والمشهورة أيضاً باسم منظمة شتيرن- المترجم]. وقد نأى زعيم الأرغون مناحيم بيغن على الفور بنفسه عن الجريمة. وحدّدت السلطات على الفور منظمة شتيرن كجهة مسؤولة عن الجريمة. أما المجموعة المجهولة- حتى ذلك الوقت- والتي سمّت نفسها جبهة الوطن (هازيث هاموليديث)، وتحمّلت المسؤولية علناً، فساد اعتقاد بأنها مجرد اختراع أو غطاء لمنظمة شتيرن أو فرع منها.

وجاء في تحقيق [المدّعي العامّ ماتس] هويمان أنه «بحسب المعلومات الواردة من الحكومة الإسرائيلية، فقد تم إغلاق الحدود بعد وقوع الجريمة، وأُبقيت السفن في الموانئ، وصدر حظر على إقلاع الطائرات. وطُوّقت القدس، ووضعت طرق الخروج من المدينة تحت الحراسة. غير أن المواعيد الدقيقة التي اتخذت فيها هذه الإجراءات غير معروفة».[1] كما ناشد رئيس

الوزراء الجمهور لمساعدة الشرطة ومدّها بالمعلومات، وأُعلن عن مكافأة مقدارها 5000 جنيه إسرائيلي.

نأت الحكومة الإسرائيلية بنفسها عن عملية الاغتيال، وعبّرت عن غضبها واشمئزازها، وأرسل وزير الخارجية موشيه شاريت برقية إلى تريغفه لي قال فيها إنه: «ساخط من عملية الاغتيال الشنيعة التي تعرض لها وسيط الأمم المتحدة، الكونت برنادوت، والمراقب العقيد سيرو، والتي ارتكبتها مجموعة من المجانين الخارجين عن القانون الذين يكرههم شعب إسرائيل بأسره والمجتمع اليهودي في القدس، وسوف تتخذ الحكومة الإسرائيلية أشدّ الإجراءات حزماً لتقديم القتلة إلى العدالة والقضاء على الشر».[2]

وحول ردّ فعل شاريت، يقول السفير الأميركي جيمس ماكدونالد، بعد ساعات من عملية الاغتيال، إن شاريت بدا وكأنه رأى شبحاً. كان وجهه شاحباً ورمادياً وبدا كمن تقدّم في العمر عشر سنوات خلال الساعات الأربع والعشرين الماضية. وأضاف: «بدأ شاريت في الكلام، وكان شبه مختنق من شدّة الانفعال. كان عاجزاً عن التعبير كما ينبغي عن استياء حكومته واستيائه شخصياً مما حدث».[3] التقى ماكدونالد ببن غوريون في اليوم التالي، وسمع عن الإجراءات التي ستتخذ ضد التنظيمات الإرهابية، والتي تعتبر من الآن فصاعداً غير قانونية وسيتم سحقها مهما كلّف الأمر. وكان شاريت قد تحدّث قبل أقل من أسبوع من ذلك إلى ماكدونالد سرّاً بعد أن سمع الأميركيون عن تهديدات منظمة شتيرن العلنية ضد برنادوت: «كان شاريت شديد القلق، وأخبرني سرّاً عن القرار الذي اتّخذته الحكومة يوم الأحد الماضي حول حلّ المنظمات الإرهابية. لكنّ خلافات في الرأي داخل الحكومة، بالإضافة إلى طلبٍ بالتمهّل، أدت إلى تأجيل تنفيذ القرار إلى يوم الأحد التالي».[4]

كان من المفترض أن يكون رالف بانش مع فولك برنادوت بعد ظهر ذلك

اليوم المشؤوم. لكنه بقي في رودس في 16 سبتمبر/ أيلول لوضع اللمسات الأخيرة على التقرير الذي سيُقدّم إلى الأمم المتحدة. وكان من المقرّر أن يجتمع ببرنادوت في القدس في 17 سبتمبر/ أيلول، ليسافرا معاً في اليوم التالي إلى باريس لتقديم التقرير إلى الجمعية العامة.

تلت ذلك متاعب مختلفة. كان سكرتير بانش يحمل جواز سفر بريطانياً، والذي لم يكن مرغوباً في إسرائيل؛ وفي عدة مناسبات تسبّب في مشكلة لدى نقاط مراقبة جوازات السفر. عند نقطة المراقبة الواقعة عند بوابة مندلباوم، وهو المكان نفسه الذي مرَّ منه موكب وسيط الأمم المتحدة في وقت سابق من ذلك اليوم في طريقه إلى القطاع اليهودي، توقف بانش لبعض الوقت بعد الساعة الخامسة صباحاً. ثمّ جاءت سيارة مسرعة من الجانب اليهودي، وطُلب من بانش أن يصعد فيها. وهناك سَمِع النبأ، وأخذته السيارة على عجل إلى جمعية الشبان المسيحية، حيث كان برنادوت وسيرو يرقدان في تابوتين ملفوفين بعلم الأمم المتحدة. عثر بانش على آلة كاتبة وكتب برقية لوزير الخارجية الإسرائيلي، جاء فيها:

إن جريمة الاغتيال التي ارتُكبت بدم بارد ضدّ الكونت برنادوت، وسيط الأمم المتحدة في فلسطين، والمراقب التابع للأمم المتحدة العقيد سيرو، من سلاح الجو الفرنسي، في حيّ القطمون في القدس اليوم على أيدي قتلة يهود عملٌ فظيع ضدّ المجتمع الدولي، وانتهاك صارخ للأسس الأخلاقية. لقد ارتُكب هذا العمل الإجرامي المأساوي عندما كان الكونت برنادوت يؤدي- بالنيابة عن الأمم المتحدة- مهمة رسمية في القدس، وبحضور ضابط ارتباط عيّنته السلطات اليهودية.

لقد كان ضمن الخطوط التي تسيطر عليها القوات المسلحة التابعة لحكومتكم، وهي الحكومة التي تولت رسمياً المسؤولية عن الجزء الذي

تسيطر عليه القوات اليهودية من القدس. وعليه، فإن المسؤولية عن أمنه وأمن مرؤوسيه تقع- وفقاً للقواعد المعتادة المتعلقة بالقانون والنظام- على عاتق الحكومة المؤقتة لإسرائيل التي تسيطر قواتها المسلحة وممثلوها على المنطقة ويديرونها.

ويتوجب على الحكومة الإسرائيلية تحمّل المسؤولية الكاملة عن هذا الحادث الذي يشكل انتهاكاً خطيراً لاتفاقية الهدنة». [5]

سنّت الحكومة «قانون منع الإرهاب»، وبالتالي أصبحت منظمة شتيرن غير شرعية. واعتُقِل مائتان وخمسون من أعضائها دون مقاومة، وسلموا أسلحتهم. كانت تلك نهاية تاريخ منظمة شتيرن، حيث بسطت الحكومة المؤقتة سلطتها الكاملة.

وُضع أعضاء منظمة شتيرن الذين اعتُقلوا في السجن في يافا، لكن العملية كانت شكلية فقط، وهذا أقل ما يقال عنها.

وكان الصحفي السويدي غونّار كوملين قد أنجز تقريراً استقصائياً أثناء احتجازهم في السجن [6] وقد ادّعى أنه أحد أقارب أحد السجناء ودخل برفقة زوّار آخرين. كان الجو في الداخل سارّاً، وبدا كما لو أن السجناء هم الذين يأمرون حراس سجنهم وليس العكس. شاهد كوملين كيف ركل سجين غاضب النوافذ الزجاجية في أحد الأبواب ووبّخ أحد حراس السجن، وذلك لأن زميله كان مريضاً ولم يأتِ الأطباء بالسرعة المطلوبة. «أسرع اثنان من الحراس على الفور لتلبية رغباته»، كتب كوملين.

أجرى كوملين مقابلة مع متحدث باسم منظمة شتيرن، وشعر بالذعر من جوّ التعصّب. «تملكني شعور مخيف من وجودي في مستشفى مجانين بين مجموعة من القتلة النموذجيين الذين لم يكونوا في كامل وعيهم، ولكنهم تركوا انطباعاً بأنهم كذلك».

بعد عدّة أيام، عندما أزف يوم الزيارة من جديد، كان السجناء مشاغبين ومزعجين إلى درجة دفعت مدير السجن إلى اتخاذ قرار بسحب تصريح الزيارة. وعندما أُعلن هذا القرار، حدثت انتفاضة فورية، فتغلب السجناء على حراس السجن، وألقوا المراتب على الأسلاك الشائكة، وخرجوا باطمئنان إلى الحرية. ثمّ أُطلقت خلفهم بضع طلقات من الرصاص، ولكن من دون أن يصاب أحد منهم بأذى. «ثم انتشروا في جميع أنحاء تل أبيب، حيث يمكنك رؤيتهم على شرفات المقاهي على طول شاطئ البحر، وهنالك حدثت المشاهد الصاخبة حين تعرف إليهم الشبان الإسرائيليون فأصبحوا موضع إشادة عارمة. نزل بعضهم إلى الشاطئ للسباحة أو ذهبوا إلى السينما أو لزيارة صديقاتهم. وعند الغروب، عاد بعض السجناء طواعية إلى السجن، في حين قُبض على الباقين في نهاية المطاف».

كان كوملين كثير التردد إلى فلسطين، وكان لديه معارف كثيرون هناك. وكان في الواقع في مكان قريب عندما فجّرت منظمة الأرغون فندق الملك داوود حيث أنجته الصدفة فقط من الموت. وقد وجد أن تعاطف الجمهور كان واسعاً مع من كان يُنظر إليهم كمناضلين من أجل الحرية، وكذلك كان الحال بعد الاعتداء على برنادوت. وهذا التعاطف كان موجوداً في أوساط العامّة وصولاً إلى النخبة. لذلك بدا أسف المسؤولين واستنكارهم للجريمة مثيراً للشفقة في ضوء التأييد الشعبي الكبير الذي حظي به القتلة. على سبيل المثال، قال بن غوريون بصوت يرتجف من الغضب أمام البرلمان بعد أسبوع من جريمة الاغتيال:

«إنه لأمر محزن جداً بالنسبة إليّ أن أبدأ بعمل مأساوي [...] فظيع ومخزٍ، حيث قتلت عصابة من المجرمين والجبناء والبلطجية المثيرين للشفقة مبعوث الأمم المتحدة ومساعده سيرو [...] هذه جريمة شنعاء شديدة الفظاعة لأنها موجهة إلى أعلى مؤسسة إنسانية في عصرنا، الأمم المتحدة [...] وفي الوقت

الذي تتلطى فيه هذه الجريمة خلف ما يسمى بالوطنية، وهذا كذب وفساد ورجس، فإنها اعتداء في الواقع على شرف إسرائيل الفتية، وشرف دولة مستقلة ما تزال تحارب من أجل وجودها؛ وهذا العمل يُلطّخ القدس، المدينة المقدسة، بدماء الأبرياء».[7]

ومن بين المعتقلين، عثرت السلطات على شخصين عُرف أنهما من قادة منظمة شتيرن، وهما فريدمان يلين و[ماتيتياهو] شموليفيتز. وقد مثلا أمام محكمة عسكرية، ولكن ليس بتهمة المشاركة في جريمة الاغتيال، بل بسبب عضويتهما في منظمة إرهابية. وقد اعترفا بمسؤوليتهما عن أنشطة منظمة ليحي، لكنهما نفيا أن تكون لتلك المنظمة أي علاقة بالهجوم، وأنكرا معرفة أي شيء عن منظمة جبهة الوطن (حازيث هاموليديث). وهكذا رأت المحكمة العسكرية أنه لا توجد أدلة تشير إلى أن ليحي أمرت بارتكاب الجريمة. ثمّ حُكم على المتهمين بالسجن ثماني وخمس سنوات على التوالي بتهمة القيام بـ«أنشطة إرهابية»، لكنهما لم يمكثا في السجن سوى أسبوعين. ففي 24 فبراير/ شباط 1949، أُطلق سراحهما في عفو عام عن السجناء السياسيين. وقد أثار هذا الأمر بالطبع دهشة كبيرة في السويد، حيث بدأ الرأي العام بالتساؤل بجدية عن طريقة الإسرائيليين في البحث عن قتلة برنادوت.

بالنسبة إلى القيادة الإسرائيلية، كان العفو جزءًا من عملية المصالحة الوطنية. لقد حان الوقت لتندمل الجراح بعد الأحداث التي كانت تشبه أحياناً الحرب الأهلية. وكانت المعارضة قد استسلمت وخضعت لسلطة الدولة. أما الهدف فلا يزال كما هو، «أرض إسرائيل» ينبغي أن تشمل فلسطين التاريخية بأكملها، على ضفتَي نهر الأردن، لكن الأطراف ستتصارع في المستقبل بـ«أوراق الاقتراع، وليس بالرصاص»، بحسب تعبير زعيم منظمة الأرغون مناحيم بيغن. تحوّلت منظمة الأرغون إلى حزب سياسي، هو حزب حيروت، ثم أصبح اسمه في النهاية الليكود وأصبح بيغن رئيساً للوزراء في عام 1977.

وخلفه [في رئاسة الوزراء] زميله في العمل السرّي سابقاً، زعيم منظمة ليحي إسحاق شامير.

دخل فريدمان يلين السياسة أيضاً، وخاض انتخابات الكنيست، وانتقل مباشرة من السجن إلى البرلمان. واكتُشف لاحقاً أنه كان أحد الأنذال الحقيقيين. كان أحد القادة الثلاثة في منظمة ليحي الذين أصدروا الأمر بالاغتيال. وكان إسحاق شامير أحدهم أيضاً.

عندما نُشرت يوميات بن غوريون في النهاية، اتّضح أنه كان على علم في وقت مبكر– منذ 19 سبتمبر/ أيلول– بأسماء المسؤولين الكبار الثلاثة: «إنهم يبحثون عن كبار الرجال: فريدمان يلين، وإلداد، ويزيرنيتسكي». ثمّ يضيف: «[...] أما المجموعة الخطرة فتضمّ يهوشوا كوهين، بنحاس كوهين، نيهاما كوهين [...] يعتقد إيسر هاريل أنهم الذين ارتكبوا الجريمة»[8].

لم يكن معروفاً آنذاك أن بن غوريون كان على اطلاع تام على الأمر، لكن كان من الصعب بالطبع أن تفرج السلطات عن الزعيمين اللذين اعترفا أمام المحكمة العسكرية بأنهما مسؤولان عن أعمال منظمة ليحي، وكان معروفاً على نطاق واسع أن ليحي هي المسؤولة عن الاعتداء.

في 14 أكتوبر/ تشرين الأول، بُحثت جريمة الاغتيال في مجلس الأمن التابع للأمم المتحدة. ثم طُرح السؤال عن سبب عدم تأمين الإسرائيليين المرافقة الأمنية لموكب برنادوت في اليوم الذي ارتُكبت فيه جريمة الاغتيال. من بين أشياء أخرى، قُرِئَت رسالة من رئيس لجنة الهدنة جون ماكدونالد (وهو غير سفير الولايات المتحدة الأميركية جيمس ماكدونالد الذي سبق ذكره). وفي رسالته المذكورة، يصف ماكدونالد كيف حاول دوف جوزيف الرد على برقية رالف بانش التي اتهم فيها الإسرائيليين بعدم حماية برنادوت. ذكر جوزيف في ردّه أن موظفي الأمم المتحدة رفضوا عروض الإسرائيليين بتوفير المرافقة.

وأوضح قائلاً إنه لو أن السلطات اليهودية تلقت أدنى ملاحظة تشير إلى رغبتهم في الحصول على حماية خاصة، لكانت قد وفرت ذلك بكل سرور. وردَّت لجنة مراقبة الهدنة بالقول: «طالما أن السُلطات اليهودية تدعي أنها تمارس سلطة حكومية في القدس، فإن موظفي الأمم المتحدة سيحمّلونه [جوزيف] شخصياً مع قيادة الجيش الإسرائيلي في القدس المسؤولية عن أعمالٍ نفذها إرهابيون يهود».

قُرئ أيضاً تقريراً كتبه رالف بانش، الذي تحدث بعد ذلك شخصياً. وقد بدأ بقول ما يلي عن فولك برنادوت: «أريد أن أقول أمام هذا الاجتماع إن خادم سلام دولياً عظيماً قد فُقِد عندما سقط الكونت برنادوت برصاص القتلة في القدس في 17 سبتمبر/ أيلول. لقد كان الكونت برنادوت رجلاً نزيهاً ومحايداً ومستقلاً وشجاعاً اندفع بلا هوادة مصمّماً على إنقاذ الأرض المقدسة من محنتها المأساوية».

وأشار بانش إلى أن منظمة شتيرن وجّهت تهديدات لبعثة الأمم المتحدة منذ البداية، وذكر أيضاً كيف ساهمت السُلطات والصحافة الإسرائيلية في نشر عدم الثقة بالوسيط والتشكيك في حياد البعثة. واستشهد بفقرتين من قرار مجلس الأمن الصادر في 19 أغسطس/ آب 1948.

(أ) جميع الأطراف مسؤولة عن الأعمال التي تقوم بها كل من القوات النظامية وغير النظامية العاملة تحت سلطتها أو في الأراضي الخاضعة لسيطرتها.

(ب) تلتزم جميع الأطراف باستخدام جميع الوسائل المتاحة لها لمنع انتهاكات وقف إطلاق النار من قبل الأفراد أو الجماعات الخاضعة لسلطتها أو الموجودة في المنطقة الخاضعة لسيطرتها.

ورداً على الزعم بأن برنادوت كان يعارض الحصول على حراسة مسلحة،

ذكر بانش في تقريره: «كان موقف الكونت برنادوت من الحماية المسلحة خلال زياراته العديدة للمناطق العربية واليهودية واضحاً ومتّسقاً على الدوام، ومفاده أن توفير المرافقين كان أمراً متروكاً بالكامل للسلطات المسؤولة التي يمكنها تقييم إجراءات الحماية اللازمة على أفضل وجه. وهو لم يطلب مرافقة قط، ولكن عندما عُرضت عليه قبلها من دون تعليق».[9] وغالباً ما كان يتم ترتيب مثل هذه المرافقات، في كل من المناطق العربية واليهودية؛ وفي المقر الرئيس في رودس، كان هناك حراس مسلحون على مدار الساعة. من المهم توضيح هذا الأمر، قال بانش، حيث قيل في كثير من الأحيان إن مراقبي الأمم المتحدة لم يرغبوا في الحصول على مرافقة عسكرية يهودية. وأضاف بانش بالقول إن ما اعترض عليه المراقبون هو أنه إذا كان عليهم أن يكونوا دائماً برفقة حرّاس مخصّصين لهم، حراس لن يكونوا متاحين على الدوام، فسيكون عملهم مستحيلاً. هذا هو نوع الحماية التي رفضوها.

وخلص بانش إلى النتيجة الحتمية، وهي أن الأمر يتعلق بإهمال من جانب السُلطات اليهودية المحلية في القدس، وأنه لو اتُّخذ الحدّ الأدنى من الإجراءات الاحترازية، لما كانت الجريمة لتُرتكب ولا كان ارتكابها ممكناً.

كيف سارت خطة السلام بعد ذلك؟ حُدِّدت مهمة برنادوت كوسيط بستة أشهر، وبالتالي كان من المقرّر أن يواصل عمله حتى نهاية نوفمبر/ تشرين الثاني. التأمت الجمعية العامة للأمم المتحدة في باريس طوال فصل الخريف، وكان متوقعاً أن يكافح برنادوت هناك من أجل خطة السلام التي أعدّها متسلحاً بالحماسة المتّقدة نفسها التي سبق أن أظهرها أثناء جهود الوساطة التي بذلها. بالطبع لا نعرف ما إذا كان سينجح، فهناك الكثيرون ممن كانوا يعارضونه، ولكن بعد إبعاده عن الساحة، كان من السهل وضع خطته للسلام على الرف. وقد اتّضح في نهاية المطاف أن اللاعبين جميعاً- باستثناء المملكة المتحدة- لم يكونوا محبذين لتلك الخطة.[10]

أمّا اللافت للنظر فكان معارضة الدول العربية التي رفضت الخطة رفضاً قاطعاً، وزعمت أنه لا يوجد قانون دولي يسمح للدخلاء بإقامة دولة ذات سيادة في بلد أجنبي. وكان في هذه الحجة الكثير من المنطق، ولكن نادراً ما يكون للأخلاق والمبادئ تأثير كبير في لعبة القوة. لم تنشغل الدول العربية كثيراً بمسألة المبادئ، بل اتّسمت معارضتها لخطة السلام بالانشغال بما يجب أن يوجد بدلاً من إسرائيل التي لا ينبغي لها أن توجد. وكانت خطة برنادوت قد أوصت بضرورة دمج الأجزاء المتبقية من فلسطين، والتي لن تكون خاضعة لإسرائيل، في الأردن. في مقابل ذلك، أعلنت جامعة الدول العربية قيام حكومة عموم فلسطين في غزة، واعترفت بها جميع الدول العربية المعنية باستثناء الأردن. لكن حكومة عموم فلسطين كانت عاجزة تماماً، ولم تستطع منع ضمّ الضفة الغربية التي تُشكّل خمس مساحة فلسطين المتبقية للفلسطينيين بعد الحرب، إلى الأردن.

من جهتها، عارضت إسرائيل الخطة لأنها كانت تعطيهم أقل ممّا حصلت عليه بحسب القرار 181 الذي صدر في العام السابق، بالإضافة إلى أنها احتلت عسكرياً مناطق شاسعة خارج الحدود التي رسمتها الخطة. هذا ورفضت الكتلة الشرقية باستمرار قبول أي تعديلات على القرار رقم 181. أما المملكة المتحدة فدافعت عن خطة برنادوت وحصلت في البداية على دعم الولايات المتحدة الأميركية.

بعد أيام قليلة من جريمة الاغتيال، أعلن وزير الخارجية [الأميركي] مارشال أن الخطة سليمة، وأوصى بشدّة بأن تتبناها الأطراف والجمعية العامة بكاملها. لكن الانتخابات الرئاسية كانت على الأبواب، وكانت مجموعات الضغط والعديد من الناخبين المحتملين منحازين إلى الجانب اليهودي بالكامل. مرَّ الوقت، وطُرحت القضية الفلسطينية هنا وهناك في الجمعية العامة. وأرسل الوفد السويدي في الأمم المتحدة تقريراً إلى وزارة الخارجية

مفاده أن معالجة القضية الفلسطينية كانت بمثابة فضيحة. وورد في التقرير أن «الكل يعرف أن سبب هذا التردد والإهمال هو الانتخابات الأميركية. وأن الوفد الأميركي يقف خلف كلّ قرارٍ بالتأجيل وإجراء التحقيقات؛ لكن يبدو أن أعضاء ذلك الوفد غير سعداء مثلنا جميعاً».[11] ثمّ، وقبل ستة أيام من الانتخابات الرئاسية، ألقى الرئيس الحالي ترومان خطاباً قلّل بشكل نهائي من أهمية خطة السلام. وأكد ترومان دعمه القوي لإسرائيل، كما أكّد أيضاً على دعم الولايات المتحدة الأميركية للقرار 181، ورفض أي تعديلات لا توافق عليها إسرائيل.

هذا، ولم يكن تغيير الحدود أمراً غريباً عن سلوك إسرائيل. فبعد فترة من جريمة الاغتيال، التزمتْ إسرائيل الصمت- كان هناك اعتقاد على نطاق واسع في جميع أنحاء العالم بأن الحكومة مسؤولة جزئياً عن عملية الاغتيال- ولكن الجيش [الإسرائيلي] شنّ في أكتوبر/ تشرين الأول هجوماً جديداً. وبذلك خرقت إسرائيل علانية اتفاق الهدنة الذي أمر به مجلس الأمن، ولكن لم يتسبب ذلك الخرق في حدوث أي ردّ فعل شديد. كان الإسرائيليون آنذاك متفوقين تماماً، ليس أقله من خلال الإمداد الكثيف بالأسلحة من الكتلة الشرقية، وهو الأمر الذي مكّنهم من سحق كل مقاومة واجهتهم. وفي عام 1949، ثُبّتت الحدود في اتفاقيات الهدنة التي قاد جهود التوصّل إليها رالف بانش. وعندما تمّ التوقيع على الاتفاقات، كانت إسرائيل قد استحوذت على 77 بالمائة من أرض فلسطين الواقعة غرب نهر الأردن، وذلك بدلاً من 54 بالمائة المنصوص عليها في القرار رقم 181. وأُخضعت الضفة الغربية ونصف القدس لسلطة الأردن، في حين ذهبت غزة إلى مصر. وبقي الحال على هذا النحو حتى عام 1967، عندما احتل الجيش الإسرائيلي الأجزاء المتبقية.

أصبح الالتزام الوارد في خطة السلام تجاه اللاجئين الفلسطينيين هو الجزء الوحيد الذي أدى إلى صدور قرار ملموس عن الأمم المتحدة. ففي ديسمبر/

كانون الأول 1948، اعتمدت الجمعية العامة قراراً بُني على أساس تقرير برنادوت. ثبّت ذلك القرار حقاً غير مشروط للاجئين في العودة واستعادة ممتلكاتهم المفقودة، أو- إذا فضلوا ذلك- البقاء في أماكنهم والحصول على تعويض مالي كامل.

لم يُسمح للاجئين بالعودة قط. وضغطت الولايات المتحدة الأميركية على إسرائيل بشدّة لبعض الوقت للسماح لبعضهم على الأقل بالعودة، لكن لم يؤدِّ ذلك إلى أي نتيجة. وقد زعمت إسرائيل أن الاتفاق على العودة سيكون جزءًا من اتفاق سلام شامل، والذي لا يمكن التوصل إليه لأن الدول العربية ترفض الاعتراف بوجود إسرائيل. وبالتالي، ستُعالج القضية برمتها، بما في ذلك قضية التعويض عن الممتلكات المفقودة، في مستقبل غير محدد. وهكذا تحوّلت الخيم في المخيمات التي يعيش فيها ثلاثة أرباع مليون شخص غير مرغوب فيهم إلى مساكن دائمة شكّلت تجمّعات سكنية موحلة. ولا يزال هؤلاء موجودين حتى اليوم حيث هم، ويبلغ عدد اللاجئين والأجيال التالية منهم الآن أربعة ملايين ونصف مليون شخص.

لا يزال من الممكن المجادلة بأن القرار 181 هو النتيجة الأكثر ديمومة لمهمة برنادوت في فلسطين. صحيح أن اللاجئين لم يحصلوا بعد على الحق المنصوص عليه في ذلك القرار بعد مرور [أكثر من] 60 عاماً، لكنه لا يزال ساري المفعول، وهو موجود في خلفية جميع مفاوضات السلام. وهكذا، فإن الفصل الأخير في تاريخ القرار الخاص بقضية اللاجئين، الذي صدر في ديسمبر/ كانون الأول 1948 لم يُكتب بعد.

في الوقت الذي دُفنت فيه خطة برنادوت للسلام، توجّه رجل إلى القاهرة، وشرع في تأمّل ما حدث بالفعل عندما قُتل الكونت.

11

شبهات بغيضة

«... لقد خلق مسؤولية مشتركة وواضحة عن جريمة الاغتيال»

نظراً إلى أن السويد- مثلها مثل معظم الدول الأخرى- لم تكن قد أقامت بعد علاقات دبلوماسية مع إسرائيل، فقد تولّت البعثة السويدية في القاهرة، من خلال المبعوث ڤيدار باغّي، مسؤولية التمثيل الرسمي للسويد في إسرائيل.

حصل ڤيدار باغّي على شهادة في القانون في ستوكهولم عام 1914، ثم بدأ مسيرته الدبلوماسية التي قادته إلى سلسلة طويلة من العواصم حول العالم. وخلال الحرب العالمية الثانية، كان سفيراً للسويد في اليابان. وهناك انخرط في محاولة عقد صفقة مشابهة لتلك التي دخل فيها ڤولك برنادوت عندما حاول هيملر أن يعقد- من وراء ظهر هتلر- اتفاق سلام منفصلاً مع القوى الغربية. استدرج وزير الخارجية [الياباني] مامورو شيغميتسو [السفير] باغّي، وأراد منه أن يرسل إشارة جسّ نبض حول السلام إلى الولايات المتحدة الأميركية، لكن المبادرة دُفنت في مهدها.

بعد الحرب، انتقل باغّي إلى القاهرة. وهناك وقع في حب يولاند هارمر؛ وهي جاسوسة إسرائيلية ناجحة، يُطلق عليها أحياناً اسم ماتا هاري الإسرائيلية. وقد جمعَتِ الجاسوسة المذكورة معلومات قيمة عن مصر، العدو

191

اللدود لإسرائيل، وذلك قبل اعتقالها في يوليو/ تموز 1948. ولكنها كانت قد نجحت- قبل ذلك- في تغيير وجهات نظر ڤيدار باغّي حول الصهيونية. «لقد اعتاد أن يكون غير مبالٍ بقضيتنا، ولكنه أصبح الآن صهيونياً متحمساً»، حسبما ورد في تقرير إلى تل أبيب. لكن جريمة اغتيال برنادوت أطفأت حماسته [للصهيونية] مرة أخرى.

بعد مرور أسبوعين على جريمة الاغتيال، تلقى باغّي زيارة أربكته للغاية. كان القنصل البلجيكي العام جان نيوينهويس قد وصل إلى العاصمة المصرية في زيارة مفاجئة. وهو كرئيس للجنة مراقبة الهدنة التابعة للأمم المتحدة كان لديه، بالطبع، اطّلاع عميق على ما كان يحدث في القدس.

ناقش الصديقان جريمة اغتيال برنادوت. وكان في اعتقاد نيوينهويس أن برنادوت أُزيح من الطريق لأنه كان عقبة أمام تحقيق واحدة من أثمن خطط اليهود: تحويل القدس إلى مدينة يهودية بالكامل وجعلها عاصمة لإسرائيل. وكانت فكرة برنادوت المتعلقة باتّخاذ «مقرّ الحكومة» مقراً له ستتسبب في إفشال خطط الإسرائيليين الجديدة. فمن ناحية، يُعتبر ذلك المرتفع- جبل المكبر- حيث يقع المبنى، ذا أهمية استراتيجية كبرى. ومن ناحية أخرى، فإن مجرد وجود الوسيط في القدس سيجعل من المستحيل تقريباً بالنسبة إليهم الاستيلاء على المدينة.

ثم سأل باغّي نيوينهويس عما إذا كان يعتقد أن جريمة الاغتيال كان مخططاً لها، أو مصرحاً بها من قبل السلطات الإسرائيلية. يمكن للمرء أن يتساءل، أجاب الأخير. «من جانبه، كان مقتنعاً بأن القادة كانوا على علم بأن محاولة اغتيال قد خُطّط لها، وعلى الرغم من هذه المعرفة تركوا الأمور تسير في طريقها. كان فشل السلطات الإسرائيلية في اتخاذ إجراءات لحماية برنادوت واضحاً، لدرجة أنه خلق مسؤولية مشتركة واضحة في جريمة الاغتيال».

وتأييداً لوجهة نظره، ذكر السيد نيوينهويس عدة عوامل.

لم يكن موقع الهجوم يبعد سوى مائتي متر فقط من مقر منظمة شتيرن، ومع ذلك سُمح لبرنادوت بالمرور من دون أي حراسة. كان العرب يوفّرون على الدوام حراسة أمنية ترافق الوسيط خلال تنقله في أراضيهم، وكذلك فعل اليهود خلال الهدنة الأولى، أي حتى 8 يوليو/ تموز. أما الآن فقد أُلغيت تلك الحماية من دون مبرر خاص. عندما غادر نيوينهويس، كتب باغّي تقريراً إلى وزارة الخارجية حول شكوك البلجيكي.[1]

كان وزير خارجية السويد في ذلك الوقت هو أوستن أوندين، وكان إحدى الشخصيات الرئيسة في هذه المسألة.

كان أوندين المهندس الرئيس لسياسة الحياد التي انتهجناها خلال فترة الحرب الباردة، وذلك حين حاولت السويد الابتعاد عن التحالفات العسكرية. وقد تولى منصب وزير الخارجية عام 1945 في الحكومة الاشتراكية الديمقراطية التي خلفت الحكومة الائتلافية التي حكمت في سنوات الحرب. ومكث في منصبه لمدة 17 عاماً، وفي النهاية صنع لنفسه اسماً دولياً كبير في القانون الدولي.

درس أوندين القانون والعلوم الإنسانية في جامعة لوند، حيث أصبح عضواً في جمعية الطلاب الراديكاليين، وكان عضواً أيضاً في الفرع المحلي للحزب الاشتراكي الديمقراطي في المدينة. ثمّ حصل على الدكتوراه في القانون وعُيِّن أستاذاً للقانون المدني. وفي عام 1917 المضطرب، عندما سُمح لحكومة المحافظين التي كان يرأسها هيلمار همرشولد بالاستقالة، أصبح أوندين وزيراً للدولة، وكان الأصغر سناً في ذلك الوقت، في حكومة تحالف الليبراليين والاشتراكيين الديمقراطيين بقيادة نيلس إيدن.

شغل أوندين منصب وزير الخارجية لأول مرة من 1924 إلى 1926، لكنه

ظلَّ خارج الحكومة الائتلافية خلال الحرب العالمية الثانية. وكان ينتقد بشدة سياسة المحاباة السويدية للنازيين، ولم يكن بالتأكيد أحد أولئك الذين كانوا مستعدين للانضمام إلى «أوروبا الجديدة تحت قيادة ألمانية».(2)

في 14 أكتوبر/ تشرين الأول 1948 زار موشيه شاريت أوندين في باريس وذلك لأن الإسرائيليين أدركوا أن عليهم أن يشرحوا موقفهم بطريقة ما للسويديين. بدأ أوندين المحادثة بانتقاد الحكومة [الإسرائيلية] المؤقتة لافتقارها إلى التدابير الوقائية، كما أثار الحقائق المزعجة التي تحدث عنها باغّي. وذكر أيضاً أن السلطات لم تتدخل بحزمٍ كافٍ ضد الإرهابيين الذين هددوا برنادوت.

ردَّ شاريت بأنه أتى لمناقشة ذلك بالضبط. وقال إن حكومته صُدمت بشدّة بسبب ما حدث، وإنه لا يريد أن ينكر أنهم يتحملون مسؤولية معينة. وقال إنهم أرادوا في الأصل توفير حراسة أمنية لموظفي الأمم المتحدة في فلسطين، لكن هذا العرض رُفض لأن الموظفين لم يرغبوا في إعطاء الانطباع بأنهم يخضعون للمراقبة من قبل اليهود. أما بالنسبة إلى الإرهابيين، فقد استودع شاريت محدثه سرّاً بأنه كان هناك خلاف داخل الحكومة. وأضاف أنه هو وآخرين كانوا قد طالبوا قبل أسبوعين(3) من جريمة الاغتيال بمهاجمة الإرهابيين على الفور، لكن الغالبية أرادت تأجيل الهجوم حتى يتمّ من دون عنف إن أمكن. وانتهت مدّة التأجيل في اليوم التالي لعملية الاغتيال، وحقق الهجوم على الإرهابيين نجاحاً كبيراً، حيث استسلم عدد كبير من أعضاء الجماعات السريّة طواعية وسلّموا أسلحتهم للسلطات.

شكّك القنصل العام ثيدار باغّي في تأكيدات الحكومة الإسرائيلية حول مدى صدمتها وفزعها من الاعتداء. وفي اليوم قبل الأخير من العام المصيري 1948، كتب رسالة جديدة إلى سفين دالمان في وزارة الخارجية، وشكا من أن

الحكومة السويدية أبدت القليل من الاهتمام بمطالبة الإسرائيليين بمعلومات حول ما فعلوه لتعقب قتلة برنادوت ومحاسبتهم. فالجريمة مسَّت العائلة المالكة السويدية، ولا يمكن الشك في أن مصلحة الشعب السويدي تقتضي اتخاذ ردّ فعل قوي. وقال باغّي إن هناك ما يبرّر الإثبات بقوّة بأن هذه المسألة ذات أهمية بالغة وخطيرة بالنسبة إلى السويد. ولا يمكن للمرء أن يركن إلى «الاهتمام الأفلاطوني العابر» الذي أظهرته الأمم المتحدة حول هذه المسألة.

بعد الاغتيال مباشرة، عرض القنصل العام [باغّي] السفر إلى القدس للمساعدة في التحقيق، لكن لم يُستجب لطلبه. ومع ذلك، فقد عمل بمفرده، واتصل بأعضاء في الحكومة الإسرائيلية وشرح لهم الانطباع الذي تركته الجريمة لدى السويديين. وبيّن لهم أنه من أجل مصلحتهم الخاصة يجب عليهم تقديم تقرير عن التحقيقات التي طالبت بها الأمم المتحدة مراراً وتكراراً. كان الإسرائيليون متفهمين للغاية، ووعدوا بتصحيح الأمور، لكن لم يحدث شيء من ذلك. وخلص باغّي إلى أن الأمر برمته قد أُهمل تماماً، وأشار إلى أن هروب أعضاء منظمة شتيرن من سجن يافا من أشدّ الفضائح التي يمكن تخيلها.

أصبح من الضروري آنذاك المطالبة بجدية بإجراء تحقيق مناسب، وهو ما كان ينبغي إجراؤه على الفور، ولكن أن يحدث التحقيق متأخراً أفضل من عدم حدوثه. كرّر باغّي عرضه لتقديم المطالب واستجابت الحكومة [السويدية] هذه المرة.[4]

أُرسل باغّي إلى إسرائيل في فبراير/شباط 1949 لمباشرة مساعيه الديبلوماسية. وفي القدس، نزل في فندق الملك داوود. وهناك في الردهة، لفت أحدهم انتباهه إلى وجود شخص معيّن بين عدد من الضباط الإسرائيليين، ولم يكن ذلك الشخص سوى النقيب هيلمان الذي رافق الموكب ليلة جريمة الاغتيال.

اقترب باغّي من هيلمان بحذر وبدأ بمحادثته. أراد أن يسمع منه كيف جرى كل شيء، ولم يكن من الصعب إجراء مقابلة مع هيلمان. وقد أشار باغّي [في حديثه مع هيلمان] إلى أن عدة مئات من أعضاء منظمة شتيرن سُجنوا، وتساءل عمّا إذا كان هيلمان موجوداً وتفحّصهم. وهل أمكنه التعرف على أحدهم. لكن هيلمان لم يفعل ذلك. «ألم يُطلب منك الحضور لمواجهة المعتقلين؟»، سأله باغّي، فأجاب هيلمان بالنفي، ولكن باغّي أدرك لحظتها أن هيلمان بدا منزعجاً، فقد فضح نفسه.

استمع مسؤول في وزارة الخارجية الإسرائيلية يدعى جودا غولان إلى المحادثة. وبعد لحظات، عندما افترق الثلاثة، رأى باغّي كيف أمسك غولان بهيلمان و«تحدث إليه مع إيماءات وحركات قوية، وعلى ما يبدو بكلمات قاسية. بدا هيلمان محمرّ الوجه وغير سعيد».

واصل باغّي مقابلة هيلمان الذي كان متعاوناً للغاية. وقد حصل باغّي على خريطة مفصلة، وسلكا معاً الطريق نفسها التي سلكها موكب وسيط الأمم المتحدة. وفي أثناء ذلك، حدّد هيلمان على الخريطة الموضعَ حيث قال إنه شاهد سيارة دوف جوزيف، وهو بالتحديد خارج مكتب مساعد الحاكم العسكري. ويقع هذا المبنى في موضع بعيد تماماً عن مسرح الجريمة. كان هيلمان آنذاك مع آخرين في السيارة الأولى، وفي اليوم التالي للجريمة، قالوا في شهادة مكتوبة إنهم التقوا جوزيف قبل وصولهم إلى مكان الجريمة مباشرة، وإنه كان يقود عربة مصفحة. لكن هيلمان يدّعي الآن أنها كانت سيارة كبيرة عادية وليست عربة مصفحة. «بشكل عام، كان هيلمان حريصاً بشكل لافت للنظر، وبطريقة شبه مريبة، على التأكيد على أن الدكتور جوزيف لم يُشاهَد على الطريق وهو يقود سيارته، وأن المكان الذي شوهد فيه لم يكن قريباً على الإطلاق من مسرح الجريمة، بل هو في الحقيقة بعيد جداً من المكان». [5]

في تل أبيب، التقى باغّي أولاً موشيه شاريت، وفي اليوم التالي التقى بن غوريون. وكلاهما كانا ودودين ومُرحّبين للغاية. لقد تفهّما جيداً غضب السويديين. وقالا إن تقريراً حول التحريات يجري إعداده، ووعد بن غوريون رسمياً بمواصلة التحريات حتى النهاية.

استخدم باغّي كلمات قاسية. فالتحريات لم تؤدِّ إلى أي نتائج، ولم يُقدّم أي تقرير. وخلص [باغّي] إلى أن حملات الكراهية ضد الوسيط هي التي مهّدت بشكل مباشر للجريمة. ولا يمكن للحكومة المؤقتة أن تكون غير مدركة لذلك. وبالتالي، كانت لديها كل الأسباب التي تدعوها إلى تأمين مرافقة أمنية ملائمة للوسيط. أما هيلمان الذي رأى القتلة، فلم يواجه المعتقلين. هذا وقد بدأت التحقيقات بعد يوم واحد فقط من جريمة الاغتيال. «أخيراً، تذكرتُ بهدوء الحادثة المذهلة، عندما استولى نحو مائتين من إرهابيي شتيرن المحتجزين في سجن يافا على بنادق الحراس، ثمّ خرجوا من السجن وذهبوا إلى تل أبيب ليعودوا لاحقاً بطلب من السلطات؛ وبدا وكأن الذين عادوا كانوا نحو عشرين».[6]

«كل هذه الظروف - قلتُ - ساهمت في تكوين انطباع بأن بعض السلطات الحكومية الإسرائيلية نفسها ربما كانت متورطة في الأمر، وبالتالي فضلت أن ينجو الجناة بفعلتهم. وأشرتُ إلى أن هذا الانطباع تعززه الأنباء الأخيرة التي تفيد بأن فريدمان يلين والمقرب منه شموليفيتز قد حصلا على عفو وأُطلق سراحهما. بدا لي أن هذا الظرف ذو مغزى بالغ الخطورة، والذي سوف يدفع حكومة إسرائيل حتماً إلى المرور بأيام حرجة جداً، حتى لا أقول شائنة. لأنه لا يمكن أن يكون هناك شك - نظراً إلى أن أعضاء منظمة شتيرن هم، عموماً، الذين ارتكبوا جريمة القتل - في أن يلين كان على علم بالخطط، وهو بالتالي مشارك في المسؤولية. لقد أُطلق سراح هذا الرجل على الرغم من حقيقة أن الجناة الحقيقيين لا يمكن اعتقالهم ومعاقبتهم!».

أخيراً، أَسِفَ باغّي لاضطراره إلى استخدام مثل هذه الكلمات القاسية. فالسويديون من سُلالة هادئة وعقلانية، ولا ينفجرون غضباً بسهولة. لكن هذا لا يعني أنهم غير مبالين.

دافع الوزير ورئيس الوزراء عن نفسيهما بالقول إنه كانت هناك حرب، وإن الكثير من الأمور لم تجرِ كما ينبغي. ولم يكن بالإمكان الاعتماد على سلطات إنفاذ القانون. ومن أجل شنّ غارة فعّالة على الجناة، كانت هناك حاجة إلى قوات عسكرية كبيرة، في حين كانت الحاجة ملحّة إلى تلك القوات في أماكن أخرى. ويرجع سبب عدم تقديم أي تقرير عن التحقيقات إلى حقيقة أن الحكومة كانت ببساطة محرجة من النتيجة الهزيلة [التي توصل إليها التحقيق]. وأوضحا أيضاً أن العفو عن السجناء غير المتهمين مباشرة بالجريمة كان ضرورياً لأسباب تتعلق بالسياسة الداخلية.

في ختام زيارته إلى تل أبيب، تبيّن لباغّي بوضوح أن الإسرائيليين أوقفوا التحريات اعتقاداً منهم أن القضية يمكن أن تُدفن ويلفها النسيان. وشعر القنصل العام بالسرور لأنه ساهم بنشاط كبير في إخراجهم من هذا الوهم.

ولم تقلل الاجتماعات من شكوك باغّي. «من ناحيتي، لم أذهب بعيداً من قبل قطّ، ولن أفعل ذلك الآن فأزعم أن الحكومة أو أياً من القادة قد يكون وراء الجريمة نفسها. لكن، لا أستطيع التحرّر من فكرة أنه لا بدّ من إحساسهم آنذاك بوجود شيء ما يجري الإعداد له. ولا يبدو لي أنّه من المستبعد تماماً أن تكون بعض السلطات الفرعية [وهنا يقصد باغّي بالطبع الإشارة إلى دوف جوزيف ووجوده الغامض في مسرح الجريمة-المؤلف] متورطة بشكل مباشر، بينما تظاهر الشخص المعني الأعلى رتبة بعدم وجود ما يريب وترك الأمور تأخذ مجراها».

من ناحية أخرى، وفقاً لشهادة أميتسور إيلان في الأرشيف الإسرائيلي،

كان لزيارته تأثير مهدئ على الإسرائيليين. ويبدو أنهم فهموا أن الحكومة السويدية كانت تسعى إلى تهدئة الرأي العام المحلي وليس الضغط على الإسرائيليين. وهكذا، أصبحت المسألة تتعلق الآن بإعداد تقرير يمكن أن يرضي السويديين.

ربما توصلوا إلى هذا الاستنتاج بعد سماع القضية الثانية التي كان على ڤيدار باغّي أن يطرحها.

بعد إعلان إسرائيل استقلالها مباشرة، اعترف بها كلّ من الاتحاد السوفييتي والولايات المتحدة الأميركية، ولكن لم يعترف بها الكثير من الدول. وفي أوائل عام 1949، بعد أن بدأت إسرائيل في إبرام اتفاقات هدنة مع أعدائها، الواحد تلو الآخر، وبعد أن سيطرت على منطقة خاضعة لسلطتها، ارتبط معها العديد من الدول بعلاقات دبلوماسية. ثمّ بدأت الصحف السويدية بالإشارة بشكل متزايد إلى وجوب الاعتراف بإسرائيل، ولم يكن قد تمّ التطرق آنذاك إلى قضية برنادوت في هذا السياق. لم يكن الجمهور السويدي على اطلاع على كيفية تعامل الإسرائيليين المؤسف مع التحقيقات حول الجريمة. وفي اجتماع لوزراء خارجية دول الشمال الأوروبي في أوسلو في 28 يناير/ كانون الثاني 1949، ذُكر أن الحكومات الاسكندنافية الأربع تعتزم الاعتراف [بإسرائيل] «بحكم الواقع».

الاعتراف «بحكم الواقع» يعتبر مؤقتاً بخلاف الاعتراف «بحكم القانون». ففي الصيغة الأولى لا يُصار إلى إنشاء السفارات وتبادل الممثلين الدبلوماسيين، لكن يصبح من المسلم به أن الحكومة الراهنة [المعترف بها] شرعية، وهناك علاقات رسمية معها. ولعل اختيار الدول الأربع لهذا الاعتراف المؤقت يعود في الحقيقة إلى أن الوضع في فلسطين كان لا يزال غير واضح تماماً. كما أن تأخر الاعتراف «بحكم القانون»، في حالة السويد على أي حال، كان بسبب سوء

إجراء التحقيق في جريمة اغتيال فولك برنادوت.

عندما قدّم باغّي [للإسرائيليين] انتقاداته اللاذعة، أعلن في الوقت نفسه أن السويد قرّرت الآن الاعتراف بإسرائيل «بحكم الواقع». و«يبدو أن هذا كان بمثابة مفاجأة كاملة لشيرتوك، الذي أعرب بسرور واضح عن تقديره لذلك، وقال إنه يقدّر - قبل كل شيء - حقيقة أنه تم الاعتراف من دون أي شروط أو تحفظات في ما يتعلق بقضية برنادوت المؤسفة».

علم الجمهور بنتائج زيارة باغّي لتل أبيب من خلال بيان صحفي صادر عن وزارة الخارجية السويدية في 29 مارس/ آذار. وهنا قيلت الأمور بصراحة:

«في 16 فبراير/ شباط، استقبل وزير الخارجية شيرتوك [شاريت] المبعوث باغّي، وفي اليوم التالي استقبله رئيس الوزراء بن غوريون. وعبر باغّي بقوّة عن خيبة الأمل الكبيرة والمفاجأة التي شعر بها الجانب السويدي من أن التحقيقات مع قتلة برنادوت أجريت على ما يبدو بقدر ضئيل من الحماسة، ولم تتحقق أي نتيجة. ولم يُسلّم أي تقرير على الإطلاق. وأشار [باغّي] إلى الدعاية الشرسة ضد برنادوت قبل ارتكاب جريمة الاغتيال، والتي أوحت بشكل مباشر بارتكاب الجريمة، وأكد أن الحكومة اليهودية - التي لم تكن على علم بذلك - كانت لديها كل الأسباب التي تدعوها إلى تأمين حراسة أمنية خلال رحلات برنادوت داخل الأراضي اليهودية».

كان لدى إسرائيل كل الأسباب التي تدعوها إلى عدم إساءة إدارة علاقاتها الدولية. وكانت قد تقدمت بطلب عضوية في الأمم المتحدة؛ ولكي يتم قبولها، كان يتوجب عليها الحصول على موافقة أغلبية ثلثي الدول الأعضاء في الجمعية العامة.

بُحث طلب إسرائيل في البداية في مجلس الأمن الذي أصدر في 7 مارس/ آذار توصية إلى الجمعية العامة بقبول الطلب. ما هو الموقف الذي ستتخذه

السويد الآن؟ نوقش الموضوع في اجتماع لجنة الشؤون الخارجية في 22 مارس/ آذار (لجنة الشؤون الخارجية هي هيئة للتشاور بين الحكومة والمعارضة، ويتوجب على الحكومة أن لا تتخذ قرارات مهمة في السياسة الخارجية من دون استشارة هذه اللجنة).

عرض أوستن أوندين القضية. وقال إن السويد- مثل عدد كبير من البلدان الأخرى- قد اعترفت الآن بإسرائيل «بحكم الواقع». ورأى أوندين أن التصويت على انضمام إسرائيل يعني تماماً الاعتراف بها «بحكم القانون». وأضاف قائلاً إن: «من الواضح أن السويد ستصوت لصالح انضمام إسرائيل إلى الأمم المتحدة».

وقد واجه معارضة شديدة من بعض أعضاء اللجنة، مثل هارالد أوكربيرغ، على سبيل المثال، وهو أيضاً اشتراكي ديمقراطي. «هل يمكننا حقاً الاعتراف بإسرائيل من دون الحصول على توضيحات بشأن برنادوت؟ سعت إسرائيل الى التملص من مسؤولياتها، والأيام تمر، ولا شيء يحدث، ولم يُطلب إنزال أي عقاب. ليس مهماً إذا كنا آخر من يعترف؛ هذه مسألة قانونية».

قال أوندين إن مسألة الاعتراف لا يمكن ربطها بقضية برنادوت. وشدّد على أن الاعتراف أمر يتعلق بالقانون الدولي، ويتعلق بها إذا كانت الحكومة تسيطر على أراضيها. كانت الحكومة قد أحدثت تأثيراً قوياً خلال زيارة باغّي لتل أبيب. قال وزير الخارجية: «ستقدم إسرائيل بالتأكيد الاعتذار للعالم الخارجي، وستسعى إلى إرضاء السويد. ومن الصعب التنبؤ بما يمكن أن يحدث بالإضافة إلى ذلك». ومع ذلك، أصرّ أعضاء اللجنة الناقدون على التمسّك بآرائهم؛ مما أثار إعجاب أوندين. ثمّ أبرقت وزارة الخارجية إلى بعثة السويد لدى الأمم المتحدة طالبة الامتناع عن التصويت عند التصويت على انضمام إسرائيل (في الواقع وردت كلمة «فلسطين» في البرقية) على أساس

أن وجهة نظر الحكومة هي أن التصويت بنعم هو نفسه الاعتراف «بحكم القانون»، وهو الأمر الذي لم تكن السويد مستعدة له لأسباب مختلفة. وسيُعلن، في الوقت نفسه، أن السويد لم تتلقَّ بعد أي تقرير من إسرائيل حول سير التحقيقات في جريمة الاغتيال.[7]

لم يمرّ تأويل أوندين بأن التصويت بنعم يساوي الاعتراف «بحكم القانون» من دون منازعة. بل كان لدى العديد من الخبراء ورجال الحكم رأي مختلف، بما في ذلك الحكومة النرويجية التي صوتت لصالح الانضمام، ولكنها أمضت بعد ذلك عاماً كاملاً لإقامة علاقات دبلوماسية [مع إسرائيل] بانتظار أن تقوم السويد بذلك أولاً. كانت هناك أيضاً أسباب أخرى لعدم الاعتراف الكامل. لم تكن الحرب قد انتهت بعد، ومفاوضات الهدنة لا تزال مستمرة، وحدود إسرائيل لم تُرسم ولم يُعترف بها. ولم تمتثل إسرائيل لقرار الجمعية العامة رقم 194 الذي طالب بعودة اللاجئين، ولم توافق على إخضاع القدس لسيطرة الأمم المتحدة؛ وكل هذا جعل حتى الدانمارك والنرويج ترددان في التصويت لصالح الانضمام (على الرغم من أن النرويج فعلت ذلك في النهاية).

في 13 أبريل/ نيسان، صوّتت الجمعية العامة على إدراج طلب إسرائيل بالانضمام على جدول الأعمال. صوتت السويد لصالح إدراج الطلب، ولكنها أعلنت في الوقت نفسه أنها ستمتنع عن التصويت على الانضمام الفعلي، وأدلت ببيان حادّ حول خيبة أملها لعدم تلقيها أي تقرير حول التحقيقات في جريمة اغتيال برنادوت.[8]

في 2 مايو/ أيار، جاء التقرير المطلوب. سُلّم إلى مجلس الأمن التابع للأمم المتحدة الذي طالب به مرات عديدة، وتلقت الحكومة السويدية نسخة منه مرفقة برسالة من موشيه شاريت.[9]

وقد أعرب وزير الخارجية [الإسرائيلي] عن أسفه العميق لأن السنة الأولى

من وجود إسرائيل كدولة مستقلة قد شابها اغتيال سياسي جبان، ولأن الضحية هو أحد أبرز أبناء الشعب السويدي، والّذي كان مكلفاً بمهمة دولية رفيعة. وقال إن السبب في عدم حصول برنادوت على أي حماية هو أن برنادوت كان لديه رأي بأن المرافقة غير ضرورية، لذلك لم يُردها.

مع الأسف الشديد، لا بد من الإشارة إلى أنه على الرغم من الجهود الحثيثة لكشف الجناة وتقديمهم للعدالة، إلا أن النتيجة كانت سلبية حتى الآن. لكن كانت هناك ظروف لا يمكن للمرء أن يتجاهلها.

لم يُتح الوقت الكافي للشرطة لتصبح منظمة بشكل جيد بحيث يمكنها التعامل بسرعة وكفاءة مع مثل هذه الجريمة الكبرى. كانت الحرب لا تزال مستمرة رغم إعلان وقف إطلاق النار، وكانت مدينة القدس نفسها ساحة معركة. وكانت الجماعات المسلحة التي ألقت أسلحتها في بقية أنحاء البلاد لا تزال تعمل في القدس؛ على الرغم من سلطة دولة إسرائيل. وخلال الأسبوع الذي سبق ارتكاب الجريمة، كانت الحكومة قد أصدرت إنذاراً أخيراً: ألقوا أسلحتكم أو سننهيكم بالقوة! كان من الممكن أن تكون النتيجة حرباً أهلية في خضم الأعمال العدائية المستمرة مع العدو الخارجي، وبسبب هذا الخطر مُدّد الإنذار الأخير لمدة أسبوع في محاولة لإقناع الجماعات المسلحة بالاستسلام طواعية. وبعد جريمة الاغتيال مباشرة، نُفِّذ ما يترتب على ذلك من تفكيك لتلك المجموعات بالكامل.

إن عدم قدرة السلطات على القبض على القتلة يعود بشكل رئيس إلى ظرفين. جزئياً بسبب التماسك القوي داخل المجموعة الصغيرة التي نفذت الاغتيال، وجزئياً بسبب عدم وجود أدلة.

وجاء في التقرير أيضاً أن منظمة جبهة الوطن (هازيث هاموليديث)– التي أعلنت مسؤوليتها عن الجريمة– كانت مكوّنة على الأرجح من أفراد من محيط

منظمة شتيرن. وأن السبب في عدم حصول الوسيط على أي حماية هو موقفه المتمثل في أن المرافقة المسلحة غير ضرورية وغير مرغوب فيها.

وفور شيوع نبأ الاغتيال هاجمت الحكومة منظمة شتيرن، واعتقلت أعضاءها وصادرت أسلحة وذخائر. وفي القدس اعتُقل 184 شخصاً و82 في تل أبيب وباقي أنحاء البلاد. وكان الأمل هو أن يوفر ذلك أدلة كافية ضد الجناة، وأن يمنع وقوع هجمات إرهابية جديدة. وكان من بين المعتقلين شخصيتان بارزتان هما فريدمان يلين وشموليفيتز. ومع ذلك، وعلى الرغم من التحقيقات المكثفة، لم تتمكن السلطات من الحصول على أدلة كافية لتوجيه تهمة القتل المتعمّد.

هذا ما جاء في التقرير الإسرائيلي. ما هي التحقيقات التي أجريت بعد ذلك؟ لا يذكر التقرير شيئاً تقريباً عن الموضوع. أُدرج اقتباس لا معنى له منسوب إلى الشاهد الرئيس، أوغيه لوندستروم، الذي نشر بالفعل في اليوم التالي للجريمة رواية أشمل بكثير. ووردت – بالإضافة إلى ذلك – خمسة أسطر تقول إن الشرطة استجوبت خمسة أطفال كانوا إما شهود عيان على الفعل، أو شاهدوا القتلة قبل وقوع جريمة القتل، لكن وصفهم كان متناقضاً لدرجة أنهم لم يُستخدموا حتى كأساس للمواجهة.

هذا كل ما ورد حول التحقيقات المكثفة.

وجدت المحكمة العسكرية التي حققت مع شموليفيتز ويلين مور أنه لا يوجد دليل مباشر في القضية؛ كل الأدلة كانت غير مباشرة. ورأت – علاوة على ذلك – أنه لا يمكن الإثبات بها لا يدع مجالاً للشك، بأن جريمة الاغتيال ارتكبت بناء على أوامر من منظمة ليحي.

قبلت الحكومة الإسرائيلية رأي المحكمة، ولكنها أرادت أن تضيف أن التحقيقات استمرت على الرغم من النقص الشديد في الأدلة.

إذا كان الإسرائيليون قد اعتقدوا أن التقرير هو المطلوب لدفن قضية برنادوت، فقد أخطأوا. وذلك لأن سِفِن غرافستروم الذي أصبح آنذاك سفير السويد لدى الأمم المتحدة أبرق إلى الحكومة قائلاً إن التقرير المتداول في دوائر الأمم المتحدة اعتُبر مستنداً ضعيفاً، مما زاد من سوء موقف حكومة تل أبيب في هذه القضية، وإن وفد السويد لدى الأمم المتحدة صرّح رسمياً بأن التقرير غير مرضٍ.

نُشر التقرير والرسالة، وعلقت الصحف عليهما في 5 و6 مايو/ أيار.

وقد أكّدت جميع التعليقات على التعاطف الكبير من جانب الشعب السويدي نحو دولة إسرائيل الفتية. لكن التقرير كان مخيباً للآمال ولا يمكن الموافقة عليه. من جهتها، تساءلت صحيفة «سفنسكا داغبلاديت» عن سبب عدم إجراء مواجهة بين المعتقلين من منظمة شتيرن وبين من كانوا في الموكب. حتى إن العقيد بيغلي دخل في شجار مع القاتل. أما صحيفة «ستوكهولم تيدننغين» فقد ظهرت بأنها الأشدّ انتقاداً من بين الصحف الكبرى: «إنه لأمر مؤسف ومأساوي أن تكون المحاولة الأولى لليهود بالذات- وهم الذين تعرضوا لضغوط شديدة- لإنشاء دولتهم قد أدت إلى أن تبدأ تلك الدولة وجودها بحمل مثل هذا العبء. كنا نأمل خلاف ذلك لصالح إسرائيل. أما الآن، فقد أُحبطت ثقتنا بالدولة الجديدة. ليس بسبب اغتيال وسيط الأمم المتحدة وأعمال الإرهاب الأخرى، وليس بسبب التعصب وانتشار الإجرام في كل مكان، بل بسبب الطريقة التافهة التي اتبعتها الحكومة لتُثبت أنها مكلفة بتأكيد سيادة القانون».

صحيفة «إكسبريسن»- والتي قدمت نفسها منذ البداية على أنها من أشدّ المدافعين عن إسرائيل- اعتبرت من ناحيتها أن التقرير أظهر أن الحكومة والمحكمة العسكرية «حاولتا جادّتين توضيح مأساة القدس». وإذا كان

التقرير لا يزال غير مُرضٍ، فذلك يعود جزئياً إلى الظروف الفوضوية. وليس من العدل مقارنة إسرائيل وقت وقوع جريمة الاغتيال مع سيادة القانون الراسخة في الدول الغربية.

كان فولك برنادوت، بعد كل شيء المبعوث الذي أرسلته الأمم المتحدة، ويمكن للمرء بالتالي أن يعتقد- كما فعلت بعض الصحف السويدية- أن الأمم المتحدة هي التي يتوجب عليها في المقام الأول التصرف ضدّ إسرائيل للحصول على بعض الوضوح في جريمة الاغتيال. لكنها لم تفعل أي شيء على الإطلاق، باستثناء تكرار الطلب بالحصول على تقرير حول التحرّيات. وعندما وصل التقرير أخيراً، لم تعلّق قيادة الأمم المتحدة علناً على التقرير، ولم يُعرف أيضاً أنها أحرزت أي تقدم غير رسمي. لذلك، لم تؤثر قضية برنادوت على التصويت النهائي على انضمام إسرائيل إلى الأمم المتحدة بأي طريقة سوى أن السويد (والدانمارك) امتنعتا عن التصويت.

قبل إجراء التصويت النهائي، نوقش طلب الانضمام بعمق في اللجنة السياسية للجمعية العامة. كانت الدول العربية، بالطبع، من أشد الدول معارضة لانضمام إسرائيل إلى الأمم المتحدة؛ لأنها اعتبرت إسرائيل دولة غير شرعية، وذكرت أن إسرائيل لم تمتثل لقرار الأمم المتحدة بشأن قضية اللاجئين ووضع القدس. وأعربت العديد من الدول الأخرى- التي لم تعارض الدولة الإسرائيلية- عن شكوكها وتحفظاتها بعيدة المدى، لكنّ المندوبين الاسكندنافيين فقط هم الذين أثاروا قضية برنادوت. طُرح أيضاً اقتراح من لبنان بتأجيل موضوع الانضمام وترحيله إلى الجمعية العمومية المقبلة، لكنه رُفض بأغلبية 25 صوتاً مقابل 19 صوتاً وامتناع 12 عن التصويت. وقد صوتت السويد لصالح هذا الاقتراح، إلى جانب الدانمارك والمملكة المتحدة والدول العربية والبرازيل، من بين دول أخرى.

في التصويت النهائي في الجمعية العامة في 11 مايو/ أيار، صوتت 37 دولة لصالح انضمام إسرائيل، من بينها النرويج، و12 ضدَّ ذلك. بينما امتنعت 9 دول من بينها السويد والدانمارك عن التصويت. وما تقدم يعني أن الاقتراح حصل على أغلبية الثلثين، وبالتالي أصبحت الدولة الجديدة عضواً في الأمم المتحدة. وبعد الانضمام، أعلن موشيه شاريت أن سياسة إسرائيل الخارجية تقوم في المقام الأول على التمسك بالمبادئ الأساسية للأمم المتحدة، والصداقة مع جميع الدول المحبة للسلام؛ وعلى وجه الخصوص الولايات المتحدة الأميركية والاتحاد السوفييتي. [10]

في مايو/ أيار، عُقدت جلسة استجواب في البرلمان السويدي، حيث عرض وزير الخارجية أوندين وجهة نظر الحكومة بشأن دولة إسرائيل. [11] كان الدافع وراء النقاش هو استجواب من [النائب] الشيوعي غوستاف يوهانسون، قُدَّم في يناير/ كانون الثاني. [12] قال يوهانسون: «في مايو/ أيار 1948، أقيمت دولة إسرائيل. ومنذ ذلك الحين، ارتبط عدد كبير من الدول بعلاقات دبلوماسية مع الدولة الناشئة حديثاً. ومع ذلك، لم تنشأ علاقات بين حكومتي السويد وإسرائيل. ويبدو أن السبب في ذلك هو حقيقة أن الحكومة السويدية- لأسباب لم يُفصَح عنها علناً- ليست مهتمة بالاعتراف بإسرائيل «بحكم القانون» و«بحكم الواقع». ويرى العديد من السويديين أن هذا الموقف ضارّ وغير صحيح، وذلك يعود جزئياً إلى أنه قد يعطي تصورات خاطئة حول موقف شعبنا من إقامة دولة قومية يهودية». ثمّ طرح السؤال التالي: «هل تعتزم الحكومة الدخول في علاقات دبلوماسية مع دولة إسرائيل في المستقبل القريب؟».

من المثير للاهتمام أن نلاحظ أن عضواً شيوعياً في البرلمان هو من طرح هذا السؤال على وجه التحديد، نظراً إلى أن الشيوعيين، وكذلك خليفتهم حزب اليسار، انتقدوا السياسة الإسرائيلية بشدة في ما بعد. وكان الحزب الشيوعي

قد برز لفترة قصيرة بصفته المدافع الأشدّ إخلاصاً عن إسرائيل. تزامنت تلك الفترة مع دعم الاتحاد السوفييتي المطلق للصهيونية ابتداءً من عام 1947 ولعدة سنوات لاحقة، حتى تبيّن بوضوح أن السياسي الاشتراكي الواقعي بن غوريون يفضل الميل نحو الولايات المتحدة الأميركية خلال فترة الحرب الباردة. ومن المحتمل أيضاً أن جزءًا كبيراً من الرأي العام السويدي كان إلى جانب يوهانسون في طرحه لسؤاله.

أجاب وزير الخارجية أن الأمر قد حدث الآن، حيث اعترفت السويد بإسرائيل «بحكم الواقع» في فبراير/ شباط. وسبب التأخير في الدخول في العلاقات الدبلوماسية منتظمة يعود إلى عدة أمور. ثمّ ذكر أوندين قضية برنادوت في المقام الأول. اعتبرت الحكومة أن السلطات الإسرائيلية قد فشلت بشكل خطير في اتخاذ إجراءات لحماية برنادوت؛ على الرغم من أنها كانت تعلم أن الإرهابيين كانوا يسعون للقضاء عليه. هذا ولم تجرِ التحقيقات مع القتلة بالعزيمة الكافية. والتقرير الذي سُلّم أخيراً لم يكن كافياً. و«الانطباع الأول حول هذا التقرير هو أنه ليس بأي حال من الأحوال شاملاً أو مرضياً في ما يتعلق بالتدابير المتخذة».

بالمناسبة، وجدت الحكومة أنه من السابق لأوانه إعلان اعتراف نهائي [بإسرائيل] قبل حل القضية الفلسطينية سلمياً. لذلك امتنعنا عن التصويت حين طُرح التصويت في الأمم المتحدة على انضمام إسرائيل، وذلك لأننا لو كنا قد صوّتنا لصالح القرار، لكان ذلك بمثابة الاعتراف «بحكم القانون».

رفض يوهانسون- في ردّه- حجة الحكومة بأن دولة إسرائيل لن تتمتع باستقرار كافٍ لتستحق الاعتراف بها، وجادل بأن قضية برنادوت كانت الدافع الحقيقي خلف ذلك الموقف. وتساءل: «هل لدى للحكومة السويدية مستند من أي نوع يثبت عدم نزاهة الحكومة الإسرائيلية في هذه القضية؟».

وكان من رأي يوهانسون أن معلومات الإسرائيليين حول عرضهم تأمين الحماية لبرنادوت- لكنه هو الذي رفض العرض- جديرة بالملاحظة.

ثم أتت فقرة من الخطاب تستحق الاقتباس، وذلك لأنها تعبر تماماً عن الإعجاب الشديد بإسرائيل، والذي هيمن بالكامل على الرأي العام المتعلق بالشرق الأوسط في السويد طوال العقدين التاليين. «لقد أزعجتنا جميعاً مأساة الشعب اليهودي عبر العصور، وخاصة خلال الحرب العالمية الثانية. قُتل ستة ملايين يهودي، من الرجال والنساء والأطفال، في غرف الغاز ومعسكرات الإبادة الهتلرية. وعلى الرغم من أن طاعون معاداة السامية الكريه قد تراجع وانقرض في أجزاء كبيرة من أوروبا، فإنه لا يفاجئنا أن اليهود الذين نجوا يبحثون عن ملاذ بعيد عن المناطق التي أُبيد فيها أحباؤهم، والتي تطاردهم فيها الكثير من الذكريات الدامية. ومن الواضح في وضع كهذا أن يحظى حلم الشعب اليهودي- الذي مضى عليه ألفا عام- بإنشاء وطن قومي لهم في فلسطين بجاذبية قوية. لقد انجذبت شراذم مضطهدة من شعب مطارد إلى فلسطين من جميع أنحاء العالم. ثمّ جعلوا صحارى فلسطين وجبالها القاحلة تزهر وتؤتي ثمارها. لقد عملوا على بناء دولتهم الصغيرة وسعوا الى العيش بسلام مع السكان العرب».

ثمّ أكّد وزير الخارجية مجدداً أن ادعاء إسرائيل بأن «الكونت برنادوت رفض عرض الحماية الخاصة قد طعن به أشخاصٌ من الجانب السويدي كانوا موجودين هناك». وفي ما يتعلق بمصير اليهود خلال الحرب، قال: «نعم، الحقيقة بالضبط هي أن السويد تمكنت من تقديم تلك المساهمات القيّمة ذات الطبيعة الإنسانية لصالح اليهود، من ضمن آخرين- كان الكونت برنادوت أحد أولئك الذين حققوا شخصياً إنجازات كبيرة في إنقاذ بقايا العناصر اليهودية في ألمانيا- وهذا يجعل الأمر أكثر إثارة للدهشة والألم؛ لأن الكونت برنادوت كان هدفاً لمثل تلك الهجمات العلنية في الصحافة الإسرائيلية ومن

قِبل مختلف المنظمات القومية والمتطرفة».

وهكذا، فإن رد وزير الخارجية كان نسبياً بمثابة الانتقاد لإسرائيل، ولا شك في أن قضية برنادوت هي السبب الكامن خلف ذلك الانتقاد. وعلى الرغم من أن أوندين كان ممثلاً بارزاً للحزب الاشتراكي الديمقراطي الذي تسود في صفوفه وجهات نظر مماثلة لوجهة نظر يوهانسون، كان عليه أيضاً أن يمثل الدولة السويدية في المقام الأول.

كان رد الفعل السويدي على تقرير الإسرائيليين، على حد تعبير أميتسور إيلان، صفعة على وجه الإسرائيليين: فقد فتحت الحكومة تحقيقها الخاص. وكُلّف المدعي العام ماتس هويمان بالمهمة، يساعده في ذلك مفوض التحقيق الجنائي أوتّو دانيلسون ومدّعي عام المدينة مارتن لوندكفيست وفني الطب الشرعي هاري سودرمان.

أصبح ماتس هويمان أول مدّع عام بعد تأسيس المديرية عام 1948، وتولى المنصب حتى عام 1960. حصل هويمان على شهادة في القانون من جامعة لوند في عام 1925، ثم حقق نجاحاً مهنياً سريعاً في سلك القضاء. أصبح مستشاراً لمحكمة الاستئناف في عام 1937. وقد اكتسب شهرة عالمية بعد توليه مهمة التحقيق في قضية برنادوت، وفي عام 1950 عُيّن رئيساً للجنة كاين التي كانت مهمتها فحص دور السلطات في ما عُرف بقضية الفساد الرسمي التي سميت باسم القِسّ كارل إيريك كاين.

سافر المحققون إلى إسرائيل وأجروا تحقيقاتهم الخاصة في الموقع. وفي السويد، فعلوا ما لم تهتم بفعله السلطات الإسرائيلية، واستجوبوا كل من كان موجوداً أثناء الهجوم، مثل أوغيه لوندستروم وباربرو ڤيسّيل وجان دي غير وآخرين، بالإضافة إلى موظفين من قوّة الأمم المتحدة في القدس. ثمّ أُرسلت استمارة أسئلة طويلة إلى أولئك الذين لم يتمكنوا من استجوابهم

حضورياً، بمن فيهم العقيد بيغلي والرائد ماسّارت. فتمكنوا في النهاية من دفع الإسرائيليين إلى تسليم مذكرة ومجموعة من الوثائق حول التحريات، حتى يتمكن التحقيق من تكوين فكرة عما تم القيام به، وقبل كل شيء، ما لم يتم القيام به. استمر التحقيق حتى عام 1950. وتجدر الإشارة أيضاً إلى أنه منذ ذلك الحين، انشغل مسؤولو وزارة الخارجية بجمع المعلومات، لذا لا ينبغي التقليل أبداً من دور وزارة الخارجية في تحقيق هويهان.

كان المحققون مهتمين جداً بما يمكن أن يتوفر لدى أجهزة المخابرات في الدول الأخرى من معلومات، فهرعوا إلى وزارات الخارجية البريطانية والأميركية والفرنسية. لكن الاستجابة كانت بطيئة. من الجهتين الأولى والثانية المذكورتين آنفاً، لم يؤدِّ ذلك إلى أي نتيجة، على الرغم من التذكير المتكرر. فالبريطانيون- بعد سنوات من التصدي للمقاومة اليهودية- لديهم شبكة معلومات ممتازة في فلسطين، ولديهم بالتالي الكثير. لكن في وزارة الخارجية، كان الموظفون غير مستعدين للتخلي عن أي شيء. وقد أوضحوا بشكل قاطع للدبلوماسي السويدي إنغمار هاغّلوف أنهم لا يعرفون شيئاً، باستثناء ما كان معروفاً بالفعل. وفي تقرير هاغّلوف، يمكن للمرء أن يقرأ ما بين السطور أن المسؤول [البريطاني] كان حريصاً جداً على شرح مدى ضآلة معرفته، بحيث تكون أقواله موثوقاً بها تماماً.

من ناحية أخرى، أقنع الفرنسيون دبلوماسياً سويدياً بالاطلاع على تقارير مختلفة، شرط عدم السماح له مطلقاً بمعرفة مصدر أي معلومات. بهذه الطريقة، تمكن المحققون السويديون من قراءة تقارير القنصل العام [رينيه] نوفيل. كانت ملاحظات [القنصل] الفرنسي على تصرفات الحاكم العسكري دوف جوزيف في الوقت الذي حدث فيه الاغتيال ذات أهمية خاصة. وقد أشار العديد من الذين تمت مقابلتهم في القدس إلى أن جوزيف متورط في الجريمة، وقد خُصَّ بمستند خاص به في التحقيق، حيث تم تسجيل العديد

من الشهادات والأقوال المتعلقة به.

مواد التحقيق مكتظة بالقرائن المختلفة التي تبيّن أن بعضها ثابت فأدرج في التقرير النهائي، بينما وجب التخلي عن بعضها الآخر بعد التحقيق. كان ألكسندر ليهان إحدى الشخصيات التي أثارت اهتمام المحققين لبعض الوقت.[13] كانت مهنته طياراً، ولكن كان لديه ميل إلى حياة العملاء المثيرة فاستُخدم من قبل أجهزة المخابرات الأميركية والبريطانية والسويسرية في مهام مختلفة. وقال إنه وُظّف في شركة تُدعى رسمياً الخطوط الجوية الأميركية بانام، لكنها في الواقع كانت قيادة النقل التابعة لسلاح الجو الإسرائيلي. وكانت المهمة هي نقل شحنات أسلحة غير شرعية إلى إسرائيل. وكما نتذكر فقد نصّت أحكام الهدنة على عدم جواز توريد الذخائر إلى الأطراف المتحاربة. طُبّق حظر الأسلحة على الجانب العربي تطبيقاً صارماً، أما الإسرائيليون فتلقوا شحنات أسلحة كبيرة من الكتلة الشرقية، فكان ذلك عاملاً قوياً للغاية ملّكهم الأفضلية في ساحة المعركة. ولو عرف المراقبون كيف وصلت الأسلحة إلى إسرائيل لكانوا قد تدخلوا بالطبع لمنع عمليات النقل.

لذلك كانت حركة النقل سريّة للغاية، حيث نُقلت الأسلحة إلى مطار في جنوب تل أبيب يسمى عكير. وشارك ثلاثة طيارين سويديين- أندرشون وكروكستيدت ونيلسون- في الرحلات الجوية، وكانوا قلقين للغاية بشأن احتمال أن يراهم المراقبون السويديون. ويقال إن أندرشون كان حريصاً، بشكل خاص على تفادي الاصطدام ببرنادوت؛ لأنهما يعرفان بعضهما منذ أيام بعثة الحافلات البيض. كل هذا بحسب ليهان.

ثمّ انتقل [ليهان] إلى الحديث حول سعي برنادوت والعقيد سيرو إلى تعقب عمليات تهريب الأسلحة. قبل أيام قليلة من وقوع جريمة الاغتيال، كان سيرو يحاول الوصول إلى عكير، لكن مُنع من ذلك. وقد أبلغ برنادوت

بذلك. وما حدث بعد ذلك غير واضح تماماً، وذلك لأن ليمان سرد روايتين مختلفتين في المناسبتين اللتين استجوبته فيهما السلطات السويدية. فوفقاً لما قاله في فبراير/ شباط 1949، أصرّ برنادوت على إجراء تفتيش، وكان ينوي القيام بذلك بعد أيام قليلة. وفي يوليو/ تموز، صرّح ليمان أن برنادوت ذهب بالفعل إلى عكير ووجد كميات كبيرة من الذخائر هناك. وبحسب ليمان، سيكون هذا هو الدافع وراء الجريمة. كانت شحنات الأسلحة بمثابة شريان الحياة للجيش، وقد أخبرهم رئيس الطيارين، بنيامين شراغر، أنه «إذا دسّ هذا الرجل برنادوت أنفه في عملنا، فسوف أعتني به وسيكون ذلك قريباً جداً».

معلومة واحدة على الأقل هنا غير صحيحة. فقبل أربعة أيام من جريمة الاغتيال، كان فولك برنادوت في رودس ويعمل على مدار الساعة لإعداد التقرير للأمم المتحدة. ولذلك يمكننا ربما استبعاد معلومة ذهابه إلى عكير، لكن مسألة سعي سيرو إلى تعقب عمليات تهريب الأسلحة قد تكون صحيحة، وهي في هذه الحالة مثيرة جداً للاهتمام. ومن المعروف جيداً أن إسرائيل تلقت شحنات أسلحة غير مشروعة، ولكن كيفية حدوث ذلك فتلك مسألة يكتنفها الغموض. وربما توفّر الوقت لسيرو لتقديم تقرير حول هذه المسألة خلال الأيام الأربعة التي بقيت من حياته، لكن لم يتم العثور على مثل هذا التقرير.

كان السويديون قد تأملوا قليلاً شخص ليمان؛ حيث يذكر أحد التقارير إنه ترك «انطباعاً غير محدّد إلى حد ما»، ولم يكونوا مفتونين بتعامله مع أجهزة المخابرات في بلدان مختلفة. لقد نثَر من حوله الكثير من النصائح حول مختلف الأشخاص الذين وفّروا المعلومات للتحقيق، وحاول المحققون متابعة بعض الآثار، ولكنهم أبقوه بعيداً بعض الشيء. ثمّ استُجِوب الطيارون السويديون الثلاثة، فقالوا إنهم لم يكونوا يعرفون ما تحتويه الشحنات، ولم يكن ذلك متوقعاً أيضاً.

في نهاية المطاف، توتّر الإسرائيليون وتساءلوا عمّا سيفعله المحققون. ثم أرسلوا في أكتوبر/ تشرين الأول، المدّعي العام لديهم حاييم كوهين إلى ستوكهولم للحصول على معلومات. لكنه لم يعرف الكثير. فوفقاً لما قاله كوهين لاحقاً، فقد خضع يوماً بعد يوم لجلسات استماع طويلة وغير سارة يفضّل نسيانها. [14]

سيكون الأمر أسوأ بكثير عندما يقدّم المحققون تقريرهم في النهاية.

12

التحقيقات في جريمة الاغتيال والجولات الدبلوماسية

«أبسط الاحتياطات من جانب الإسرائيليين كانت ستمنع تنفيذ الهجوم»

«وابل انتقادات للتحقيق الإسرائيلي في اغتيال برنادوت». «إسرائيل خرّبت التحقيق في مقتل فولك برنادوت». «هل أُهمل التحقيق عمداً؟»

هكذا ظهرت عناوين الصفحات الأولى من «داغنز نيهيتر»، و«يوتيبوري هاندلز أوك خوفارتس تيدنينغ» و«سفنسكا داغبلاديت» في التاسع من مارس/ آذار 1950.

كان تقرير المدعي العام ماتس هويهان هو الذي نُشر على الملأ.[1] وكان هويهان قد كُلّف بمراجعة نتائج التحقيق في الجريمة الذي قدّمه الإسرائيليون إلى الأمم المتحدة في السنة السابقة. وجاءت استنتاجات المدعي العام بمثابة نقد لاذع [للتحقيق الإسرائيلي].

بادئ ذي بدء، لم يُطوّق مسرح الجريمة، ولم يُفتّش المكان إلا بعد مرور أكثر من يوم على الجريمة. واختفت الطلقات والرصاصات الفارغة. كتب هويهان: «لقد وُصِف ذلك بأنه شيء فريد جداً؛ حيث كان مسرح جريمة خطيرة كهذه ملعباً للأطفال، أو صيّادي الهدايا التذكارية، أو حتى الضالعين

في الجريمة الذين تمكّنوا- من دون رادع- من الاستيلاء على أهم الأدلة التي بقيت في مسرح الجريمة».

علاوة على ذلك، لم تُفحص سيارة برنادوت سوى بعد إصلاحها، ولم تُفحص على الإطلاق السيارة الأخرى التي كانت في مقدمة الموكب. أما سيارة الجيب التي استقلها القتلة، فقد اعتبر التقرير أن موضوعها مفاجئ للغاية، حيث لم تنجح الشرطة الإسرائيلية في العثور عليها أو معرفة المسؤول عنها، على الرغم من أنها كانت مليئة بالشهود والأدلة الأخرى.

معظم الشهود بالغي الأهمية، أي الأشخاص الذين كانوا برفقة برنادوت، لم تستجوبهم الشرطة على الإطلاق. وبالتالي، فإن الإسرائيليين لم يكلفوا أنفسهم عناء مواجهة الشهود مع المعتقلين من أعضاء منظمة شتيرن. ولم يتم حتى استجواب هؤلاء؛ رغم أن الغاية من سجنهم كانت على وجه التحديد محاولة العثور على الجناة. «لا يمكن تجاهل حقيقة أن السلطات، بالرغم من أنها قد اتخذت إجراءات صارمة لتنفيذ الاعتقالات، قد أظهرت نقصاً واضحاً في الاهتمام بالعثور على الجناة من بين المعتقلين».

كان هناك عدد من الأشخاص الذين شاهدوا القتلة. هيلمان؛ الذي تحدث إليهم، والعقيد بيغلي الذي تعارك مع الرجل الذي كان يحمل السلاح، والقائد كوكس الذي كان يجلس بجانب بيغلي في سيارة برنادوت. وإلى جانب ذلك، كان هناك جميع السويديين، ليس أقلهم أوغيه لوندستروم الذي كان جالساً بجانب القتيلين ونظر إلى وجه القاتل مباشرة. لم يتم الاتصال بأي من هؤلاء للتعرف على الجاني المحتمل.

تضمنت مذكّرة الإسرائيليين تفسيرات مختلفة لسبب عدم إجرائهم المواجهة [بين الشهود والمعتقلين]. رفض هويمان تلك التفسيرات باعتبارها توضيحات رُكّبت لاحقاً. أما كوكس الذي طلب مرتين- على سبيل المثال- إلقاء نظرة

على المعتقلين من أعضاء منظمة شتيرن، فقد تلقى إجابة مفادها أنه بمجرد القبض على جميع المشتبه بهم، فبإمكانه أن يأتي بكل سرور ويلقي عليهم نظرة، ولكن قبل ذلك قد تؤدي المواجهة إلى تعقيد مسار التحقيق. «غير معقول على الإطلاق»، كتب هويهان، وأضاف: «وبحسب النيابة العامة، فمن الصعب فهم هذا الاعتراض بأي طريقة أخرى سوى كتعبير عن عدم رغبة الشرطة الإسرائيلية في استخدام إمكانيات التحقيق المتاحة». وتابع هويهان: «هذه الحادثة، مضاف إليها ما حدث عموماً في ما يتعلق بمسألة المواجهة، تعني أنه لا يمكن رفض فكرة أن دوافع أخرى غير تلك التي استندت إليها إسرائيل في القضية كانت أساس الفشل في إجراء المواجهة» [2].

وكانت الحكومة الإسرائيلية قد قالت إن القضية اتسمت بنقص حاد في الأدلة. لكن المدَّعي العام [هويهان] جادل بأنه على العكس من ذلك، كانت هناك أدلة وآثار بمقدار يندر وجوده في قضايا القتل التي لا يُعرف مرتكبها، «ومن اللافت للنظر تماماً في حالة كهذه- حيث يوجد عدد كبير نسبياً من الأشخاص المتورطين في القضية- أن مثل هذه الآثار أو الأدلة لم تظهر لاحقاً ليصبح من الممكن تعقب الجناة».

على سبيل المثال: لم يتم تعقب الرجل الذي سأل قبل حدوث الاغتيال عما إذا كان برنادوت قد قُتل، ولم يُستجوب سوى ضابط واحد من الضابطين المعنيين.

كذلك الأمر، لم يتمكن الإسرائيليون من تتبع أصل المنشور الذي أصدرته «جبهة الوطن»، على الرغم من حقيقة أنه تم اعتقال أربعة شبان لأنهم شاركوا في توزيع ذلك المنشور. وكان الشبان الأربعة قد اتُّهموا بمساعدة منظمة إرهابية، ولكن أُفرج عنهم بكفالة قدرها 1.25 جنيه إسرائيلي.

أحد الشرطيين الذين وصلوا الأول مرة إلى مكان الجريمة، الرقيب إسرائيل،

لم يتم استجوابه على الإطلاق. ولم يُسأل الجنود في الشاحنة عن سبب طلب أحدهم من الشاهد البالغ من العمر 15 عاماً ألّا يقول أي شيء للشرطة.

وهلم جرّا...

وجاء في المقطع الأخير في هذا الجزء من البيان: «في الواقع، إن النواقص ذات طبيعة خطيرة، ويجب بالتالي أن تُثار شكوك حول ما إذا كانت السلطات الإسرائيلية قد سعت إلى قيادة التحقيق للوصول إلى نتيجة إيجابية».[3]

بعد هذا الانتقاد الذي وُجّه في الغالب لجهود سلطات الشرطة، تأتي استنتاجات أكثر جدية. يُركّز هويمان على الدافع وراء الجريمة، ويلفت الانتباه أيضاً إلى حتمية وجود شركاء آخرين خلف الأربعة الذين كانوا في الجيب؛ ربما من أوساط منظمة شتيرن. ثمّ يتابع: «بالمقابل، يجب على المرء أن يترك السؤال مفتوحاً حول من هو أو من هم أولئك المحرّضين الأساسيين على الجريمة، داخل أو خارج منظمة شتيرن». (أملتُ الخط -المؤلف) يصف البيان عدم الثقة والكراهية التي أثيرت في إسرائيل بعد اقتراح الوسيط [برنادوت] بإعطاء صحراء النقب وخاصة القدس إلى الجانب العربي. ربما كان هذا الحقد دافعاً كافياً [لارتكاب الجريمة]، وربما كان السبب الأكثر ترجيحاً. لكن، كان من الممكن أيضاً التفكير بوجود اعتبارات أخرى أكثر واقعية خلف الجريمة. «ومن الممكن، والحال كذلك، أن تكون مصالح بعض الدوائر قد تطابقت مع مصلحة إسرائيل لخلق نقطة انطلاق مواتية من خلال احتلال منطقة النقب والقدس بأكملها عسكرياً. لا بد أن الكونت برنادوت قد اعتُبر عقبة خطيرة أمام تنفيذ مثل هذه الخطط». وذكر هويمان أيضاً خطط برنادوت لنقل مركز عمله من رودس إلى القدس. «بالنسبة إلى أولئك الذين كانوا ينوون احتلال القدس بأكملها عسكرياً، قد تكون فكرة نقل الكونت برنادوت مقر عمله إلى المدينة فكرة بغيضة بشكل خاص».

من الواضح أن هذه التعابير لا تشير إلى أي مجموعات إرهابية، بل تشير إلى الدولة الإسرائيلية والقيادة العسكرية، أي بن غوريون نفسه في نهاية المطاف. ويطرح هويمان هنا- بشكل موجز قليلاً- بعض الشكوك حول تورط الحكومة الإسرائيلية، بطريقة أو بأخرى، في جريمة الاغتيال. وهو أمر جدير بالملاحظة حقاً، لكن تجدر الإشارة هنا إلى أن هويمان كان قادراً على الوصول إلى جميع المعلومات الاستخبارية المتوفرة لدى وزارة الخارجية. وكما رأينا، كان ڤيدار باغّي قد أعرب قبل عام من ذلك عن هذه الشكوك لوزير الخارجية موشيه شاريت مباشرة.

أخيراً، يتطرق هويمان إلى قضية المرافقة. وكانت الحكومة الإسرائيلية قد قالت في تحقيقها إنها لم توفر حراسة للوسيط، لأنه لم يرغب بذلك. ثم يشير المدّعي العام [هويمان] إلى شهادة رالف بانش، التي أيدها أيضاً العديد من المقربين من الكنيت، ومفادها أن برنادوت لم يطلب مرافقة قطّ، لكنه أيضاً لم يرفض قبولها عندما عُرضت عليه. يكتب المدّعي العام:

«دفعت الظروف المضطربة التي كانت سائدة في القدس وقت الاغتيال السلطات الإسرائيلية إلى توفير حراسة مسلحة للكونت برنادوت. حدث ذلك خلال إحدى زيارات الكونت برنادوت السابقة إلى القدس، في 3 أغسطس/آب، عندما كان الوضع في المدينة أقل توتراً مما كان عليه في اليوم الذي وقعت فيه جريمة الاغتيال. إنه لأمر مأساوي بالتأكيد أن نقول إن أبسط الإجراءات الاحترازية من جانب إسرائيل كانت ستمنع تنفيذ الاعتداء».[4]

عبّرت العديد من الصحف عن سخطها الشديد بسبب ما جاء في تقرير هويمان. وطالبت الصحف إسرائيل بتقديم تفسيرات مناسبة لجميع الشكوك المباشرة أو الضمنية التي أثارها التقرير. كتبت صحيفة «ستوكهولم تيدننغين» تحت عنوان «مراجعة مدمِّرة»: «من المؤكد أن الإقرار الواضح بأوجه القصور

في التحقيق، وعدم اتخاذ التدابير المناسبة ضد أولئك المعنيين الذين لم يؤدوا واجبهم، ليسا مطلبين مبالغاً فيها. وفي غضون ذلك، لا يرى المرء أي سبب يدعو السويد للتراجع عن حجب الاعتراف بإسرائيل «بحكم القانون»، بانتظار الحصول على دليل مقنع على رغبة تلك الدولة في الالتزام بمقتضيات القانون».(5) من جانبها كتبت صحيفة «هلسنبوري داغبلاد»: «سمحت الحكومة اليهودية، التي سعت أيضاً لتلبية مصالحها المشروعة، للقتلة بالتواري، وربما أعجبت سرّاً بما فعلوه... هل يمكننا، مع شيء من المنطق السليم، أن نحافظ على علاقات دبلوماسية مناسبة مع مثل هذه الحكومة؟». أما صحيفة «داغنز نيهيتر» فاعتبرت أنه «وانطلاقاً من وجهات نظر عديدة، ينبغي أن تشعر الحكومة الإسرائيلية بأهمية تبديد كل الاتهامات والشبهات المتعلقة بالهجوم الإرهابي الذي وقع في القدس في 17 سبتمبر/ أيلول 1948». وكتبت صحيفة «إكسبريسن» التي ما فتئت منذ فترة طويلة تحتج على عدم إقدام الحكومة على الاعتراف بإسرائيل: «حصل السيد أوندين الآن على ذرائع جديدة لتأجيل الاعتراف بإسرائيل ‹بحكم القانون›».

باختصار، أجمعت الصحف- ربما باستثناء «إكسبريسن»- على الانتقاد أو الانتقاد الشديد (بالرغم من إمكانية تمييز ميل الصحف الليبرالية والديمقراطية الاشتراكية إلى أن تكون أكثر تهذيباً). ورأت معظم الصحف أن السويد لا يمكنها إظهار الرضى، بل يجب أن تطالب بإجراء تحقيقات أفضل وتقديم اعتذار، فضلاً عن معاقبة المسؤولين على إهمالهم. وعبّر العديد منها عن الدّهشة من لا مبالاة الأمم المتحدة. وقيل إن الثقة قد اهتزت في إسرائيل كدولة تحكمها سيادة القانون. وعبّر كثيرون عن رأيهم حول صواب حجب الاعتراف في الوقت الحالي.

هل كان ذلك الانتقاد لدولة إسرائيل يعني أن المشاعر المعادية للسامية قد بُعثت من جديد أيضاً، وأن التحامل القديم ضدّ اليهود، والذي فقد مصداقيته

بسبب الهولوكوست، بدأ في الظهور؟ أبدى كثير من الناس - حتى من خارج الأوساط اليهودية- قلقهم من أن يحدث ذلك بعد وقوع جريمة الاغتيال. وفي هذا السياق أعلنت إلين تيسيليوس، نائبة رئيس الصليب الأحمر، أن «الحادث المأساوي الذي وقع في القدس سيكون أكثر مأساوية إذا غذى معاداة السامية التي كانت غريبة تماماً على الكونت فولك برنادوت نفسه».[6] وبُحثت هذه المسألة بعناية من قبل مؤرخ الأفكار هنريك باخنر الذي وجد - لحسن الحظ- أن الحال لم يكن كذلك إلى حد كبير. «وفي غالبية التعليقات المرتبطة بالاغتيال الذي حدث في القدس، لوحظت الهوية اليهودية للقتلة، من دون أن يؤدي ذلك إلى تعميم التصريحات حول اليهود بشكل عام. لقد فُسِّر الاغتيال بأنه تعبير عن التطرف السياسي، وليس تعبيراً عن خصائص محددة متأصلة في «الشخصية اليهودية» أو الديانة اليهودية أو الصهيونية أو الدولة اليهودية».[7]

بالنظر إلى مدى عمق المواقف المسبقة من اليهود وتجذرها، سيكون من الغريب عدم ملاحظة أي أثر لتلك المواقف على الإطلاق في التعليقات. وليس أقل ذلك ربط موضوع العداء المسيحي لليهود بالموضوع. جاء برنادوت- وهو مسيحي عميق التدين- إلى القدس حاملاً رسالة سلام وخير، ولكنه قُتل على يد اليهود. وهكذا، شُبّه مصيره بمصير يسوع نفسه. «إن اغتيال رئيس الصليب الأحمر ووسيط السلام فولك برنادوت في القدس يذكّرنا تلقائياً بجريمة القتل الوحشية التي ارتُكبت في المدينة نفسها على يد أسلاف أولئك القتلة قبل 1900 عام ضد وسيط آخر للسلام- وهذا أيضاً من أفعال التعصب- وهو الأمر الذي ساهم بشكل كبير في انتشار الاستياء من المكون الشعبي اليهودي على مرّ القرون داخل طبقات واسعة من العالم المسيحي. بالتأكيد لن تقلل هذه الجريمة الأخيرة من ذلك النفور».[8]

استطاع باخنر الاستشهاد بالعديد من الاقتباسات التي تُبيّن كيف كانت المعتقدات المسيحية حية في السويد التي لم تكن قد أصبحت علمانية بعد، لكن

لم يعثر مع ذلك على أي نوع من التحريض على العداء للسامية على الإطلاق. وقد فهم معظم الكتّاب كيفية إدانة ما فعله أفراد يهود أو الدولة اليهودية في هذا الشأن، من دون إلقاء اللوم على كل يهودي في العالم بأسره.

سُلّم تقرير هويمان إلى الإسرائيليين عبر زيارة شخصية قام بها الموفد البارون [كارل غوستاف] لاغرفيلد.[9] استقبله موشيه شاريت الذي أعرب مرة أخرى عن أسفه العميق لوقوع جريمة الاغتيال، خاصة وأن الضحية كان «مواطناً عالمياً بارزاً للغاية وفرداً محترماً جداً من الشعب السويدي، وهو شخص يدين له الشعب اليهودي بالكثير».

أكد لاغرفيلد لمضيفيه أن رد الفعل في الصحافة على تقرير هويمان كان عميقاً وخطيراً لدرجة أنه فاجأ الحكومة. وأوضح أن العلاقات المستقبلية بين السويد وإسرائيل تعتمد إلى حد كبير على الرد الذي تتوقعه الحكومة السويدية الآن. هذا ولم تُناقش مسألة الاعتراف [بإسرائيل] «بحكم القانون» صراحة، ولكن من الواضح أنها كانت حاضرة في اللقاء.

وأوضح لاغرفيلد إن السويديين قالوا ما لديهم حول المسألة في هذا التقرير، ولن يكون هناك أي نقاش آخر حول التفاصيل ذات الصلة بالموضوع.

بشكل أو بآخر، أصبحت قضية برنادوت عبئاً حتى على الحكومة السويدية. فقد أدرك الجميع أن الاعتراف [بإسرائيل] يجب أن يحصل عاجلاً أم آجلاً. وكانت استراتيجية الحكومة جاهزة، حتى قبل نشر تقرير هويمان. قبل أسبوع من ذلك، كتب المسؤول في الخارجية دالمان في رسالة إلى سقين غرافستروم سفير السويد لدى الأمم المتحدة: «موضوع علاقاتنا الدبلوماسية مع إسرائيل مدرج أيضاً على جدول أعمال اجتماع وزراء الخارجية. يجب أن ينتهي المدّعي العام بعد أيام قليلة من إبداء رأيه في تقرير الحكومة الإسرائيلية المتعلق بمعالجة قضية برنادوت. وعلى أساس ذلك الرأي، ستُوجّه رسالة تتضمن تقييماً نقدياً

لأعمال السلطات الإسرائيلية بعد جريمة الاغتيال، وستُصاغ بطريقة تتيح للحكومة الإسرائيلية فرصة الرد النهائي. فإذا وفّر ذلك الرد- من وجهة نظر سويدية- الارتياح الضروري، فسيتبع ذلك الاعتراف. يوجد اهتمام قوي إلى حدّ ما بتطبيع العلاقات مع إسرائيل، سواء أكان لدى الأوساط المعنية في هذا البلد- وخاصة دوائر النقل البحري- أم في النرويج والدانمارك، لكن من الواضح أن قضية برنادوت يجب تُحلّ أولاً بطريقة تأخذ في الاعتبار هيبة السويد». [10]

ومن أجل عدم الإخلال بالترتيب الآنف الذكر، رفضت السويد طرح تقرير هويهان في مجلس الأمن التابع للأمم المتحدة، تفادياً لجميع العواقب التي لا يمكن التنبؤ بها.

كانت الإشارات إلى إسرائيل واضحة: أعطونا شيئاً جيداً بما يكفي لنكون قادرين على شطب قضية برنادوت مع الحفاظ على كرامتنا! بعد ذلك لن نتشاجر أكثر.

ثم عينت إسرائيل لجنة برئاسة القاضي شمعون أغرانات، ووالتر إيتان من وزارة الخارجية، والمدّعي العام حاييم كوهين. وبعد بضعة أشهر، أعدّت اللجنة تقريراً استُخدم كأساس في ردّ الحكومة الإسرائيلية.

كُلّف والتر إيتـان بتقديـم الرد على تقرير هويهان والـذي تحتـاج إليه حكومة [رئيس الوزراء تاغي] إيرلاندر لتهدئة الرأي العـام، وليشكّل مخرجـاً يتيح لجميع الأطراف- الأمم المتحدة والسويد وإسرائيل- إنهاء القضية بطريقة مشرفة.

جـاء إيتان إلى سـتوكهولم وقـدّم في 16 يونيو/ حزيـران 1950 مذكرة نُشر مضمونها. [11] وجـاء في تلك المذكـرة أن الحكومـة الإسرائيلية عيّنت لجنة من كبـار المحامين مهمتـها التحقيق في تقرير هـويهان، ومن ثم تقـديم

المشورة للحكومة.

أول ما ورد في المذكرة هو مسألة المرافقة، حيث تؤكد المذكرة على أنه لا الحكومة ولا ممثليها في القدس قد أخلّوا بواجباتهم بعدم تأمين حراسة أمنية مسلحة للوسيط. ومع ذلك، استُجيب للنقد [السويدي] قليلاً عبر القول: «... من الواضح أن الحكومة كانت ستتصرف بشكل أكثر حكمة، لو أنها اهتمّت أكثر بمعرفة رغبات الكونت برنادوت الحقيقية وتبيّنت موقفه، ولم تدع الأمر يُبنى على أساس الافتراضات- بغض النظر عن مدى قوتها- وهو الأمر الذي أدى إلى الرأي القائل بأنه لا يريد حراسة أمنية مسلحة بسبب وضعه الخاص كوسيط من قِبل الأمم المتحدة».

الجدير بالملاحظة أن الحكومة هنا تتحمل صراحة المسؤولية عن حقيقة أن برنادوت لم يكن مصحوباً بمرافقة، لذلك لم يكن قراراً اتخذه القائد العسكري للقدس دوف جوزيف شخصياً.

ثم ينتقل الحديث إلى تحقيق الشرطة الفاشل، حيث قُبِل من حيث المبدأ النقد [الموجّه لذلك التحقيق]، ثم أُلقي اللوم على حالة الفوضى التي كانت سائدة في القدس في ذلك الوقت. لم يكن قد مضى على قيام الدولة سوى أربعة أشهر، وقد هوجمت من جميع الجهات من قبل الأعداء، وذلك في الوقت الذي كانت تتلمس فيه طريقها نحو الانتقال إلى الأوضاع الطبيعية. «في مثل هذه الظروف... لا بدّ وأن تعترض عملية تعقّب قتلة الكونت برنادوت- بالضرورة- صعوبات فائقة؛ بل صعوبات لا يمكن التغلب عليها، كما اتضح في ما بعد». أمّا الاتهام بعدم الحرص على القبض على القتلة فهو مرفوض؛ لكن ليس بعبارات ساخطة، بل بأسلوب مهذّب، إذ كان من المهم تجنب المزيد من الجدل.

لم تكن هناك رغبة في تلبية مطلب السويديين بضرورة معاقبة المسؤولين

عن تحقيق الشرطة الكارثي. ولم تكن هناك نية في التضحية ببعض الأفراد كَكِباش فداء. «في نهاية المطاف، تقع مسؤولية ما حدث وما ظهر من ضعف تنظيمي – والذي كُشف عنه منذ ذلك الحين – على عاتق الحكومة، وستتحمل الحكومة مسؤوليتها أمام التاريخ».

«تعرب حكومة إسرائيل عن أسفها الصادق والعميق لحكومة السويد وشعبه وللكونتيسة برنادوت لوقوع هذا الاغتيال الجبان في إسرائيل، ولأن المجرمين لم يُعثر عليهم بالرغم من كل الجهود».

وأخيراً، تعرب [إسرائيل] عن أملها الصادق في الانتهاء من هذا الحادث المؤسف الذي لطخ تاريخ دولة إسرائيل، وألقى بظلاله على العلاقات بين السويد وإسرائيل. كما يتذكر المرء بامتنان «المحاولات الصادقة التي قام بها الكونت برنادوت لاستعادة السلام في الأرض المقدسة».

لم يقتنع الجميع بالردّ.

13

تقرير لجنة أغرانات

«وصمة عار لن تمحى...»

«لم تُقنع الرسالة الرأي العام بوجوب الانتهاء من هذا «الحادث المؤسف»، كتبت صحيفة «ستوكهولم تيدننغين».[1] وفضّلت صحيفة «داغنز نيهيتر» الانتظار، في حين عنونت صحيفة «سفنسكا داغبلاديت»: «وصمة عار لا تزال قائمة». ولم تعتبر أي من تلك الصحف أن إقامة علاقات دبلوماسية مع إسرائيل قد أصبحت آنذاك أمراً مسلماً به. أمّا صحيفة الحزب الاشتراكي الديمقراطي الحاكم «مورغن تيدننغين» فقد أعربت عن رضاها عن الرسالة وعن الاعتذارات التي وردت فيها، وألمحت إلى حصول اعتراف ديبلوماسي قريب.

ومع ذلك، لم تكن أي صحيفة تعرف- أو تظاهرت بعدم المعرفة- أن والتر إيتان جلب معه أيضاً شيئاً آخر إلى ستوكهولم بخلاف المذكرة الحكومية؛ أي تقرير اللجنة التي كُلّفت بمراجعة تقرير هويمان، أو تقرير أغرانات بالتحديد. وقد خُتم ذلك التقرير بعبارة «سري للغاية»، وبالتالي لم يُنشر على الملأ قط.[2] وحين يقرأ المرء ذلك التقرير، يتبيّن له السبب. فمن المسلم به أنه أكثر دقة وأفضل صياغة من تقرير العام السابق، والذي انتُقد بشدّة، ولكنه في الحقيقة فارغ مثل سابقه، فكان من مصلحة الحكومتين ألا يطّلع الجمهور عليه.

226

وقد كان تقرير أغرانات أقل لباقة مما كانت عليه الحكومة في رسالتها العامة، حيث رفض شكوك هويمان المتعلقة بزعم السلطات [الإسرائيلية] أنها بذلت قصارى جهدها للقبض على القتلة: «هذه الشكوك لا أساس لها على الإطلاق».

ويتعمق التقرير في مسألة السبب في عدم تأمين المرافقة لبرنادوت في ذلك اليوم المشؤوم. وكما سبق القول، فقد أعرب هويمان عن رأيه في أن أبسط الاحتياطات كانت ستمنع ارتكاب الجريمة.

يبدأ تقرير أغرانات بسرد الحجج التي وردت في تقرير هويمان: كانت السلطات الإسرائيلية مسؤولة عن أمن برنادوت، وكان هناك عداء واسع النطاق تجاه الوسيط. لذا، بناء على ذلك، كان على السلطات توقّع الخطر المحدق به واتخاذ الإجراءات اللازمة. ويبدو الإهمال أكثر وضوحاً حين يفكّر المرء ملياً في أن برنادوت حظي بحراسة مسلحة أثناء زيارته في 3 أغسطس/ آب. وكان موقف برنادوت من المرافقة الأمنية معروفاً؛ لم يطلب مرافقة مطلقاً، لكنه لم يرفضها قط.

يمكن للمرء تصفّح الحجج والردّ عليها على النحو التالي:

على الرغم من أن بعثة برنادوت كانت مكروهة، إلّا أن ذلك لم ينطبق عليه شخصياً. بل الأمر على العكس من ذلك؛ وهنا ثمة إشارة إلى بعثة الحافلات البيض: «كان من الطبيعي أن تفترض السلطات أنه لا منظمة الأرغون ولا منظمة ليحي ستذهبان إلى حد التخطيط الفعلي لاغتياله؛ وذلك نظراً للمكانة الشخصية العظيمة التّي يتمتع بها الرجل الذي مثّل أعلى منظمة دولية».

تعتقد اللجنة أن طاقم الكونت (أوغيه لوندستروم) ربما رأوا الأمر بالطريقة نفسها، لأنهم لم يطلبوا مرافقة ضمن المنطقة اليهودية، بينما طلبها لوندستروم في المنطقة العربية. من هنا، يمكن للمرء أن يستنتج أن طاقم الوسيط لم يكن

يعتقد أن الوسيط معرض في الجانب اليهودي لخطر لا تشكل شخصيته حماية كافية ضدّه.

يشار هنا إلى الحادث الذي وقع في رام الله في اليوم الذي ارتُكبت فيه جريمة الاغتيال، قبل ساعات قليلة من عبور الوسيط حدود المناطق اليهودية؛ وذلك حين ادعى برنادوت بشكل قاطع أن له الحق في التواجد، أعزل ومن دون حماية، حيثما يريد في فلسطين. وترى اللجنة أن الوسيط لم يكن يريد حراسة، وأن هذا الموقف كان جزءًا واعياً من سياسة السلام. وأنه أراد بهذه الطريقة أن يؤكد المكانة العظيمة للأمم المتحدة، وأن يثبت للعالم أجمع أن مهمته كانت مهمة سلام.

كان موظفو الأمم المتحدة الآخرون يرفضون في كثير من الأحيان المرافقة الأمنية. وكانت مسألة الحراسة المسلحة، منذ البداية، موضوع نقاش بين الحاكم العسكري دوف جوزيف ومراقبي الأمم المتحدة، وخاصة الضابطين السويديين نيلز برونسون وتورد بوندي. وكان جوزيف قد حذّرهم، وأشار إلى أن إرهابيين من منظمتَي أرغون وليحي لا يزالون ناشطين في القدس، وقد عُرض عليهم مرافقة مسلحة دائمة، لكن العرض ظلّ يُرفض باستمرار. يمكن للجنة أن تستشهد ببعض الوثائق التي تدعم وجهة نظرها.

لقد ثبُت أن برونسون وبوندي رفضا في مناسبتين مختلفتين عرض المرافقة المسلحة المقدّم من السلطات الإسرائيلية.

استُشهد برسالة من الرقيب باروخ كدليل. «في عدة مناسبات عندما عرضنا على مراقبي الأمم المتحدة حراسة مسلحة، رفضوا الاقتراح». وفي إحدى المرات– وذلك بعد الاغتيال على ما يبدو– أعدّ باروخ حرس شرف ومرافقة مسلحة للواء [ويليام] رايلي، لكنّ الأخير احتجّ وطالب بعدم تكرار ذلك. وكذلك الأمر، اتّخذ باروخ ذات مرة تدابير خاصة لحماية [رالف]

بانش، وذلك ضدّ رغبة الأخير المعلنة.

في المرات التي وافق فيها موظفو الأمم المتحدة على أن يرافقهم ضباط إسرائيليون، أُجبر أولئك على أن يكونوا غير مسلحين؛ على الرغم من أنه كان من الشائع في ذلك الوقت أن يحمل الضباط أسلحة. وهكذا كان الأمر مع النقيب هيلمان الذي كان ضمن المجموعة التي كانت برفقة الوسيط في يوم جريمة الاغتيال.

بحسب رأي اللجنة، كان لدى السلطات الإسرائيلية ما يبرّر الاستنتاج بأن وجهة نظر مراقبي الأمم المتحدة- التي كانت معروفة بشكل عام- تنطبق أيضاً على رأي الوسيط نفسه. «وخلاصة القول، كان من المعروف أن النظام الذي كان الوسيط يطبقه استبعد بشكل قاطع إمكانية أن يتنقل هو وطاقمه في منطقة عملهم برفقة حراس مسلحين».

لم تُبلّغ السلطات الإسرائيلية مطلقاً بوجهة النظر المتعلقة بالمرافقين المسلحين، والتي أشار إليها برنادوت وفقاً لبرقية رالف بانش إلى مجلس الأمن، ومفادها أن الوسيط لم يطلب مطلقاً مرافقين مسلحين، ولكنه أيضاً لم يعارض ذلك عندما عرض عليه.

ينفي [تقرير أغرانات] أن يكون برنادوت قد زُوّد بمرافقة في مناسبات سابقة.

بناء على ما تقدّم، قالت اللجنة إنه لا يوجد أي مبرر لانتقاد المدّعي العام [السويدي] لإسرائيل لفشلها في تأمين المرافقة.

فلنتفحص الآن حجج تقرير أغرانات!

لم يكن هناك شكّ على الإطلاق في أن حياة برنادوت كانت مهددة. كان الموقف العام منه يتحوّل بشكل متزايد خلال فصل الصيف إلى الحقد عليه. وقد انتشرت كل أنواع الإشاعات حوله، مثل أن برنادوت كان متعاطفاً مع

229

النازيين، وأنه كان عميلاً بريطانياً، وأن مراقبي الأمم المتحدة كانوا يتجسّسون لصالح العرب، وما شابه ذلك.

قال رالف بانش إن حملة الحكومة ضد برنادوت حرّضت على نشر الكراهية ضدّه بين الجمهور، وأن هذا الشعور موجود لدى معظم الأشخاص الذين كانت لهم علاقة بجريمة الاغتيال. وقد كتب المؤرخ أميتسور إيلان الذي كان ناقداً لبرنادوت وجهوده ما يلي:

«... شاركت الحكومة الإسرائيلية في خلق جو من الكراهية والإقصاء ضدّ برنادوت، الأمر الذي ساعد بلا شك منظمة ليحي على اتخاذ القرار وتسهيل هروب القتلة. وإذا عاد المرء إلى كل من الصحافة الإسرائيلية في صيف عام 1948، وإلى التصريحات التي أطلقها رجال دولة إسرائيليون بارزون حول برنادوت، فبإمكان المرء أن يرى بوضوح كيف نشأ جو من البغضاء والكراهية إلى درجة جعلت الاغتيال ممكناً».[3]

على وجه الخصوص، شنّت صحيفة «مفراك» السريّة التي كانت تُصدرها منظمة ليحي حملة دعائية عنيفة ضد الوسيط. وفي 6 سبتمبر/أيلول، كتبت عن ضرورة التخلص من برنادوت: «طوبى لليد التي تفعل ذلك»، وهي جملة أصبحت مقولة كلاسيكية، عندما اقتبسها رالف بانش في تقريرٍ إلى مجلس الأمن.[4] وكانت ليحي قد وجّهت سابقاً تحذيراً من أفضل ما يكون: في المؤتمر الصحفي في 10 أغسطس/آب، وكذلك الأمر عندما نظّمت ليحي مظاهرة تحت شعار «ستوكهولم لكم، القدس لنا». وفي اليوم نفسه، تحدثت إذاعة ليحي حول «اللوردات والكونتات»، في إشارة إلى مقتل اللورد موين؛ وهي إشارة لا يمكن أن يلتبس على أحد فهمها. وجاء في الحديث: «نحن لم نمسّه هذه المرة»... أمّا الخطاب الذي ألقاه بن غوريون أمام الحكومة في اليوم التالي فيكفي في حد ذاته لدحض الادعاء بأن السلطات لم تكن تعتقد أن هناك أي

تهديد لشخص برنادوت: «أمر خطير للغاية كاد أن يحدث أمس».

شهادة دامغة أخرى أدلى بها سفير الولايات المتحدة الأميركية جيمس ماكدونالد، الذي سمع العديد من الشائعات غير السارة.[5] فمن بين أمور أخرى، قال مساعده، كوميّنغز، الذي كان على اتصال جيد بأوساط منظمة شتيرن، إن شيئاً ما كان يحدث، وإن ثمة تحضيراً لهجوم عنيف في مكان ما. لذلك استدعى ماكدونالد ضابط شرطة إسرائيلياً، لكن الأخير أكّد للسفير أن الشرطة على علم تامّ، وسيتم إبلاغها مسبقاً بجميع خطط الإرهابيين.

في اليوم الذي سبق وقوع جريمة الاغتيال، تحدث ماكدونالد في تل أبيب إلى قائد الشرطة الإسرائيلية يحزقيال ساهر، وكرّر ماكدونالد التحذير الذي كان قد وجّهه إلى [موشيه] شاريت قبل يومين حول هجوم إرهابي محتمل. استمع ساهر بعناية، ولكنه لم يرَ أي سبب يدعو للقلق، أو أنه يجب اتخاذ أي احتياطات إضافية، حتى عندما كرّر ماكدونالد أمامه ما قاله كوميّنغز عن الانطباع الذي تكوّن لديه من خلال اتصاله بأوساط منظمة شتيرن، ومفاده أنهم مستعدون لتوجيه ضربة. كان تعليق ساهر: «الإرهابيون الذين يتحدثون هم الأقل خطراً. نحن نعلم ما يفعلونه. لا شيء يدعو للقلق».

إن استنتاج تقرير أغرانات بأنه لم يكن هناك سبب يدعو السلطات للاشتباه في وجود تهديدات ضد شخص الوسيط، هو استنتاج لا يحظى بأي مصداقية. كان من الواضح تماماً لأي شخص لديه اطلاع جيّد على الوضع بأنه كان معرضاً لخطر مميت.

في ما يتعلق بمسألة المرافقة، إن أول شيء يجب أن نلاحظه هو أن الشخص الذي تشير إليه اللجنة كشاهد، والشخص الوحيد الذي أُخذت أقواله هو دوف جوزيف؛ القائد العسكري لمنطقة القدس، وهو بالتالي الشخص الأعلى رتبة من حيث المسؤولية عن تطبيق القانون وحفظ الأمن والنظام. ويشتبه

بشدة في أن المذكور قصّر في القيام بواجباته. ولأنه يتحدث عن نفسه بنفسه، فإن قيمة بياناته محدودة للغاية.

بعد ما قيل آنفاً، لا بد من الاعتراف بأن التقرير استطاع إلى حدّ ما الدفاع عن وجهة النظر القائلة إن مراقبي الأمم المتحدة لم يرغبوا أحياناً بالمرافقة الأمنية، ورفضوها في أحيان أخرى. إن زعم اللجنة بأن هذا الموقف من جانب المراقبين كان معروفاً بشكل عام أمرٌ يمكن قبوله. لكنّ كبير المراقبين نيلز برونسون كتب بضعة أسطر تُظهر صورة أخرى حول ممانعة موظفي الأمم المتحدة لوجود المرافقة: «استغلت السلطات اليهودية اللوائح المتعلقة بالسهر على سلامة موظفي الأمم المتحدة في حالات متكررة من أجل تأخير وإعاقة زيارة المراقبين للمواقع المطلوبة. وقد مُنع المراقبون في بعض الأحيان بحجة أن الزيارة مستحيلة لأن السلطات اليهودية لا تستطيع ضمان سلامة المراقبين المعنيين؛ وفي أحيان أخرى لأن الزيارة غير ممكنة في الوقت الحالي، وذلك لعدم توفّر الأفراد المناسبين للمرافقة»[6].

هناك معلومات تشير إلى أن فولك برنادوت نفسه كان سيعارض وجود المرافقة. وهنا ينبغي أن نتذكر كيف صاغ أوغيه لوندستروم الأمر في مذكراته: «وقد اعتقد فولك برنادوت أنه من أجل زيادة تأثير جهوده الخاصّة من جهة، ومن أجل تقديم مثال جيّد من جهة أخرى، لا ينبغي له أن يتردّد في الذهاب بنفسه إلى الجبهات ومناطق المواجهات المكشوفة حيث يجب أن يتواجد المراقبون ومساعدوهم، وبالتالي يرفض التمتّع بالحماية التي لا يستطيع المراقبون التمتّع بها». كما أن الأحداث التي جرت في رام الله في يوم جريمة الاغتيال تشير إلى الاتجاه نفسه.

ولكن توجد أيضاً معطيات تشير إلى الاتجاه المعاكس. فوفقاً لاستجوابه، قال الدكتور أولف نوردثال، وهو طبيب برنادوت الشخصي منذ بداية المهمة

حتى 13 أغسطس/ آب: «في ما يتعلق بموقف الكونت من مسألة الحماية، أوضح الدكتور نوردقال أن الكونت لم يكن ليرفض وجود المرافقة. وكان الدكتور نوردقال قد سأل شخصياً الكونت حول ذلك، وتلقى إجابة مفادها أنه لا يمانع قبول المرافقة الأمنية على الإطلاق. ولم يعرف الدكتور نوردقال ما إذا كان الكونت نفسه قد طلب مرافقة في مناسبة ما، ولكنه اعتبر ذلك أمراً غير مرجح بشدّة» [7].

لكن لم تكن لدى الإسرائيليين أي معرفة مؤكدة بشيء من ذلك. ولم يعلموا بما حدث في رام الله سوى بعد مقتل برنادوت. والمسألة تتعلق [من جهتهم] بالتخمين الخالص، حيث اعتبروا أن موقف الوسيط متطابق مع موقف المراقبين. «وخلاصة القول: كان من المعروف أن النظام الذي كان الوسيط يطبقه استبعد بشكل قاطع إمكانية أن يتنقّل هو وطاقمه في منطقة عملهم برفقة حراس مسلحين». وهذا زعم باطل، حيث توجد أدلة كثيرة على اصطحاب برنادوت، في بضع مناسبات على الأقل. ولا يوجد أي تقرير يفيد بأنه قد رفض وجود المرافقة. بل على العكس تماماً. هناك العديد من الشهادات ضمن التحقيق حول اغتيال برنادوت التي تدعم برقية رالف بانش إلى مجلس الأمن. على سبيل المثال، يشهد العقيد بيغلي: «كان موقف الوسيط من مسألة المرافقة بشكل عام هو أنه لم يطلب ذلك مطلقاً. وعندما تُعرض المرافقة، كانت تُقبل دائماً. وقد اعتبر أن كلا الطرفين مسؤول عن السيطرة على أراضيه وعناصره، كلما تنقّل هناك، بوجود مرافقة أو من دونها. وكانت إجابته الدائمة «الأمر متروك لهم» [8]. وتتطابق أقوال أوغيه لوندستروم ومايلز فلاش حول ذلك. وكتب برنادوت أيضاً بعد زيارته الأولى لإسرائيل: «ومع ذلك، عندما انطلقنا في الرحلة إلى تل أبيب، زُوّدنا بمرافقة عسكرية قوية إلى حدّ ما، مشكّلة من قوات الهاغاناه» [9]. ولم يُعبّر برنادوت عن أي نوع من الرفض للمرافقة. يقول بابلو دي أزكارات، وهو شخص ذو موقع مركزي خارج الدائرة المحيطة

بالوسيط: «... تقضي القاعدة التي وضعها الكونت برنادوت، بعدم طلب حماية خاصة إطلاقاً، أو معارضة أي إجراء يتخذه المسؤولون عن أمنه».[10]

أمّا النقطة (د-) فهي حجة غريبة، وهي - حسب فهمي - ليست في صالح الإسرائيليين. لم يخبر برنادوت السلطات قط أن لديه أي موقف آخر من مسألة المرافقة بخلاف موقف مراقبي الأمم المتحدة. ولِمَ قد يفعل ذلك؟ لقد اعتبر أن هذا أمر يخص السلطات المعنية، وهو أمر تحكمه أيضاً اتفاقية الهدنة. هل سيكون لديه أي سبب لإخطار السلطات على وجه الخصوص بأنه قد قَبِل الشروط الواردة في الاتفاقية التي تفاوض عليها هو نفسه؟

ردت السلطات الإسرائيلية بأشدّ قدر من النقمة والسخط على جريمة الاغتيال. وهنا نقتبس من أحد التصريحات الرسمية العديدة: «... وفي الوقت الذي تتلطى فيه هذه الجريمة خلف ما يسمى بالوطنية- وهذا كذب وفساد ورجس- فإنها في الواقع اعتداء على شرف إسرائيل الفتية، وشرف دولة مستقلة لا تزال تحارب من أجل وجودها؛ وهذا العمل يُلطّخ القدس، المدينة المقدسة، بدماء الأبرياء...».[11]

إذا كانت هذه هي الطريقة التي نظرت بها السلطات إلى احتمال وقوع اعتداء على الوسيط، فهل من المحتمل، بناءً على الافتراضات البحتة، أن تمتنع عن حمايته في الوقت الذي كانت فيه الشائعات تتردّد في كلّ مكان حول وجود خطط لارتكاب جريمة؟ بل لو نظرت السلطات فعلاً إلى محاولة اغتياله على أنها انتهاك فاضح لسلطة الدولة، لسارعت إلى حمايته بأي ثمن تقريباً. ينقل أوغيه لوندستروم أيضاً تصريحاً لدوف جوزيف أعلنه قبل أسبوع واحد فقط من الجريمة: «لا أستطيع تخيّل أي شيء أسوأ مما لو حدث شيء ما للكونت». كان جوزيف على علم تام بوصول برنادوت، لأنهم كانوا قد اتفقوا على عقد اجتماع في السادسة بعد الظهر. لكنه فشل مع ذلك في تأمين الحماية لبرنادوت،

والتي كان من شأنها أن تنقذ حياته.

ملخص النقاط من (ب -) إلى (د-) في تقرير لجنة أغرانات: الاستنتاج بأن السلطات فشلت في حماية برنادوت لأنه لم يكن يريد مرافقة استنتاج أجوف. فالسلطات لم تكن على علم بموقف الوسيط، بل افترضت أنه - مثل المراقبين- لا يريد أي حماية، ولكنه لم يعارض الحماية قط حين وُفِّرت له. ومثل هـــذا الافتراض يجب أن يكون قليل الأهمية، بالمقارنة مع التهديـد الذي قـد تتعرض لـه الـدولة من محـاولـة اغتيـال؛ إذا كـان للمرء أن يصـدق ما قالته الحـكومة بعـد الاغتيال. ويجب بالتالي رفض الاستنتـاج الـذي توصلت إليه اللجنة، ومفـاده أنه لا يمكن لوم السلطات الإسرائيلية على فشلها في حماية الوسيط.

أنكر تقرير أغرانات أن يكون برنادوت قد حظي بمرافقة أمنية خلال زيارات سابقة للقدس. إذ كتب هويمان- كما رأينا- أن برنادوت كان قد حظي بحراسة مسلحة في زياراته السابقة من دون أن يطلب ذلك؛ على الأقل حتى تاريخ 3 أغسطس/آب. وإذا كان الأمر هو أن الإسرائيليين كانوا يوفِّرون المرافقة دائماً من قبل، حتى من دون أن يطلب أحد ذلك، فإنهم سحبوا المرافقة فجأة، على الرغم من التهديدات الواضحة والصريحة للوسيط، وهذا بالطبع أمر خطير للغاية.

ومرة أخرى دوف جوزيف هو الشاهد الملك بالنسبة إلى اللجنة. وقد نفى أمام اللجنة أن يكون برنادوت قد حظي بمرافقة أمنية في أي وقت، باستثناء يوم وصوله لأول مرة في يونيو/ حزيران، عندما استقبله أحد حرس الشرف. ويبدو أنه لم يتم استجواب أي شخص آخر بشأن هذه القضية، وذلك على الرغم من أهميتها القصوى. وبالإضافة إلى ذلك، أدلى العقيد بيغلي بشهادة دوّنها التحقيق السويدي: «كان الجواب هو أن ضابط اتصال غير مسلح هو

الوحيد المتاح. وبحدود علم العقيد بيغلي، لم تُعرض أي مرافقة أخرى».

وخلصت لجنة أغرانات إلى أنه «لم يكن هناك أساس لاتهام السلطات الإسرائيلية في القدس- بما في ذلك وعلى وجه الخصوص الحاكم العسكري وقائد الجيش- بالتقاعس عن تقديم حراسة مسلحة للوسيط يوم اغتياله».

إن المعلومات التي تفيد بأن الوسيط وأصحابه قد زُوِّدوا بمرافقة أمنية من قبل تبدو موثوقة للغاية. في التحقيق [السويدي] حول اغتيال برنادوت، هناك شهادة من الرائد ماغنوس آف بيترسنز الذي كان في فلسطين ضمن مراقبي الأمم المتحدة في صيف 1948 وبقي هناك حتى يوم 17 سبتمبر/ أيلول. وقد وردت معلوماته ضمن مذكرة رسمية. وتنص تلك المذكرة على أن معلومات بيترسنز مأخوذة بشكل أساسي من مذكراته الخاصة. «لدى وصولهم إلى القطاع اليهودي من القدس في 3 أغسطس/ آب، استُقبلت جماعة الكونت من قِبل ضباط الارتباط اليهود والشرطة العسكرية اليهودية مع سَرية مؤلفة من أربعة إلى خمسة رجال مسلحين بالمدافع الرشاشة». [12]

لم يكن بيترسنز يعلم من الذي أعطى الأمر بتأمين المرافقة، لكن كبير المراقبين نيلز برونسون استطاع تقديم معلومات عن ذلك.

«تضمنت اتفاقية وقف إطلاق النار، من بين أمور أخرى، لوائح تتعلق بمراقبي الأمم المتحدة. وفيها أن هؤلاء يجب أن يتمتعوا بحرية الوصول إلى جميع الأماكن. ويجب على سلطات الأطراف المتحاربة ضمان سلامتهم وتوفير المرافقين وما إلى ذلك».

«وبالتالي، لم تكن المرافقة أمراً يتوجب على المرء أن يطلبه في العادة. أُبلغ عن الزيارة المرغوبة، وبناءً على ذلك، رُتِّبت مسألة المرافقة».

«أثناء زيارة الكونت فولك برنادوت إلى القدس خلال الفترة التي كنت أتولى فيها القيادة كبير للمراقبين، تصرَّفتُ بما يتوافق مع ما ورد أعلاه.

أبلغت الدكتور جوزيف عن الزيارة، ثم تلقيت معلومات حول المرافقة الأمنية. وفي أي من تلك المناسبات لم يكن لدي أي سبب يدعوني للتذكير بالإجراءات الأمنية. وهي إجراءات تتألف من دراجتين إلى ثلاث دراجات نارية ذات عربات جانبية يجلس في كلّ منها عنصر مسلح من الشرطة العسكرية وتسير في مقدمة طابور السيارات، وضابط يهودي مسلح في سيارة في الخلف، وسيارة أو سيارتين مع ضباط يهود وربما بعض المدنيين، ويضمّ الطابور سيارة جيب فيها جنود مسلحون أو عناصر شرطة عسكرية».[13]

ثمة شهادة قدمها أيضاً الرائد ماسّارت.[14] وقد أُخذت أقواله باعتماد استمارة الأسئلة التي أرسلتها لجنة التحقيق [السويدية] إلى أولئك الذين لم يكونوا متاحين للاستجواب المباشر. وقد شهد ماسّارت تحت القسم، وحين سُئل حول مسألة ما إذا كانت السلطات الإسرائيلية قد عرضت على الوسيط تأمين المرافقة يوم جريمة الاغتيال أو في مناسبات سابقة بالقول: «ليس لدي ما أقوله حول اليوم الذي وقعت فيه جريمة الاغتيال. أمّا في الرحلات السابقة، فكان الحاكم العسكري اليهودي، الدكتور جوزيف، حاضراً دائماً عند وصول الكونت برنادوت. عرض علينا عدة مرات عناصر من الشرطة العسكرية اليهودية. وفي كل مرة، باستثناء يوم جريمة الاغتيال، كان ضابط ارتباط يهودي ينتظرنا عند عبور الخطوط اليهودية عبر بوابة مندلباوم».

من أجل دعم ادّعاء جوزيف بأنه لم يتم تأمين مرافقين قط، إلا في المرة الأولى، تشير لجنة أغرانات إلى شهادة [العقيد] فرانك بيغلي، والذي أجاب أيضاً على استمارة أسئلة [المدّعي العامّ ماتس] هويمان.

«سؤال: هل عرضت السلطات الإسرائيلية على الوسيط مرافقة أمنية وقت وقوع الجريمة أو في مناسبات سابقة؟

جواب: كان ضابط الاتصال غير المسلح هو الوحيد المتوفر. على حد

علمي، لم تُقدَّم المرافقة في أي مناسبة أخرى باستثناء الزيارة الرسمية الأولى في يونيو/ حزيران». [15] ويؤكد بيغلي أيضاً على معلومات بانش والآخرين حول موقف الكونت من مسألة المرافقة: «الأمر متروك لهم، كانت إجابته الدائمة».

يشير استجواب باربرو ڤيسّيل إلى الاتجاه نفسه الذي أشارت إليه معلومات بيغلي. [16] «بقدر ما يمكن للآنسة ڤيسّيل أن تتذكر، وهي التي رافقت الكونت في معظم جولاته في فلسطين، فقد كانت تلك [زيارة إلى حيفا - المؤلف] هي المرة الوحيدة التي قُدّمت فيها الحماية. وهذا ينطبق على الأراضي العربية واليهودية على حدّ سواء».

يتضمن استجواب الطبيب أولف نوردثال المقطع التالي: «على حد علم الدكتور نوردثال، لم تُخصّص للكونت مرافقة أو أي شكل آخر من أشكال الحماية في الأراضي اليهودية، باستثناء المرة الأولى في الرحلة من حيفا إلى تل أبيب ذهاباً وإياباً. من ناحية أخرى، في رأي الدكتور نوردثال، أُعدّت إجراءات حماية الكونت في المناطق العربية بشكل جيد جداً». [17]

إن أول شيء يلاحظه المرء عند فحص أقوال برونسون وآف بيترسنز وماسّارت من ناحية، وبيغلي وڤيسّيل ونوردثال من ناحية أخرى هو أن الثلاثة الأول قدّموا من دون تحفظ معلومات واقعية ومفصلة. أمّا بيغلي - من ناحية أخرى - فقد أجاب بتحفظ، مستخدماً عبارة «بحسب علم الكاتب». وجاء في شهادة نوردثال: «بقدر ما يعلم الدكتور نوردثال». وقالت باربرو ڤيسّيل أيضاً عند استجوابها: «بقدر ما تتذكر». وقد أضعفت أقوالها على الفور بسبب زعمها عدم حصولهم على مرافقة حتى في الأراضي العربية. لا جدال في أن عربة عسكرية قد رافقت الوسيط أثناء الرحلة من رام الله إلى بوابة مندلباوم يوم وقوع الجريمة. علاوة على ذلك، تأكّد في مواضع عدة أن الوسيط كان مصحوباً على الدوام بمرافقة ضمن المناطق العربية، وهي معلومات لم يُشكّك

فيها قط. كما أنه من غير المؤكد ما إذا كانت ڤيسّيل حاضرة دائماً خلال زياراته إلى القدس. وخلال الزيارة التي يدور معظم الحديث حولها، في 3 أغسطس/ آب، كانت موجودة في القدس، ولكنها لم ترافق الوسيط إلى المنطقة اليهودية قطّ. وبالمقابل، كانت باربرو ڤيسّيل حاضرة خلال الزيارة التي تمّت في 1 يوليو/ تموز. «لم يقابلنا أحد، لكن ‹سيارة جيب عربية› أوصلتنا إلى المدينة. ولم يكن العشاء في فندق الملك داوود فكرة سيئة». [18] يُذكر أن فندق الملك داوود يقع في المنطقة اليهودية، مما يعني أنها كانت هناك في ذلك الوقت.

على أي حال، شهادة ماسّارت أيضاً إشكالية بعض الشيء. فقد قال: في كل مرة، باستثناء يوم جريمة الاغتيال، كان ضابط ارتباط يهودي ينتظرنا عند بوابة مندلباوم. وهذا بالضبط ما فعله [ضابط الارتباط اليهودي] هيلمان حين قابلهم عند بوابة مندلباوم. وهنا يظهر شيء من سوء الفهم، ربما من جانب المحقق، لأن ماسّارت ذكر لاحقاً هيلمان. وعلى سبيل الاحتياط، سنقيّم مدى مصداقية شهادات برونسون وبيترسنز وماسّارت على النحو التالي: شهادة برونسون موثوق بها بدرجة عالية جداً، باعتبار أنه كتب أقواله بنفسه. ثمّ تأتي شهادة بيترسنز التي قد تنطوي على شيء من الخطأ؛ لأن المحقق هو الذي نقل الأقوال. وأخيراً، يشوب شهادة ماسّارت الخلل نفسه الذي اعترى شهادة آف بيترسنز، بالإضافة إلى التباس واضح.

في أي منصب كان كل واحد من هؤلاء الأشخاص الستة، وما هي النظرة العامة لدى كلّ منهم؟

كان برونسون قائد قوة المراقبين، وهو الذي اتصل مباشرة بالجانب الإسرائيلي بشأن وصول برنادوت. وفي 3 أغسطس/ آب كان لا يزال قائداً لقوة المراقبين، وهي المناسبة التي أنكرت فيها لجنة أغرانات بشكل مباشر وجود المرافقة. وتتكون شهادته من رسالة مفصّلة كتبها بنفسه، وهي تتضمن

بالتالي معلومات ذات أهمية أساسية، علاوة على أنها دقيقة للغاية ومفصّلة. وحين وقعت الجريمة، كان قد استُبدل بالعقيد رايلي.

كان الرائد بيترسنز أحد مراقبي الأمم المتحدة في القدس ابتداءً من 28 يوليو/ تموز وحتى ما بعد جريمة الاغتيال. وقد استُجوب، ولكن لم تُعرض أقواله كنص، بل كملخص فقط. وبالتالي، هناك مجال لسوء التفسير؛ وهو الأمر الذي قد يفسر وجود مشكلة في شهادته. وجاء في محضر استجوابه أن «المعلومات مأخوذة بشكل أساسي من مذكراته الخاصة». لكن لا يمكن أن تنطبق شهادته على المعلومات المتعلقة بمسألة المرافقة، وذلك لعدم ذكر كلمة مرافقة في يومياته، وهي موجزة إلى حدّ ما.[19]

كان الرائد ماسّارت رئيساً للمراقبين على الجانب العربي. وقد استقل السيارة الأولى في الموكب برفقة آخرين من ضمنهم النقيب هيلمان.

كان العقيد فرانك بيغلي ضابطاً سابقاً في مكتب التحقيقات الفيدرالي، وفي صيف العام 1948 كان ضمن قوّة مراقبي الأمم المتحدة. قاد بيغلي سيارة فولك وقت الهجوم، كما هو الحال في مناسبات أخرى. وقد كان السائق الدائم للوسيط، وبالتالي فإن نظرته العامة جيدة جداً.

شهادة باربرو قيسّيل مربكة. إذ رافقت الكونت في معظم أسفاره، ومع ذلك فهي لا تتذكر– بعد نحو عام من الجريمة– وجود مرافقة في أي وقت على الإطلاق، باستثناء مناسبة واحدة في حيفا. وهذا ببساطة خطأ، كما يشهد على ذلك العديد من الناس. فنحن نتذكر– على سبيل المثال– ما قاله القنصل البلجيكي نيوينهويس لقيدار باغّي: «كان العرب يوفّرون على الدوام حراسة أمنية ترافق الوسيط خلال تنقله في أراضيهم، وكذلك فعل اليهود خلال الهدنة الأولى، أي حتى 8 يوليو/ تموز. أما الآن فقد ألُغيت تلك الحماية من دون مبرر خاص».

لكن المعلومات الواردة في استجواب ڤيسّيل شحيحة للغاية في هذا الصدد. كما أن شهادتها ذُكرت كملخص. لذلك، من الصعب معرفة ما قالته بالضبط، بل إن الأكثر صعوبة هو معرفة ما كانت ستقوله لو أنها ووجِهَت بمعلومات بيترسنز أو برونسون أو ماسّارت. وهذا الأمر ينطبق أيضاً على بيغلي.

على أي حال، سيكون من الصعب للغاية تجاوز المعلومات التي قدمها كلّ من برونسون وآف بيترسنز، وذلك لأنها معلومات مفصّلة قُدّمت من دون تحفظات. أمّا شهادة ماسّارت فهي دقيقة للغاية، ولكنها تحتوي على معلومة غير صحيحة؛ مما يضعفها.

أمّا شهادات بيغلي وڤيسّيل ونوردڤال فقد قُدّمت مع بعض التحفظات، وهي لا تحتوي على أي تفاصيل، كما أن شهادة ڤيسّيل مضللة جزئياً وبشكل مباشر.

من الواضح جداً أن شهادة بيغلي التي استندت إليها لجنة أغرانات هي التي تشكّل بالضبط الإجابة عن استمارة الأسئلة التي أعـدّها المحققون السويديون. وما تقـدم يعني أن الإسرائيليين تمكنوا من الوصـول إلى المـواد السويدية. لماذا إذاً لم يُستشهد بشهادات آف بيترسنز أو برونسون أو ماسّارت؟ لماذا لم يأخذ هؤلاء المحامون الكبار في الاعتبار الشهادات التي تتحدث ضد وجهة نظرهم؟

لم يتردّد المدعي العام [السويدي]، إذ صرّح بما لديه استناداً إلى الشهادات المذكورة، وذكر من دون تحفّظ أن موكب برنادوت كان مصحوباً بمرافقة في الزيارة التي تمّت في 3 أغسطس/آب.[20] وبالتالي، أجرى أيضاً تقييمًا مفاده أن الشهادات التي أفادت بأن برنادوت تنقّل سابقاً مصحوباً بمرافقة ضمن الأراضي اليهودية كانت تتمتع بمصداقية أكبر بكثير من شهادات أولئك الذين أنكروا تلك الحقيقة.

هل هناك أي معلومات أخرى حول الزيارة التي تمّت في 3 أغسطس/آب؟ يذكر برنادوت شخصياً ذلك في ملاحظاته.[21] ففي تلك الملاحظات يعلن أنه طار في 2 أغسطس/آب من عمان إلى القدس وزار الجزء العربي أولاً. ثم استقر على جبل المشارف، بجوار جبل الزيتون. وكان جبل المشارف آنذاك تحت سيطرة الأمم المتحدة. «عندما انطلقنا من جبل المشارف إلى الجزء الجديد من المدينة لمقابلة الحاكم العسكري الجديد، الدكتور جوزيف، اتضح أن الأمر أصعب علينا من ذي قبل؛ حيث يتوجب علينا تخطي الخطوط المختلفة. وفي النهاية، تمكّنا من الوصول إلى البيت الذي توجد فيه الوكالة اليهودية، وناقشنا مسألة المراقبة مع الدكتور جوزيف لمدة ساعتين».

والآن، ينتقل برنادوت وأصحابه إلى الجزء اليهودي، والمقصود هنا هو تلك المناسبة المذكورة في شهادة آف بيترسنز. لم تُذكر هنا مسألة المرافقة، لكن هذا لا يعني الكثير. لقد قيل لنا إن وسيط الأمم المتحدة لم يُبدِ أي اهتمام من حيث المبدأ حول ما إذا كان محمياً أم لا.

في 10 أغسطس/آب، عاد برنادوت إلى القدس. وكانت تلك هي المرة التي تظاهرت فيها منظمة شتيرن ضده، فماذا عن المرافقة بعد ذلك؟

كان أوغيه لوندستروم حاضراً، وتحدث عن التنقلات المحفوفة بالمخاطر في ذلك المساء بعد الزيارة الرسمية والمؤتمر الصحفي. وقد دُعي هو وفولك لتناول العشاء مع القنصل العام البلجيكي، ثم إلى حفل حضره العديد من الضيوف البارزين. كانوا مقيمين آنذاك كالمعتاد في منطقة جبل المشارف الخاضعة لسيطرة الأمم المتحدة، أي فوق ذلك التل المجاور لجبل الزيتون، حيث كان مستشفى هداسا والجامعة العبرية قائمين وما زالا. وقد كتب لوندستروم: «كما هي العادة في القدس، كان من المقرر أن يقود سيارتنا العقيد بيغلي، وهو الرجل نفسه الذي قاد سيارة برنادوت يوم جريمة

الاغتيال. وكان بيغلي قائداً لقوة الشرطة التابعة للأمم المتحدة. وقد ذكّرني عن غير قصد بالمحقق الرئيس في سلسلة كتب المؤلف بيتر تشيني؛ القيادة بسرعة مع قلة المهارة، وعدم احترام الغير، وعدم الاكتراث بسلامة جوانب السيارة. والأمر المعتاد هناك أن تكون السيارات ملطخة وجوانبها منبعجة ومثقوبة بالرصاص. كان يلوّح بسعادة ويصيح بالقائمين على نقاط التفتيش عند الحواجز والموانع، وكانت لديه قدرة غير عادية على العبور بسرعة. بدا وكأن الجميع يعرفونه ببذلة الكاكي ذات السروال الطويل التي لا يميّزها شيء. وهو مكشوف الرأس، أحمر الشعر، وذو يدين كبيرتين تبدوان قادرتين على الإطاحة بأي عربي أو يهودي وقلبه رأساً على عقب. يعرف كل زاوية وركن في القدس، ويعرف أمكنة «القناصين»، ويعرف الأزقة والحارات التي ينبغي سلوكها في مناطق الاشتباك، حيث كانت الطرق الرئيسية غالباً ما تُغلق. عُرض على طاقم موظفي برنادوت أن تصحبهم سيارة مرافقة، لكن العرض رُفض. [جعلتُ النص مائلاً–المؤلف] كنا ثلاثة فقط نحن الذين توجب عليهم الانطلاق وخوض المغامرة. وقبل مغادرتنا بقليل، جاء إلي طبيب فولك برنادوت وقال لي: «تذكر أن لدي دماً وأشياء أخرى هنا إذا لزم الأمر». كان برنادوت معتاداً على عمليات نقل الدم بسبب نزيف المعدة الذي يعاني منه.

حسناً، انطلقنا بعد أن جلس بيغلي خلف عجلة القيادة، وفولك برنادوت وأنا على المقعد الخلفي. وما إن سلكنا الطريق الرئيس إلى القدس حتى دوّت بضع طلقات وسمعنا الصفير المعتاد. ثمّ اتفقنا على أن الرصاص الذي يُسمع صوته لا يَقتل». [22]

حدث هذا في المساء. ولا يمكن إنكار أن الوسيط قد واكبته مرافقة خلال الزيارة الرسمية التي قام بها في وقت سابق من ذلك اليوم، عندما التقى بكل من دوف جوزيف وموشيه شيرتوك [شاريت]. لكن الأمر المثير للاهتمام هو

أن لوندستروم- الذي لم يكن غير مبالٍ بقضية المرافقة- لم يتطرق للموضوع على الإطلاق عندما تحدث عن تلك الرحلة الخطرة في ذلك المساء. عُرِض على موظفي الأمم المتحدة أن تواكبهم مرافقة، وكان المرافقون في هذه الحالة عزلاً من السلاح. وقد رُفض العرض. وهنا يتكوّن لدى المرء انطباع لا يمكن دحضه، وهو أن المرافقة لم تكن أمراً معتاد الحدوث على الإطلاق. وقد تحدّث لوندستروم أيضاً بالتفصيل في خاتمة كتاب «إلى القدس» عن الأحداث التي وقعت يوم جريمة الاغتيال، بما في ذلك كيفية الدخول إلى المناطق اليهودية، من دون أن تستقبلهم أي مرافقة. فإذا كان هذا الأمر يحدث دائماً من قبل، فمن اللافت للنظر أن لوندستروم لم يتطرق إلى المسألة.

أمور كثيرة غير واضحة، لكن ثمة ظروف لا شكَّ فيها قد تجعل المرء أكثر ميلاً إلى أن يُصدّق تأكيد جوزيف بأن المرافقة لم تحدث قط، باستثناء الزيارة الأولى. في هذه الحالة، يتوجب على المرء أن يتجاوز- بطريقة ما- شهادات بيترسنز وبرونسون وماسّارت، وهذا ليس أمراً سهلاً. حتى إن لجنة أغرانات لم تحاول ذلك.

باختصار، إن إنكار لجنة أغرانات لمرافقة برنادوت في 3 أغسطس/آب وفي مناسبات أخرى مسألة غير مقنعة أبداً. وقد اعتمدت اللجنة على دوف جوزيف كمصدر رئيسي في تحقيقها. هذا مع العلم أن أقواله عديمة القيمة تقريباً، لأنه تحدث عن نفسه ولم يقدم أي وثائق أو شهود. أما الشاهد الإضافي الوحيد لدى اللجنة، [العقيد] فرانك بيغلي، فلقد اختير ليناسب هدف تبرئة السلطات، مع تجاهل الإفادات القوية الأخرى.

على أي حال، هناك شهادات وسرديات تشير إلى أن برنادوت لم يحظَ دائماً بمرافقة أمنية أثناء زياراته السابقة للمنطقة اليهودية في القدس.

ولتوضيح المسألة أكثر، دعونا نعيد بناء وضع اتّخاذ القرار الحكومي، والذي

كان سائداً قبل وصول برنادوت إلى القدس في 17 سبتمبر/ أيلول. أُعلن عن وصوله بشكل صحيح، وحُدّد موعد للقاء سيُعقد مع دوف جوزيف. كانت الحكومة على علم بالتهديدات بالقتل التي وردت في صحيفة منظمة شتيرن وإذاعتها. ما الذي قيل بعد ذلك بوجوب تأمين المرافقة للوسيط وأصحابه وضدّ ذلك؟

قيل أولاً وقبل كل شيء بوجوب ذلك وفقاً لقرار مجلس الأمن الصادر في 19 أغسطس/ آب 1948: «جميع الأطراف مسؤولة عن الأعمال التي تقوم بها كل من القوات النظامية وغير النظامية العاملة تحت سلطتها أو في الأراضي الخاضعة لسيطرتها».[23] بالمناسبة، لم يكن هذا شيئاً متعلقاً بهذا الصراع بالذات. «من المبادئ الراسخة بموجب القانون الدولي أن الطابع العام للزائر والظروف التي يتواجد فيها على أراضي دولة ما تفرض على تلك الدولة الالتزام بيقظة خاصة نحوه».[24]

جرى الحديث أيضاً حول وجوب تأمين الحماية نظراً للضرر الهائل الذي سيصيب هيبة الدولة إذا حدث شيء ما لبرنادوت. فهو الممثل الأعلى للأمم المتحدة التي رعت ولادة دولة إسرائيل. ولنتذكر برقية شرتوك الساخطة: «... المجانين الخارجين عن القانون الذين يكرههم شعب إسرائيل». ولنتذكر أيضاً تصريحات بن غوريون بعد الاغتيال: «... وفي الوقت الذي تتلطى فيه هذه الجريمة خلف ما يسمى بالوطنية، وهذا كذب وفساد ورجس، فإنها اعتداء في الواقع على شرف إسرائيل الفتية، وشرف دولة مستقلة لا تزال تحارب من أجل وجودها...»

وأخيراً، قيل بوجوب تأمين الحماية فذُكرت المرافقة التي خُصّصت لبرنادوت في مناسبات سابقة.

لم يدُر حديث ضدّ تأمين الحماية باستثناء التخمينات المختلفة حول عدم

رغبة الوسيط بوجود مرافقة. وكان هذا مجرد افتراض، لأن برنادوت لم يدلِ قط ببيان رسمي بشأن هذه المسألة. وما يمكن الاعتماد عليه في هذا الشأن هو بعض الخبرة المبنية على الموقف السلبي المزعوم لمراقبي الأمم المتحدة تجاه المرافقة.

من الواضح أن هذا الرأي غير متماسك. فإذا كانت العواقب بالنسبة إلى إسرائيل خطيرة بالدرجة التي عبّرت عنها الحكومة بعد الاغتيال، فإن مثل هذه الافتراضات الفضفاضة لا يمكن بأي حال من الأحوال أن تكون مبرراً للامتناع عن تأمين المرافقة. بل على العكس تماماً. وذلك لأن معظم الذين علّقوا على جريمة الاغتيال قالوا إن ما حدث كان أسوأ شيء يمكن أن يحدث للدولة الجديدة. وكان المنطق يقضي أن يفعل المرء كل ما في وسعه لمنع حدوثه. لا بدّ وأن يكون هناك شيء آخر دفع باتجاه عدم تأمين الحماية، وماذا يمكن أن يكون سوى أن الحكومة أرادت، بعد كل شيء، التخلص من برنادوت؟

ما الذي يجعل المرء على استعداد لتحمّل التبعات الباهظة لارتكاب جريمة قتل؟ كان برنادوت - كما رأينا - في طريقه إلى الجمعية العامة للأمم المتحدة في باريس حاملاً اقتراحه الجديد للسلام. وقد احتوى الاقتراح على ثلاث نقاط لا يمكن للإسرائيليين قبولها تحت أي ظرف من الظروف: تدويل القدس، والسماح للاجئين بالعودة، وإعطاء النقب إلى الجانب العربي. وكان مجلس الأمن التابع للأمم المتحدة قد أمر بفرض هدنة يؤدي انتهاكها على نطاق واسع إلى فرض عقوبات على المنتهك. كان فولك برنادوت شخصية جذابة ذات مكانة مرموقة، وبالتالي فإن الخطر (من وجهة نظر إسرائيلية) المتمثل في إمكانية إقناعه الجمعية العامة للأمم المتحدة بتبني خطته للسلام كبير جداً، خاصة وأن الخطة كانت مدعومة آنذاك من قبل كل من بريطانيا والولايات المتحدة الأميركية. كان الإسرائيليون مدركين لتفوقهم العسكري التام، وكانوا مصممين على توسيع أراضيهم إلى ما هو أبعد مما هو مذكور في القرار

رقم 181. بالمقابل، تنصّ خطة برنادوت على أن تكون الأراضي [الإسرائيلية] أصغر. وإذا استخدم الإسرائيليون قوّتهم العسكرية للهجوم وكسب المزيد من الأرض، فمن الواضح أن برنادوت كان سيقاتل من أجل الحفاظ على الهدنة باللجوء إلى دبلوماسية المكوك المحمومة نفسها التي مارسها من قبل. وفي ما يتعلق باللاجئين، فمن المتوقع أن يكافح برنادوت بإصرار، مدفوعاً بالتزامه الإنساني الكبير، من أجل حقهم في العودة إلى ديارهم. ومع خروج برنادوت من الصورة، سيكون التعامل مع الأمم المتحدة- على الأرجح- أسهل بكثير بالنسبة إلى الإسرائيليين. وكانوا يعرفون أين يقف الأمين العام للأمم المتحدة تريغفه لي؛ المتعاطف سراً مع الإسرائيليين.

وهكذا، لم يعد يُرجى الكثير من خطة فولك برنادوت للسلام. فقد تنصّل منها [الرئيس الأميركي] ترومان فعلياً وهو على أبواب الانتخابات الرئاسية الأمريكية. هل كان سيحدث الشيء نفسه لو كان برنادوت على قيد الحياة؟ ذلك أمر محتمل جداً، ولكننا لا نعرف ذلك على وجه الدقة، وما كان الإسرائيليون يعرفون ذلك أيضاً في 17 سبتمبر/ أيلول. وما عرفوه هو أنه إذا نجح في إقناع الأمم المتحدة بخطته للسلام، فستكون تلك عقبة صعبة للغاية أمام تنفيذ خططهم.

وقد يكون تفكير فولك برنادوت في نقل مقره الرئيس إلى القدس دافعاً مساهماً أيضاً. لنقتبس مرة أخرى من تقرير هويهان: «ومن الممكن، والحال كذلك، أن تكون مصالح بعض الـدوائـر قد تطابقت مع مصلحة إسرائيل لخلق نقطة انطـلاق مؤاتية من خلال احتلال منطقة النقب والقدس بأكملها عسكرياً. لا بد أن الكنت برنـادوت قد اعتُبر عقبة خطيرة أمـام تنفيذ مثل هذه الخطط»... «بالنسبة إلى أولئك الذين كانوا ينوون احتلال القدس بأكملها عسكرياً، قد تكون فكرة نقل الكنت برنادوت مقر عمله إلى المدينة فكرة بغيضة بشكل خاص».

يمكن أن نضيف أن الحكومة الإسرائيلية ربما كان لديها دافع آخر للسماح لمنظمة شتيرن بتنفيذ ضربتها: التخلص من منظمة شتيرن نفسها. فهي لم تخضع لسلطة الحكومة المؤقتة، وشكلت خطراً على السلطات؛ في القدس على الأقل. وهكذا، شكّل الاغتيال السياسي فرصة ذهبية لسحق تلك المنظمة، وتلك كانت النتيجة بالفعل. ضرب بن غوريون عصفورين بحجر واحد كما يقال. وبالرغم من عدم وجود الكثير من الوثائق التي تُثبت ذلك، إلّا أنه من الصعب عدم ملاحظة الحزم في الإجراءات التي اتّخذت ضد الإرهابيين، بالمقارنة مع إجراءات التحقيق المضحكة في جريمة الاغتيال. كتب هويمان ساخراً: «لا يمكن تجاهل حقيقة أن السلطات- بالرغم من أنها قد اتخذت إجراءات صارمة لتنفيذ الاعتقالات- أظهرت نقصاً واضحاً في الاهتمام بالعثور على الجناة من بين المعتقلين». [25]

يتحمل القائد العسكري دوف جوزيف المسؤولية المباشرة عن حماية الوسيط وموظفيه. ويروي أوغيه لوندستروم حكاية حول زيارته لجوزيف قبل أربعة أيام من جريمة الاغتيال. [26] كان لوندستروم قد قصد جوزيف لسماع آرائه حول قضية صعبة.

وهنا نتذكر أن ماتس هويمان ذكر في تحقيقه أن الدافع المحتمل للاغتيال كان تخطيط فولك لنقل مقره من رودس إلى القدس، إلى «مقر الحكومة»، الواقع على قمة ذات أهمية استراتيجية كبيرة في المنطقة المنزوعة السلاح بين الجبهتين الإسرائيلية والعربية. وخلال استطلاع المنطقة، وجد لوندستروم العديد من الصعوبات التي تعترض وجود المقرّ هناك. ومن أجل استكمال البحث، أراد لوندستروم معرفة رأي الإسرائيليين في الموضوع، فاتضح له أن دوف جوزيف كان يعارض الفكرة بشدة.

ترك جوزيف انطباعاً بالتعاطف الشديد لدى أوغيه لوندستروم، بعد أن

عرض عليه مجموعته الفنية المتميزة وأسمعه أوركسترا «فنلنديا» لـ[جان] سيبيليوس على الغراموفون، وهي معروفة في كل مكان؛ كما سيظهر لاحقاً حين عُزفت تلك القطعة الموسيقية في جنازة برنادوت. بعد ذلك، أوضح أن أول شيء سيفعله الإسرائيليون إذا بدأت الحرب مرة أخرى هو احتلال جبل المشورة الفاسدة [المكبر] وسيكون الكونت برنادوت بالتالي في وسط المعركة. بالمناسبة، دمرت الوحدات غير النظامية كل شيء هناك. «لا أستطيع تخيّل أي شيء أسوأ مما لو حدث شيء ما للكونت. تتطابق هنا آرائي السياسية والشخصية. لا أحب ذلك على الإطلاق!»، قال جوزيف.

ويعلق لوندستروم على ذلك بالقول إنه لم يكن يعرف آنذاك إلى أي مدى سيكون ما قاله صحيحاً.

وفي بيان مشترك صدر في اليوم التالي للاغتيال عن جميع أولئك الذين كانوا في السيارة الأولى حين وقعت جريمة الاغتيال، حيث كان يجلس أيضاً ضابط الارتباط النقيب هيلمان، جاء فيه ما يلي:

«قبل وصولهم إلى مكان الجريمة مباشرة، التقى الموكب بعربة مصفحة. دقّق هيلمان النظر في العربة المصفّحة، ثمّ قال: (انظروا، كان فيها الدكتور جوزيف!) سأله دي غير: (هل تقصد حقاً أنك رأيته في العربة المصفحة؟) فأجاب هيلمان: (نعم، لقد رأيته بالتأكيد في العربة المصفّحة)». [27]

أثارت رؤية جوزيف بالقرب من مسرح الجريمة الكثير من العجب. وقد ذكرها هويمان كحقيقة في تحقيقه، [28] ولكنها لم تثر - بخلاف ذلك - أي أسئلة تتعلق بالحادث. بعد ذلك، أنكر هيلمان بقوة أن يكون قد رأى جوزيف. التقى باغّي بهيلمان عدة مرات بعد وقوع الجريمة، وذكر أن هيلمان كان «لافتاً للنظر. نعم، كـان حريصاً بشكل مريب على التـأكيد على أن الدكتور جوزيف لم يُقابل على الطريق وهو يقـود سيارته، وأن المكـان الذي شوهـد

فيه لم يكن قريباً على الإطلاق من مسرح الجريمة، بل هو في الحقيقة بعيد كل البعد عن ذلك». [29]

أبلغ القنصل العام [الفرنسي رينيه] نوفيل وزارة الخارجية الفرنسية عن الأمر نفسه. لقد «حرص اليهود على توضيح سبب وجود جوزيف في المنطقة. وزُعم في البداية أن الادعاءات في هذا الصدد مجرد افتراء؛ وفي وقت لاحق وُضّح أن جوزيف كان في طريقه من مؤتمر في تلك المنطقة إلى مقره». [30]

ولأن هويمان أشار إلى المسألة، حاولت لجنة أغرانات معالجة الأمر في تحقيقها، حيث بُنيت الحجة كلها مرة أخرى على أساس سؤال المشتبه به- أي دوف جوزيف- عن صحة ما قاله هيلمان. نفى جوزيف ذلك، ونفى أيضاً أن يكون قد استقل من الأساس عربة مصفحة، ثم يذكر التقرير- من دون أي إثبات- أن جوزيف لم يكن في مكان الحادث. هذا ولم يقدم جوزيف حجة غياب، وكان لديه متسع من الوقت للحصول على حجة. في اليوم التالي للجريمة، نُشرت بالفعل معلومات هيلمان حول وجود جوزيف بالقرب من مسرح الجريمة، وكان جوزيف أكثر من حريص على تصحيح سوء الفهم هذا، إذا كان ثمة سوء فهم.

كتب دوف جوزيف بنفسه تقريراً في اليوم التالي لجريمة الاغتيال حول كيفية إدراكه للأحداث. [31] عند الساعة الخامسة كان قد انتهى لتوه من الاجتماع مع بعض الأشخاص المحددين. كانوا واقفين في مكان ما على المسار الذي سلكه الموكب المزيّن بأعلام الأمم المتحدة، ورأى الموكب وهو يمرّ، ولكنه لم يكن يعلم أن برنادوت كان جالساً في إحدى السيارات. ثم ذهب جوزيف إلى الحيّ الألماني لزيارة بعض المهاجرين الواصلين حديثاً، والذين تم إيواؤهم هناك. ثمّ عاد إلى منزله حوالى الساعة 5:30 مساءً، لتحديد موعد مع برنادوت.

دافع جوزيف في بيانه المذكور عن نفسه ضدّ بعض الاتهامات الموجهة للسلطات بشكل عام وضدّه شخصياً بشكل خاص. وقد ذكر التقرير الذي ورد فيه أنه شوهد بالقرب من مسرح الجريمة. وكتب أنه لم تكن لديه عربة مصفحة، بل عندما رأى الموكب كان يقف بجوار سيارته من طراز كرايسلر، وكان في مكان آخر مختلف تماماً. «أخطأ ضابط الاتصال لدينا- النقيب هيلمان- الذي كان مصدر هذه المعلومات، فخلط بيني وبين شخص آخر».

بالطبع، ربما كان هذا هو الواقع. وربما يكون هيلمان قد تراجع عن أقواله. لكن من المدهش، بعبارة ملطفة، أن لجنة أغرانات، مع كبار محاميها، لم تذكر شيئاً في تقريرها عن استجواب أي شخص يمكن أن يدعم رواية جوزيف، بل اكتفت بأقواله الخاصة. في التقرير المذكور، يُسمّي جوزيف الأشخاص الذين كان بصحبتهم عندما رأى موكب سيارات الأمم المتحدة، ويحدّد مكان وجوده عندما وقعت الجريمة، وهو بالتحديد الحيّ الألماني. يؤدي هذ الإغفال الجسيم حتماً إلى بروز شكوك أقوى، مفادها أن هيلمان رأى جوزيف حقاً بالقرب من مسرح الجريمة.

لم تُتح للجمهور السويدي قط فرصة التدقيق في تقرير أغرانات. إذ صُنّف كوثيقة سريّة، واختفى لفترة طويلة في أرشيف وزارة الخارجية. وفي اجتماع للحكومة في 29 حزيران/ يونيو، سمحت الحكومة لوزير الخارجية بإقامة علاقات دبلوماسية كاملة مع إسرائيل، وذلك «في أي وقت يراه مناسباً». وفي لجنة الشؤون الخارجية في 3 يوليو/ تموز، قدَّم [وزير الخارجية] أوندين مذكرة لإرسالها إلى الإسرائيليين. وذكر تقرير لجنة أغرانات شديد السرية وقال: «يجب أن نعترف بوجود مبرر للرد على انتقاداتنا المتعلقة بغياب المرافقة. يبدو أن رغبة برنادوت في عدم وجود مرافقة واضحة تماماً. وينبغي أن نركّز الآن على تأكيداتهم بعدم إغلاق التحقيقات. وجهة نظري هي أنه إذا كانت إسرائيل ستقدّم ما يُرضي من خلال الاعتراف العلني ومن دون تحفظ بارتكاب الخطأ،

فسننظر إلى المسألة وكأنها سُوّيت بين السويد وإسرائيل، وسنعلن الاعتراف بها «بحكم القانون»».

تحدث أوندين هنا بما يخالف الحقّ البيّن والحقيقة الثابتة. لا شكّ أن إسرائيل اعترفت بارتكاب أخطاء في تحقيقاتها، واعتذرت عنها. لكن التقرير الإسرائيلي لم يُبيّن بجلاء على الإطلاق رغبة برنادوت في عدم وجود مرافقة أمنية. ولم تُدحَض أيضاً الإفادات العديدة التي شهدت أن برنادوت لم يعارض قط وجود المرافقة. لكن، بغض النظر عن رغباته الفعلية أو المفترضة، كان على الإسرائيليين واجب حمايته؛ وقد فعلوا ذلك – وفقاً لشهادات موثوقة جداً – في عدة مناسبات؛ على سبيل المثال خلال زيارة قام بها في 3 أغسطس/ آب. أمّا في 17 سبتمبر/ أيلول، فلم يكن ثمة وجود لأي نوع من المرافقة، على الرغم من وجود التهديد الواضح.

لكن الحكومة [السويدية] لم تكن تبحث عن الحقيقة. بل أرادت التخلص من الورطة والاعتراف بدولة إسرائيل.

وهكذا كان. في 12 يوليو/ تموز، أقيمت علاقات دبلوماسية كاملة بين السويد وإسرائيل. وأُبلغ الرأي العام بنتيجة التحقيقات في الجريمة على النحو التالي: «تلاحظ الحكومة السويدية بارتياح أن الحكومة الإسرائيلية تعترف بشكل لا لبس فيه، وتشجب أوجه القصور في تحقيق الشرطة الإسرائيلية الأصلي في القضية، والذي أثبته السويد. كما تلاحظ الحكومة السويدية أن الحكومة الإسرائيلية تتحمل المسؤولية الكاملة عما حدث في هذا الصدد. وترى الحكومة السويدية أيضاً أن التعبير عن ذلك يكمن في إعلان الحكومة الإسرائيلية أنها دفعت للأمم المتحدة المبلغ المطلوب كتعويض عن النفقات المتعلقة بمقتل الكونت برنادوت.

وتنص المذكرة – في رأي الحكومة الإسرائيلية – على أن بعض مواد

التحقيق الجديدة في القضية، والتي يُعترف بأنها تلقي بظلال من الشك على أشخاص معينين، هي ذات طبيعة لا يمكن الموافقة عليها في المحكمة، ولا تكفي حتى كأساس لاتخاذ الشرطة المدنية مزيداً من الإجراءات. ولم تعتبر الحكومة الإسرائيلية في الوقت الحاضر أنه من الضروري التوصية بإجراء تحقيق إضافي، مثل إعادة استجواب الشهود. ومن دون التعليق على هذا الموقف، تود الحكومة السويدية التأكيد على أنها تولي أهمية خاصة للإعلان عن استمرار التحقيقات العسكرية في القضية. وفوق كل شيء، إن الحكومة الإسرائيلية لا تعتبر القضية مغلقة. وتودّ الحكومة السويدية أن تعرب عن أملها- بما أن الأوضاع في إسرائيل قد استقرت الآن- في أن تؤدي المزيد من التحقيقات يوماً ما إلى تكوين وضوح كامل في هذا الشأن.

تقبل الحكومة السويدية الأسف والاعتذار اللذين قدمهما الدكتور إيتان نيابة عن حكومته، وتعتبر أن تبادل الآراء قد اكتمل».[32]

نلاحظ هنا أن الحكومة قلّلت من شأن قضية المرافقة التي كانت بارزة في السابق.

عندما اتضح أن إسرائيل والسويد تصالحتا، وأن قضية برنادوت ستصبح قريباً شيئاً من التاريخ، جاء دور الأمين العام للأمم المتحدة تريغفه لي ليبوح بما لديه. وكان قد بقي حتى ذلك الوقت بعيداً عن الأضواء، ونحن نعلم أيضاً أنه متفاهم سراً مع الإسرائيليين. ها هو يكتب الآن رسالة إلى الحكومة الإسرائيلية يعبر فيها عن انتقاده الشديد. وقد كرّر في رسالته فقرات طويلة من استنتاجات هويهان. فكتب، من بين أمور أخرى: «من الواضح أن حكومة إسرائيل مسؤولة عن عدم اتخاذ جميع الإجراءات اللازمة- وفقاً لالتزاماتها- لمنع اغتيال وسيط الأمم المتحدة في فلسطين».[33] وفي ما يتعلق بمحاولات معاقبة القتلة: «... لا بدّ لي من التوصل إلى نتيجة مفادها أن

الحكومة الإسرائيلية لم تتخذ جميع الإجراءات اللازمة بحسب القانون الدولي وقرار مجلس الأمن، لتقديم الجناة إلى العدالة».

هذا وأُرفقت الاتهامات الخطيرة بمطالب أكثر تواضعاً من جانب الأمم المتحدة. فطُلب تقديم اعتذار رسمي وتعويض مادي قدره 54 ألف دولار عن الأضرار المالية التي لحقت بالأمم المتحدة بسبب الجريمة، وأن تتواصل وتتكثف جهود جلب القتلة إلى العدالة.

14

القَتَلة

«حذار، يا هيلمان!»

كانت منظمة شتيرن- كما رأينا- تعمل بكامل طاقتها خلال الصيف الذي سبق ارتكاب جريمة الاغتيال من خلال المظاهرات والدعاية ضد الوسيط، بالإضافة إلى توجيه تحذيرات مقنّعة إلى حدّ ما. وعندما وجّهت ضربتها أخيراً في 17 سبتمبر/أيلول، ساد الاعتقاد على نطاق واسع بأنها الجهة الفاعلة. اعتقل أعضاء شتيرن في ظروف هزلية، وقُدّم بضعة أفراد منهم إلى المحكمة، وأدينوا بالانتماء إلى منظمة إرهابية، وليس بجريمة قتل، ثم أفرج عنهم بعد أيام قليلة. ووفقاً لنجل فولك برنادوت، برتيل، عرفت [زوجة برنادوت] إستيل بالفعل بعد بضعة أسابيع اسم القاتل؛ المدعو كوهين.[1] وظلّ العالم لفترة طويلة لا يعرف سوى القليل عن قتلة برنادوت وسيرو، ولم يهتم الناس كثيراً بذلك. لكن الحقيقة تسرّبت تدريجياً.

في عام 1970، نشر العضو السابق في منظمة ليحي باروخ نادل كتاباً عن جريمة الاغتيال. عمل نادل في جريدة الـ«مفراك» التي كانت تصدرها ليحي، وكان متابعاً للأحداث عن كثب. وقد أشار في كتابه إلى المسؤولين الثلاثة في ليحي الذين أعطوا الأوامر بارتكاب الجريمة؛ وهم إسحاق يزيرنيتسكي وناثان فريدمان يلين وإسرائيل إلداد.[2]

255

في عام 1979، تمكن سوني بيرسون من تأكيد ذلك في أطروحته حول جريمة الاغتيال: «اتُّخذ قرار قتل برنادوت من قبل المسؤولين الثلاثة في اللجنة المركزية لمنظمة ليحي: ناثان فريدمان يلين، [أصبح اسمه لاحقاً ناثان يلين مور]، والدكتور إسرائيل شيب (الاسم الرمزي «إلداد»، والذي اعتمده لاحقاً كاسمٍ رسمي)، وإسحاق يزيرنيتسكي (أصبح لاحقاً إسحاق شامير). وقد تحمّل كلّ من إلداد وشامير لاحقاً المسؤولية عن الجريمة، بينما نفى يلين مور معرفته بأي قرار رسمي بقتل الوسيط. خطّط للعملية وأدارها رئيس منظمة ليحي في القدس يهوشوا زتلر. أمّا الرجل الذي أطلق النار على برنادوت فكان على الأرجح يهوشوا كوهين، الذي أصبح في ما بعد صديقاً مقرباً لبن غوريون».[3] إن حقيقة أن كوهين هو من حمل سلاح الجريمة أصبحت أمراً مؤكداً تماماً اليوم.

الشخص الأهم في ثلاثي ليحي كان إسحاق يزيرنيتسكي (شامير لاحقاً). وُلِد المذكور في قرية بولندية صغيرة معظم سكانها من اليهود، ونشأ في بيئة تقليدية، إن لم تكن أرثوذكسية يهودية. وفي عام 1942، رُحّل يهود القرية إلى [معسكر الإبادة النازي] تريبلينكا، حيث قتلت والدته وأخته. وكانت له أخت أخرى متزوجة من رجل يدعى موتّيل. كان لدى موتّيل شكوك حول ما كان يحدث، وحاول إنقاذ أسرته فبنى كوخاً صغيراً في الغابة. وقد استعان في بناء الكوخ بنجّار كان يعمل لديه منذ سنوات عديدة. وعندما أصبح الكوخ جاهزاً، ذهب موتّيل بالعائلة إلى هناك، حيث كان النجّار بانتظارهم. وما إن ظهرت العائلة حتى أطلق النجار النار عليهم واحداً تلو الآخر ليستولي على الكوخ، كما يعتقد إسحاق.[4] إضافة إلى ذلك، يقول إسحاق: «لجأ والدي، الذي انفصل عن بقية أفراد الأسرة، إلى أصدقائه القدامى من (قريته) طلباً للمساعدة؛ أولئك الرجال الذين كنت أتسلق ظهورهم عندما كنت طفلاً، والذين ما زلتُ أستطيع تخيّل وجوههم المشرقة بابتسامات كبيرة؛ أولئك

أيضاً خانوا ثقته بهم، وقتلوه».

في ذلك الوقت، كان إسحاق الشاب موجوداً بالفعل في فلسطين منذ بضع سنوات. وكان قد انضمّ عام 1929 إلى حركة الشباب الصهيوني «بيتار» بقيادة فلاديمير جابوتنسكي، وهو من الشخصيات الصهيونية الكلاسيكية. مثَّل جابوتنسكي اتّجاهاً يمينياً مقاتلاً في الصهيونية، وكان معارضاً للصهيونية العمالية بقيادة بن غوريون.

كان جابوتنسكي قائداً مثيراً للحماسة، ومتحدثاً وكاتباً لامعاً، ومفكراً شمولياً. يدير إرثه السياسي حالياً حزب الليكود في إسرائيل. كانت رؤية جابوتنسكي للصهيونية هي قيام دولة يهودية ذات أغلبية يهودية على كل أرض إسرائيل التوراتية، أي من نهر الليطاني في الشمال إلى إيلات في الجنوب، ومن الصحراء العربية في الشرق إلى قناة السويس في الغرب. ولم يكن مستعداً للمساومة على شيء من ذلك. وخلال السنة الأولى من الانتداب، كانت العلاقات بين البريطانيين والصهاينة جيدة بشكل خاص، ولكن مع تزايد المعارضة الفلسطينية لزيادة الهجرة اليهودية وخطط الصهاينة لإنشاء دولتهم، اضطر البريطانيون إلى تبني موقف أكثر تشدّداً. رأى غالبية الصهاينة أنّه من الحكمة أن يكونوا مطيعين قليلاً من أجل الحفاظ على علاقات جيدة مع السلطة الاستعمارية، لكن جابوتنسكي اعترض على ذلك. وفي عام 1935 خرج هو وحزبه من الحركة الصهيونية العالمية فأصبح هناك يسار صهيوني ويمين صهيوني.

كان ذلك في العام نفسه الذي جاء فيه إسحاق يزيرنيتسكي إلى فلسطين وهو يعرف ما يريد أن يفعله. في عام 1937، شكل جابوتنسكي المنظمة المسلحة السرية «أرغون زفاي ليئومي» فتجنّد إسحاق فيها. وفي نوع من طقوس تعميد المبتدئين، جلس وقد وُجّه ضوء كشاف إلى وجهه حتى لا يرى

من هو أمامه، وكان عليه أن يجيب عن أسئلة تلك الطقوس: «هل أنت مستعد للتضحية إذا لزم الأمر؟ هل أنت مستعد للالتزام بالانضباط العسكري؟ هل تدرك أنه من خـلال الانضمام إلى هـذه المنظمة، يمكن أن تعرض نفسك لخطر شديد؟».(5) شـارك إسحـاق- ضمن الأرغـون- في أعمـال مسـلحة ضد العرب والبريطانيين، ولكن بالطبع لم يكونوا هم المهاجمين، لقد ردوا فقط على الهجمات العربية والبريطانية، وهكذا يبدو الأمر عادة عندما تتصاعد دوامة العنف.

عندما اقترحت لجنة بيل البريطانية في عام 1937 تقسيم فلسطين إلى دولتين يهودية وعربية، وافق اليسار [الصهيوني] على مضض، لكن الأرغون احتجت. ولم يكن الاحتجاج يتعلق بطريقة التقسيم، بل سعياً إلى السيطرة الكاملة. وفي أعقاب الانتفاضة الفلسطينية 1936-1939، جاء التغيير الشامل في الموقف البريطاني، والذي تطرقنا إليه من قبل، حيث نُشر ما سُميّ بالكتاب الأبيض، فلم تعد- ابتداء من ذلك التاريخ- الدولة اليهودية على جدول الأعمال، وقُيّدت الهجرة بشدة.

أثار الكتاب الأبيض غضب الصهاينة، ولم يقف إحباط إسحاق عند حدّ معيّن. «لا شيء مما فعلته- بما في ذلك عضويتي في الأرغون التي تعني أنني انتهكت قوانين البلاد بشكل يومي، وتعاملت مع الأسلحة المحظورة، وشاركت بانتظام في أعمال انتقامية دموية- لا شيء من ذلك كله كان كافياً للتنفيس عن الغضب الذي تفجّر في داخلي».(6) ومع ذلك، استمرت الغالبية في الحركة الصهيونية في دعم البريطانيين بحذر في الحرب ضد النازية. حتى جابوتنسكي المتشدد دعا إلى ضبط النفس: «خلافاتنا مع حكومة الانتداب لم تُنسَ، ولكن يجب تحييد الأفعى النازية أولاً».(7) أمّا إسحاق فأصيب بخيبة أمل. فإذا لم يُسمح بمهاجمة البريطانيين، فسيُحكم على موقف الأرغون بالسلبية. لذلك، غادر الأرغون في عام 1940 إلى العالم السفلي للقيام بنشاط

أشدّ سرية. وقد غادر بصحبة أبراهام شتيرن.

لكل شخص في العالم السفلي اسم مستعار. وقد أطلق إسحاق على نفسه اسم مايكل تيمناً ببطل الحرية الإيرلندي مايكل كولينز. أما شتيرن فاتّخذ لنفسه اسم يائير على اسم إليعازر بن يائير، قائد المجموعة الأسطورية التي دافعت ببطولة لمدة ثلاث سنوات عن آخر مملكة يهودية ضدّ الرومان وهي متحصنة في قلعة الماسادا عام 70 بعد الميلاد والتي اختارت الانتحار الجماعي بدلاً من الاستسلام. شتيرن جاء أيضاً من بولندا إلى فلسطين عام 1925 ودرس في الجامعة العبرية. وكان يخرج مثل أي أستاذ جامعي مغرور، مرتدياً على الدوام حلة أنيقة مع ربطة عنق، في حين كان المستوطنون العاديون في فلسطين يرتدون لباس الكاكي والصندل. كان متعلماً وذكياً جداً، ويقال إنه هو الذي ترجم هوميروس إلى العبرية. وقد كتب في إحدى قصائده: «كلنا مجندون مدى الحياة. الموت وحده يمكن أن يُسرّحنا من الخدمة». وفي اعتقاده، كانت الدولة اليهودية على كامل أرض إسرائيل التوراتية هي الشيء الوحيد المهم. كان يزدري المنصات السياسية، ويعتبر أن العمل المباشر هو المهم.

بعد مغادرته الأرغون، شكّل شتيرن منظمة ليحي، أو «المحاربون من أجل حرية إسرائيل»، واستمرّ في شنّ الحملات الدعائية والمقاومة المسلحة ضد البريطانيين. ثمّ انضمَّ إسحاق إلى ليحي. ومُوّل نشاط المنظمة- من بين مصادر أخرى- عن طريق السطو على البنوك. ومن أجل تقوية جبهة المواجهة ضد البريطانيين، بحث قادة المنظمة عن الحلفاء في الخارج، فأصبحت ألمانيا النازية الحليف الطبيعي للمنظمة. وفي عام 1940، أُرسل نفتالي لوبينشيك إلى بيروت التي كانت آنذاك تحت سيطرة نظام فيشي الفرنسي، ويحكمها بالتالي الألمان. اتصل لوبينشيك بممثل وزارة الخارجية الألمانية [فيرنر أوتو] فون هينتيغ، وهناك مذكرة محفوظة بمحادثاتهما.[8] اتفق الجانبان على أنّه ليست لدى هتلر نية لقتل اليهود، بل تشجيعهم على الهجرة من أوروبا فحسب؛

وهو بالضبط ما كانت تريده ليحي. «قد تكون هناك مصالح مشتركة بين (النظام الجديد) في أوروبا- كما فسَّره الألمان- والتطلعات القومية الحقيقية للشعب اليهودي، ممثلة بمنظمة ليحي. عرضت ليحي المشاركة النشطة إلى جانب الألمان لانتزاع أرض إسرائيل من البريطانيين، وكانت تأمل بتجنيد 40 ألف رجل لهذه المهمة. بالطبع، كان ذلك مستحيلاً، وتبخرت المبادرة. اتضح لاحقاً أن الألمان قد وضعوا خططاً لإبادة يهود فلسطين، بمجرد احتلالهم للبلاد، لذلك كوفئت جهود ليحي بجحود عظيم.

في العام التالي، بدا الغزو الألماني وشيكاً، فأدلت ليحي ببيان استفزازي، والذي فُسِّر على أنه دعم للغزو. «يجب ألا نتجاهل الاحتمالات الكامنة في الأحداث السياسية والعسكرية التي حدثت وستحدث في الشرق في المستقبل القريب». بناء على ذلك، اعتُبرت ليحي من قبل البريطانيين، وربما من قبل الرأي العام اليهودي، طابوراً خامساً لا شكَّ فيه، فتعرضت لملاحقات أعنف وأشدّ.

قُتل شتيرن بدم بارد على يد ضابط شرطة بريطاني في عام 1942، وربما كان هذا هو السبب في أن إرثه أصبح أفضل مما يستحقه بالفعل. طوى النسيان تعاونه مع الألمان، وأصبح في النهاية شهيد الحرية الإسرائيلي، حيث يُحتفل بيوم ذكرى أبراهام شتيرن سنوياً في إسرائيل. وقد وُضعت صورته على طابع بريدي، وسُميت إحدى المدن باسمه.(9)

آلت قيادة ليحي إلى إسحاق الذي سجن لفترة طويلة. وفي عام 1942، قاد- من دون المشاركة شخصياً في إطلاق النار- عملية الاغتيال المثيرة للورد موين؛ وهي العملية التي أشارت إليها ليحي في أحد تحذيراتها لبرنادوت. دُرّب القاتلان- وهما إلياهو بيت زوري وإلياهو حكيم- على يد يهوشوا كوهين. وكذلك الأمر، اعتُبر الثنائي إلياهو من شهداء الحرية، ودفنا في مقبرة

260

جبل هرتزل في القدس، حيث يرقد مؤسسو الصهيونية. وقد نُقلت جثتاهما إلى إسرائيل في عام 1975 لدفنهما ضمن مراسم بطولية. إسحاق، الذي غيّر اسمه في ذلك الوقت إلى الاسم العبري الجديد شامير، أصبح آنذاك عضواً في البرلمان، الكنيست، ولعب دوراً فعالاً في سبيل إعادتهما إلى الوطن. طُلب منه التعرف عليهما عند الحدود فعرفهما على الفور. (بعد أكثر من ثلاثين عاماً – كانا قد حُنّطا على ما يبدو). «كان وجهاهما هادئين وغير مبالين؛ إذ لم يشوههما الزمن ولا الطريقة التي ماتا بها. أخبرني رجل دين أن الصالحين فقط هم من يمنحون هذه النعمة. آمل ذلك وأعتقد أنه كذلك».(10)

أسهبتُ بعض الشيء في الحديث عن هالات الشهادة هذه لأنها تُظهر كما يبدو لي الازدواجية، ناهيك عن النفاق، المتمثل في النأي الإسرائيلي الرسمي بالنفس عن ليحي؛ قاتلة فولك برنادوت.

حين هُزم النازيون، اتّحد جميع الياشوف- أو المجتمع اليهودي في فلسطين- ليخوضوا نضالاً متجدداً ضد الحكم الاستعماري. وكانت حكومة حزب العمال البريطانية المنتخبة حديثاً، ووزير خارجيتها إرنست بيفين، قد أعلنت أنها تعتزم مواصلة «سياسة الكتاب الأبيض»، مع كل ما ينطوي عليه ذلك من فرض قيود على الهجرة اليهودية وخيبة الآمال في إقامة دولة يهودية. جاء ذلك بناء على التحوّل في السياسة التي انتهجها حزب العمل بشأن فلسطين قبل توليه الحكم. وهكذا اتّحدت الميليشيات اليهودية المختلفة، ووحّدت صفوفها لفترة وجيزة، وشكلت «حركة المقاومة الموحدة». وقد بلغ التعاون بينها ذروته- تحت قيادة منظمة الأرغون- في عملية تفجير فندق الملك داوود؛ وهي العملية التي ردّت عليها بريطانيا بانتقام شديد، شارك فيه ما لا يقل عن 10 آلاف جندي. لذلك ثبُت أن فلسطين رعية يصعب الاعتناء بها، وهي التزام مستحيل على المدى الطويل بالنسبة إلى الإمبراطورية البريطانية التي أنهكتها الحرب وأضعفتها. كان إسحاق شامير من بين الذين اعتُقلوا وأُرسلوا

إلى إريتريا. ومن هناك تمكن من الفرار وعاد إلى فلسطين في 20 مايو 1948؛ أي قبل أسبوع من مجيء فولك برنادوت.

كتب شامير مذكراته عام 1994، بعد استقالته من رئاسة الوزراء، وانتمائه إلى الصفّ الأول من المؤسسة الإسرائيلية، لكن هذا لا يعني أنه تنكّر لشبابه الثوري. على العكس تماماً. لم ينأ بنفسه، ولم يرَ حتى إشكالية في جرائم العنف التي ارتُكبت أثناء النشاط السرّي قبل قيام الدولة. لم يندم على اغتيال اللورد موين، ولا تفجير فندق الملك داوود، ولا اغتيال برنادوت. وبالرغم من توخيه الحذر بالنسبة إلى القضية الأخيرة، إلا أنه لم يندم على ما حدث، وهذا هو الموقف الإسرائيلي الرسمي. وهو يكرّر استنتاجات العام 1950: قُتل برنادوت على يد أعضاء ليحي المنضوين في «جبهة الوطن»، والذين عملوا بشكل مستقل عن المنظمة. كان هو والآخرون في القيادة متفهّمين تماماً، ولكنهم لم يكونوا مسؤولين مسؤولية فعلية عما حدث. وهو يعتقد أن النضال من أجل الحرية يبرر مثل هذه الأساليب. كما أنه لم ينأ بنفسه عن رؤية جابوتنسكي – دولة يهودية بأغلبية يهودية على أرض إسرائيل التوراتية الكاملة. «في عام 1948، تحققت دولة يهودية، ولكنها بعيدة عما حلمتُ به: دولة يهودية فُصلت عنها معظم أراضي إسرائيل. لقد فعلت كل ما بوسعي – بطرق مختلفة – على مرّ السنين للمساعدة في إعادة إصلاح هذا الخلل الذي لن أتمكن أبداً من التصالح معه...». [11]

في عام 1988، أصبح معروفاً على نطاق أوسع من الذي قتل فولك برنادوت. ففي يوم الأحد 11 سبتمبر/ أيلول من ذلك العام، نشرت صحيفة «يديعوت أحرونوت» الإسرائيلية اليومية تقريراً مثيراً، ونُشر في اليوم نفسه تقرير ملخص عنه في صحيفة «داغنز نيهيتر». وقد جاء التقرير نتيجة البحث والتنقيب الدؤوب الذي قام به الصحفي [الإسرائيلي] روني شاكيد. وكان قد مرّ 40 عاماً على الجريمة، فسقطت عقوبتها بمرور الزمن، وظهر بعض الجناة

ليتحدثوا علناً حول ما حدث.

يقول يهوشوا زتلر لمراسل صحيفة «داغنز نيهيتر» ناثان شاحر: «بدأت أفكار برنادوت تُناقش بجدية، وفهمنا أننا كنا أمام خطر خسارة القدس. لم يتصدَّ له أحد [في القيادة اليهودية]، ولم ينهض أحد ليقول له الشيء الوحيد المعقول: لا يا برنادوت، اخرج من هنا! أما نحن في ليحي فاعتبرنا أن ذلك الكونت على وشك أن يحسم مصيرنا ومصير أمتنا. بدأنا في التظاهر ضدّه، لكن عندما أدركنا أن أفعالنا تلك لم يكن لها أي تأثير، لم يعد لدينا خيار، فقررنا إعدامه».

وأجرى شاحر مقابلة أيضاً مع إسرائيل إلـداد، الذي قـال: «مع نشـر خطة برنادوت، أصبح إعدامه مسألة وقت فقط. لا أتذكر من الذي قدم الاقتراح لأول مرة، أعتقد أنه زتلر، لكنني كنت أعلم أنني سأكون فخوراً بالقول إنني الفاعل».

وهكذا أُعلن أن الشخص الذي حمل السلاح هو بالفعل يهوشوا كوهين، وهو الشخص نفسه الذي قاد العملية ضد اللورد موين.

وقد أصبح المذكور في ما بعد صديقاً مقرباً من بن غوريون. وذلك لأن مؤسس الدولة الذي بقي مخلصاً لمثال الكيبوتس لفترة أطول من غيره، استقرّ- بعد بضع سنوات من الجريمة- في كيبوتس سديه بوكر في صحراء النقب. وهنالك أصبح جاراً ليهوشوا كوهين، فاستخدمه كحارس شخصي له. هل عرف بن غوريون آنذاك من هو كوهين وماذا فعل؟

يروي مايكل بار زوهار في سيرته الذاتية شيئاً عن مؤسس الدولة، وكيف واجه بن غوريون بسطور وردت في كتاب مذكراته حول ما جرى يوم 19 سبتمبر/ أيلول 1948. «إنهم يبحثون عن كبار الرجال: فريدمان يلين، وإلداد، ويزيرنيتسكي...أما المجموعة الخطرة فتضمّ يهوشوا كوهين، بنحاس كوهين،

نيهاما كوهين... يعتقد إيسر هاريل أنهم الذين ارتكبوا الجريمة»[12]. سأله بار زوهار: «هل كنت على علم بهذا؟» تفاجأ العجوز وقال: (لا. دعنا نسأله). ثمّ دُعي صديق بن غوريون لإجراء محادثة سرية بينهما، وعندما غادر الصديق، قال بن غوريون للكاتب: «لقد اعترف». جدير بالذكر أن العجوز لم يكشف ذلك السرّ لأي شخص آخر قط، وعلى مرّ السنين توطدت علاقته بكوهين أكثر فأكثر. وكان رئيس الوزراء السابق والإرهابي السابق يقضيان الكثير من الأوقات الهادئة معاً، تجمعهما الصداقة والسرّ الرهيب الذي كان يهدد في يوم من الأيام أسس الدولة الوليدة»[13]. يشهد إسحاق شامير أن الأمر لم يكن مجرد صداقة: «وجد بن غوريون ويهوشوا لغة مشتركة، وأصبحا صديقين مقربين، وذهبا في نزهات طويلة معاً، وظلّ يهوشوا الرفيق الدائم لبن غوريون طوال الفترة الباقية من حياته»[14].

بار زوهار ليس كاتب سيرة ممحّصاً، والقصة التي رواها ليست ذات مصداقية كبيرة. لقد مرّت آنذاك 17 عاماً. لكن، هل كان بن غوريون سينسى أنه سمّى ذات مرة كوهين كواحدٍ من «عصابة من المجرمين والجبناء والبلطجية المثيرين للشفقة» الذين ارتكبوا «جريمة كاذبة وفاسدة وشائنة»، كما صرّح بنفسه علناً في عام 1948؟ والأرجح أن بن غوريون استخدم بار زوهار للتغطية على ما جاء في كتاب اليوميات الذي كان قد نُشر آنذاك وكشف بلا مواربة اللعبة المزدوجة التي مارستها الحكومة الإسرائيلية أثناء التحقيق في جريمة الاغتيال.

كذلك الأمر، ورد في تقرير «يديعوت أحرونوت» أسماء القتلة الثلاثة الآخرين الذين كانوا في سيارة الجيب. أحدهم يدعى مشولام ماكوفر وكانت تربطه معرفة بالنقيب هيلمان، ضابط الاتصال في موكب برنادوت. راودت ماكوفر الهواجس بعد جريمة الاغتيال، فأخبر رئيسه زتلر بأنه متأكد من أن هيلمان تعرف عليه. وقد فعل هيلمان ذلك حقاً، وفي أحد الأيام وجد ملاحظة

على بابه، مكتوبة فيها كلمتان بالعبرية معناهما: «حذار، يا هيلمان!». ذهب هيلمان إلى رئيسه، الشاب موشيه دايان الذي كان الرجل الأقرب من الحاكم العسكري دوف جوزيف. «ماذا تريدني أن أفعل؟ هل تريد أن تُرسَل في مهمة إلى الخارج؟» تساءل دايان، وأضاف: «لا تقلق بشأن ذلك. لن يحدث شيء. لم نَرَ شيئاً ولم نسمع شيئاً». (15)

التزم هيلمان الصمت. ووردت شهادته في تقرير الشرطة الرسمي كما يلي: «كانت تلك هي المرة الأولى التي أرى فيها أولئك الشبان (في سيارة الجيب)، وأشكّ في أنني تمكنت من التعرف عليهم».

لكن الشيء الأكثر إثارة للانتباه في التقرير هو أن الشخص الذي ذُكر علناً، كواحد من الذين أصدروا الأوامر بارتكاب الجريمة هو إسحاق شامير؛ وما هي وظيفة المذكور في ذلك الوقت [حين نُشر التقرير]؟ نعم، إنه رئيس وزراء إسرائيل! بعد حلّ منظمة ليحي عاش لفترة من الزمن من دون أن يلفت النظر إليه، ولكنه انخرط عام 1955 في جهاز المخابرات الموساد. وفي عام 1969، انضم إلى حزب حيروت- سلف الليكود- الذي كان يتزعمه مناحيم بيغن، والذي كان له أيضاً ماضٍ كإرهابي أو مناضل من أجل الحرية في منظمة الأرغون. حقق شامير نجاحاً سريعاً، وانتخب لعضوية الكنيست في عام 1973. ثمّ أصبح رئيساً للكنيست، ووزيراً للخارجية، ورئيساً للوزراء لأول مرة في عام 1983، ثم أُسقط، وعاد من جديد عام 1986.

أدت المعلومات التي كشفتها «يديعوت أحرونوت» في تقريرها إلى نشوء أزمة دبلوماسية قصيرة الأمد بين السويد وإسرائيل، وهو ما سنتطرق إليه بالتفصيل في الفصل التالي.

بعد بضع سنوات، في عام 1991 بالتحديد، ظهر زتلر وماكوفر وإلداد وهيلمان- الذين قُدّموا هذه المرة كمجموعة متآمرين- على التلفزيون

الإسرائيلي في برنامج بُثّ على الهواء مباشرة، وكانوا يتمازحون بشأن جريمة الاغتيال. بُثّت مقاطع من البرنامج على التلفزيون السويدي. «كانت ليحي ضعيفة بالنسبة إلى الطبقة الأرستقراطية»، قال إلداد وقد ضجّ الجمهور بنوبات من الضحك. ثمّ قلّد زتلر أسلوب برنادوت العسكري: «كان يجب أن ترى كيف كان يقف والعصا تحت إبطه. تماماً كما كان يفعل البريطانيون».

«هل تلقيت تحذيراً في المنزل؟» سأل مقدّم البرنامج هيلمان، وأردف: «هل أخبرت أي شخص عن الحادث؟» (أي أن هيلمان تعرف على ماكوفر، سائق سيارة الجيب).

أجاب هيلمان: «لا، ليس في غضون 40 عاماً»، فاختلط ضحك الجمهور مع تصفيقه، وهو جمهور لم يكن مؤلفاً من شريحة عامّة من الجمهور الإسرائيلي، بل كان مؤلفاً أساساً من كبار السن من قدماء ليحي.[16]

15

حول رأي إسرائيل وسكوتها عن مسألة برنادوت

«نحن السويديين مدينون لفولك برنادوت»

يستحيل فهم موقف الرأي العام السويدي من قضية فلسطين ما لم يُنظر إليه في ضوء الصدمة التي عانى منها العالم الغربي عام 1945 بسبب التقارير المروعة التي وصلته من معسكرات بوخنفالد وبيلسن وأوشفيتس وغيرها من معسكرات الإبادة الأخرى. بالطبع، كانت تلك المعسكرات معروفة على نطاق واسع قبل ذلك بعدة سنوات من خلال التقارير الصحفية، ولكن التقارير بدأت ترد آنذاك مرفقة أيضاً بالصور التي كان لها تأثير رهيب، بالإضافة إلى صور المقابر الجماعية المكتظة والجثث الحيّة.

لم يكن من السهل طبعاً استيعاب تلك الحقائق، إذ لم يسبق أن حدث شيء كهذا قط، أي أن تقرر دولة ما- بمنتهى البرود وبشكل متعمّد- قتل جميع الأفراد من مجموعة عرقية معينة؛ ليس من اليهود فقط، بل من الغجر أيضاً. وقد حدث هذا في وسط أوروبا، القارة التي لطالما اعتبرت نفسها الممثل الرائد في العالم للمُثُل الإنسانية، والتي أخذت على نفسها خلال عصر الاستعمار وبوعي ذاتي «واجب الرجل الأبيض المتمثل في النهوض بالشعوب المتخلفة إلى مستوى متحضر».

كانت معاداة السامية شائعة في الثقافة الأوروبية منذ عدة قرون. ولم تكن السويـد والدول الاسكندنـافية هي الأسوأ في ذلك بالتـأكيد، ولكن المفـاهيم المهينة للشعب اليهودي كـانت منتشرة على نطـاق واسـع هنا أيضاً؛ بل كانت في الواقع جزءًا من التراث الثقافي. ولكن بدءًا من العام 1933 فصاعداً، ظهر رأي مناهض للعنصرية، وذلك تأثُّراً بالاضطهاد الذي تعرض له اليهود في ألمانيا.

في البداية، لم تفعل السويد الكثير لإنقاذ اليهود من النازيين وللفت الانتباه إلى ما كان يحدث. بل على العكس من ذلك، في عام 1938، حثّت السويد الألمان على وضع ختم يحمل الحرف (J) على جوازات السفر التي يحملها اليهود. وكانت الغاية من ذلك هي التمكن من منعهم من الدخول عند الحدود، حيث كان متوقعاً أن يرغب الكثير منهم في طلب اللجوء إلى السويد. وعندما بدأت الحقيقة تتكشف حول معسكرات الموت، التزمت الحكومة السويدية الصمت، ولم توافق على البيان الذي أصدرته دول الحلفاء ضد الهولوكوست في ديسمبر/كانون الأول 1942. وقد ظلَّ استقبال اللاجئين محدوداً للغاية ولفترة طويلة. ولم تتغيّر تلك السياسة سوى في العام 1943. كان هناك رأي عام قوي مؤيد للنازية، خاصة في بداية الحرب. ثمّ نما- في الوقت نفسه- الرأي العام المعادي للنازية. وأخيراً، حَسم النصرُ في الحرب تلك المعركة بين الموقفين شيئاً فشيئاً.

وهكذا وُجدت كلّ الأسباب التي دفعت الرأي العام السويدي إلى فحص مواقفه نقدياً، وربما بشيء من القلق. وعلى الرغم من أن البعض أمكنه أن يتباهى برد فعله المبكر اعتراضاً على اضطهاد اليهود، إلا أن أولئك كانوا مع ذلك مدركين مدى انتشار التحيّز [ضدّ اليهود]. وعلى هذه الخلفية، تنامى بعد الحرب ما سمّاه مؤرخ الأفكار هنريك باخنر معاداة السامية.[1] وقد تمثّل التكفير عن ذلك في الدعم الحماسي لإسرائيل، وأصبح الإفصاح عن

الأحكام المسبقة ضد الشعب اليهودي في الأماكن العامة من المحرمات. كما أدى التعاطف مع أولئك الذين تضرروا بشدّة من معاداة السامية، إلى جانب الشعور الذاتي بالذنب، إلى خلق نوع من الودّ المميز نحو اليهود في المجتمع السويدي، وكذلك لدى قطاعات واسعة من الرأي العام العالمي. وقد أفاد هذا بالطبع الدولة اليهودية الجديدة. وثمة شكّ في ما إذا كانت تلك الدولة ستنشأ من دون موجة التعاطف التي أعقبت الكشف عن أهوال الهولوكوست. لقد نشأت عقدة الدَّين [المتوجب لليهود]. وهذا ما كتبته صحيفة «ستوكهولم تيدننغين» عام 1958، في الذكرى العاشرة لقيام إسرائيل: «دفعت المعاناة الرهيبة التي تعرض لها اليهود خلال الحرب العالمية الثانية الأمم المتحدة إلى إصدار قرار إقامة دولة إسرائيل. وإسرائيل جزء من المدفوعات التي يسددها العالم من الدَّين المتوجب عليه لليهود. ولن تُسدّد الفاتورة تماماً، حتى يتم ضمان وجود إسرائيل بشكل نهائي».[2]

كان لدى الحركة العمالية [السويدية] بالذات أسباب قوية للإشادة بإسرائيل التي كان يقودها حزب ماباي الاشتراكي الديمقراطي. وكانت أيديولوجية الكيبوتس لدى الصهيونية العمالية، التي امتدحت العمل اليدوي والحياة الجماعية، هي يوتوبيا الاشتراكية الديمقراطية التي تحققت على الأرض. حتى الليبراليون كانوا سعداء بفكرة الكيبوتس؛ على الرغم من أنها قامت جزئياً على أساس الأفكار الشيوعية. وهي بالفعل فكرة شيوعية وُضعت في إطار الديمقراطية الليبرالية. كتب بير فيرتن في كتابه «الحكايات»: «جسّدت المجتمعات الزراعية- وحققت- حلماً أوروبياً عميقاً في التعاون والوئام. وأصبحت إسرائيل الصغيرة في الذهن عبارة عن كيبوتس كبير تَرَكَّز فيه أفضل ما في أوروبا. خلية تتميز بالروح الجماعية البنّاءة والأخوة؛ وهي المُثل العليا التي لم تستطع أوروبا القديمة البالية رعايتها، بل طال انتظارها في العقود التي تلت الحرب العالمية الثانية».[3]

في الحرب ضد الدول العربية، كانت الصحافة إلى جانب إسرائيل على الدوام. لقد قاتلت إسرائيل الصغيرة ببطولة ضد الدول العربية المتفوقة على الورق، وانتصر داوود على جالوت. وفي السويد، كانت هناك منظمات يهودية وكتّاب يهود مشهورون مثل هوغو بيرغمان، على سبيل المثال، غالباً ما يكتبون في الصحف ويقدمون الرواية الإسرائيلية للأحـداث. لم يكن هناك ممثلون للجـانب العربي والفلسطينيين على الإطـلاق. لذلك، مرَّ وقت طويـل قبل أن يتضح في السويـد أن هنـاك رواية مختلفة عن الروايـة الإسرائيـلية، وأن ما أطلق عليه الإسرائيليون حرب الاستقلال كان في الوقت نفسه كارثة وطنية للفلسطينيين.

في عام 1948، نشر آغني هامرين كتابه الاستقصائي «عاصفة فوق فلسطين». وقد لُخِّصت في ذلك الكتاب وعُزِّزت الآراء المتعلقة بالقضية الفلسطينية، والتي سادت بالكامل في السويد لمدة عقدين من الزمن. كان هامرين صحفياً متمرساً أقام لفترة طويلة في بلدان حوض البحر الأبيض المتوسط وكتب عنها. وقد وصل إلى فلسطين في مايو/ أيار 1948- أيام إعلان الاستقلال- كمراسل حربي معتمد لدى الحكومة الإسرائيلية. يصف هامرين كيف حاول، وفقاً للممارسة الصحفية الجيدة، أن يكون محايداً أمام ما يراه، لكنه ما لبث أن استسلم. وكان قد وصل إلى فلسطين على متن سفينة صغيرة مع لاجئين يهود، فاستولت عليه الحماسة، إن لم يكن الإخلاص، للمشروع الصهيوني. لقد تبنى تصور اليهود للواقع، وسرد روايتهم من دون تحفّظ، ولم يُظهر قط أدنى جهد للتحقق من المعلومات التي غُذّي بها.

بطريقة ما، هذا مفهوم. فما حدث لليهود لا مثيل له ولا يمكن تصوّره. «... أن تراهم، وتستمع إلى قصصهم التي تخلو غالباً من فن السرد، عن معاناة لا توصف، وعن الاضطهاد، والرعب، وتعذيب الجسد والروح؛ فتلك تجربة مروعة يصعب جمعها في وصف رصين وموضوعي». [4]

وهكذا، أصبح العرب أعداءه، وتمسّك بلا حرج بالقوالب النمطية المعادية للعرب. وقد امتلأت صفحات الكتاب بتعابير مثل «الشرق بتكاسله وقذارته». وهو بذلك يفتقر إلى أي فهم لأشكال التعبير الثقافي التي لا تتوافق مع المُثل الأوروبية. فبحسب زعمه، كانت تلك البلاد في حالة من الفوضى منذ أن فتحها العرب في القرن السابع الميلادي. والعرب شعب من الرعاة، لا يزرعون الأرض، كما يزعم، وهو زعم بعيد كل البعد عن الحقيقة التاريخية. أما الصهاينة، بالمقابل، فهم مزارعون استطاعوا في غضون عقود قليلة فقط أن يجعلوا البلاد تزدهر.

يترك لدينا وصف هامرين للحرب اليوم – بعد أن عرفنا الكثير عمّا حدث – انطباعاً غريباً، ولكنه نموذجي في وقته، حول موقفه غير النقدي من الجانب اليهودي. وجد هامرين صعوبة في العثور على أي فلسطيني؛ فهم إما فرّوا أو طردتهم القوات اليهودية. وقد رأى الآثار، ولكنه لم يفهم شيئاً. كتب بير فيرتن: «مشى بين الأنقاض، ورأى ما تبقى من متاع: خِفاف، كرة قدم، أوانٍ منزلية، أريكة مكسّرة القوائم، أوانٍ فخارية، سجّادات صلاة.

لقد رأى، لكنه لم يرَ مع ذلك شيئاً؛ لا شيء من المأساة الإنسانية التي داس عليها».[5]

وفي أحد الأيام، بعد بحث دؤوب وبمساعدة مسؤول يهودي، عثر هامرين أخيراً على فلسطيني:

«– تفضل، ها هو عربيُّك!»

يمدّ السيّد المرافق يده بسخاء ويشير إلى شخص لديه كل السمات المميزة التي تشير إلى أنه عربي. السروال القطني الضيّق حول الساقين النحيلتين، وقطعة القماش البيضاء فوق رأسه، والمثبتة بالعقال، والتي تحيط بالوجه الداكن الملتحي؛ إنه الفلاح العربي الذي جلس القرفصاء في ظل خرابة بدت

وكأنها على وشك الانهيار إلى جانب الطريق».[6]

هكذا سيبدو التصوّر السويدي للنزاع الفلسطيني في العقدين التاليين؛ الإسرائيليون الأبطال يبتسمون للعرب الكسالى.

لكن، هل كانت المحرقة هي السبب الوحيد وراء التعاطف مع اليهود وليس مع العرب؟ بل ثمة سيناريو خلفي آخر لا يمكن إنكاره، وهو الإرث المسيحي. ففي الزمن الذي نشأ فيه الكُتّاب في الفترة التي تلت الحرب، لم تكن السويد قد أصبحت بعد مجتمعاً علمانياً. كان اليوم الدراسي يبدأ بصلاة الصبح، وقد عُلِّقت خريطة فلسطين على الحائط. وكانت أسماء مثل الناصرة وبيت لحم ونهر الأردن معروفة لدى السويدي الجنوبي أكثر من [أسماء مناطق سويدية مثل] ليكسيلي وسورسيل وڤينديلالڤين. أما حكايات الكتاب المقدس فمغروسة في النخاع الشوكي.

ما تقدم أعطى الرأي العام المتعلق بالشأن الفلسطيني شحنة عاطفية خاصة. ولذلك، عندما وردت الأنباء حول القتال في القدس، بدا الأمر كما لو أن الأحداث تجري هنا في الوطن. وكان من الصعب أن يظلّ المرء غير مبالٍ، أو حتى محايداً، عندما يدور القتال من أجل شيء ذي أهمية مركزية في التراث الثقافي مثل المدينة المقدسة.

تنخرط المسيحية في نزاعين مختلفين؛ مع الإسلام ومع اليهودية. ومنذ زمن الحروب الصليبية كانت هناك فجوة عميقة بين العالمين الغربي والشرقي. كان الدافع الأيديولوجي للحروب الصليبية هو إنقاذ الأرض المقدسة من الكفار. وقد ساهم مركز القوة الذي احتلته الإمبراطورية التركية العالمية، والذي امتدّ لقرون وعرّض الدول الأوروبية للتهديد من حين إلى آخر، في إبقاء انعدام الثقة حياً بين الطرفين. وخلال حقبة الاستعمار، استولت فرنسا وبريطانيا على أجزاء كبيرة من العالم الإسلامي، مما أدى إلى انتفاضات

مستمرة وتعميقٍ للصراعات.

أما صراع الأوروبيين مع اليهود فمسألة مختلفة. لم يكن لليهود مركز قوة إطلاقاً، ولم يشكلوا تهديداً لأوروبا قط، وذلك بغض النظر عن مقدار ما يتخيله المرء في هذا الشأن. وغالباً ما كان يُنظر إليهم بازدراء؛ باعتبارهم من نوع أدنى مرتبة من الأوروبيين، ولكنهم أوروبيون مع ذلك. وعندما كان المرء يحاول- بعد الهولوكوست- التخلص قدر المستطاع من المواقف المسبقة المعادية لليهود، لم يعد اليهود «نوعاً أسوأ»، بل أصبحوا أحياناً- في لحظات تأنيب الضمير- أوروبيين من «نوع أفضل». [7]

ومن المهم الإشارة أيضاً إلى أن نسبة صراع المسيحية الديني مع اليهود هي «خمسون بالمائة». وهو صراع ينطبق على «العهد الجديد». أمّا الأساس، أي «العهد القديم»، فهو مشترك. كان التدين السويدي الموروث يشعر بالألفة في عالم إبراهيم وإسحاق كما يشعر بالألفة بين يسوع وتلاميذه.

بناء على ذلك، حين يتذكر كُتّاب الخمسينات الخرائط المدرسية أيام طفولتهم، ثمّ يفكرون في كيفية تقاتل اليهود والمسلمين على مدينة القدس المقدسة، يكون التعاطف مع اليهود جاهزاً دائماً.

في عام 1958، احتفلت دولة إسرائيل بعيد ميلادها العاشر. حتى المراجعة السريعة لتعليقات الصحف اليومية الصادرة عام 1958 تكشف عن رأي كاسح مؤيد لإسرائيل. فالمقالات البالغ عددها 32 مقالاً التي كُتبت في الصحف اليومية [8] عن الذكرى اتخذت جميعها- باستثناء مقال واحد- موقفاً مؤيداً بوضوح لدولة إسرائيل، وكان معظمها شديد الحماسة.

الاستثناء هو افتتاحية قصيرة في صحيفة «هلسنبوري داغبلاد». [9] وتشير تلك الافتتاحيةِ أولاً إلى إسرائيل باعتبارها ديمقراطية مزدهرة على النمط الغربي، ولكنها تشير بعد ذلك إلى أن «الحق في امتلاك الأرض- الذي استحقه

273

اليهود عن جدارة- لم يُعطَ لهم من دون إلحاق الظلم بالآخرين». وأضافت الافتتاحية أن «مئات الآلاف من اللاجئين العرب عند الحدود الإسرائيلية هم ضحايا تلك الأحداث». هذه هي المقالة الوحيدة من بين 32 «مقالة بمناسبة الذكرى السنوية العاشرة» والتي يمكن القول إنها تقترب من موقف محايد. لا توجد مقالة واحدة تتضمن موقفاً مؤيداً للفلسطينيين أو مؤيداً للعرب.

ما الذي استند إليه الكتّاب إذاً في تكريمهم للدولة اليهودية الفتية؟

عام 1957 أصدر رئيس تحرير صحيفة «داغنز نيهيتر» هربرت تنغستن كتاباً نال استحساناً كبيراً، عنوانه «إسرائيل المهدَّدة». وفي فصل «حق إسرائيل في الوجود»، يستعرض تنغستن الحجج الأخلاقية المستخدمة في النقاش الدولي لتبرير وجود دولة إسرائيل. ويميّز ثلاث حجج رئيسية:

الحقّ التاريخي. «عاش اليهود في فلسطين منذ آلاف السنين، وطردوا من هناك، وقد اشتاقوا في شتاتهم إلى العودة، ولا يمكن فهم تميزهم وشعورهم بالانتماء من دون هذا الحلم بالعودة إلى الوطن والخلاص فيه».

الحقّ الناتج عن العمل الزراعي. «قبل قيام إسرائيل، كان اليهود قد أعادوا خلق فلسطين... فمن خلال انتشال فلسطين من الإهمال والخراب، استحقّ اليهود الحصول على دولتهم في تلك البلاد».

الحقّ الناتج عن المعاناة. «يُشار إلى تعرّض اليهود للاضطهاد والتعذيب لآلاف السنين كسبب لضرورة امتلاك الشعب اليهودي وطناً قومياً... ويمكن التساؤل عما إذا كانت الأمم المتحدة ستتبنى قرارها الشهير في 29 نوفمبر/ تشرين الثاني 1947، ما لم تكن ذكرى ملايين اليهود الذين قتلوا على يد النازية قد حشدت الرأي العام في جميع البلدان ليكون ذلك [القرار] على سبيل التعويض والمصالحة».

هذه هي الحجج الثلاث التي تكرّرت في مقالات الاحتفال بالذكرى

السنوية العاشرة. فما الذي أراد الكتّاب التأكيد عليه بشكل خاص؟

بالنظر إلى أمواج الصدمات التي اجتاحت العالم الغربي بعد الكشف عن الهولوكوست، أمكن للمرء أن يتوقع أن يكون «الحق الناتج عن المعاناة» هو الحجة الأكثر ترداداً. لكن الحال لم يكن كذلك حقاً. وذلك لأن الموضوع الذي نوقش أكثر من غيره واحتل المساحة الكبرى من السجال هو التنمية الاقتصادية؛ وهو ما يسميه تنغستن «الحقّ الناتج عن العمل الزراعي». «لقد حُلّت العديد من المشكلات الصعبة بطريقة مثالية، وزُرعت مساحات واسعة، وأُسّست الصناعات، وعُزّزت الثقافة الروحية بطريقة جعلت المملكة الإسرائيلية تضيء كنجمة مشعّة في سماء الشرق المظلمة».[10] أثار التناقض الشديد بين التطور السريع في إسرائيل والخراب المزعوم الذي كان موجوداً في فلسطين، اهتمام العديد من الكتّاب. «لقد بدأ عهد جديد في مسيرة تطوّر فلسطين. فمنذ هزيمة العدو الخارجي، بدأ شعب إسرائيل النضال ضدّ العدو الداخلي: الدمار والفساد والإهمال والطبيعة غير المطواعة. [...] سهل يزريل [مرج ابن عامر] الواقع بين جبال الجليل والسامرة، والذي ظلّ لقرون مجرد مستنقعات، ها هو قد عاد من جديد مخزن حبوب إسرائيل؛ وفي سهل شارون الساحلي الخصب في الغرب يتوهج البرتقال باللون الأصفر المحمرّ في البساتين الكثيفة الأشجار».[11]

هناك أمثلة على الصور النمطية الاستعمارية، لكن لا يمكن القول إنها موجودة بكثرة. سماء الشرق المظلمة التي ورد ذكرها آنفاً في اقتباس من مقالة صحيفة «افتونبلاديت» مثال على تلك التنميطات. أمّا صحيفة «أوبسالا نيا تيدنينغ» فكتبت: «لا تحترم شعوب الشرق الأدنى أبداً الاتفاقيات، ولا حتى السلام مع الجوار. السكين والبندقية في الحزام وعلى الكتف، أو على جدار الكوخ، وهما في متناول اليد على الدوام».[12]

لم يقتصر «المشروع الحضاري» الإسرائيلي- كما سُمّي بلغة تلك الأيام- على التقدم المادي. فالبناء الديمقراطي على المثال الغربي كان أحد الأركان الأساسية لبناء الرفاهية الاجتماعية. يُركّز الكتّاب بشدّة على حقيقة أن إسرائيل هي الديمقراطية الغربية الوحيدة في المنطقة. كتبت صحيفة «مورغن تيدننغين»: «يجب على كل حركة تقدمية في أوروبا الغربية أن تلاحظ بكل سرور النجاحات التي حققتها إسرائيل بالاعتماد على أسس المبادئ الديمقراطية التي نريد أن تتبناها جميع الدول».[13] أما صحيفة «يوتيبوري بوستن» فاقتبست بإعجاب رؤية دافيد بن غوريون:

«سيزرع شعب إسرائيل أرضه القديمة، وسيجعلها مرة أخرى موطن الثقافة الغربية».[14] وتختتم صحيفة «داغنز نيهيتر» افتتاحية احتفالها بالذكرى السنوية العاشرة: «إسرائيل قيمة لا غنى عنها لجميع الشعوب الغربية. إن مساعدة إسرائيل والحفاظ عليها واجب».[15]

وماذا عن فولك برنادوت؟ عام 1958 كان أيضاً الذكرى السنوية العاشرة لوفاته. لم يُلاحَظ الكثير من الاهتمام بالذكرى. ذُكر برنادوت، بالطبع، بطريقة أو بأخرى في الصحف، وفي بعض الأحيان على الصفحات الأولى. أقيمت مراسم تذكارية عند القبر، وأُطلقت حملة لجمع التبرعات لصالح الأطفال المصابين بالشلل الدماغي باسم فولك، ونُشرت تقارير حول ذلك.

ومع ذلك، كانت مقالات الرأي شحيحة للغاية، ونسيت الصحافة تماماً مقتل برنادوت. وفي صحف العاصمة، أمكن العثور على مقالة افتتاحية واحدة جاء فيها أن فولك برنادوت مات لأنه قُتل! كان ذلك في صحيفة «ستوكهولم تيدننغين»[16] حيث تساءل غونّار كوملين: «هل أُجري تحقيق الشرطة كما ينبغي إجراؤه؟ سيخبرنا المستقبل». كتب كوملين أيضاً مقدِّراً جهود الوساطة، وكان على دراية جيدة بالنزاع وتواجد مراراً في المنطقة.

امتنعت مكاتب التحرير الأخرى في ستوكهولم عن التطرق إلى موضوع فولك برنادوت الحسّاس. ونحن نتذكر أنه في اتفاقية عام 1950، تلقت الحكومة السويدية باهتمام شديد تأكيدات الإسرائيليين بأن التحقيق سيستمر. والآن، لم يرَ أحد أن السؤال عن كيفية سير الأمور بشأن ذلك أمر مهم، ناهيك عن تقديم أي مطالب.

بالإضافة إلى صحيفة «ستوكهولم تيدننغين»، لم تتطرق في افتتاحياتها إلى قضية فولك برنادوت سوى «يوتيبوري بوستن» و«يوتيبوري هاندلز أوك خوفارتس تيدنينغ»، من بين صحف المدن الكبرى. من جانبها كتبت الناشطة في مجال حقوق الإنسان إنغريد سيغيرستيدت فيبرغ مقالاً طويلاً أشادت فيه بفولك برنادوت بإنصاف، لكن لجهوده في بعثة الإنقاذ فقط. رفضت إنغريد سيغيرستيدت فيبرغ هجوم هوغ تريثور روبر الذي يزعم فيه أن برنادوت كان معادياً لليهود. تطرقت إنغريد سيغيرستيدت فيبرغ بإيجاز شديد إلى جهود الوساطة، ولم تذكر على الإطلاق مقتل برنادوت. أقرب ما توصلت إليه بشأن هذا الموضوع الحسّاس هو عبارة: «أمِل برنادوت في المساهمة في تحقيق السلام في الأراضي الفلسطينية، وتحقيقاً لتلك الغاية كان مستعداً للمخاطرة بحياته». في صحيفة «هاندلزتيدنينغين» كتب الأمين العام للصليب الأحمر هنريك بير مقالاً ذكر فيه على الأقل كلمة «قُتل»، لكنه لم يزد شيئاً على ذلك.

لسنوات عديدة لم يكن من المستحب في السويد أن نقول إن فولك برنادوت قُتل، ناهيك عن تحديد الفاعل. وفي أجواء ذلك الحذر- لكي لا نقول التعتيم- بدا وكأن البرنامج التلفزيوني الطويل الذي أعدّه هنري كريستنسون- وهو أحد مشاهير مقدمي البرامج في المرحلة المبكرة من عصر التلفزيون- قد أنعش القضية من جديد. [17] حكى البرنامج بالتفصيل عن حياة برنادوت وعمله، وأكّد كريستنسون في برنامجه بشدّة على أن برنادوت قُتل على يد إرهابيين يهود.

بعد أن دُفن كل شيء، بمن في ذلك فولك نفسه، وخطته للسلام، والتحقيق في الجريمة- على حد تعبير بريان أوركهارت- أُلقيت مؤامرة الصمت مثل غطاء فوق جريمة الاغتيال.[18] كتبت كاتي مارتون: «بمزيج من الحرج والقلق، واصلت إسرائيل والسويد والأمم المتحدة العمل على محو ذكرى فولك برنادوت بشكل فعال كما مُحيت بصمات الأصابع عن زناد بندقية يهوشوا كوهين».[19] وبحسب مارتون فإن ردّ فعل الأمم المتحدة الضعيف للغاية على عملية الاغتيال وعدم قدرتها على ممارسة أي ضغط على إسرائيل من أجل تعقب القتلة، جعل من كلمتَي «رأي عالمي» عبارة فارغة بالنسبة إلى إسرائيل. أما المؤرخ [الأميركي] جي بوير بيل فكتب: «حصّن الاغتيال إسرائيل ضد الضغوط الدولية وضد تدخل الأمم المتحدة».[20]

خيّم الصمت على قضيته، خصوصاً في السويد. في الأمم المتحدة، استمرّ تكريم فولك برنادوت بلوحة تذكارية. وفي الدانمارك، يوجد نصب تذكاري يخلد ذكرى بعثة الحافلات البيض. حتى في إسرائيل، صُنع شيء ما؛ إذ غُرِسَت غابة تذكارية، وهي لفتة قُصد منها أن تكون جزءًا من جهود المصالحة.

في السويد، لم يُفعل أي شيء قبل حلول العام 1998. ففي الذكرى الخمسين لوفاة برنادوت، أقام البرلمان السويدي حفل تأبين تخللته كلمة ألقتها رئيسة البرلمان بيرغيتا داهل، وكُشف النقاب عن تمثال نصفي لبرنادوت أنجزه النحات النرويجي سولفيغ شيفر. وفي خمس من الصحف الستّ الكبرى في السويد، لم يُذكر هذا الحدث على الإطلاق. في الصحيفة السادسة نُشر خبر صغير مع صورة صغيرة جداً![21]

وُضع التمثال النصفي في موقع تذكاري، ليس في العاصمة، بل في أوبسالا، حيث يمكن رؤيته الآن في الحديقة الإنجليزية.

في كتاب «النقطة العمياء». زُعم أن فولك برنادوت كان بطلاً قومياً. وهذا

الزعم بعيد جداً عن الحقيقة. لقد لفّه النسيان تقريباً، خاصة في العقود الأولى التالية لوفاته. وهو مذكور بالطبع في المراجع، لكنّ هذا لا يكفي أبداً كتكريم لبطل قومي.

قبل أن يُسدل عليه ستار الصمت والتجاهل عام 1950، صدر عدد وافر من الكتب والمقالات عن فولك برنادوت، مثل «فولك برنادوت، بطل السلام والمصالحة»، و«فولك برنادوت، المواطن السويدي والعالمي» والكثير غيرهما. في عام 1950، نُشرت ملاحظاته الخاصة حول فلسطين في كتاب «إلى القدس». ثمّ لم يُنشر بعد ذلك أي كتاب عنه باللغة السويدية حتى عام 1995.

كان فولك برنادوت وموته مزعجين إلى الحدّ الذي دفع آغني هامرين - حين أصدر عام 1956 كتاباً جديداً عن إسرائيل بعنوان «المجرفة والسيف» - إلى أن يتجاهل كلياً، وبأسلوب إبداعي، فولك برنادوت وجهود الوساطة وجريمة الاغتيال. بالمقابل، التقى بيهو شوا كوهين وصوَّره؛ ولا يسع المرء إلا أن يأمل بأنه لم يكن يعلم أن ذلك الرجل الذي قابله وجهاً لوجه هو قاتل فولك برنادوت. حدث ذلك عندما زار هامرين الأب المؤسس المحبوب ديفيد بن غوريون في كيبوتس سديه بوكر في صحراء النقب. وكما سبق وذكرنا، كان بن غوريون قد اتخذ كوهين في ذلك الوقت صديقاً مقرباً وحارساً شخصياً، مع العلم أنه واحد من «عصابة من المجرمين والجبناء والبلطجية المثيرين للشفقة» الذين ارتكبوا «جريمة كاذبة وفاسدة وشائنة»، كما عبّر بن غوريون نفسه عام 1948. إنه لأمر عظيم أن يكون المرء قادراً على التسامح.

لم ينل ذلك الكتاب الذي نشره المؤلف الألماني راينهارد شموكيل عام 1960 بعنوان «أقوى من السلاح» وخصّص فيه فصلاً كاملاً عن فولك برنادوت مكانةً مرموقة على المستوى الدولي، ولكنه شيء ما كُتب على أي حال. وُصِف برنادوت في ذلك الكتاب كواحد من أعظم المناضلين الإنسانيين في عصرنا،

إلى جانب شخصيات مثل غاندي، وهنري دونان، وإلزا براندستروم، وفريتوف نانسن. تُرجم الكتاب إلى السويدية بعنوان «أقوى من السلاح»، وهو كتاب مفيد ومقروء على نطاق واسع.

في عام 1970، صدر كتاب باروخ نادل، وهو أول كتاب يخوض في جريمة الاغتيال بعد ما يقرب من عشرين عاماً. ونادل نفسه كان من أعضاء ليحي، وروى كل ما حدث من وجهة نظر العصابة. وفي ذلك الكتاب، عُرف بالضبط الثلاثي الذي أمر بارتكاب جريمة القتل. وكان ينبغي أن يُطرح آنذاك– إن لم يكن قد طُرح من قبل– السؤال حول سير الأمور بالنسبة إلى الوعود الإسرائيلية بمواصلة التحقيق. لسبب ما، لم يُنشر كتاب نادل في إسرائيل، بل في الدانمارك، وباللغة الدانماركية. وبمناسبة صدور الكتاب، أجرت صحيفة «مالمو تيدنينغين أربيتيت» مقابلة مع نادل.[22] في المقابلة، بدا وكأنه يعاني من جنون العظمة، وقال أشياء كثيرة لم يكن قد ادّعاها في الكتاب، حيث زعم أنه العقل المدبّر لكل ذلك: «خطّطتُ لقتل فولك برنادوت». ثمّ أعلن عن تفاصيل مثيرة للاهتمام. كما نتذكر، سقط مخزن سلاح القاتل أثناء هربه. التُقط المخزن لاحقاً وسُلّم إلى الشرطة. يقول نادل في كتابه إن رئيس لجنة التحقيق في الجريمة مسح البصمات. وهذا ليس مستبعداً على الإطلاق، لكن معلومات نادل مضطربة بشكل عام، لذا ربما توجّب الحذر في أخذ مسألة بصمات الأصابع كحقيقة تاريخية، ما لم يكن لدى المرء مصادر أخرى يعتمد عليها. لم يُترجم كتاب نادل قط إلى اللغة السويدية، ولا يبدو أن كشفه المثير عمّن يقف وراء جريمة الاغتيال قد أثار أي اهتمام على الإطلاق.

لذلك، ثارت ضجة كبيرة حين قدّم عالِم السياسة سوني بيرسون عام 1979 القتلة مع صورهم وكل شيء عنهم، وذلك في ملحق يوم الأحد من صحيفة «داغنز نيهيتر».[23] أجرى بيرسون مقابلات مع العديد من أولئك الذين لم يعبّروا عن أي شعور بالندم على الإطلاق. قال إسرائيل إلداد:

«اعتُبر برنادوت رجلاً خطيراً للغاية. كان شخصية دولية، مرسلة من قبل مجلس الأمن التابع للأمم المتحدة. وقد مثّلت خططه نهاية الدولة اليهودية». استُصرح شامير أيضاً الذي كان آنذاك في أوج حياته السياسية ويتوقع أن يصبح قريباً رئيساً للوزراء، فاعترف بمشاركته في اتخاذ قرار تصفية برنادوت.

أليس هذا مذهلاً حقاً؟ ها هو بيرسون يقدّم في إحدى أهم الصحف في البلاد حلاً للغز من قتل فولك برنادوت. اعترافات الجناة كاملة مع صورهم. أحدهم رئيس البرلمان. لذلك، لم يكن مفهوماً كيف أن الحكومة السويدية لم تطرح أي أسئلة على السلطات الإسرائيلية: لقد وعدتم بمواصلة التحريات، فهل تريدون الزعم أنكم لا تعرفون من هم القتلة؟ ماذا تقولون الآن، وقد قُدِّموا وظهروا إلى العلن؟ هل ستنأون بأنفسكم عنهم؟ وكيف لرجل صُنِّف علناً بأنه عدو الأمة لدوره في الاغتيال أن يصبح قائداً لتلك الأمة؟ هل اعترف وكفّر عن ذنبه؟ وهل نأى بنفسه؟ لا، على العكس من ذلك، لا يزال يقول إن [الجريمة] كانت ضرورية وصحيحة.

لم يقل أحد شيئاً، ولم يفعل أحد شيئاً.

أتت مقالة سوني بيرسون نتيجة للعمل الرائد الذي أنجزه في أطروحة الدكتوراه التي حملت عنوان «وساطة واغتيال» (1979)، وهو كتاب مكتظ بالحقائق لم يُترجم إلى السويدية قطّ، وكان أثره ضئيلاً في النقاش العام، ولكنه يشكل الأساس الثابت لجميع الأبحاث الإضافية حول جريمة اغتيال برنادوت. في عام 1998، نشر سوني بيرسون أيضاً كتيباً صغيراً باللغة الإنجليزية عن حياة برنادوت، مُوَجَّهاً للجمهور الدولي.[24]

لم يُعالج سوني بيرسون التحقيق في جريمة الاغتيال وتقرير أغرانات. أمّا المؤرخ أميتسور إيلان ففعل ذلك في الكتاب العلمي الوحيد عن جهود الوساطة وجريمة الاغتيال، بالإضافة بالطبع إلى كتاب بيرسون الذي سبق

نشره. اسم كتاب إيلان «برنادوت في فلسطين، 1948»، وله عنوان فرعي معبّر هو «دراسة في الدونكيشوتية الإنسانية المعاصرة»، وهي صياغة توحي بأن إيلان لم يكن معجباً بجهود برنادوت. وذلك لأن مصطلح دونكيشوتية يقلل من شأن الوسيط، بتصويره كشخصية بطولية بطريقة سخيفة إلى حد ما؛ كشخص مفرط في غروره، ومبارز لقوى تفوق قدراته بكثير. قرأ إيلان كلاً من تحقيق هويمان وتقرير أغرانات، لكنه قَبِل الأخير بنقاط ضعفه الكارثية من دون تعليق. كتب إيلان: «إن حقيقة أن الجريمة قد ارتكبت فور كتابة خطة برنادوت الثانية، أدت إلى بروز الكثير من التكهنات حول (من يقف وراءها). وثمة اعتقاد لدى البعض – معظمهم من السويديين – أن الحكومة الإسرائيلية أو أجزاء منها هي التي فعلت ذلك». وقال إن السويديين أشاروا إلى «عجز إسرائيل المذهل عن حماية الوسيط وتقديم الجناة إلى العدالة». وكشف إيلان عن بعض مسارات التحقيق الروسية والبريطانية، والتي لم تؤدِّ إلى حكومة إسرائيل على الإطلاق، ثمّ رفضها بعد بعض التوثيق. من ناحية أخرى، لم يفكّر في شكوك السويد على الإطلاق، بل اكتفى بالقول: «لم تثبت مصداقية أي من هذه النظريات (الدولية)». [25] وبقي السؤال مطروحاً: لماذا لم تكن وجهة النظر السويدية جديرة بالثقة؟ ذكر إيلان لاحقاً أن تقرير أغرانات هو الأسرع، ولكنه لم يُخض في أي تفاصيل. أما في ما يتعلّق بمسألة المرافقة التي لم تحصل، فثمة بعض الآراء المثيرة للاهتمام. [26] فبحسب إيلان، كان الحاكم العسكري، دوف جوزيف، على علم تام بواجبه في ضمان سلامة الزوار الأجانب، ولكنه كلّف أقرب مساعديه – موشيه دايان – بتلك المسؤولية. وادعى الأخير أن أي شخص يريد الحماية كان عليه أن يتقدم بطلب للحصول عليها، وهو الأمر الذي لم يكن برنادوت ليفعله قط، كما نعلم. ويزعم إيلان أن ضباط الأمم المتحدة كانوا غالباً يتقدمون بطلب للحصول على مرافقة؛ وهو الأمر الذي فعله نيلز برونسون على سبيل المثال قبل الزيارة التي تمّت في 3 أغسطس/آب.

ويشهد برونسون بالعكس؛ قُدِّم المرافقون من دون طلب خاص.

نُشرت مجموعة من المقالات في عدد من المجلات العلمية، من بينها مقالة كاري ديفيد ستانغر بعنوان «إرث لجوج».[27] تجرّأ الكاتب قليلًا، مثل غيره من الكُتّاب في هذا المضمار،[28] على التشكيك في الرواية الرسمية. وقد أسهب في الحديث عن الإحجام في القبض على المجرمين، ولكنه تجنّب بحذر طرح أي أسئلة حول غياب المرافقة الأمنية. هذا على الرغم من حقيقة أنه أشار إلى انتقادات بانش الغاضبة، وإلى أن مجلس الأمن أصدر قبل شهر واحد فقط من جريمة الاغتيال قراراً يهدف إلى الحيلولة دون وقوع جميع الحوادث المحتملة. كتب ستانغر قائلاً إن الجريمة شكّلت إرثاً لجوجاً بسبب عدم رغبة إسرائيل في الوصول بالبحث إلى نهايته، ولكنه هو نفسه كان متردداً أيضاً، لأنه امتنع عن طرح السؤال البديهي: لِمَ غابت المرافقة؟

في عام 1995 نُشر كتاب للمرة الأولى باللغة السويدية عن جريمة الاغتيال، عنوانه «موت في القدس». لم يكتبه مؤلف سويدي، بل كتبته الأميركية كاتي مارتون. كُتب الكتاب المذكور بسرعة مع توثيق جيّد،[29] ولكن في ما يتعلق بمسألة تحديد المذنب، تعثّرت مثل الجميع في المكان نفسه. الجريمة من أفعال منظمة شتيرن، وليست من عمل أي جهة أخرى. قرأتْ هي أيضاً تقرير أغرانات واقتبسته بشكل صحيح، من دون أن تبدي أي قلق بشأن الفجوات التي يتضمنها.

من الصعب أن يفهم المرء كيف يمكن للباحثين الجادين قبول الحجج الواهية جداً الواردة في التقرير. يُعدّ كتاب أميتسور إيلان مثالاً مؤسفاً يبرهن على أن المفاهيم المسبقة يمكن أن تصبح عمياء، حتى في النصوص المدعمة بالكثير من الحواشي.

وقد توجّب علينا أن نُقلّب صفحات عقد آخر من الزمن في سجلات

المملكة حتى نعثر على أول سيرة ذاتية باللغة السويدية.[30] صدر عام 2007 كتاب «من هو فولك برنادوت؟» الذي صحّح فيه المؤلف ستيغ هادينوس صورة فولك برنادوت المتعالية قليلاً، والتي تُظهره شخصاً حسن النية، ولكنه ليس ذكياً جداً، وبالكاد يستطيع الكتابة، كما يُصوَّر غالباً من قِبل الكثيرين، بمن فيهم أميتسور إيلان. كتب هادينوس بإسهاب عن جريمة الاغتيال، ولكنه لم يجرؤ على التوصل إلى أي استنتاجات تتجاوز الاستنتاجات المعتادة.

إذاً، كيف حدث أن هذا الرجل كاد أن يُنسى بعد سنوات قليلة فقط، وهو الذي ظلَّ لبضع سنوات مواطناً عالمياً محبوباً، والذي كُرّم في جنازته وكأنه قديس؟

الجواب واضح: النقد والكراهية اللذان تعرّض لهما أثناء مهمّة الوساطة التي أداها هما السبب في ذلك.

كان الرأي العام في السويد خلال الخمسينات والستينات من القرن الماضي مؤيداً لإسرائيل بوضوح والتزام تام، وكان الرأي الأقوى في تأييد إسرائيل هو الرأي السائد في أوساط حزب الاشتراكيين الديمقراطيين الحاكم وفي عالم الصحف. باختصار، بدت صورة الصراع كما يلي:

تعرضت إسرائيل الصغيرة والبريئة لهجوم من جيرانها، لكن داوود هزم جالوت. وكان الفلسطينيون قد غادروا بناءً على طلب من قادتهم، لذلك لا يمكن إلقاء اللوم على إسرائيل في ما يتعلق بمشكلة اللاجئين. وهناك متسع كبير في الدول العربية التي يمكن نقل اللاجئين إليها، والسبب في بقائهم في مخيمات اللاجئين عاماً بعد عام هو رغبة القادة العرب باستخدامهم للضغط على إسرائيل. وإذا سُمح لهم بالعودة إلى إسرائيل، فسيشكلون تهديداً لوجود الدولة. يمكن العثور على ملخص موجز للموقف السويدي الشائع تجاه اللاجئين الفلسطينيين في مقال كتبه هوغو فالتين في «المجلة اليهودية»: «سبق

التأكيد، في (المجلة اليهودية) على حقيقة أن اللاجئين العرب غادروا فلسطين بأوامر من مواطنيهم [قادتهم] الذين هاجموا إسرائيل، ولم (يطرد) الإسرائيليون سوى أعداد قليلة منهم. ولو لم يعارض العرب قرار التقسيم الذي تبنته الأمم المتحدة عام 1947، لما هاجموا إسرائيل عام 1948 لتدميرها والقضاء على سكانها، ولو لم يأمروا مواطنيهم بمغادرة البلاد عند اندلاع الحرب، لما كانت هناك قضية لاجئين عرب اليوم. وبالتالي، إن مسألة الذنب في ذلك لا تحتاج إلى مناقشة. لقد حُسمت. لكنّ هذا لا يجعل مشكلة اللاجئين العرب أقل حدّة. بالنسبة إلى عبد الناصر، إن أولئك العاطلين عن العمل الذين يشعرون بالمرارة في مخيمات اللجوء، يُعتَبرون ثروة لا يريد أن يخسرها، وهم سلاح دائم ضد إسرائيل، طالما ظلّوا يصدّقون تأكيده بأنهم سيستعيدون- عاجلاً أم آجلاً- أرضهم التي (تم الاستيلاء عليها)، وبالتالي يجب رفض أي فكرة حول التوطين في مكان آخر». [31]

انتشل الإسرائيليون فلسطين من تخلفها. وبنموِّها المثير للإعجاب وديمقراطيتها، أصبحت الدولة اليهودية حصناً للثقافة الغربية في الشرق المتخلف والديكتاتوري. تدفّق الكتّاب والصحفيون إلى إسرائيل مثل تيار جارف، وأسلموا قيادتهم لمرشدين إسرائيليين. كانت النتيجة جهلاً مروّعاً في كثير من الأحيان. وكمثال على ذلك، يمكننا أن نأخذ مقالاً ليوران بايتنر نُشر عام 1958 بعنوان «قرية حدودية». [32] يزور بايتنر مجموعة من اليهود الأوكرانيين الذين استقروا في عشرينيات القرن الماضي في مكان يقع عند الحدود بين إسرائيل والأردن. خُصّصت مساحة المقال التي تلي المقدمة بأكملها لمقابلات مع رجل وامرأة. يتحدث الرجل عن نظام الكيبوتس- من بين أمور أخرى- وهنا يفهم المرء بشكل أفضل قليلاً سبب حصول إسرائيل على هذا الدعم القوي داخل الحركة العمالية، خاصة ضمن الأوساط الأكثر تطرفاً. «يقوم [نظام الكيبوتس] على مبدأ أن الكل يشارك في كلّ شيء. لا

يوجد تصنيف للأعمال، ولا يوجد تصنيف للمستوى. تُوزّع الضروريات من مخزن مركزي مشترك. ولا يوجد مال في الكيبوتس. لا أحد يتلقى راتباً. الكيبوتس مسؤول عن كل ما هو ضروري للعيش. لا يوجد تقسيم للمهن بين الذكور والإناث. الجميع يقوم بكل شيء... في أحد الأعوام قد يعمل أحد أعضاء الكيبوتس كمدير مشتريات على سبيل المثال، وفي العام التالي يعمل ذلك العضو نفسه في غسل الأطباق في المطبخ المركزي. ولا تتحمل النساء أي أعباء منزلية. تربية الأطفال أيضاً تربية جماعية، وفيها تركيز محدّد على العمل اليدوي».

وهكذا، يُقدَّم العدو: «العرب». وهؤلاء يقومون بغارات ومضايقات مستمرة. لكن اليهود يعرفون كيف يدافعون عن أنفسهم: «الرجل ذو الشعر الرمادي صامت ويشعل سيجارة. بجانبه على طاولة المكتب يوجد مدفع رشاش. تستقر نظراته على المعدن الأزرق الداكن. (توغلوا في إحدى المرات ووصلوا إلى هنا، إلى وسط المساكن. كنت جالساً هنا أعمل على الحسابات، ثم وقف ثلاثة منهم فجأة هناك عند الباب. تمكن أحدهم من الفرار، لكن رفاقي اعتنوا به في الخارج)».

تُصوِّر هذه القصة الأحداث التي كانت شائعة في الخمسينات والستينات من القرن الماضي، قبل أن تتشكّل حركة مقاومة فلسطينية منظمة. شُنّت هجمات فردية على المستوطنات اليهودية؛ وفي كثير من الأحيان شنّها أولئك الذين حُرموا من ممتلكاتهم أثناء الحرب وبعدها. ونظراً إلى تواجد أولئك المستوطنين بالتحديد في المكان منذ عشرينيات القرن الماضي، يمكن الافتراض أنهم اشتروا تلك الأرض. لكن الحقيقة لم تكن كذلك على الدوام. بعد إنشاء الدولة، استولى المهاجرون بمباركة من الدولة على أملاك اللاجئين وزرعوا أراضيهم. والعرب الذين شنّوا الغارات والمضايقات المستمرة كانوا في الغالب المالكين السابقين لتلك الأملاك والأراضي. كان الكتّاب السويديون

سعداء بعدم إدراكهم مثل هذه الحقائق. لقد افترضوا بالطبع أن كل شيء سار على ما يرام.

لم يكلف الكثير من أولئك أنفسهم عناء اجتياز الحدود والاطلاع على وجهة نظر الطرف الآخر في هذه القضية.

كان ماني ستال واحداً من بين عدد قليل جداً من قادة الرأي الذين تجرأوا على التعبير عن رأي مغاير للرأي السائد حول الصراع [في فلسطين]. وهو رئيس تحرير صحيفة «كارلستادز تيدننغين»، والنائب عن حزب الشعب [الليبراليين حالياً] في البرلمان، ورئيس «نادي القلم». وفي نهاية عام 1956 قام برحلة إلى الشرق الأوسط، ثم نشر ثلاثة تقارير ومقال رأي في صحيفة كارلستادز تيدننغين». [33]

تبدأ سلسلة التقارير بوصف صادم للأوضاع في مخيمات اللاجئين، وتشير إلى العبء الذي تحملته الدول العربية الفقيرة التي اضطرت لقبول الملايين من أولئك اللاجئين. وجاء ذلك تحت العنوان الرئيس: «العالم العربي يغلي من الكراهية نحو إنجلترا والغرب». وورد في النصّ أن «سبب كراهية الدول العربية لإسرائيل لا يقتصر على الهجرة الجماعية للسكان العرب التي نتجت عن تأسيس دولة إسرائيل قبل ثماني سنوات، بل يَعتبر العرب ما حدث عُدواناً لا يُغتفر. لقد عاشوا القرون في تلك الأرض، وهي أفضل جزء من فلسطين، وها هم يضطرون الآن إلى التخلي عن منازلهم وأراضيهم التي امتلكوها هم وأجدادهم لأجيال خلت».

يلقي ستال باللوم بشكل لا لبس فيه في استمرار العنف على إسرائيل. فإسرائيل «دولة دينية، وقومية، وعسكرية بشكل مفرط». تحتاج إسرائيل إلى مساحة لسكانها الذين تتزايد أعدادهم، وتسعى باستمرار لتوسيع أراضيها من خلال الانتهاكات الحدودية، والإغارة على الأراضي العربية. لا يزال

السكان العرب يطردون من البلاد.

تسببت مقالات ستال في اندلاع سجال قصير، ولكنه حادّ جداً في الصحافة. في 19 يناير/ كانون الثاني انخرطت صحيفة «داغنز نيهيتر» في المعركة. ولم تكن افتتاحيتها موقَّعة، كالعادة، لكن الجدال الذي تلا ذلك أظهر أن الكاتب هو هربرت تنغستن. ونظراً إلى قدرة تنغستن الفائقة على الجدال، لم يرغب الكثير من الكتّاب في أن يكونوا هدفاً لهجماته. وقد اختُتمت الافتتاحية المذكورة على النحو التالي: «لا عذر للسيد ستال في ما عرضه، والذي يضع المرء في مواجهة نتاج العمى عن الحقائق والإصغاء للدعاية العربية والجهل العميق».

وثمة شخص آخر عرف معنى تحدي الرأي العام الراسخ، وهو مدرّس في المرحلة الابتدائية من [محافظة] أوميو.

في 5 مايو/ أيار 1963، بثّت هيئة تحرير قناة أوميو في الإذاعة السويدية برنامجاً بعنوان «العرب وفلسطين- موضوع للنقاش». وكان البرنامج عبارة عن محاضرة إذاعية مدتها نصف ساعة ألقاها غيرهارد يوهانسون من أوميو. أثارت تلك المحاضرة ردود فعل حادّة، حيث نوقشت في الأيام التالية في افتتاحيات سبع صحف كبرى: «افتونبلاديت» و«داغنز نيهيتر» و«يوتيبوري بوستن» و«سيدسفنسكا داغبلاديت» و«يوتيبوري هاندلز أوك خوفارتس تيدنينغ» و«ستوكهولم تيدننغين» و«ڤاستربوتّن كوريرين». «إنه لأمر غير مبرّر أن تجيز الإذاعة السويدية بثّ (موضوع للنقاش) من هذا النوع، والذي كان في مقاطع طويلة منه عبارة عن دعاية عربية خالصة». هذا نموذج من التعليقات، وهو في هذه الحالة مقتطف من صحيفة «داغنز نيهيتر». وألمحت اثنتان من الصحف، هما «يوتيبوري بوستن» و«ڤاستربوتّن كوريرين»، إلى أن يوهانسون عبّر عن آراء عنصرية، في حين كتب كاتب عمود في شؤون الإذاعة في صحيفة «ستوكهولم تيدننغين» صراحة: «النازية الوقحة والعارية».

قُدّمت شكاوى ضدّ البرنامج إلى لجنة الإذاعة، ومن ضمن المشتكين إنغريد سيغيرستيدت فيبرغ، التي اعتبرت أن البرنامج يحتوي على «مزاعم خبيثة ذات ميول معادية للسامية».

ماذا قال يوهانسون؟

من الصعب على المستمع اليوم اكتشاف أي شيء يمكن تسميته بالعنصرية أو معاداة السامية في المحاضرة. على العكس من ذلك، استُهلك الكثير من وقت المحاضرة في التعبير عن الإعجاب بأعمال إعادة البناء التي قام بها اليهود في إسرائيل. ويندر أن يقول معادٍ للسامية: «جرائم هتلر ضد اليهود، وضد الإنسانية، أغضبت كل الشعوب المتحضرة».

لكن يوهانسون انتقد سياسة الدولة الإسرائيلية. وقال إن إنشاءها عام 1948 كان انتهاكاً صارخاً لحقوق الفلسطينيين. واعتبر أن الإسرائيليين كانوا يستنبتون أسطورة خارقة للطبيعة البشرية في علاقتهم مع العرب.

ومن يُعبّر عن مثل هذه الآراء في السويد في أوائل الستينات من القرن الماضي، سيوقع نفسه في ورطة عويصة.

كان الكشف عن المحرقة لا يزال عبئاً ثقيلاً على النفوس. وفي عام 1961، أعادت محاكمة المجرم النازي [أدولف] أيخمان في القدس تذكير العالم مرة أخرى بما حدث ليهود أوروبا. بالإضافة إلى ذلك، اجتاحت العالم آنذاك موجة من العداء للسامية، وكانت موجة قصيرة العمر لكنها شديدة. كان الناس خائفين من أي شيء يمكن أن يُربط بمعاداة السامية.

في خريف عام 1962، قام غيرهارد يوهانسون، المعروف جيداً لأهالي محافظة ڤاستربوتّن بتوقيعه باسم «جي يو»، برحلة استكشافية لا تُنسى.

كان القس رولف نيبيرغ قد زار القدس قبل بضع سنوات سابقة، وشاهد في زيارته تلك مستشفى الإرسالية اللوثرية على جبل الزيتون الواقع ضمن

المنطقة العربية. شاهد نيبيرغ بنفسه كيف كان الفلسطينيون الفقراء يحملون حرفياً مرضاهم بأنفسهم إلى جبل الزيتون. وقد تأثر بشدة بالمشهد، وعاد إلى موطنه ليبدأ بجمع التبرعات من أجل شراء سيارة إسعاف للفلسطينيين. اشتُرِيَت سيارة الإسعاف ومُلِئت بالأدوية والمعدات الطبية ثم نُقلت إلى الأراضي المقدسة عبر أوروبا الشرقية وتركيا.

رافقه في رحلته تلك غيرهارد يوهانسون بصحبة مصوّر، مكلّفين بمهمة لصالح التلفزيون في أوميو من أجل إعداد تقرير. بقي الفريق هناك لمدة شهرين. وهكذا كان لدى غيرهارد متسع من الوقت للحصول على المعلومات. وكان قد أقام أيضاً في إسرائيل لفترة طويلة عام 1961.

إذاً، زار «جي يو» الطرفين، وكان يعرف- بناء على ذلك- ما كان يتحدث عنه. بُثّ التقرير التلفزيوني الذي أعدّه، ولكنه لم يحظَ بالكثير من الاهتمام مثل البرنامج الإذاعي الملعون. ربما أدرك «جي يو» أن الأمر سيزداد سوءًا. وتجدر الإشارة إلى أن دفاعه عن نفسه في صحيفة «ڤاستربوتّن كوريرين» لا يُنسى: «أولاً وقبل كل شيء، أنا مستقل سياسياً، ولست نازياً، وكذلك الأمر صحيفة «ڤاستربوتّن كوريرين»، كما زعمت صحيفة «ستوكهولم تيدننغين». وأريد القول أيضاً إنني لست مؤيداً لأي سياسة عنصرية... وأنا أنتمي إلى الغالبية الساحقة من السويديين الذين كانوا، بمنتهى الإخلاص، الملاذ الآمن لليهود المضطهدين... أعتقد أن الوضع الحالي في فلسطين سيؤدي إلى محو دولة إسرائيل، إذا لم تُؤخذ في المقام الأول وعلى محمل الجد مشكلة اللاجئين. وسأكون- من وجهة نظر محددة- عاجزاً عن تحمّل تأنيب ضميري إذا حدث ذلك. ولذلك حاولت، مع ضعف قدراتي، أن أنبّه... نعم، كنت على وشك أن أقول الرأي العام المُضلَّل. وقد فعلت ذلك، على الرغم من أنني كنت أعرف مقدماً أنه سيسبب لي إزعاجاً شخصياً». (34)

كلَّ أمر فُهم على أنه انتقاد لإسرائيل بأي شكل من الأشكال، تحوّل أيضاً وبشكل تلقائي تقريباً إلى عِداء للسامية. وإذا استمر المرء- في أجواء ذلك الرأي العام السـائد- في مدح فولك برنادوت وتقديره للمزايا التي كان يتمتع بها، فسيؤدي به ذلك إلى مواجهة مشاكل. كيف يمكن للمرء أن يمدح رجلاً جعل نفسه غير محبوب لدى الإسرائيليين؟ ألم يكن فيه شيء ما مشبوه على أي حال؟

إذا دقّق المرء في ما دافع عنه برنادوت في مهمة الوساطة، فسينتهي به الأمر إلى أن كل نقطة تقريباً دافع عنها برنادوت كانت تتعارض مع وجهة النظر الراسخة. ففي بداية الحرب، أراد الحدّ من الهجرة اليهودية، أي عارض السماح للسجناء السابقين في معسكرات الاعتقال بالسفر إلى وطنهم اليهودي. وأراد في أول الأمر أن يسيطر الجانب العربي على القدس، المدينة اليهودية والمسيحية المقدسة (وكما هو معروف فإن القدس مدينة إسلامية مقدسة أيضاً، وهذا ما لم يتم التركيز عليه كثيراً). وأراد أن يعطي صحراء النقب للعرب، وكان شديد الالتزام تجاه اللاجئين وطالب بعودتهم. عارض الإسرائيليون كل هذه النقاط معارضة شديدة.

كانت صورة اللاجئين الفلسطينيين لدى السويديين واضحة. هم- أو على الأقل قادتهم- الملومون في ما أصابهم لأنهم غادروا. ولو أنهم بقوا في مكانهم، لما لحق بهم أي أذى. وثمة متّسع كبير لهم في البلدان العربية المجاورة، لكن الحكومات العربية أبقتهم في مخيمات اللجوء على سبيل الضغط السياسي على إسرائيل. وإذا سُمح للاجئين بالعودة، فسيهددون وجود دولة إسرائيل. أمّا فولك برنادوت فكانت لديه وجهة نظر مختلفة تماماً، كما نتذكر: «كانت أمام الحكومة الإسرائيلية فرصة كبيرة جداً في ما يتعلق بقضية اللاجئين العرب. وقد أضاعت تلك الفرصة. بل أظهرت فقط جانب القسوة وعدم التصالح مع أولئك اللاجئين. ولو أنها أظهرت- بدلاً من ذلك- الكرم ورحابة

الصدر، وأعلنت أن الشعب اليهودي الذي عانى كثيراً يفهم جيداً مشاعر اللاجئين، ولا يريد أن يعاملهم بالطريقة نفسها التي عومل بها، فإن مكانة تلك الحكومة سترتفع في العالم إلى درجة غير متوقعة». (35)

ما الذي كان ينبغي قوله عن فولك برنادوت الذي التزم بالدفاع عن قضية يُزعم أنها تهدّد وجود دولة إسرائيل؟ لا شيء. أصبح شخصية غير مقبولة في الزمن السويدي المعاصر.

لذلك أصبح من الصعب جداً الاعتناء بذكرى برنادوت، والاهتمام بعمله، وقراءة ما كتبه. مع اقتراب نهاية مهمة الوساطة، دخل برنادوت في صراع متزايد مع الإسرائيليين، وشُنّت حملات شرسة ضده في الصحافة الإسرائيلية. لقد اعتبر من جانبه أن القادة مثل شاريت وجوزيف أشخاصٌ متعنتون، أسكرتهم نجاحاتهم. وإذا قرأ المرء كتابه «إلى القدس» فسيجد أن فولك برنادوت لم يكن يعتقد حقاً أن تقسيم فلسطين وإنشاء دولة يهودية فكرة جيدة. ومع ذلك، فقد قبلها لأنها كانت موجودة وستستمر. لقد مَنح اليهود في خطط السلام التي وضعها مساحة أقل بكثير مما اقتُرح في قرار التقسيم. في الواقع، كان يفضل دولة ثنائية القومية، دولة ديمقراطية ذات حقوق متساوية لليهود والفلسطينيين، دولة يشكل فيها الفلسطينيون الأغلبية، لكن اليهود يتمتعون بحماية مضمونة لحقوقهم.

في أدبيات الرأي العام المؤيد لإسرائيل إلى درجة التبجيل والتقديس، والذي هيمن على السويد بالكامل حتى عام 1967، كانت هناك عبارة لوصف مثل تلك الآراء الآنفة الذكر: معاداة السامية. لا حاجة إلى المزيد من القول. ويمكن لمن يعتقد أنني أبالغ العودة إلى محاضرة غيرهارد يوهانسون في أرشيف الإذاعة السويدية، ورؤية ما كان مطلوباً لتُصنّف تلك المحاضرة على أنها معادية للسامية. لكن كان من الوقاحة بمكان اتهام فولك برنادوت

292

علانية بمعاداة السامية، في الوقت الذي كان فيه صنيع بعثة الحافلات البيض لا يزال حياً في الذاكرة. حدثت هجمات بين حين وآخر (ولا تزال تحدث) على برنادوت، ولكن بشكل عام كان الصمت هو المخرج الملائم.

استمر الرأي العام المؤيد لإسرائيل في الإجماع والحماسة نفسها حتى العام 1967. أسفرت حرب يونيو/ حزيران التي وقعت في ذلك العام، عن احتلال إسرائيل لما تبقى من الأراضي الفلسطينية التي كانت تحت وصاية كل من الأردن ومصر؛ أي الضفة الغربية وقطاع غزة. لم يقبل المجتمع الدولي بذلك. وكما هو الحال مع الكثير من قراراتها، دعت الأمم المتحدة إسرائيل إلى الانسحاب. فرفضت إسرائيل، وانطلقت سياسة الاحتلال والاستيطان التي لا تزال قائمة.

تسبب ذلك في إثارة الانتقاد [لإسرائيل] في السويد. ثمّ أُعيد توجيه السياسة السويدية تحت قيادة أولوف بالمه. وبعد عام 1967، أطلق الفلسطينيون نضالاً من أجل التحرر الوطني بقيادة ياسر عرفات. وهكذا بدأ الرأي العام السويدي يدرك أن هناك شعباً فلسطينياً يتمتع بحقوق وطنية مشروعة، حيث لم يُشاهد في السابق سوى الكثير من العرب الذين يمكن نقلهم بسهولة إلى أي مكان في العالم العربي. برز آنذاك رأي- يساري في أغلب الأحيان- يقف إلى جانب الفلسطينيين. وفي أوساط الاشتراكيين الديمقراطيين بشكل خاص، حيث كان الدعم لإسرائيل قوياً في السابق، حدثت عمليات إعادة نظر مؤلمة.(36)

بحسب السفير السابق لدى الأمم المتحدة أندرش فيرم، كان بالمه مهتماً أيضاً بقضية مقتل برنادوت. وفي إحدى المناسبات في أوائل الثمانينات، استفسر السفير الإسرائيلي من فيرم- الذي كان آنذاك أحد أقرب مساعدي بالمه- عن احتمالات قيام بالمه بزيارة إلى إسرائيل. ذهب فيرم إلى بالمه الذي قال: «حسناً، أخبرهم أن أول شيء سأطرحه هو مقتل فولك برنادوت».

تلقى السفير هذه الرسالة ثمّ لم يُذكر شيء بعد ذلك عن زيارة لإسرائيل.[37]

بالإضافة إلى الأسباب السياسية، ربما كانت لدى بالمه دوافع شخصية للاهتمام بجريمة الاغتيال. ينتمي بالمه وبرنادوت إلى دوائر الطبقة العليا نفسها في ستوكهولم، وكان فولك وصيفاً في حفل زفاف والدَي أولوف. شاركت والدة أولوف أيضاً في بعثة الحافلات البيض، وكذلك أخت فولك ماريا.

كانت جريمة الاغتيال ولا تزال شوكة في العلاقات السويدية الإسرائيلية، حسب قول فيرم. وتعتقد السلطات السويدية، على الرغم من عدم ذكر ذلك رسمياً، أن الإسرائيليين لم يفعلوا ما يكفي لتعقب القتلة.

كان من المفترض أن يُسهّل التحول في الرأي العام تجاه إسرائيل إحياء ذكرى فولك برنادوت، وهذا ما حدث فعلاً، لكنه سار ببطء شديد. خلال السبعينات ومعظم الثمانينات، كان الصمت لا يزال مخيماً على قضية برنادوت.

من بين المقالات الصحفية القليلة التي لفتت الانتباه في الذكرى الثلاثين، نُشرت واحدة في ملحق يوم الأحد من صحيفة «داغنز نيهيتر»، 3 سبتمبر/ أيلول 1978، عبّر فيها كاتب المقالة، أوكي رينغبرغ، عمّا يريد بطريقة نادرة في ذلك الوقت، على الأقل خارج الدوائر اليسارية. كتب من دون مواربة قائلاً إن المهاجرين اليهود طردوا العرب من منازلهم. وكتب عن برنادوت: «خلال الأشهر الأربعة التي عمل فيها في المنطقة، توصّل إلى إدراك متزايد للظلم الأساسي الذي حاق بالعرب الفلسطينيين، وقد كلفه ذلك الإدراك حياته».

يروي رينغبرغ أيضاً قصة مثيرة للاهتمام سمعها مؤخراً من كارل فون هورن الذي خدم أيضاً ضمن قوات الأمم المتحدة، وصدر له كتاب «جنود السلام». فبعد مرور عشر سنوات على الجريمة، سافر فون هورن مع الأمين العام للأمم المتحدة داغ همرشولد لزيارة بن غوريون. «سرعان ما أثار همرشولد مسألة مقتل برنادوت، بعد وصوله إلى كيبوتس بن غوريون. شحُب

وجه بن غوريون من الغضب، وضرب بقبضتيه على الطاولة، وصرخ: «لكن، لا تنسَ ما فعله هذا الرجل بنا!»".

كان يهوشوا كوهين- حارس بن غوريون الشخصي وموضع ثقته- حاضراً كالمعتاد، وتعرف عليه فون هورن. عندما أخبر فون هورن همرشولد أن كوهين كان عضواً بارزاً في منظمة شتيرن، انزعج همرشولد بشدّة، وقال: «يا لها من فوضى! يا لها من فوضى! لن آتي إلى هنا مرة أخرى».

عنت السياسة السويدية تجاه إسرائيل أن فرص العائلة المالكة في إحياء ذكرى وفاة قريبها كانت محدودة للغاية. لكن، في جنازة أولوف بالمه في عام 1986، برهن البلاط الملكي أن مقتل فولك برنادوت لم يُنسَ. وكان شمعون بيريز قد مثّل حزب العمل الإسرائيلي في الجنازة. وعندما صافح شمعون بيريز الملك السويدي، قال الملك- وفقاً لتقرير في صحيفة إسرائيلية- إن بالمه أول زعيم سويدي يُقتل منذ قرن، لكنّ قيادياً سويدياً قُتل قبل أربعة عقود في فلسطين. «أشار الملك بذلك إلى الكونت فولك برنادوت؛ وسيط الأمم المتحدة في فلسطين الذي قتله مسلحون من منظمة ليحي عام 1948».[38]

عام 1987 طرح المندوب السويدي في الأمم المتحدة أندرش فيرم جريمة الاغتيال في الجمعية العامة. كان ذلك خلال الفترة الأكثر حرجاً لإسرائيل في السويد. وقد هاجم السفير فيرم في خطابه الاحتلال الإسرائيلي للأراضي الفلسطينية بعبارات حادّة، وفي نهاية الخطاب قال: «سيصادف يوم 17 سبتمبر/أيلول 1988 مرور أربعين عاماً على اغتيال الكونت فولك برنادوت، وهو مواطن سويدي خاطر بحياته خلال الحرب العالمية الثانية، كما فعل راؤول والنبرغ، ليساعد اليهود في أوروبا على النجاة من الهولوكوست. اختفى والنبرغ في الاتحاد السوفياتي [بودابست] ولا يزال مفقوداً. ثم أصبح برنادوت لاحقاً وسيط الأمم المتحدة في فلسطين. ومن

المفارقات أنه قتل برصاص قتلة يهود في القدس عام 1948، وأصبح بذلك أحد ضحايا الإرهاب الكثيرين».(39) وصف فيرم ردود الفعل على خطابه: «استمع المندوبون شاردي الأذهان، لا وجود للصحفيين، وذلك لأن القضية الفلسطينية أصبحت مسألة روتينية. مع ذلك، حدثت ضجة! ليس في الأمم المتحدة، بل في ستوكهولم، وليس بشأن مقتل برنادوت. لقد اتُهمتُ بانتقاد إسرائيل وبزيارة رئيس بعثة منظمة التحرير الفلسطينية، (المنظمة الإرهابية)».

أحد المحتجين كان سفير إسرائيل لدى الأمم المتحدة واسمه بنيامين نتنياهو، والذي أصبح لاحقاً رئيساً للوزراء في إسرائيل. اتصل نتنياهو موبخاً، فوبخته بدوري. لا شيء شخصي، مجرد عمل. وختم حديثه قائلاً: (ولماذا أثرتَ موضوع برنادوت القديم هذا!؟) صرخت مرة أخرى عبر الهاتف: (العام المقبل سيكون الوضع أسوأ؛ إذ سيكون قد مرّ 40 عاماً على قتلكم إياه).

لكن لم يحدث شيء في العام التالي. وبقدر ما أعلم، فقد نُسي فولك برنادوت مرة أخرى من قِبَل السويد الرسمية. هل لا يزال موجوداً؟».(40)

لا، لم تحدث ضجة كبيرة في الذكرى الأربعين. ظهر القتلة علانية في إسرائيل، ولكن احتُفل بذكراه بهدوء في كنيسة غوستاف ڤاسا [في وسط ستوكهولم]. ومع ذلك، أطلقت النائب في البرلمان عن حزب الوسط، غونّيل يونانغ، تذكيراً للسويديين لا يزال ساري المفعول.

كتبتْ يونانغ اقتراحاً حول الوضع في الشرق الأوسط ينتهي على النحو التالي: «غالباً ما يُذكر راؤول والنبرغ وجهوده لإنقاذ اليهود؛ وذلك بالطبع لسبب وجيه. بالتأكيد، يلعب عدم اليقين بشأن مصيره دوراً أيضاً. لكن، لماذا يتم تجاهل فولك برنادوت بالتزام الصمت؟ اسمه في مبنى الأمم المتحدة موجود خارج غرفة التعبّد، وكذلك اسم داغ همرشولد. بالمناسبة، لم يُذكر

اسمه قط. قبل نهاية الحرب، استخدَم فولك برنادوت حافلاته البيض لإنقاذ أكثر من 20 ألف شخص من 27 جنسية مختلفة. وكان ما بين ثلث أولئك المنقذين أو نصفهم من اليهود. في 17 سبتمبر/ أيلول 1988، مرّ 40 عاماً على مقتل فولك برنادوت. في عام 1961، توفي داغ همرشولد. كان ذلك أيضاً يوم 17 سبتمبر/ أيلول. ينبغي الاحتفال بهذا اليوم؛ يوم 17 سبتمبر/ أيلول 1988».(41) واقترحت أن يعلن البرلمان أن السويد تحيي يوم 17 سبتمبر/ أيلول 1988 ذكرى فولك برنادوت وداغ همرشولد.

رفضت لجنة الشؤون الخارجية الاقتراح على أساس أنه ليس من اختصاص البرلمان السويدي، وكذلك قرّر البرلمان. ووجّهت يونانغ أيضاً استجواباً لوزير الخارجية ستين أندرشون: «هل وزير الخارجية مستعد لاتخاذ التدابير لإحياء ذكرى فولك برنادوت وداغ همرشولد في 17 سبتمبر/ أيلول 1988؟»، لكنها لم تحصل على إجابة حقيقية عن ذلك السؤال. أكد ستين أندرشون أن «الحكومة تقدّر الجهود التي بذلها فولك برنادوت في ما يتعلق بالحرب العالمية، وكذلك جهوده بعد ذلك كوسيط للأمم المتحدة في الشرق الأوسط»، ولكنه لم يجب عن السؤال المحدَّد. وعندما أُعطيت غونّيل يونانغ الدور للتحدّث، طلبت مرة أخرى الإجابة عن سؤالها، وقالت: «أعتقد أن السويد عليها دين تجاه ذكرى فولك برنادوت ويجب أن تؤديه».

الشخص الوحيد الذي أثار هذه القضية في النقاش الطويل حول الوضع في الشرق الأوسط هو النائب أوسقالد سودركفيست من حزب اليسار: «من الجيد أن غونّيل يونانغ قد تناولت مسألة فولك برنادوت وتطرقت إليها مرة أخرى. وهذا أمر جرى التكتّم عليه بطريقة غريبة للغاية هنا في السويد. ومن المدهش أن هذا الأمر برمته لم يُثر سوى القليل من الاهتمام».

حدثت مع ذلك ضجّة بالتزامن مع الذكرى الأربعين. فكما نتذكر، كان

صحفي إسرائيلي قد نقّب في قصة الاغتيال، وظهر بعض القتلة علناً. واللافت للانتباه، على الأقل، هو الأنباء التي أفادت بأن رئيس وزراء إسرائيل الحالي آنذاك، إسحاق شامير، كان أحد أولئك الذين أصدروا الأمر بالإعدام. وقد أدى ذلك إلى نشوء أزمة دبلوماسية صغيرة بين السويد وإسرائيل. شعرت الحكومة بـ «الصدمة والاشمئزاز والاستياء»[42] بعد الكشف الجديد، واتّخذت إجراءات دبلوماسية قوية. وقالت إن «الهدف من ذلك هو إبلاغ الحكومة الإسرائيلية بأنه يتعين عليها أن تعلن نوعاً من الإدانة والتفسير عندما يروي الأشخاص المتورطون الآن علناً وبشيء من التباهي تقريباً، في إحدى الصحف الإسرائيلية كيف نفذوا عملية اغتيال فولك برنادوت»، قال الناطق الصحفي باسم وزارة الخارجية، بحسب التعليق الذي أوردته صحيفة «داغنز نيهيتر». استُدعي سفير إسرائيل إلى وزارة الخارجية، وكان من المتوقع أن يقدم اعتذاراً، ولكن لم يُقدَّم شيء من هذا القبيل. وقد اعتُبر أن الاعتذار الذي قُدّم عام 1950 لا يزال ساري المفعول. ومع ذلك، أرسلت الحكومة الإسرائيلية برقية تعزية إلى الملك، ووصفت ما حدث بـ«المؤسف».

لم تكتُب عن الموضوع [الكشف عن قتلة برنادوت] سوى صحيفة «داغنز نيهيتر»، وذلك لأن التقرير يخصّها، باعتبار أن مراسل الصحيفة في القدس هو الذي نقل ما كشفته صحيفة «يديعوت أحرونوت»، في حين كتبت الصحف الأخرى بشكل مختصر جداً عن الأزمة الدبلوماسية. أمّا صحيفة «افتونبلاديت» ــ التي كانت بالطبع في صفّ الحكومة ــ فالتزمت الصمت التام.

حدث ذلك قبل أسبوع من الذكرى الأربعين، ولم تُلاحَظ أي علامة سخط [جراء ما كُشف عنه] عندما أقيمت مراسم التأبين في كنيسة غوستاف ڤاسا في السابع عشر من سبتمبر/ أيلول. دُعي سفير إسرائيل، واتسمت الأجواء بالحفاوة التامة، من دون أي دلالات سياسية أو عناصر مزعجة، كما سمّيت

في صحيفة «داغنز نيهيتر». كان المتحدث الرئيس هو البروفيسور جورج كلاين، الذي مثَّل كل أولئك الذين أُنقذوا من معسكرات الاعتقال الألمانية بجهود فولك برنادوت. وقد أُشير إلى جريمة الاغتيال بشكل غير مباشر فقط، وبالتحديد عندما تلا وزير الخارجية ستين أندرشون تحية من الأمين العام للأمم المتحدة [خافيير] بيريز دي كوييار، وأشار إلى أن وفاة برنادوت كانت «عملاً إرهابياً».

لم تُتح لممثل منظمة التحرير الفلسطينية في ستوكهولم يوجين مخلوف فرصة الحضور. «كفلسطيني، أنا أيضاً أحد أولئك الذين حاول فولك برنادوت مساعدتهم. لقد أراد أن يُسمح للاجئين الفلسطينيين بالعودة إلى ديارهم، وأن تُرسَّم الحدود حتى يعيش الشعبان حياة طبيعية»، قال لصحيفة «داغنز نيهيتر»، وأشار إلى أن المنظمين لم يرغبوا بوجوده لأن ذلك قد «يسيّس المناسبة».

حدث ذلك بعد أيام قليلة فقط من الأزمة الدبلوماسية المصغرة. لا شيء يمكن أن يلخّص الموقف السويدي الرسمي من جريمة الاغتيال أفضل من مناسبة الذكرى تلك.

في ربيع عام 1990، أتى الرئيس الإسرائيلي [إسحاق] هرتسوغ في زيارة دولة إلى ستوكهولم. وكانت قد مرّت آنذاك بضع سنوات على الظهور العلني للقتلة. ذكر الملك كارل غوستاف حينذاك اسم فولك برنادوت، وأشار إلى حقيقة أن برنادوت (الذي كان عرّابه) قدّم الكثير، من خلال عمله الإنساني، من أجل تقوية العلاقات السويدية الإسرائيلية، ونوّه بمهمته في معسكرات الاعتقال في عام 1945. وقد أراد- هو والملكة- أن يقول شيئاً أكثر حدّة، لكن وزارة الخارجية لم تقبل بذلك. قالت الملكة: «يجب أن نطالب باعتذار»، فردّ المسؤول في وزارة الخارجية بأن ذلك حدث منذ زمن بعيد. قالت [الملكة] سيلفيا: «ربما كان الأمر كذلك، لكن يجب أن تتذكر أنه كان الأب الروحي

للملك، وأننا نأخذ هذا الأمر على محمل الجد»(43). تجدر الإشارة إلى أن الملك والملكة لم يزورا إسرائيل قط.

ولكن في عام 1995 جاءت ذريعة جديدة. في 14 مايو/ أيار من ذلك العام، أقيمت مراسم تكريم في تل أبيب لبعثة الحافلات البيض وفولك برنادوت. ومثَّل إسرائيل وزير الخارجية شمعون بيريز، ومثَّلت الحكومة السويدية نائب رئيس الوزراء منى ساهلين. وحضرت المناسبة أيضاً [الشقيقة الصغرى لملك السويد] الأميرة كريستينا بصفتها رئيسة الصليب الأحمر السويدي، بالإضافة إلى ابنَي فولك: فولك الابن وبرتيل. كانت تلك هي المرة الأولى التي يطأ فيها أي فرد من العائلة المالكة السويدية الأراضي الإسرائيلية.

كورديليا إدفاردسون، مراسلة صحيفة «سفنسكا داغبلاديت» في إسرائيل لفترة طويلة، وهي نفسها من الناجين بواسطة بعثة الحافلات البيض، كانت موجودة في موقع الاحتفال، ونقلت وقائع الحفل تماماً كما أُريدَ أن يُفهم منه؛ كبادرة مصالحة، ومحاولة للتخلص أخيراً من قضية برنادوت المزعجة. «لقد فعل بيريز أكثر من مجرد الإدانة وإبداء الأسف العميق لجريمة اغتيال برنادوت، وهذا هو بالتأكيد موقف 97 بالمائة من الشعب الإسرائيلي، ولكنه تحلى بالشجاعة أيضاً لوضع هذا الاغتيال في سياق الإرهاب العشوائي. كلمة (الإرهاب) محمّلة في إسرائيل، ولأسباب واضحة، بشحنة من الفزع، وذلك لأن الخوف من أعمال إرهابية عربية فلسطينية جديدة موجود دائماً وفي كل مكان، في الوعي وفي اللاوعي. لكن، ماذا عن الإرهاب اليهودي؟ لا، لا ينبغي الاعتراف بذلك، جريمة قتل مؤسفة، نعم بالطبع، لكن الإرهاب...

هذا المساء سمّى بيريز الأشياء بأسمائها الصحيحة. كانت تلك هي الطريقة الوحيدة، كما أدركَ، للتعافي وتطهير الجرح، والطريقة الوحيدة للمصالحة»(44).

بالنسبة إلى ابنَي فولك برنادوت، كانت لفتة المصالحة الإسرائيلية منتظرة،

ووسيلة تحرّر. قال فولك الابن لصحيفة «داغنز نيهيتر»: «لم أفكر قط في أن (المسامحة) يمكن أن تؤثر بي هكذا. خصوصاً بعد مرور هذا الوقت الطويل. أشعر بالارتياح، وبنوع من السلام لا أستطيع التعبير عنه الآن بالكلمات» [45].

مرّت عام 1998 الذكرى الخمسون لجريمة الاغتيال. كيف توجّب إحياء الذكرى؟ هل سيحصل فولك برنادوت على مكانته اللائقة في التاريخ؟ بالنسبة إلى أولئك الذين أرادوا عرقلة ذلك، استُقبل التقرير الوثائقي الإذاعي الذي بُثَّ في أبريل/ نيسان بترحاب شديد. ففي ذلك التقرير، أُطلقت أسوأ الشكوك حول برنادوت منذ أيام معركة [المؤرخ البريطاني هوغ] تريفور روبر [46]. العنوان الرئيس للتقرير المذكور هو «خذ اليهود في النهاية». والغاية من مشروع الصحفي بوسّه ليندكويست هي التشكيك في الأساطير المحيطة بـ«البطل القومي» فولك برنادوت وبعثة الحافلات البيض. وقد ربط تقريره بالمناقشات حول حياد السويد المتأرجح أثناء الحرب ضدّ النازية. وأعرب عن اعتقاده بأن بعثة الحافلات البيض قد أُسبغت عليها هالة من البطولة، وأن فولك برنادوت أُعلن كبطل من قبل السويد الرسمية كجزء من الجهود الهادفة إلى تحسين احترام الأمة لنفسها بعد أن تبيّن مدى انعدام شجاعة الحكومة في التصرف؛ عندما مالت نحو الألمان حين كان النصر حليفهم، ثم انعطفت إلى الحلفاء عندما أصبحوا هم الأقوى. ربما وُجدت مثل هذه الدوافع في الصورة عندما دعمت الحكومة البعثة ذات مرة. والمشكلة في تناول ليندكويست لموضوعه هي أن كلاً من برنادوت والبعثة- وخاصة برنادوت- قد نُسيا إلى حدّ ما، ولم يُنظر إليهما على الإطلاق في سياق من البطولة.

كان باستطاعة ليندكويست، على سبيل المثال، الرجوع إلى كتيّب المعلومات الذي حمل عنوان «عن هذا لعلّك تحدثنا...» [47] يُذكر أن «مشروع التاريخ الحيّ» عبارة عن مبادرة أطلقها رئيس الوزراء يوران بيرشون، هدفها معالجة قضايا الإنسانية والديمقراطية والقيمة المتساوية لجميع البشر، انطلاقاً من

الهولوكوست. والكتيّب المذكور- الذي يستهدف جمهوراً واسعاً- توثيق تربوي للأهوال التي تعرض لها اليهود. في الطبعة الأولى الصادرة عام 1997 توجد صفحة تلفت الانتباه إلى الجهود السويدية التي بُذلت لمساعدة اليهود، حيث احتل الموضوع مساحة كبيرة ربما لم يكن لها ما يبررها. لكن الحافلات البيض لم تُذكر إطلاقاً! بعبارة أخرى، ربما أقيم لها نصب تذكاري وطني خفيّ، قد يكون الأول من نوعه. يدور موضوع الصفحة حول تمكّن السلطات السويدية من إنقاذ عدد من اليهود من خلال منحهم الجنسية السويدية، ثم يرد ذكر راؤول والنبرغ، وليس فولك برنادوت. وفي الإصدارات اللاحقة من الكتيّب، صُحّح ذلك بعد بعض الانتقادات، وأصبحت للحافلات البيض صفحتها الخاصة. عندما ينضم المرء بشكل واضح إلى أولئك الذين يريدون الانتقاص من جهود فولك برنادوت، فلن يساعده كثيراً أن تشوب المبادرة التي تستحق الإشادة شائبة صغيرة.

حمل التقرير الوثائقي الإذاعي عنواناً هو «خذ اليهود في النهاية»، كما سبق القول، وهو عنوان استفزازي، يتضمن إشارة إلى أن بعثة الإنقاذ كانت مترددة في إنقاذ اليهود. والعبارة مستمدة من وثيقة من المفوضية السويدية في برلين ومؤرخة في 8 مارس/ آذار 1945، عنوانها «مذكرة بخصوص المحادثات مع غورينغ في 8 مارس/ آذار. من بين الحاضرين الكونت برنادوت وبراندل وجيرون.
1. بخصوص اليهود؛ تم إجلاء معظمهم من [معسكر] أوشفيتس. يجب أن يؤخذ اليهود في النهاية». كيف يمكن تفسير تلك العبارة، منفصلة تماماً عن سياقها؟ نعم، يُستحسن عدم معرفة ذلك. قد يكون ذلك هو مطلب غورينغ، وربما كان موقف المفوضية السويدية أو برنادوت. لا توجد أي وثائق أخرى يمكن أن تلقي الضوء على ما دار حوله الحديث. إنه لأمر مثير للدهشة أن يعمد ليندكويست- بناءً على أسس فضفاضة- إلى تسليط الضوء على هذه الجملة الاستفزازية كعنوان رئيس لمادته. أراد ليندكويست تصوير

برنادوت على أنه مؤيد لألمانيا، وبالتالي ربطه بالنازيين، لكنه لم يعثر على الكثير لدعم ما أراده. الشيء الوحيد الذي قُدِّم هو أن برنادوت كان عضواً في مجلس إدارة الجمعية السويدية الألمانية في وقت ما في الثلاثينات. إن اتهامه بمودة الألمان بعد عشر سنوات على هذا الأساس الوحيد (مع التلميح بالتعاطف مع النازيين، والذي يلي ذلك حتماً) لا يحظى بأي درجة من المصداقية. وفي ظل عدم وجود وثائق، بذل ليندكويست الكثير من الجهد لإظهار أن برنادوت كان لديه أقارب يضمرون الودّ لألمانيا، بغض النظر عن علاقة ذلك بالموضوع. بالطبع، نسي ذكر عم برنادوت يوجين، الذي كان ناشطاً في مناهضة النازية.

لم تخضع بعثة الحافلات البيض إلى نقاش كثير في السويد، وذلك لأنها نُسيت إلى حدّ كبير، وهناك بالطبع جوانب في مهمّة البعثة يمكن التشكيك فيها. وكنتُ قد أشرتُ في هذا السياق إلى إنغريد لومفورش وكتابها «نقطة عمياء». يحاول ليندكويست إثبات أن الذين أُنقذوا كانوا مصنّفين ضمن مراتب، وأن الأوروبيين الغربيين مُنحوا الأولوية قبل الأوروبيين الشرقيين، وأن اليهود جاءوا في أسفل القائمة. ربما كان الحال كذلك، حين لم تكن مثل هذه الأفكار- المتجذرة في تراث الاستعمار والعنصرية- نادرة الحدوث في النصف الأول من القرن الماضي، وتبناها الكثيرون ممن لم يكونوا نازيين على الإطلاق. يصف الكاتب أولا لارشمو في مقال صحفي السويد أثناء الهولوكوست بأنها بلد منقسم بشدّة، حيث يتعايش الولاء لألمانيا والعنصرية، في كل مجال تقريباً، جنباً إلى جنب مع مناهضة النازية والنزعة الإنسانية. [48]

يعطي النهج المتحيّز الذي اتبعه التقرير الوثائقي الإذاعي الانطباع بأن الهدف منه هو الوصول إلى فولك برنادوت، ويلمّح إلى أنه كان متعاطفاً مع النازية. ويتبع التقرير الوثائقي نمطاً تأسس في القدس عام 1948، عندما بدأ التهامس بأن برنادوت معادٍ للسامية.

وكان لذلك التقرير تأثيره المنشود. «هالة البطل تنزلق وتتداعى». «أُنقذ اليهود في النهاية». «جهود الحافلات البيض تخفي التاريخ الأسود». «الحافلات البيض أنقذت اليهود في الآخِر». بهذا الأسلوب، ظهر العديد من عناوين الصحف في الأيام التالية. أما الكاتب المجهول في صحيفة «سفنسكا داغبلاديت» الذي زار معرض «الأبطال» في متحف الجيش عام 2009 فكتب: «يُشاهَد في المعرض المهاتما غاندي وكذلك راؤول والنبرغ وروبن هود. لكن الزوار يجدون أيضاً أبطالًا مشكوكاً فيهم مثل كارل الثاني عشر وفولك برنادوت وحتى مُفجِّر انتحاري». [49]

تلقى التقرير الوثائقي الإذاعي ضربة حقيقية،[50] خصوصاً في صحيفة «يوتيبوري بوستن»، حين أتى الاحتجاج من النرويج في أبريل/ نيسان 1998 من قِبل منظمات قدامى المحاربين النرويجيين. بدأ بيان الاحتجاج على النحو التالي: «زعم برنامجٌ بُثَّ الأسبوع الماضي من الإذاعة السويدية أن برنادوت أغفل السجناء اليهود في معسكرات الاعتقال الألمانية، وركّز على إعادة الدانماركيين والنرويجيين إلى الوطن. وقد أدى البرنامج الإذاعي المذكور إلى ظهور العديد من المقالات حول الموضوع، مثل ﴿لقد خدعنا برنادوت؛ انطفأت هالته﴾». وجاء في البيان الذي أصدرته جميع منظمات المحاربين النرويجيين: «لا يوجد سجين سياسي نرويجي من الذين أُطلق سراحهم في اللحظة الأخيرة من معسكرات الاعتقال والسجون التابعة لهتلر يؤيد ما عُرض في وسائل الإعلام السويدية». وشدّد موقعو البيان على أن برنادوت تمكن ببراعة من تحرير السجناء اليهود وغير اليهود من المعسكرات، وعبّروا عن خيبة أملهم من الافتراء في وسائل الإعلام السويدية. وجاء في الجملة الأخيرة: «نحن مقتنعون بأن الكتابة الموضوعية للتاريخ ستؤكد موقفنا». [51]

في عام 2002، نال برنادوت اعتراف الجهات الرسمية السويدية، حيث أُنشئت آنذاك أكاديمية فولك برنادوت، وهي سلطة حكومية مهمتها العامة

تعزيز القدرات السويدية والدولية وتطويرها في مجال إدارة الصراعات والأزمات، مع التركيز بشكل خاص على جهود إحلال السلام. وهناك يُقدَّم برنادوت بوصفه من أوائل المبادرين إلى بذل الجهود لإحلال السلام الدولي.

ثمّ رُفع نصب تذكاري تخليداً لذكرى بعثة الحافلات البيض في سبتمبر/ أيلول 2007، ليس في العاصمة أيضاً، ولكن في مالمو. كتب فولك الابن، نجل فولك برنادوت، إلى دائرة الأبنية والشوارع في مالمو شاكراً: «يمكن للمرء أن يفخر بأن مالمو هي المدينة الوحيدة في السويد التي أقامت نصباً تذكارياً للبعثة، وذلك لتذكير الأجيال القادمة بما حدث، ولتكون منارة لمنع حدوثه مرة أخرى». (52) لكن النصب المذكور لم يكن مبادرة سويدية، بل موّله النرويجيون الذين أُنقذوا بجهود بعثة الحافلات البيض.

في عام 2008، كتب رئيس الصليب الأحمر، بينغت ڤيستربيرغ، وكاتب سيرة برنادوت السويدي ستيغ هادنيوس مقالاً في صحيفة «سفنسكا داغبلاديت» جاء فيه: «لقد حان الوقت لكي تكسر الجهات الرسمية السويدية بجدية جدار الصمت المضروب حول فولك برنادوت وجهوده الفريدة أثناء الحرب العالمية الثانية وبعدها. لا توجد مناسبة أفضل من 17 سبتمبر/ أيلول من هذا العام، الذكرى الستين لوفاته. بضع كلمات لطيفة لا تكفي، بل يتوجب على الحكومة أن تبادر، بطريقة أكثر واقعية، إلى تكريم ذكراه وتثمين جهوده. هناك وقت كافٍ للبحث في ما يمكن القيام به. يجب أن لا يكون النصر حليف أولئك الذين نشروا الدعايات ضدّ برنادوت أو أرادوا إسدال ستار الصمت على جهوده». (53)

كلمات جميلة ولا شيء أكثر من ذلك. كان هذا بالضبط هو التكريم. عُرضت إحدى الحافلات البيض في ستوكهولم، ونشرت الحكومة بياناً صحفياً قالت فيه: «في 17 سبتمبر/ أيلول 1948، أُطلق الرصاص على فولك

برنادوت في القدس. وهو أول وسيط للسويد والأمم المتحدة يُرسل إلى دولة إسرائيل وفلسطين التي شُكّلت حديثاً من أجل التوسط في الصراع الذي نشأ حول تشكيل الدولة الجديدة.

أسندت الأمم المتحدة تلك المهمة إلى فولك برنادوت، في متابعة للمهمة السابقة التي اشتهر بها حتى اليوم: مهمة الإنقاذ بواسطة الحافلات البيض. في ربيع عام 1945، تمكّن من إنقاذ أكثر من 15000 شخص، من بينهم الكثير من اليهود، من معسكرات الاعتقال الألمانية، حيث وصل أولئك الأشخاص إلى السويد على متن الحافلات البيض.

بالتزامن مع الافتتاح الرسمي للبرلمان السويدي، ستُعرض الحافلة البيضاء الوحيدة المتبقية في ستوكهولم. ستُذكِّر الحافلة بجهود فولك برنادوت، وستُحيي بالتالي أفكاره حول الحوار والتعاون والوساطة والحلول السلمية، حتى عندما تبدو المصاعب عصيّة على الحل».(54)

وفي يونيو/حزيران 2010، قرّر مجلس مدينة ستوكهولم إقامة نصب تذكاري عام لفولك برنادوت. «نأمل أن يُذكِّرنا هذا النصب التذكاري بمدى أهمية الدفاع عن القيمة المتساوية للناس جميعاً، وأنه من خلال الشجاعة المدنية والمسؤولية، يمكن تحقيق التغيير»، قالت مادلين خوستيدت، مستشارة الثقافة (من حزب الشعب [الليبراليين حالياً])؛ وهي واحدة من الذين طرحوا المشروع. وُضع النصب التذكاري في متنزّه يورغوردن، وأزاح عنه الستار الأمير كارل فيليب في 16 سبتمبر/أيلول 2011. كُسر الصمت تدريجياً، خطوة بخطوة. لكن، كيف أمكن أن يستغرق الأمر ما يقرب من عمر إنسان قبل أن يُقام نصب تذكاريّ عامّ في العاصمة السويدية؟

16

خاتمة

في مقال سبق الاستشهاد به في صحيفة «سفنسكا داغبلاديت» كتب أندرش فيرم: «أنشروا كتاباً أبيض حول جريمة اغتيال فولك برنادوت، وكيف تصرفت الحكومات السويدية! إن الضغط السويدي الخجول على السلطات الإسرائيلية يتناقض بطريقة محزنة مع الالتزام التام بقضية راؤول والنبرغ والسوفييت».[1]

في السنوات الأولى التي تلت جريمة الاغتيال، كانت هناك شكوك قوية في السويد حول تورط الحكومة الإسرائيلية في الاغتيال، إن لم يكن من خلال التخطيط المباشر، فعلى الأقل من خلال جعل عملية الاغتيال ممكنة. فعلى الرغم من وجود مؤشرات واضحة على التخطيط لاعتداء، إلا أن السلطات الإسرائيلية فشلت في حماية برنادوت. وقد عُرِضت هذه الشكوك عام 1949 على القيادة الإسرائيلية مباشرة من قِبل المبعوث السويدي الرسمي، ڤيدار باغّي. كما تمت الإشارة لاحقاً- من خلال تحقيق المدعي العام هويهان- إلى مدى سوء تعامل الإسرائيليين مع التحقيقات في الجريمة، بالإضافة إلى التساؤل عمّا إذا كان الإسرائيليون مهتمين أساساً باعتقال الجناة. كان هذا هو السبب المباشر الذي جعل السويد تنتظر وقتاً أطول من الدول الغربية الأخرى للاعتراف بإسرائيل.

بمرور الوقت، أصبحت قضية برنادوت عبئاً، ليس فقط على الحكومة الإسرائيلية، ولكن على الحكومة السويدية أيضاً. إذ اكتسبت دولة إسرائيل

تعاطفاً هائلاً في العالم الغربي بعد الكشف عن فظائع المحرقة التي يصعب تصورها. ولا تستثنى من ذلك السويد، حيث انخرط الحزب الاشتراكي الديموقراطي الحاكم في علاقات قوية مع حزب العمل الإسرائيلي الحاكم. لم تتمكن الحكومة السويدية على المدى الطويل من تجنب تطبيع العلاقات مع إسرائيل. ولكي يحدث ذلك بطريقة مشرّفة لجميع الأطراف، أجرت إسرائيل تحقيقاً نجم عنه تقرير أغرانات، الذي سُلّم إلى السويد، مع اعتذار ووعد بمواصلة التحريات.

بيد أن تقرير أغرانات- الذي لم يُنشر على الإطلاق- وثيقة ضعيفة جداً. لا يُبرّئ التقرير الإسرائيليين بأي شكل من الأشكال من الشكوك التي عبّر عنها القنصل العام باغّي، بل يعززها. كانت لدى الإسرائيليين مؤشرات قوية على وقوع الاعتداء، وقد سمحوا بحدوثه، وتأكدوا من هروب القتلة.

إذاً، ما هي دوافع الحكومة الإسرائيلية لإعطاء موافقتها الضمنية على عمل شنيع مثل قتل المندوب الذي أرسلته الأمم المتحدة للتوسط من أجل السلام؟ لقد رأينا أن هناك- قبل كل شيء- ثلاث نقاط في خطة برنادوت للسلام قوبلت بمعارضة إسرائيلية. أراد برنادوت تدويل القدس، وإعطاء صحراء النقب إلى الجانب العربي، والسماح لجميع اللاجئين بالعودة إلى ديارهم. هناك الكثير مما يوحي بأن النقطة الأخيرة هي التي حسمت مصيره.

أراد الإسرائيليون أن تكون القدس عاصمتهم الأبدية. لكن في اتفاقيات وقف إطلاق النار لعام 1949 كان عليهم الاكتفاء بنصف المدينة، ولا يشمل ذلك النصف الأماكن المقدسة. كانوا يستطيعون التعايش مع ذلك. ومن دون صحراء النقب، ستصبح إسرائيل أصغر بكثير، لكنها ستبقى مع ذلك دولة يهودية. أمّا إذا سُمح للاجئين بالعودة، فسيصبح نصف سكان الدولة اليهودية من الفلسطينيين. وباعتبار أن الفلسطينيين سيطالبون بنصيبهم في

قيادة الدولة- وهو مطلب معقول- فمن الصعب أن تكون تلك الدولة «يهودية» على وجه التحديد، مع كل ما يترتب على ذلك.

بالنسبة إلى أعضاء منظمة شتيرن، ربما كان اقتراح برنادوت الأول حول «إعطاء القدس لعبد الله» سبباً كافياً. وبالنسبة إلى الحكومة الإسرائيلية، ربما كان الأهم أنها فهمت أن برنادوت سيكافح إلى أقصى الحدود من أجل حقوق اللاجئين. ولو سُمح له بالوقوف أمام الجمعية العامة للأمم المتحدة والدفاع عن حقوق اللاجئين، لكانت المعارضة الإسرائيلية لتلك الحقوق قد وضعت الدولة الجديدة في موقف سيئ للغاية، وربما نجح في إعادة عدد كبير من اللاجئين. (على الرغم من وجود قرار حالياً يطالب بعودة اللاجئين، لم يناضل أحد من أجل الانصياع له). رأى بن غوريون خطراً واضحاً يتمثل في إحباط كل ما حارب الصهاينة من أجله، ومات الكثيرون في سبيله. كان هناك تصور عام داخل القيادة الإسرائيلية بأن برنادوت يشكل تهديداً لوجود إسرائيل.[2]

للتخلص من الورطة، اختارت الحكومة السويدية أن تصدّق تأكيدات الإسرائيليين حول براءتهم، فطُبّعت العلاقات. من تلك اللحظة فصاعداً، أصبحت السردية الإسرائيلية مقبولة على نطاق واسع؛ إذ عُبِّر عن الأسف العميق على وقوع الجريمة، ووُصف القتلة بأنهم أعداء لدولة إسرائيل. وهكذا أصبحت الحقيقة الرسمية (إذا جاز للمرء الحديث عن الجريمة أساساً) هي أن برنادوت قُتل على يد عصابة شتيرن الإرهابية. نقطة وانتهى الموضوع. لم يُناقش قطّ دور السلطات في الجريمة، وعدم استعدادها الواضح لمعاقبة القتلة. ولم تسأل الحكومة السويدية إطلاقاً عن وعود الإسرائيليين بمواصلة التحقيق.

ولا يزال الحال كذلك. وجهة النظر المقبولة عموماً هي أن المذنب هو

منظمة شتيرن ولا أحد آخر غيرها. ومن النادر جداً أن يجد المرء تلميحاً حول تورط السلطات الإسرائيلية. وُجّهت، على مر السنين، بعض الانتقادات إلى السلطات السويدية بسبب عجزها الشديد عن مواجهة الإسرائيليين. فحتى عندما ظهر القتلة علانية، بعد سقوط العقوبة بالتقادم، وتفاخرهم بما فعلوه، لم يحدث ردّ فعل سويدي.

لكن الحقيقة لها خاصية رائعة تتمثل في رغبتها الدائمة في الزحف والظهور في نهاية المطاف. لقد برهن هذا الكتاب أن الأسطر التي كتبها رالف بانش إلى الحكومة الإسرائيلية بعد ساعات قليلة من جريمة الاغتيال كانت صحيحة تماماً: «يتوجب على الحكومة الإسرائيلية تحمّل المسؤولية الكاملة عن هذا الحادث»...

بعد أكثر من 60 عاماً من الصمت والمراوغة، حان الوقت لتصحيح التاريخ حول دور الحكومة الإسرائيلية في قضية برنادوت.

هولمون، نوفمبر/ تشرين الثاني 2011
يوران بورين

المصادر والمراجع

Förkortningen HP refererar till Utrikesdepartementets arkiv, Riksarkivet.1920 års
   dossiersystem.
Bernadotteutredningen är en bilaga till HP 12.

المراجع

Abulhawa, Susan, *Morgon i Jenin.* (Stockholm 2010).
de Azcarate, Pablo, *Mission in Palestine 1948–1952.* (Washington 1966).
Bachner, Henrik, *Återkomsten.* (Stockholm 1999).
Bar-Zohar, *Ben-Gurion.* (London 1978).
Bernadotte, Folke, *Slutet. Mina humanitära förhandlingar i Tyskland våren 1945 och
   deras politiska följder.* (Stockholm 1945).
Bernadotte, Folke, *Till Jerusalem.*(Stockholm 1950).
Bernadotte, Folke, *I stället för vapen,* (Stockholm 1948).
Bjereld, Ulf, *Svensk Mellanösternpolitik.* (Stockholm 1989).
Flapan, Simha, *The birth of Israel.* (New York 1987).
Gahrton, Per, *Palestinas frihetskamp.* (Stockholm 2008).
Glubb, John Bagot, *A soldier with the arabs.* (London 1957).
Grafström, Sven, *Anteckningar 1945–1954.* (Stockholm 1989).
Göndör/Öberg (red.) *Sionismen. En antologi.* (Stockholm 2009).
Hadenius, Stig, *Vem var Folke Bernadotte?* (Lund 2007).
Hamrin, Agne, *Storm över Palestina.*(Stockholm 1948).
Hamrin, Agne, *Murslav och svärd.*(Stockholm 1954).
Heller, Joseph, *The Stern gang.* (London 1995).
Heuman, Maths, *Utlåtande över granskning av den av Israels regering avgivna
   rapporten angående mordet på greve Folke Bernadotte af Wisborg.*(Stockholm
   1950).
Hewins, Ralph, *Count Bernadotte, his life and work.* (London 1950).
Hübinette, Tobias, *Den svenska nationalsocialismen. Medlemmar och sympatisörer
   1931-45.* (Stockholm 2002).
Hägglöf, Gunnar, *Fredens vägar.* (Stockholm 1973).
Hägglöf, Gunnar, *Jerusalem i taggtråd.* (Stockholm 1964).
Ilan, Amitzur, *Bernadotte in Palestine, 1948. A study in contemporary knight-
   errantry.* (London 1989).
Karl Gerhard, *I skuggan av en stövel.* (Stockholm 1945).
Karl Gerhard, *Om jag inte minns fel.* (Stockholm 1952).
Khalidi, Rashid, *Palestinian identity. The construction of modern national
   consciousness.* (New York 1997).
Lie, Tryggve, *Sju år för freden.* (Stockholm 1954).
Lindfors, Harald (red.) *Folke Bernadotte af Wisborg. Svensken och
   världsmedborgaren.* (Stockholm 1949).
Lundström, Åge, *"Minnen".* (Landskrona 1970).
Lomfors, Ingrid, *Blind fläck: minne och glömska kring svenska Röda Korsets
   hjälpinsats i Nazityskland 1945.* (Stockholm 2005).

Marton, Kati, *A death in Jerusalem*. (New York 1994). Svensk översättning *Döden i Jerusalem*. (Stockholm 1995).

McDonald, James, *My mission in Israel 1948-1951*. (London 1951).

Mohn, Paul, *Krumelurer i tidens marginal*. (Stockholm 1961).

Morris, Benny, *The birth of the palestinian refugee problem revisted*. (London 2004).

Morris, Benny, *1948*. (London 2008).

Nadel, Baruch, *Bernadotteaffaeren*. (Köpenhamn 1970).

Oz, Amos, *En berättelse om kärlek och mörker*. (Stockholm 2002).

Pappe, Ilan, *Den etniska rensningen av Palestina*. (Stockholm 2007).

Persson, Sune, *Mediation and assassination. Count Bernadotte's mission to Palestine 1948*. (London 1979).

Persson, Sune, *"Vi åker till Sverige". De vita bussarna 1945*. (Stockholm 2005, pocketupplagan).

Persson, Sune, *Folke Bernadotte. In honor of the 60th anniversary of the death of Folke Bernadotte*. (Stockholm 2008).

af Petersens, Magnus, *Medan jag minns*. (Stockholm 1991).

Richardsson, Gunnar, *Beundran och fruktan. Sverige inför Tyskland 1940–1942*. (Stockholm 1996).

Rosenberg, Göran, *Det förlorade landet*. (Stockholm 1996).

Segev, Tom, *One Palestine complete. Jews and Arabs under the British mandate*. (New York 2001).

Shamir, Yitzhak, *Summing up. An autobiography*. (London 1994).

Shlaim, Avi, *The iron wall*. (London 2000).

Stavenow, Åke (red.) *Folke Bernadotte, en minnesbok*. (Uppsala 1949).

Tingsten, Herbert, *Det hotade Israel*. (Stockholm 1957).

Tveit, Odd Karsten, *Alt for Israel*. (Gjövik 1996).

Urquhart, Brian, *Ralph Bunche : an American life*. (New York 1993).

Wibeck, Sören, *Ett land, två folk. Israel-Palestinakonfliktens historia*. (Stockholm 2009).

Yogev, Gedalia (red.), *Political and Diplomatic Documents*, (Jerusalem 1979).

الفصل 1

1   Framställningen är, om inte annat anges, baserad på Lundströms efterskrift i *Till Jerusalem* och på Heumans rapport.

2   *Till Jerusalem* s. 264.

3   Miles Flachs PM i Bernadotteutredningen, B7:22.

4   Magnus af Petersens, *Medan jag minns*, s. 41.

5   Marton, *Döden i Jerusalem* s. 18

6   Miles Flachs PM.

7   Åge Lundström, *Minnen* s. 206. I många andra framställningar finns uppgiften att Sérot själv skulle bett att få byta plats med Lundström, därför att han ville prata med Bernadotte och tacka denne för att han räddat hans hustru. Den romantiska uppgiften verkar härröra från den judiske förbindelseofficeren kapten Hillman. Åge Lundström var närmaste ögonvittne till platsbytet, så hans version är nog mer trovärdig. Sérot hade ju träffat Bernadotte många gånger tidigare och haft rika tillfällen att tacka honom.

8   Heuman, *Utlåtande över granskning ...* s. 39.

9   Folke Bernadotte, *Till Jerusalem* s. 291.

10   Glubb, *Soldier with the arabs* s. 182.

11   Barbro Wessels vittnesmål i B7:26.

12   *Folke Bernadotte. En minnesbok.*

الفصل 3

1   *Folke Bernadotte. En minnesbok* och *Folke Bernadotte af Wisborg. Svensken och världsmedborgaren.*

2   *Folke Bernadotte. En minnesbok*, s. 159.

3   Folke Bernadotte, *I stället för vapen*. Alla citaten av Bernadotte i detta och följande kapitel är därifrån.

4   Ilan, *Bernadotte in Palestine* s. 11.

5   Hadenius, *Vem var Folke Bernadotte?* s. 24.

6   Samtal med Bertil Bernadotte, nov. 2010.

7   Citerat efter Marton, *Döden i Jerusalem* s. 64.

8   Ilan a.a. s. 16.

الفصل 4

1   http://www.tobiashubinette.se/

2   Richardsson, *Beundran och fruktan.*

3   A.a. s. 91.

4   A.a. s. 233.

5   Hübinette, *Den svenska nationalsocialismen.*

6   Folke Bernadotte, *en minnesbok.* s. 90.

7   رقصة البولكا البولندية، وهذا غمز إلى العلاقة بالنازية - المترجم

8   الجنرال فيلدمارشال ألبرت كيسيرلينغ ضابط كبير في سلاح الجوّ الألماني خلال الحرب العالمية الثانية

9   المؤلف الموسيقي الألماني ريتشارد فاغنر الذي كان المعبود الأول لهتلر والنازيين، وكان هو نفسه معادياً للسامية

10   القديس جاورجيوس، أو جرجس، المولود في كابادوكيا بين عامي 275 و280 ميلادية

11   من تأليف الكونت فولك برنادوت Slutet كتاب النهاية

12   Samtal med författaren november 2010.

13   بير ألبين، سياسي سويدي كان زعيمًا للحزب الاشتراكي الديمقراطي وأصبح رئيساً للوزراء

14   مفهوم صاغه رئيس الوزراء بير ألبين في خطاب إذاعي عام 1928، واستخدمه الاشتراكيون الديمقراطيون لإضفاء مزيد من الجاذبية على سياسة تعزيز الرفاهية

15   Karl Gerhard, *Om jag inte minns fel* s. 252.

16   Folke Bernadotte *I stället för vapen* s. 272.

17   *Aftontidningen* 19.10.43.

18   I stället för vapen s. 47. De följande citaten av FB är från samma bok.

19   Hadenius a.a. s. 50.

20   الماغنا كارتا، أو الوثيقة العظمى التي وُقّعت عام 1215 بين الملك الإنكليزي جون وعدد من البارونات ورجال الدين والإقطاعيين

الفصل 5

1   ڤيدكون كويسلينغ، ضابط وسياسي نرويجي كان وزيراً للدفاع بين عامي 1931 و1933، ثمّ ترأس الحكومة النرويجية تحت الاحتلال بين عامي 1942 و1945.

2   Persson, *Vi åker till Sverige* s. 73.

3   *Dagens Nyheter* 12.4.1955.

4   Hadenius, a.a. s. 90.

5   Grafströms anteckningar 3.3.45.

6   Folke Bernadotte, *Slutet* s. 22.

7   Persson, *Vi åker till Sverige* s. 44 ff.

8   Huvudkällor för detta avsnitt är Sune Perssons *Vi åker till Sverige* och Folke Bernadottes *Slutet.*

9   Persson, *Vi åker till Sverige* s. 164.

10   Persson, *Vi åker till Sverige* s. 224.

11   A.a. s. 236.

12   Lomfors, *Blind fläck.* s. 90.

13   A.a s. 55.

14   Se not 17!
15   Åmark, *Att bo granne med ondskan*, s. 550 ff.
16   *Vi reser till Sverige* s. 438.
17   Bernadotte, *Slutet* s. 14
18   Samtal med författaren nov. 2010.
19   *SvD* 27.2.2003.
20   Marton, *Döden i Jerusalem* s. 239.
21   *The Atlantic Monthly*, feb. 1953.
22   Persson, *Vi åker till Sverige* s. 495.
23   Marton, *Döden i Jerusalem* s. 240.
24   Persson, *Vi åker till Sverige* s. 523
25   Bernadotte, *Slutet* s. 46.

الفصل 6

1   Citerat efter Wibeck, *Ett land – två folk*, som varit min huvudkälla för detta
     avsnitt om sionismen.
2   Khalidi, *Palestinian identity*.
3   Segev, *One Palestine, complete*, s. 407.
4   Citerat efter Marton, *Döden i Jerusalem*, s. 96
5   Urquhart, *Ralph Bunche*.
6   Benjamin Rivlin, Harvard Magazine 2003.
7   Hewins, *Count Bernadotte*, s. 245.
8   Mohn, *Krumelur i tidens marginal*.
9   A.a. s. 254
10   Urquhart, a.a. s. 146.
11   Siffrorna avser 31.12.1946. Se Mohn a.a. s. 264.
12   Ibid.
13   Segev, a.a. s. 497.
14   Mohn a.a. s. 258.
15   Pappe, *Den etniska rensningen av Palestina*, s. 66.
16   Urquhart, *Ralph Bunche* s. 150.
17   Ibid.
18   Gahrton, *Palestinas frihetskamp*, s. 119.
19   Morris, *1948*, s. 55.
20   Hägglöf, *Fredens vägar*, s. 135.
21   A.a. s. 137.
22   Morris, *1948*, s. 65.
23   Ibid.
24   Oz, *En berättelse om kärlek och mörker*, s. 384.
25   Abulhawa, *Morgon i Jenin*, s. 51.

الفصل 7

1   Wibeck, *Ett land, två folk*, s. 17.
2   Persson, *Mediation and assassination*, s. 90. Pappe, *Den etniska rensningen av Palestina*, s. 139.
3   Flapan, *The birth of Israel*, s. 157.
4   Persson, *Mediation and assassination*, s. 98.
5   Pappe, *Den etniska rensningen av Palestina* s. 78. Noten hänvisar till ”*Political and Diplomatic Documents*”, dokument 274, s. 460. Den aktuella texten är endast återgiven på hebreiska.
6   Pappe, s. 121.
7   Benny Morris *The origin of the palestine refugee question revisted* s. 70.
8   Ben-Gurion *As Israel fights*, s. 68. (Endast på hebreiska). Cit efter Morris a.a. s. 69.
9   Morris a.a. s. 597.
10 Masalha, *Politics of denial*, s. 29.
11 Segev, *One Palestine complete*, s. 508.
12 Morris a.a. s. 313.
13 Morris a.a. kap. 5.
14 Pappe, *Den etniska rensningen av Palestina*.
15 Masalha, *Expulsion of the palestinians*.
16 A.a. s. 162.
17 Morris a.a. s. 329.
18 Hägglöf, *Jerusalem i taggtråd*, s. 36.

الفصل 8

1   Hamrin, *Storm över Palestina*, s. 23.
2   Ilan, *Bernadotte in Palestine*, s. 59.
3   Om inte annat anges är alla citat av Bernadotte hämtade ur *Till Jerusalem*. (TJ)
4   Grafströms anteckningar 1945-1954 s. 879.
5   Ilan a.a. s. 57.
6   Grafströms anteckningar s. 879.
7   *SvD* 18.5.48.
8   Azcarate, *Mission in Palestine*, s. 92.
9   9 TJ s. 9.
10 *Svenska Dagbladet* 22.5.48.
11 Grafströms anteckningar s. 880.
12 Mohn, a.a. s. 296.
13 Ibid.
14 Urquhart, *Ralph Bunche*, s. 160.
15 Azcarate a.a. s. 93.
16 TJ s. 29.

17 Hadenius a.a. s. 167.
18 Barbro Wessels dagbok.
19 Citerat efter Marton, *Döden i Jerusalem*, s. 130.
20 Glubb a.a. s. 141.
21 Se Josephs bok *The faithful city!*
22 A.a. s. 150.
23 A.a. s. 159.
24 A.a. s. 219.

الفصل 9

1   TJ s. 129.
2   TJ s. 143.
3   TJ s. 129.
4   TJ s. 161 ff.
5   Marton, a.a. s. 235.
6   Persson *Folke Bernadotte* s. 27.
7   Glubb a.a. s. 152.
8   TJ s. 203.
9   TJ s. 214.
10 *Folke Bernadotte, en minnesbok* s. 305.
11 Persson *Folke Bernadotte,* s. 26.
12 Tveit, *Allt for Israel*, s. 33.
13 Tveit a.a. s. 36.
14 Lie, *Sju år för freden* s. 163.
15 Tveit a.a. s. 41.
16 Yogev (red), *Political and Diplomatic Documents*, s. 453.
17 Tveit a.a. s. 40.
18 Lie, a.a. s. 174.
19 TJ s. 224.
20 Nadel, s. 55. Ilan, s.212, Marton, s. 177. Citatet återges i lite olika ordalydelse, jag har citerat efter Nadel, journalist och LEHI-medlem,närvarande vid demonstrationen.
21 Marton, *Döden i Jerusalem*, s. 177.
22 Haaretz 9.9.48, citerat efter Nadel.
23 Persson *Mediation and assassination*, s. 302 ff.
24 TJ s. 256.
25 Brev från Jan de Geer till Heumankommissionen. Riksarkivet Arninge, Riksåklagarens arkiv, E2, Hemliga arkivet.
26 Ilan, *Bernadotte in Palestine*, s. 197.
27 Miles Flachs PM. B7:22
28 Folke Bernadotte, en minnesbok, s. 306.

الفصل 10

1   Heuman, *Utlåtande över granskning* … s. 18.
2   Lie, a.a. s. 177.
3   McDonald, *My mission in Israel*, s. 69.
4   A.a. s. 63.
5   Marton, *A death in Jerusalem*, s. 17.
6   Publicerat i minnesboken *Folke Bernadotte af Wisborg. Svensken och världsmedborgaren.*
7   Citerat efter Kati Marton, *Döden i Jerusalem*, s. 209.
8   Citerat efter Marton, s. 214.
9   Säkerhetsrådets protokoll 14.10.1948.
10 Se Persson *1979*, s. 210-217 och Ilan, 223 ff.
11 HP909:12.

الفصل 11

1   Bagges brev till UD finns i HP 909: XI.
2   Biografiska fakta från Wikipedia.
3   I alla andra källor uppges att regeringsmötet ägde rum *en* vecka före mordet.
4   HP 909:XIV
5   HP 911:XVIII
6   HP 910:XV
7   HP 1784:XI
8   Ibid.
9   HP 910:XVII
10 Brev från Grafström till Undén. UD HP 1791.
11 Andra kammarens protokoll 13.5.1949.
12 Andra kammarens protokoll 25.1.1949.
13 Dokument om Lehman finns i HP 911, 18.2.49, 8.7.49, 9.7.49, 16.8.49.
14 Ilan s. 240.

الفصل 12

1   Heuman, *Utlåtande över granskning* … Citaten är från riksåklagarens pressmeddelande 9.3.1950. I Aktstycken från Utrikesdepartementet, ny serie 1:C:1 1950-51.
2   Heuman s. 46.
3   A.a. s. 52.
4   A.a. s. 63.
5   Tidningskommentarer 9.3.1950.

6   Henrik Bachner, *Återkomsten*, s. 56.

7   A.a. s. 57.

8   A.a s. 60.

9   HP 912:22.

10   HP 912:21.

11   Aktstycken från Utrikesdepartementet, ny serie 1:C:1 1950-51.

الفصل 13

1   ST 22.6.1950. *DN* 20.6.1950. *SvD* 21.61950. *MT-SD* 21.6.1950.

2   HP12 B:6

3   Ilan s. 196f.

4   Säkerhetsrådet (SC) protokoll 14.10.48. B:7 27.

5   McDonald, *My mission in Israel*, s. 63.

6   HP 12 B7:83.

7   HP 12 B7:60.

8   HP 12 B7:97.

9   TJ s.42.

10   de Azcarate. *Mission in Israel*, s. 104.

11   Citerat efter Kati Marton, *Döden i Jerusalem*, s. 209.

12   HP12 B7:80.

13   HP 12 B7:83.

14   HP 12 B7:57.

15   HP 12 B7:97.

16   HP 12 B7:26 30/6 1949.

17   HP 12 B7:60.

18   Barbro Wessels dagbok.

19   Magnus af Petersens dagbok från tiden i Jerusalem finns i sonen Johan af Petersens ägo. Det är givetvis möjligt att af Petersens också förde andra anteckningar än den lilla dagboken, som bevarats.

20   En oklarhet består beträffande besöket den 10.8. Inga uppgifter finns huruvida medlaren fick eskort vid det tillfället. Nils Brunsson hade då överlämnat befälet över observatörsstyrkan till Sérot. Rutinerna kan ha ändrats.

21   TJ 211 ff.

22   Lundström *Minnen* s. 180.

23   Brev från Tryggve Lie. HP 912:23.

24   Ibid.

25   Heuman s. 45.

26   TJ s. 275f.

27   TJ s. 290.

28   Heuman s. 13.

29   HP 911:XVIII

30   PM med sammanfattning av dokumenten i franska UD. HP 911:18

31   Publicerad i *The faithful city*, London 1962, s 297 ff. Sannolikt hade Heuman

och UD:s utredare inte tillgång till hans berättelse, eftersom den inte finns med
i B-utredningen.

32 Pressmeddelande 5.7.1950. Publicerat i Aktstycken, ny serie 1:C:1 1950-51.

33 HP 912:23.

الفصل 14

1 Bertil Bernadotte till förf. 28.11.2010.
2 På danska 1970: Baruch Nadel, *Bernadotte-affären*, s. 52.
3 Sune Persson, *Mediation and assassination*, s. 208.
4 Shamir, *Summing up*, s. 5.
5 A.a. s. 21.
6 A.a. s. 29.
7 A.a. s. 30.
8 Heller, *The Stern gang* s. 85 ff.
9 http://en.wikipedia.org/wiki/Avraham_Stern#cite_note-10
10 Shamir a.a. s. 55
11 Shamir a.a. s. 26.
12 Citerat efter Marton, s. 214.
13 Bar-Zohar, *Ben-Gurion*, s. 180-181
14 Shamir a.a. s. 45.
15 Kati Marton berättar samma historia efter att ha intervjuat Hillman.
16 Marton *Döden i Jerusalem* s. 231.

الفصل 15

1 Bachner, *Återkomsten*.
2 *Stockholms-Tidningen* (s) 23/4 1958.
3 Wirtén, *Berättelserna* s. 150.
4 Hamrin, *Storm över Palestina* s. 12.
5 Wirtén, a.a. s. 151.
6 Hamrin, a.a. s. 84.
7 Bachner skriver om en "filo-semitism", en överdriven uppskattning av judar,
också en sorts rastänkande.
8 De tidningar jag undersökt är de som listas i pressarkivet,Statsvetenskapliga
institutionen, Uppsala universitet.
9 *Helsingborgs Dagblad* (h) 29.4.58.
10 *Aftonbladet* (s) 25.2.1958.
11 TT-artikel i *Norrländska Socialdemokraten* (s) 25.3.58 och *Värmlands Folkblad*
(s) 1.4.58.
12 *Uppsala Nya Tidning* (fp) 2.4.58.

13 *Morgon-Tidningen* (s) 23.4.58.

14 *Göteborgs-Posten* (fp) 15.1.58.

15 *Dagens Nyheter* (fp) 27.4.58.

16 *Stockholms-Tidningen* 16.9.1958.

17 Sveriges television, 16.9.58.

18 Marton, *Döden i Jerusalem*, s. 234.

19 Marton, a.a. s. 224.

20 International Studies Quarterly 16, mars 1972

21 *Svenska Dagbladet* 23.10.1998.

22 *Arbetet* 9.9.1970.

23 *Dagens Nyheter* 10.6.1979.

24 Sune Persson *Folke Bernadotte*, Stockholm 1998.

25 Ilan, *Bernadotte in Palestine 1948*, s. 224.

26 A.a. s. 211.

27 *Middle East Journal*, 2/1988.

28 Bell, *Assassination in International Politics*. International Studies Quarterly 1/1972. Heller, Joseph, *Failure of a mission: Bernadotte and Palestine, 1948*. Journal of contemporary history, 3/1979. Samme författare, *Bernadotte's mission to Palestine (1948)*. Middle Eastern Studies 4/1984.

29 Väl dokumenterad i originalupplagan, men inte i den svenska, där utgivaren helt sonika strukit alla källhänvisningar.

30 Ett biografiskt verk hade tidigare utgivits, Ralph Hewins, *Count Folke Bernadotte*.

31 *Judisk Tidskrift* 1958 s. 282.

32 *Lantarbetaren* 5/1958.

33 *Karlstads-Tidningen* (fp) 24/11, 28/11, 1/12 1956, 2/1 1957.

34 *Västerbottens-Kuriren* 9.5.1963.

35 *Till Jerusalem* s. 224.

36 Israel och Palestina: 60 år i våra röda hjärtan. (Stockholm 2008).

37 Ferm till författaren 11.8.2011.

38 *Jerusalem Post* 29.3.1986.

39 UN General Assembly, A/42/pv.87 29-30.

40 *Svenska Dagbladet* 19.5.2008.

41 Riksdagen protokoll 1987/88:U536.

42 *Dagens Nyheter* 15.9.1988.

43 Marton, *Döden i Jerusalem*, s. 224. Martons källa till detta är Bertil Bernadotte.

44 *Svenska Dagbladet* 16.5.1995.

45 *Dagens Nyheter* 20.5.1995.

46 Sveriges Radio 25.4.1998.

47 *Levande historia* 1998 och följande upplagor. (Regeringskansliet).

48 Landet som var två. *Dagens Nyheter* 5.5.2003.

49 *Svenska Dagbladet* 13.2.2009.

50 B-M Mattson *GP* 25.4.1998, Sune Persson *GP* 26.5.1998, Christina Magnusson/Peter Örn *VK* 18.5.1998 och många andra.

51 http://tuffsandin.blogspot.com/2007/11/folke-bernadottes-dd-och¬eftermle.html

52 *Sydsvenska Dagbladet* 14.1.2008.
53 *Svenska Dagbladet* 14.4.2008.
54 http://www.regeringen.se/sb/d/119/a/110753

الفصل 16

1 *Svenska Dagbladet* 19.5.2008.
2 Ilan, a.a. s. 197.